CHARLY BARBIER

LE TRÉSOR DE LEVASSEUR

TOME 1 - LIBERTALIA

roman

« Je regrette de vous voir dans cet état, mon amour.
Mais si vous vous étiez battu comme un homme,
vous n'auriez pas à mourir comme un chien. »

Anne Bonny à Jack Rackham

ISBN : 978-2-37162-412-2

LE TRÉSOR DE LEVASSEUR

trilogie

Tome 1 - Libertalia

Tome 2 - L'homme à la barbe noire

Tome 3 - Requiem

1721, au large de La Réunion, un pirate français braque le navire du vice-roi de l'Inde Portugaise :

Un magot de 4,5 milliards d'euros s'évapore. Il ne sera jamais retrouvé.

Ce casse, c'est l'histoire de toute une vie.

Ce casse, c'est l'histoire de la piraterie.

Une histoire vraie.

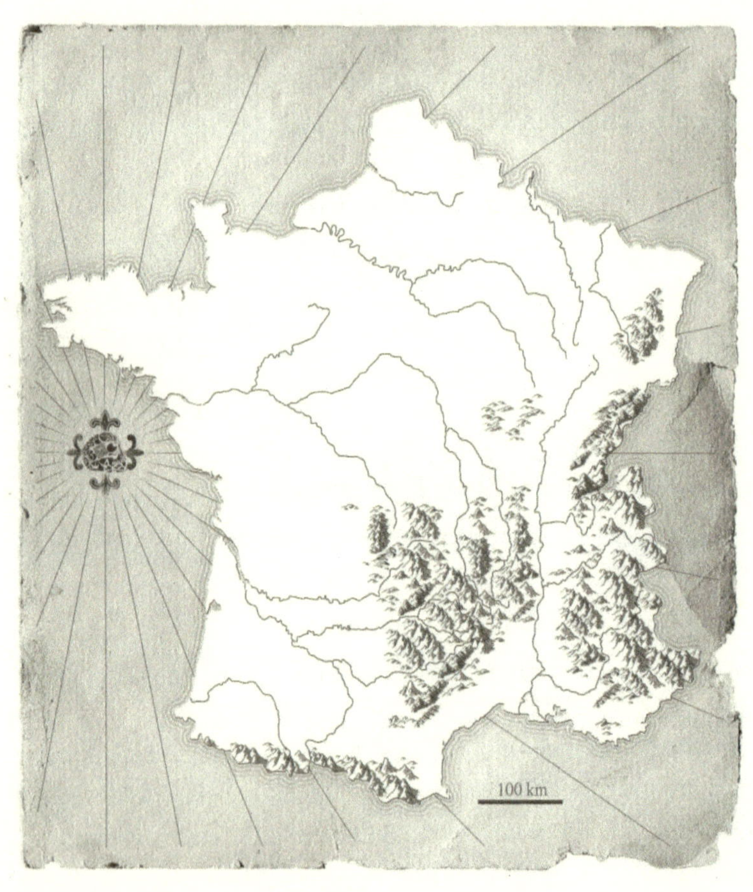
100 km

NOTE AU LECTEUR

7 énigmes - 7 crânes - 7 trésors

Le Trésor de Levasseur est un roman retraçant le véritable âge d'or de la piraterie, tel que les rois refusèrent de le voir consigné dans l'Histoire.

Afin de faire vivre au lecteur une authentique aventure de pirate, sept énigmes ont été dissimulées à l'intérieur du récit, chacune permettant de retrouver un trésor caché en France.

Le ou les vainqueurs gagneront des voyages pour l'île de La Réunion, ainsi qu'une part du trésor de Levasseur - se référer à l'état de la chasse aux trésors sur le site

www.letresordelevasseur.com

Préambule

Il y eut un rêve d'aventures, de découvertes et de libertés. Un rêve devenu réalité, une nuit d'octobre 1492, sur les coups de deux heures du matin. La vigie rugit : « Tierra ! Tierra ! » Christophe Colomb cria plus fort encore ; le Nouveau Monde était là !

Les vieilles monarchies d'Europe se lancèrent à sa conquête. En deux siècles, elles exportèrent leurs guerres, colonisèrent des terres, massacrèrent des peuples et enchaînèrent des Noirs, d'un continent à un autre. Et au début du dix-huitième siècle, la Hollande, l'Espagne, le Portugal, l'Angleterre et la France s'écharpaient pour quelques colonies sur toutes les mers du monde. La raison ? L'or ! L'argent ! Les étoffes ! Les épices !... Tout ce qui pourrait sauver ces royaumes surendettés. Une course à l'argent aux airs de fuite en avant, pour ne pas voir le spectre menaçant des révolutions à venir. Dans un fracas de fer et de sang, la main-d'œuvre d'ébène propulsa l'économie du Nouveau Monde ; notre mondialisation avait fait ses premiers pas.

Par-delà les mers, les corsaires pillaient, tuaient et arraisonnaient pour le compte d'un roi, tout ce qui était susceptible d'appartenir à un autre souverain. Des braqueurs professionnels chargés de bâtir des empires mais qui n'en garderaient que les miettes. Beaucoup se révoltèrent pour construire leur propre rêve de liberté. Une utopie qui ne vibra jamais si fort que sur les rivages de la première république pirate : Libertalia !

De ce paradis perdu au large de Madagascar devait naître le plus grand brasier que les royaumes auraient à affronter. Sur toutes les mers du Nouveau Monde, la piraterie envoya par le fond des flottes entières de Ses Majestés. Dans un déchaînement de fureur sans précédent, les forbans paralysèrent les économies coloniales - donc européennes - et mirent les plus grands rois de l'Histoire au pied du mur.

Terroristes pour les uns, donc résistants pour les autres et révolutionnaires pour à peu près tout le monde, chacun avait son propre style, identifiable dans ses coups d'éclats.

Leurs surnoms, plutôt fidèles, se murmurèrent de leur vivant ; d'un port à un autre, tout autour du monde. Premiers pas vers la légende :

Edward Teach, dit Barbe Noire, était un officier lettré et un impuissant frustré, renvoyé de la Navy pour raisons économiques, qui érigea son propre empire le long de la Caroline - jusqu'à en devenir citoyen d'honneur. A sa mort, son patrimoine dépassait les 10 millions d'euros.[1]

Anne Bonny était la fille aux cheveux rouges ; l'héritière millionnaire d'une plantation de Charleston. Elle accepta l'argent ; pas les champs de coton. A la fin de sa carrière, elle était plus redoutée par la Navy que son célèbre amant :

Jack Rackham, dit Calico Jack car toujours vêtu de rouge ; l'incarnation même des petits arrangements des rois avec l'Histoire. « Pire est le méchant, meilleur est son vainqueur » ; alors les livres décrivirent Rackham comme l'un des plus terribles. En vérité, Jack était lâche, tendre et moyennement rusé. Surtout, il était envoûté.

Hornigold - le chien de mer - régna sur les Bahamas sans jamais quitter ses océans. En un sens, c'est son désintérêt de la politique qui fit pencher la balance en faveur des rois. Avec eux jouait Charles Vane, insoumis devant l'Eternel, qui déchira le monde pour venger son amant assassiné. Howell Davis le

---

[1] En 2008, le magasine *Forbes* publia une liste des vingt pirates les plus riches de l'Histoire.

gentleman engrangea 3,4 millions d'euros ; Black Bart', 24 millions ; Bellamy le prince, 92,3 millions...

Ces contemporains s'appréciaient, se détestaient, se respectaient et s'influençaient. Des chefs de meutes qui faisaient trembler les rois, leurs gouverneurs et leurs armées. Quelques rêveurs regroupés autour d'un dessein commun ; une chimère ; une utopie ; ce rêve de libertés qu'aucun ne parviendrait à oublier.

A commencer par un Français. Avant d'épouser le drapeau noir et de devenir Levasseur, il s'appelait Louis Labous ; c'était un officier français, né à Calais. Outre sa longévité - rare dans le métier -, c'est son surnom qui le distingua de tous les autres : La Buse...

Plus qu'un animal : un prédateur ! Un rapace au regard perçant. Un oiseau séducteur qui joue de son charme avec les hommes. Sentinelle immobile, il est capable de se fixer un objectif tout en restant insensible au reste du monde, des heures. Il plane aussi, au loin, en cercles, derrière les bancs de brumes ou les nuages ; il ne se fait pas voir et attend - très patiemment - le meilleur moment. L'animal se jette alors sur sa proie ! Il fend l'air, rase la terre et en un éclair, resserre ses griffes. Un claquement de doigt. Et le Busard repart, splendide et triomphant, du sang coulant le long de ses serres.

Le rêve de libertés du Busard, sa chimère, c'était un souvenir : l'amour de sa vie étendue nue tout contre John et lui, le long des rivages de Madagascar. A l'époque, ils pensaient tous pouvoir vivre et mourir en paix ; l'idée du bonheur. Son rêve de libertés, c'était sa vie passée à fuir et à courir ; c'était un océan de sang abandonné ; de tendres souvenirs déchiquetés...

Le 26 avril 1721 et après une traque nourrie d'incroyables aventures, Olivier Levasseur et John Taylor s'emparent de la *Nossa Senhora do Cabo* en plein jour et en pleine rade de

Saint-Denis, sur l'île Bourbon - devenue La Réunion. Les forbans arrivent avec deux navires ; l'un qui aborde, l'autre qui lance ses cordages. En quelques minutes et sans presque un seul coup de feu, Levasseur repart avec la *Nossa Senhora do Cabo* en remorquage.

A son bord, trois otages VIP : le vice-roi de l'Inde portugaise en personne, sa fille et son archevêque, attendus par le roi à Lisbonne.

En soute : 4,5 milliards d'euros ! Le butin de Babylone en or et en diamants, en pierres précieuses et en rubis... Un trésor volé jadis par les Portugais, sans cesse en transit, jamais déclaré et qui laissait une marque indélébile dans l'âme de tous ceux qui l'avaient vu. Un magot qu'on n'envisage pas de receler ; un butin qu'on ne peut dépenser ; un trésor sacré.

Pendant les dix années qui suivirent, personne ne vit plus le Busard ni son effroyable binôme, John Taylor. Mais leurs noms étaient sur toutes les lèvres, comme leur trésor, qui semblait s'être volatilisé, au grand dam de toutes les compagnies des Indes ; au grand bonheur de tous les chercheurs d'or, de tous les rêveurs. Le trésor, son origine et sa capture étaient dans toutes les têtes, dans tous les récits. Le jour du *ship - jacking*, il y avait peut-être trois cents personnes dans la rade, sidérées par l'exploit. Dix ans plus tard, ils étaient des milliers à se vanter d'avoir vu La Buse en action. Ils seraient bien plus encore, à chercher son formidable trésor.

La légende naquit en Afrique de l'Ouest, dans ces ports négriers aux sinistres « portes du non-retour ». Gouverneurs et armées furent impuissants face à la rage du drapeau noir, dégoulinant le long des côtes, faisant sauter les têtes et les verrous, libérant des milliers d'esclaves, égorgeant des milliers de salopards !

La Buse aurait été l'un de ces républicains, portant haut et fier le Jolly Roger Libéri. On disait qu'il avait ramené le roi malgache, Ratsimilaho, sur son trône ; et qu'il avait participé à l'évasion d'Anne Bonny, après s'être lui-même échappé des geôles de São Tomé en s'emparant du gouverneur à la barbe de toute son armée. Ceux qui l'avaient côtoyé évoquaient un corps charpenté comme une cathédrale, toujours dressé vers l'horizon ; son torse et son dos étaient zébrés, lardés de coups de couteaux, de fouets, de tessons de bouteilles et autres cuisants souvenirs laissés dans sa chair par ses geôliers. Lui ne parla jamais.

Des évasions, une résurrection, un petit lot de vengeances (saignantes) et de trahisons, une traque de quarante ans à travers le monde et le combat « le plus sanglant, le plus meurtrier et le plus coûteux de l'histoire de la piraterie[2] »... pour un trésor. Voilà ce qu'était Olivier Levasseur. Dans quel ordre ? Dans les tavernes, les rades, les cases d'esclaves et les bordels, les esprits s'enflammaient, réinterprétant l'histoire, la magnifiant et statufiant La Buse... de son vivant. On a tout dit de lui mais rarement le plus important : qu'il avait un plan. Qu'il a toujours eu un plan. Souvent un plan que lui seul connaissait ; un plan qui pouvait entraîner tous ses hommes dans les flammes de la Géhenne. Lui observait, sentinelle silencieuse et immobile, attendant le bon moment pour frapper.

L'incroyable prise de la *Nossa Senhora do Cabo* transforma La Buse, lui conférant le statut d'ennemi public numéro un, recherché dans le monde entier. A deux reprises, le fugitif se vit offrir une amnistie pleine et entière pour ses crimes de piraterie. On dit qu'il refusa. Lui dit qu'il accepta. Et en 1729, le suspens cessa. Dans des conditions d'arrestation que la marine royale voudra étouffer, Levasseur fut ramené sur l'île du délit. Pour les pirates, le tribunal n'était qu'une étape avant le gibet ; l'affaire d'une petite semaine. Olivier Levasseur lui, fut interrogé pendant près d'une année avant que le Haut Conseil de Bourbon ne prenne sa décision. Même s'il ne parla pas plus

---

[2] Eric J. Graham, historien écossais spécialiste de la marine.

à ses juges qu'à ses geôliers, Levasseur vivant et sous les verrous, laissait au Conseil une chance de mettre la main sur quelques milliards - quitte à le brusquer un peu. Levasseur mort - en pirate de surcroît - c'était le laisser glisser dans l'Histoire et la légende de façon incontrôlable. Pire que le risque de voir le trésor leur échapper, les administrateurs de l'île et de la compagnie des Indes pouvaient craindre l'idée ; le tison ; l'étincelle de révolution. L'escarbille capable de faire naître un grand brasier au moment de passer au bûcher. Surtout ici, sur cette terre de feu qu'est l'île Bourbon.

Les îles volcaniques ne sont pas de simples rochers émergés. Cernées par la mer dans un bouillonnement d'écume permanent, elles frémissent aussi de l'intérieur. Elles vibrent, vivent et parfois se déchaînent avec passion, avec furie. Celle du piton de la Fournaise s'élève, brûlante et dominante, comme un prodigieux récif verdoyant, bravant l'océan Indien. Un paradis vert tout en reliefs, fait de merveilleuses cascades, de lagons d'émeraudes, de passes et de cayes, de falaises sculptées par le temps et de plages cachées, révélant les terres par des ravines souvent impraticables. Vivre sur une île volcanique, c'est admirer sa beauté et sa végétation luxuriante qui se jette dans la mer turquoise. C'est aussi se soumettre à sa volonté. Capable de détruire des villages à plus de dix kilomètres, le piton de la Fournaise impose le respect. Mais au matin du lundi 7 juillet 1730, il aurait pu tonner qu'aucun Bourbonnais ne l'aurait entendu.

Sur le sable noir de Saint-Paul - une commune située au Nord-Ouest de l'île - les larmes de l'océan Indien venaient se briser avec fracas. Plus haut sur la place du marché, quinze soldats de Sa Majesté aidaient l'exécuteur de la Haute Justice à dresser la potence. Vu le rythme des exécutions, le gouverneur Pierre-Benoît Dumas aurait pu souhaiter une installation permanente. Malgré ses trente-quatre ans, le légat savait qu'il faut toujours cacher la main qui tient le fouet. Surtout sur l'île du volcan, moins bien gardée que sa voisine, l'Isle de France (Maurice), que la compagnie des Indes préférait pour ses mouillages plus abrités. Bourbon, c'était une terre de Noirs - la plupart en esclavage - gérée par une poignée de Blancs. Les prisonniers d'ébène qui brisaient leurs chaînes s'échappaient sur les sentiers escarpés de la Montagne, avant de se terrer dans la jungle. Certains ne réapparurent jamais ; d'autres rencontrèrent tous ces pirates de l'océan Indien, pressés de venir faire de l'eau, se ravitailler ou radouber dans ce paradis perdu. Les plus courageux tentèrent de libérer leurs frères... toujours en vain. En 1672, un groupe de marrons projeta d'assassiner le gouverneur d'alors, Jacques De la Heure. Le complot fut déjoué et les rebelles, jetés dans une crevasse au dessus du lieu-dit de La Possession : l'endroit prit le nom de Ravine à Malheurs.

Plus récemment, cette même année 1730, d'autres marrons quittèrent la Montagne pour prendre tous les Blancs de l'île par surprise et les massacrer. Dénoncés par d'autres esclaves, ils furent interpellés, rapidement jugés, torturés puis garrottés sur l'échafaud qu'aujourd'hui les soldats s'affairaient à réinstaller. Une fois la sentence exécutée, Pierre-Benoît Dumas affranchit les délateurs et donna son pardon aux autres marrons, toujours en fuite. Pour manier le fouet, il faut être habile et bien le dissimuler. C'est la leçon que retenaient tous les gouverneurs de Bourbon, lorsqu'ils se penchaient sur l'espérance de vie toute relative de certains de leurs prédécesseurs.

A cela s'ajoutait l'omniprésence des pirates. Pour s'assurer le monopole du café, la compagnie des Indes française avait longtemps maintenu des prix en dessous de ceux du marché. Craignant l'asphyxie, les producteurs trouvèrent meilleurs acheteurs en se tournant vers les Frères de la côte. Les affronter, c'était attaquer l'un des poumons économiques de l'île ; c'était s'en prendre à l'île !

Bourbon joua donc de longues années de cet instrument à vent que les gouverneurs appelaient le pardon royal. Pour l'obtenir, les gueux des mers n'avaient qu'à se jeter à leurs pieds, rendre butins, navires et esclaves, embrasser les fleurs de lys du drapeau et jurer fidélité à Dieu et au roi ; à tout ce qu'ils avaient toujours renié. Pour faire passer la dragée à ces soiffards de libertés, la chancellerie offrait des terres cultivables et leur fournissait un document officiel pardonnant tous leurs crimes de piraterie. Certains préférèrent la liberté absolue - et la promesse du gibet - à une simple vie de soumis. Mais la plupart cédèrent à l'appel des sirènes. Et elles étaient belles, les Bourbonnaises. Si belles qu'à peine arrivé, Antoine Desforges-Boucher, un ancien gouverneur réputé pour son racisme assumé, succomba au charme de l'une d'elles.

Les pirates amnistiés vivaient en paix s'ils ne revenaient jamais à leur métier d'antan. Ceux que la tentation taquinait, s'ils étaient rattrapés, étaient jugés pour la forme et pendus dans la foulée, devant leurs Frères et en public. C'est ce qui devait arriver, ce lundi de juillet, sur la place du marché. Mais ce jour-là, Bourbon ne s'apprêtait pas à pendre un simple Frère de la côte en récidive : Bourbon allait pendre La Buse.

Midi n'avait pas encore sonné ; la potence était presque installée. En arrivant devant l'entrepôt de la compagnie des Indes, situé juste en face du gibet, Gabriel Dumas, petit frère et homme de confiance du gouverneur, croisa deux hommes : Guillaume Plantre et Emmanuel De Cotte. Le premier était un pirate repenti, ancien compagnon du forban Thomas Congdom. Le second était un planteur et un négrier. Les deux étaient en affaires ; le pirate profitant d'une couverture légale pour trafiquer dans l'océan Indien et le négrier s'assurant les services d'un expert pour faire transiter sa marchandise humaine. Gabriel Dumas remarqua que l'inquiétude ravageait leurs deux visages. Il descendit de cheval, tint sa garde à l'écart et vint à leur rencontre.

– Alors vous le faites ? bougonna le négrier sans aucune politesse.
– Monsieur De Cotte, monsieur De Cotte, lança le jeune politique avec ironie : quelle joie de vous voir !
– Monsieur le conseiller, reprit Plantre, vous l'avez gardé au trou un an. Il n'a toujours pas parlé, pas vrai ? Vous n'avez pas peur de ce qui peut arriver ?

– On dirait que vous parlez du livre de l'Apocalypse, rit Gabriel avec une fausse décontraction.

Le planteur voulut cracher son aigreur mais voyant les soldats derrière le frère du gouverneur, il se retint au dernier moment. Cela lui donna une moue de dégoût qui n'échappa à personne et l'obligea à s'excuser ou à s'expliquer :

– Hier soir, j'ai parlé du « procès La Buse » avec un invité. Ma négresse de maison s'est mise à pleurer. Elle allait trancher le pain, un couteau dans la main ! J'ai cru qu' j'allais devoir lui mettre un coup de fusil derrière l'oreille.
– Et alors ?
– Ça a couiné du gospel jusqu'à minuit dans mes geôles. J'ai eu beau faire donner le fouet, pas moyen de les faire taire. Et pis j'ai compris : c'était pas eux qui chantaient, ça non. C'était les autres, dans la jungle : les marrons !

Entendant cela, Gabriel Dumas retroussa ses babines en serrant les dents. Il l'avait prévu, il s'y attendait mais ne pouvait leur donner raison. Exactement comme l'an dernier, lorsqu'un arrivage d'esclaves atteints de la variole déclencha une épidémie : mille cinq cents morts plus tard et incapables d'assumer leurs responsabilités, le Haut Conseil et la compagnie des Indes décrétèrent l'état d'urgence. Au même moment, le coup du sort : des invasions de sauterelles ravagèrent toutes les récoltes. Les esclaves encore vivants qui n'avaient pas fui dans la brousse voulurent s'en prendre aux Blancs, seuls responsables. Au point qu'il fallut, non sans mal, créer une compagnie civile de « volontaires » (la baïonnette dans le dos) afin de battre la jungle et les montagnes pour retrouver tous les marrons. Coincé par des colons à chaque fois qu'il mettait le pied dehors, Gabriel Dumas n'avait alors que cette même réponse :

– C'est un autre problème, messieurs. Qui va se régler ! Ça va aller...
– Vous déconnez ? se risqua l'ancien forban.

A ces mots, deux soldats qui escortaient le jeune Gabriel s'avancèrent, mains aux fourreaux. Plantre et De Cotte s'obligèrent à faire un pas en arrière. Gabriel leur sourit :

– Messieurs, ce fut un plaisir.

Puis il s'enfuit dans l'entrepôt, abandonnant les deux inquiets. Un instant plus tard, Gabriel pénétra l'un des bureaux de la compagnie des Indes, comme une flèche. Rideaux tirés, la pièce était sombre. Au fond, le jeune gouverneur Pierre-Benoît Dumas était allongé sur un canapé de velours rouge, perdu dans ses pensées et quelques feuillets. Sur une table basse, un verre de scotch. Par terre, sa perruque mal poudrée, qu'il détestait porter.

– La porte ! hurla-t-il en direction de son petit frère, qui ne les refermait jamais.
– Ça va pas aller, répéta nerveusement le cadet. Ça va pas aller, ça va pas aller...

Le gouverneur jeta négligemment ses papiers sur une table basse.

– On en a déjà parlé, Gabriel...
– Je viens de croiser De Cotte, là dehors, en train de regarder le gibet. Il dit que les marrons commencent déjà à se révolter.
– Il t'emboucane. Tu es jeune. Les gens aiment faire cela avec les jeunes.
– Pas avec moi.
– Tu te prends pour le frère du roi ?
– Est-ce qu'il t'arrive d'être sérieux, une fois de temps en temps, en de graves instants ?

Le gouverneur leva la tête au ciel une courte seconde, faisant mine de réfléchir avec un léger sourire aux lèvres :

– Comme maintenant tu veux dire ? Pas souvent, non.
– Pierre ! hurla le petit frère. On ne s'apprête pas à pendre un homme : on s'apprête à jeter la clé d'un coffre-fort que toute l'île recherche !

Les cris de Gabriel résonnèrent dans la caboche du gouverneur, déjà en proie à de violents maux de têtes. Que croyait-il, le petit frère ? Qu'un jour d'exécution, monsieur le gouverneur rallumait la chaudière au scotch avant midi pour le plaisir ? Pierre-Benoît Dumas connaissait son île et ses habitants ; il connaissait les risques lorsqu'il accepta de prendre la présidence du Conseil. Il se redressa et planta son regard noir dans les yeux de son petit frère, qui se tut sur le champ :

- Tu lèves la voix encore une fois sur moi et je te cloue au mur.

Le gouverneur avait beau être un jeune homme raffiné et élégant, son petit frère l'avait déjà vu faire. Il ne dit plus un mot. Mains derrière le dos, la tête basse et déambulant lentement dans la pénombre, l'aîné reprit :

- C'est un procès militaire : le verdict appartient à la compagnie des Indes. On s'y oppose ou on reste fidèle au roi. Si, à cause du Busard, Bourbon connaît un nouveau soulèvement, ce ne sera pas le premier, ce ne sera pas le dernier.
- Si la compagnie des Indes pouvait nous fournir plus d'hommes et...
- Gabriel, si la France te manque, je ne te retiens pas.

Le cadet baissa les yeux, désolé d'avoir - comme toujours - irrité son frère aimé. Le gouverneur traversa la pièce, ouvrit une petite fenêtre donnant sur l'arrière-cour de l'entrepôt et invita son frère à y jeter un œil.

- La compagnie va faire exécuter cet homme, poursuivit-il. Et nous deux, Gabriel... Nous allons empêcher toute révolte. Ainsi, chacun aura fait son devoir.

Derrière la meurtrière, Gabriel Dumas vit en contrebas une escouade de deux cents soldats. Tous étaient au repos, vérifiant leurs armes, grignotant un morceau de pain ou somnolant sur leurs bardas. Le gouverneur referma la fenêtre, ravi de démontrer qu'une fois encore, il avait pris les devants.

– Fais-leur cerner la place !
– Ce serait les défier, soupira le gouverneur.
– Qui ?
– Les nègres, les marrons, les anciens forbans ; tout le monde...

Pierre-Benoît Dumas retourna sur son sofa. Interloqué, son petit frère vint le rejoindre.

– C'est comme ça que l'on gouverne, dit l'aîné sans honte ni fierté. Se montrer bienveillant en se tenant prêt à frapper.
– Et l'idée ?
– Quoi « l'idée » ?
– Les idées, reprit simplement Gabriel. Les idées de rébellion, les rêves de liberté, tout ce qu'un trésor de pareille somme peut susciter... L'idée : tu as prévu combien d'hommes pour l'affronter ?

Epuisé par les réflexions de son petit frère, le gouverneur s'enfonça dans son canapé, perplexe. Il n'était à présent plus convaincu que d'une seule chose : la peur, c'est contagieux.

Dehors, la rumeur courait déjà. Au galop, elle traversa Saint-Paul depuis la potence jusqu'au petit sentier en lacets qui la reliait à Saint-Denis. Sur les hauteurs de la Montagne, Noirs et Blancs se partageaient les mêmes bribes d'informations, glanées ci et là : *il* était condamné à mort ; *il* serait pendu à Saint-Paul vers cinq heures ; *il* allait enfin sortir de sa cage et tous allaient *le* voir. Nul besoin de prononcer son nom. Les Bourbonnais savaient de qui ils parlaient.

Dans d'interminables cliquetis métalliques, l'essentiel des garnisons de Saint-Denis encadra le grand bâtiment militaire de la rue du Conseil. Il abritait la prison civile, les tribunaux du greffe et la maison de police. Une carriole tractée par deux bourrins, l'un derrière l'autre, fut amenée devant la prison par un détachement de soixante soldats. Un dispositif d'escorte impressionnant mais absolument ridicule, autour de cette minuscule charrette ; une simple cage de fer, plus haute que large, dans laquelle on peinait à croire que l'oiseau tiendrait. Mais s'il avait été plus large, le véhicule n'aurait pu franchir le sentier abrupt qui traversait la montagne. Une piste de brousse étroite et dangereuse qui allait devenir le chemin de Crémont, bientôt éternellement pavé dans le sang d'ébène.

Les soixante militaires pénétrèrent dans le fortin, cernés par la peur. Du port à la Montagne, elle se propageait à toute vitesse jusqu'au cœur de la ville. On avait vu le condamné s'évader de façons rocambolesques dans des situations autrement plus compliquées. Cette fois, ils s'apprêtaient à faire sortir l'animal pour quatre à cinq heures de promenade... jusqu'à la corde. Or La Buse comptait encore quelques amis en vie. La seule obsession de la garnison : l'évasion.

Les militaires s'enfoncèrent dans la prison. Les lourdes portes se refermèrent sur les regards curieux de la ville, laissant les soldats seuls à l'intérieur, avec cette épouvantable odeur de mort. Ils abandonnèrent la charrette et les chevaux dans la petite cour avant d'emprunter, les uns derrière les autres, l'escalier souterrain. Dans le ventre de l'enfer, des torches léchaient un plafond trop bas, dégageant une permanente et irrespirable fumée noire. Tout le long du boyau, des cellules d'un mètre sur deux. Rien qu'à l'odeur, on devinait que la moitié des esclaves enfermés là étaient déjà presque morts. Fraichement arrivé sur l'île, le jeune commandant Sabadin ouvrait la marche, passant fébrilement son flambeau devant chacune de ces cellules et éclairant des visages Noirs devenus gris à force de pénombre. Dans ce lugubre silence, on n'entendait que le bruit des bottes et des fourreaux grattant les murs. Par intermittence, un long bourdonnement résonnait entre les cachots. Plus les soldats s'enfonçaient et plus ils pouvaient sentir le souffle chaud de la bête. Au fond de ce couloir, une porte pleine, verrouillée par trois loquets. Derrière, le minotaure attendait.

Trois claquements. La porte s'ouvrit en grand. Une main sur son mousquet, Joseph de Sabadin balança sa torche dans la cellule, révélant l'ombre du rapace. Déjà enchaîné de la tête aux pieds, le prisonnier redressa son buste puissant, dévoilant ses larges épaules et un bon mètre quatre-vingts au garrot. Le commandant avait préparé les mots de circonstances pour l'obliger à les suivre. Mais face à cette charpente soudainement dépliée, Joseph se pétrifia. L'animal avait une mâchoire puissante et un regard acéré. Des mains de géant et la peau craquelée par les vents salés. Ses cheveux étaient longs, noirs et bouclés. Sur son visage, le dessin d'un léger sourire dont on ne pouvait dire s'il était triste, sincère ou moqueur. Ses yeux débordaient de tendresse. Mais à la lueur de sa torche, Sabadin vit que ses pupilles rayonnaient. Si la bête était enchaînée, l'homme resplendissait.

Olivier Levasseur fit un pas en avant, autant que les chaînes de ses chevilles le lui permettaient. Il releva ses deux poings serrés, cadenassés eux aussi, et inclina la tête avec un léger rictus, prêt à les suivre. Le commandant déglutit, puis recula pour faire passer le prisonnier au centre de la colonne militaire. Là, un homme le prit par les chaînes de ses avant-bras et un autre, derrière, le saisit par les épaules. L'animal sortit de sa tanière pour la seconde fois de la journée. Découvrant la minuscule cage de la charrette, il plissa les yeux, se demandant lui aussi comment il allait bien s'y caler. Un soldat ouvrit le clapier. Cinq autres le contournèrent avec la même assurance que des enfants qui voudraient faire rentrer un taureau dans l'enclos. Silencieux, Levasseur sourit encore. Il grimpa à l'intérieur sans qu'on l'y oblige, se plia en deux, en quatre et enfin, parvint à s'asseoir, complètement recroquevillé. Le commandant Sabadin fit signe à ses hommes. La cage fut refermée, attachée puis verrouillée. Levasseur souriait.

A midi, la charrette quitta Saint-Denis sous bonne escorte. Accompagnant les soldats, les Bourbonnais couraient au rythme des chevaux. Ils escaladaient les façades, grimpaient aux arbres, sautillant dans tous les sens pour le voir. La majorité

Noire le respectait. La minorité Blanche le haïssait. Tous le craignaient autant qu'ils l'admiraient. Si ce n'est pour l'homme et sa légende, au moins pour son trésor.

Dans la cohue, tous ceux qui s'approchaient d'un peu trop près risquaient de caresser les baïonnettes des soldats. L'ascension de la Montagne eut raison des premiers curieux tandis que déjà, d'autres cavalaient à leur rencontre depuis Saint-Paul et La Possession. Mais dès que la piste commença à rétrécir, le commandant Sabadin positionna trente hommes devant la charrette et trente autres derrière. En rangs serrés et deux par deux, personne ne pourrait les croiser sur ce sentier ; personne n'approcherait le prisonnier.

L'épuisant chemin de croix dura plus de quatre heures. Levasseur se taisait. Les poings toujours serrés, il scrutait l'océan tout le long, les flancs de montagne verdoyants et le majestueux ballet de quelques oiseaux qui l'accompagnaient.

Lorsque le convoi dut franchir le semblant de pont de la ravine à Malheur, Joseph de Sabadin ordonna une halte. Les trente soldats de tête passèrent en premier, s'assurant ainsi que le pont tiendrait. Avant de faire traverser la charrette, un sous-officier demanda au commandant s'il n'était pas plus sage de faire sortir le prisonnier de sa cage. Si la passerelle cédait, la carriole basculerait au fond de la crevasse et Levasseur avec. Qu'il se tue dans la chute ou qu'il s'évade, le résultat serait le même : les Bourbonnais ne seraient pas les témoins de cette page d'histoire que la compagnie des Indes souhaitait écrire. Or sans témoins, pas d'histoire...

Sabadin jeta un bref coup d'œil au condamné muet, qui semblait toujours perdu dans ses pensées, les yeux fixés sur l'horizon. Manifestement, le grand saut n'avait pas l'air de le déranger. Le commandant fit avancer la carriole prudemment. Tout doucement. Quand elle se trouva au milieu, les lames de bois du petit pont craquèrent de concert. Levasseur se pencha à travers les barreaux pour contempler le dénivelé : six cents mètres de rocaille verdoyante, entrecoupée de tamariniers jusqu'au rivage où il avait déjà accosté. C'est face à ce cimetière d'esclaves à ciel ouvert qu'enfin et devant tous ces soldats terrifiés, La Buse desserra son bec. Et sans révéler son plaisir, il leur murmura :

– Avec ce que j'ai caché ici, je pourrais racheter l'île.

Comme pour souligner sa phrase, un papangue - un busard de La Réunion - siffla dans le ciel avant de fendre l'air vers la ravine à Malheur, plongeant sur sa proie. Les soldats restèrent cois, de longues secondes immobiles avant que le commandant ne brandisse son épée pour toute réponse :

– Tirez les chevaux !

Le groupe obéit. Les plus jeunes échangèrent des regards ahuris, se rappelant le nom de la Ravine et s'interrogeant sur son histoire. Tant bien que mal, l'escorte funèbre franchit les derniers obstacles et arriva à Saint-Paul, peu avant cinq heures.

Une fois sortis du sentier, il fallut réorganiser les troupes afin de repousser une foule grossissante. L'attente avait échauffé les esprits et les admirateurs les plus virulents pressaient la colonne de soldats pour approcher l'idole. Ou un peu de son trésor ? Dans la mêlée, un gamin de neuf ans, Pino Gambi, se fit bousculer par les soldats. Dix mètres plus loin, il fut ramassé par le commandant Sabadin. L'enfant avait le regard rivé sur cette charrette qu'il n'avait pu approcher. Dans une main, il tenait une pipe à tabac. Il la tendit à l'officier, précisant qu'elle était pour Levasseur. Joseph de Sabadin prit la pipe, ébouriffa les cheveux du marmot - qui détestait cela - et remonta sur son cheval, pour rattraper la carriole. Quand il fut à hauteur du prisonnier, le commandant alluma la pipe et en aspira les premières bouffées avant de la lui tendre. Les graines de zamal[3] lui piquèrent la gorge jusqu'à le faire tousser. La Buse saisit l'objet, tira quelques taffes et sourit encore. Intrigué, Sabadin se retourna brusquement : l'enfant avait disparu. Il insista pour récupérer la pipe. Le Busard la lui rendit. L'inspectant, l'officier

---

[3] Cannabis.

trouva un signe gravé sous le fourreau ; une croix surmontée d'un point ; la marque de la confrérie.

Sabadin crut que son cœur allait se décrocher. D'un coup de talons sur les flancs de sa monture, il remonta sa colonne au galop pour ordonner de presser le pas : la potence n'attend pas.

Devant la place du marché, dans l'entrepôt de la compagnie des Indes, Gabriel Dumas faisait les cent pas. Soudain, un brouhaha ! Se précipitant à la fenêtre, il vit la foule immense s'agglutiner autour d'une charrette et d'une escouade de soixante soldats. Au trot, son grand frère arriva derrière lui :

« On y est ! » lança-t-il, presque amusé, avant de dévaler les escaliers.

Gabriel ne bougea pas, contemplant son aîné, fasciné. Dehors, il vit le gouverneur sortir en toute hâte, accompagné par messieurs Dumesnil et Villarmoy, ainsi qu'une troupe de militaires. Premier conseiller, Gabriel se ressaisit et courut dans les escaliers pour les rattraper ; si les choses devaient dégénérer, son absence serait inqualifiable. Sur la place, leur présence à tous suffit à calmer les esprits. Et un léger silence se fit, tandis qu'on amenait la charrette sur le parvis de l'église. Tout autour de la place, des centaines de paires d'yeux scrutaient le pirate recroquevillé dans sa cage. La voiture s'arrêta. Et dans un bruit de chaînes emmêlées, on fit sortir le prisonnier de son clapier. Au beau milieu de cette foule interdite, maintenant cerné par une centaine de soldats armés, Levasseur déplia lentement sa grande carcasse. A quelques mètres à peine, le gouverneur Dumas le regardait droit dans les yeux. La Buse ne l'envisagea même pas.

Un très vieux prêtre se présenta face au forban. L'abbé Jean René Abot jouissait d'une immense popularité auprès de ses paroissiens. Durant la récente épidémie de variole, il avait bravé la maladie pour (tenter de) soigner plus d'un millier de personnes – il en sauvera quatre cents ! Il était exténué, mais aimé. Cela changeait de ses prédécesseurs, dont l'un avait même été surnommé par le gouverneur : « bouteille bretonne prête à casser ». L'abbé Abot tendit une torche ardente et une bible au condamné, afin qu'il fasse pénitence. Droit dans les yeux, le pirate lui sourit. Devant le désarroi du vieux prêtre, Pierre-Benoît Dumas claqua des doigts ; qu'on abrège !

Dix soldats se jetèrent sur le condamné, reléguant le vieil abbé au second plan. Le commandant Sabadin ouvrit la marche avec cinq autres de ses hommes, entraînant le condamné et le curé de l'autre côté de la place. Là, Olivier Levasseur découvrit la potence dressée devant lui, entre le monde et la mer. La lumière du soleil rasait l'océan et toutes ces têtes sombres, qui le dévisageaient bouche bée. Levasseur fit encore quelques petits pas, droit vers le gibet, son éternel sourire aux lèvres. Pour tous, il avançait vers la mort. Lui ne regardait que la mer. La mer et encore la mer.

L'escorte fendit une foule, de plus en plus compacte, sous les regards inquiets des membres du Haut Conseil. Le premier d'entre eux, le jeune gouverneur, faisait bonne figure mais secrètement, serrait les dents. La mélodie de chaînes cliqueta jusqu'aux premières marches de l'échafaud. Là, Levasseur s'arrêta, le visage tourné vers l'océan. Sabadin voulu presser le condamné. La Buse ne bougea pas. Les soldats se regardèrent entre eux, désemparés. L'un voulut sortir son sabre, sa seule assurance face au forban enchaîné. Le commandant l'en empêcha ; ils n'allaient pas le tuer deux fois.

Olivier Levasseur prit une interminable inspiration. Puis il se retourna vers le bourreau, visiblement impatient. Il monta les marches et lui sourit, à lui aussi. La potence était là, l'exécuteur jeta une corde par-dessus le portique. Au bout, le nœud coulant. Le verdict dit toujours « pendu et étranglé jusqu'à ce que mort s'en suive ». Les mots ont un sens.

Les poings devant lui, toujours cadenassés et fermement serrés, le rapace s'arrêta un court instant. Il pencha la tête en souriant, observant l'instrument de mort qu'il voyait d'aussi près pour la première fois. Sur la place, dans les arbres et jusque sur les toits, six cents paires d'yeux de toutes les couleurs le dévoraient en silence. Au fond, Pierre-Benoît Dumas et son petit frère retenaient leur souffle.

Sabadin repassa derrière le supplicié pour le faire avancer. Refusant qu'on le touche, Levasseur se décala. Ses derniers pas, il les fit seul, jusqu'au bord de l'estrade. Le commandant ne le quittait pas des yeux. Aux pieds du forban et juste au premier rang, il aperçut le petit Pino. Le bambin de neuf ans se tenait droit lui aussi, apparemment seul, sans parent. Qui peut bien laisser un enfant de cet âge assister à une exécution tout seul ? L'exécuteur de Haute Justice s'approcha, proposant un bandeau noir au condamné pour cacher ses yeux. L'attention sembla amuser le flibustier :

« Plutôt mourir ! »

Elégant, le bourreau rangea le tissu dans une poche et revint derrière le condamné afin de passer la corde autour de son cou. Levasseur releva le menton pour l'y aider. Sur son côté, les jeunes gardes contemplaient la scène, médusés. Suant à grosses goutes, Sabadin fut pris d'un mauvais pressentiment. Il balaya la foule du regard et subitement, vit Pino et un homme échanger un sourire. L'inconnu semblait en âge d'être son père mais se tenait à une trentaine de mètres, perché dans un manguier. Affolé, Joseph de Sabadin jeta un œil vers l'autre côté de l'estrade, où stationnaient dix soldats. Rien. Mais quand il revint au forban, Pino n'était plus là. A sa place, l'officier trouva un homme encapuchonné, tirant sur une pipe, tête baissée ; le premier spectateur d'une exécution à ne pas regarder... l'exécution ! Sabadin voulut bousculer le protocole et lancer la pendaison. Mais au même moment et presque par réflexe, l'exécuteur demanda au condamné s'il souhaitait s'exprimer. Levasseur opina du chef ; la foule entière se tut. Près de l'entrepôt, les frères Dumas devinèrent l'inquiétude soudaine de leur commandant et se figèrent, désarmés. La Buse tendit ses poings serrés devant son public. Ravalant sa salive, Sabadin réalisa que depuis sa sortie des entrailles de Saint-Denis, le minotaure n'avait jamais desserré ses griffes. La tête haute et le dos droit, le Busard ferma les yeux en soupirant puis, comme s'il prenait son envol, il ouvrit grand ses mains. Un parchemin chiffonné s'en échappa. D'une voix forte, il lança alors :

« Mon trésor à qui saura comprendre ! »

Et la foule rugit.

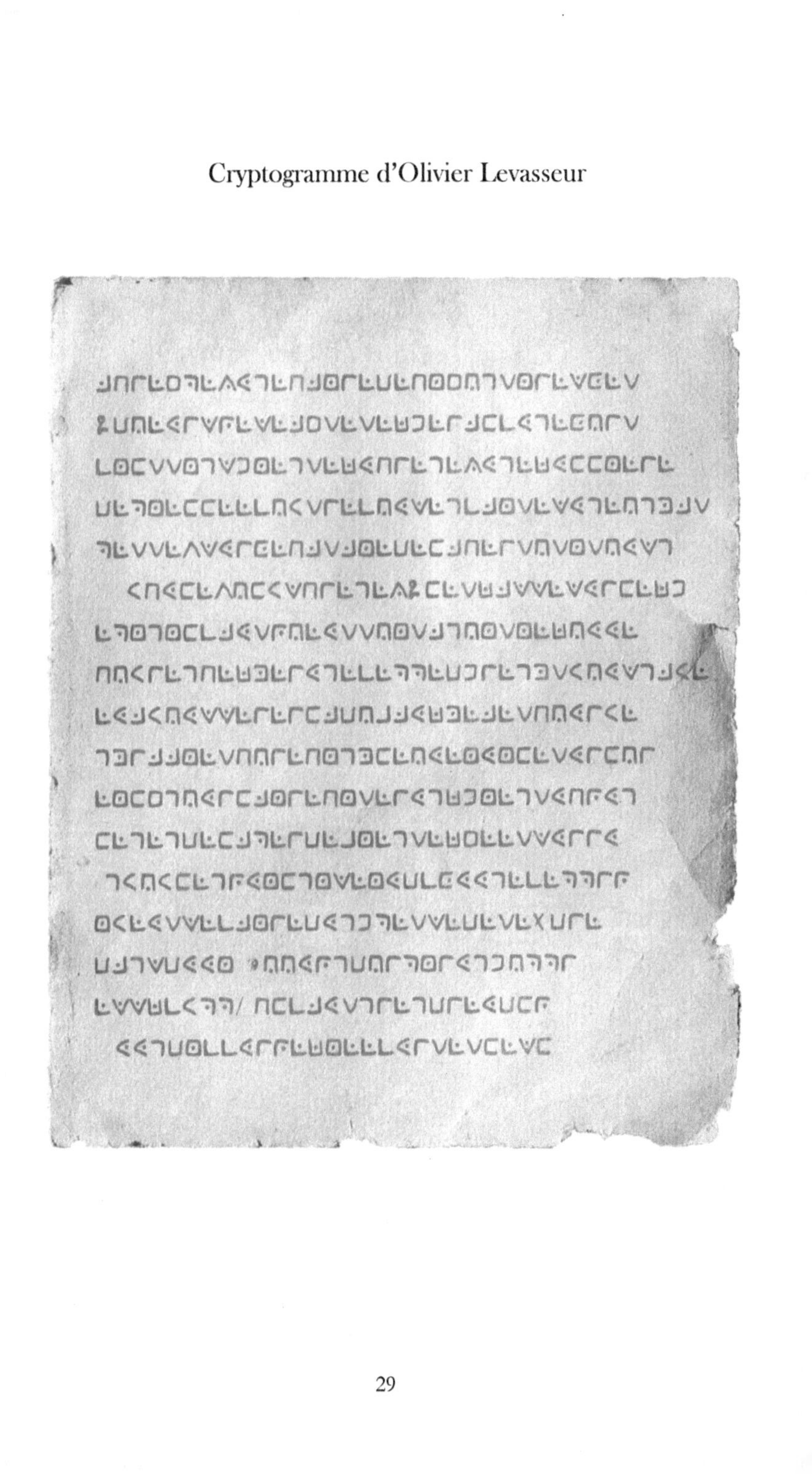

Cryptogramme d'Olivier Levasseur

Prise de la *Nossa Senhora do Cabo*
Saint-Denis
Ravine à Malheur
La Possession
LA RÉUNION
Saint-Paul

– Chapitre I –

Cent ans d'avance

Quarante ans plus tôt au fond d'un lit de plumes, Louis Labous tirait doucement sur une pipe, la fille de l'homme le plus puissant de toute la Bretagne dans ses bras nus. Elle faisait semblant de tout, surtout de rien, et disait l'aimer. Si elle savait ! Lui se taisait ; il calculait le temps qu'il lui restait. Avant la fin du monde ; avant la fin de sa vie ; avant de découvrir le Nouveau Monde ; d'entamer une nouvelle existence. Combien de temps avant de pouvoir embarquer, lui aussi, comme un aventurier ? Difficile à prévoir... Etant élève officier, son départ dépendait de ses résultats. Les siens étaient médiocres, au point que les maîtres de l'académie les avaient affichés dans leur salon d'honneur. Pas de quoi empêcher le cancre de compter les jours avant que le *Royal Revanche* ne lève l'ancre : douze ! Passer sur la liste des officiers du bord, était pour lui l'affaire de deux ou trois jours. Convaincre le capitaine, une heure ou deux. Persuader l'académie : impensable. Alors, Louis eut une idée :

– Dis ? lui dit-elle. Tu m'aimes ?
– Oui !

Sur le guéridon, près de la porte d'entrée : son habit d'élève officier, avec ses boutons cousus d'or. Sur la chaise du secrétaire, son chapeau et ses souliers. Sur le secrétaire, son pantalon. Et soigneusement égarée sous le lit ; son épée. A midi moins dix, les grilles de l'entrée principale grincèrent, comme chaque dimanche sur deux. La belle Hélène Rousselet était trop éprise pour se souvenir que son père, absent deux dimanches par mois, rentrait souvent déjeuner lorsqu'il était là.

A la réflexion, Louis se dit qu'il était sévèrement gonflé de se taper la fille de François-Louis Rousselet, marquis de Châteaurenault, lieutenant de Haute et Basse-Bretagne, chevalier de l'ordre du Roi, grand croix de l'ordre royal et militaire, vice-amiral du Levant et maréchal de France. Elle avait succombé en un clin d'œil à ses yeux vert clair, ses courtes boucles noires et malgré son nez, un roc imposant que l'on remarquait en premier. Subjuguée par ce qui les faisait toutes fondre : sa bouche bien dessinée et sans doute aussi, son culot. Louis était une bonne nature ; un brin ironique, toujours optimiste. Surtout, du haut de ses dix-huit ans, c'était un égoïste décomplexé !

Lorsqu'Hélène crut reconnaître le pas de son père au rez-de-chaussée, elle bondit du lit, complètement paniquée. Louis ne bougea pas, concentré sur les volutes de ses dernières bouffées.

– Mon père est là, répéta-t-elle à voix basse, désespérée.
– Oui, oui. J'ai entendu.

Ahurie, Hélène se jeta sur quelques vêtements pour se couvrir. Elle lui balança également son pantalon, qu'il enfila sereinement. Elle sautillait d'un bout à l'autre de la chambre, terrifiée à l'idée de se faire prendre. Louis rampa sur les couvertures avec un grand sourire charmeur, lui demandant ses chaussures. Elle les lui jeta au visage. Lui se mit à rire.

– Mais il va t'entendre, idiot !
– Et alors ? Tu m'aimes, non ?

La jeune Hélène devint blême : comment renier ses propres mots et à la fois le sauver, cet amant effronté ? Le temps, que Louis aimait compter, s'amenuisait. Il attrapa sa veste et son pistolet. Sa chemise nouée autour de la taille, sa veste sur ses épaules nues, il ouvrit la fenêtre donnant sur la cour arrière du petit palais du marquis. Quatre mètres plus bas, un grand jardin - taillé au cordeau - cerné par un mur d'enceinte. Louis enjamba la fenêtre.

– Tu es fou ? s'emporta la pauvre enfant. Il va te tuer.
– Retiens-le, mon amour !

La porte de la chambre s'ouvrit en grand. Louis n'attendit pas et sauta dans le vide, avec panache, comme dans les récits de corsaires qu'il adorait lire. Après s'être ramassé le museau dans les graviers, il se mit à cavaler. Le marquis surgit dans l'encadrement de la fenêtre : un coup de feu claqua. Hélène hurla ! Le père aussi. Et Louis courut. Aussi vite que possible. Au bout de la piste, juste après les derniers arbustes, une petite fontaine.

– Gardes ! hurla le marquis. Gardes !

Louis fonça droit vers la fontaine. Comme un peu plus tôt, Hélène plaqua ses mains sur ses lèvres pour ne pas gémir. Son amant sauta sur le rebord ; y prit appui ; sauta encore ; atterrit maladroitement sur le mur et bascula. Un petit vol et l'oisillon disparut... sous les balles, déjà. Le marquis mugit encore. Si fort qu'au loin, Louis l'entendit, ravi : la poursuite pouvait commencer !

Il déboula dans une rue commerçante. Bousculant tout sur son passage, passants, charrettes, étals, s'excusant à la volée. A ses trousses, une petite garnison vociférante. Vingt soldats beuglant dans le vide : « Arrêtez-le ! »

Fêtards, ivrognes et bagarreurs, les élèves officiers de la compagnie des gardes de la marine - une académie navale fondée par Colbert - traînaient une sale réputation. Les Brestois préféraient donc ignorer la ménagerie lorsqu'elle passait en ville. Sans grand espoir de duper ses poursuivants, Louis escalada un muret. Même dans les pires embrouilles - et Dieu sait s'il s'y connaissait pour se mettre dans le pétrin - son âme et son cerveau fonctionnaient en deux temps : l'instinct et la raison. Et son étrange mécanique traitait également les deux types d'impulsions. Sous des dehors chien fou, le beau gosse aux abois se révélait, en toute innocence, un tacticien hors norme. Le dédale de la ville défilait dans sa tête à grandes enjambées, il venait d'arriver dans la cour des miracles : le quartier des Sept-Saints. Il continua de galoper, enjambant les stigmates de toutes les infirmités, réelles ou contrefaites, sur lesquelles les gueux des rues, borgnes, manchots, culs-de-jatte...

comptaient pour survivre. Oubliés de la croissance que l'armée avait apportée à la ville, les miséreux apprécièrent le spectacle de ce jeune fuyard, haletant, incroyablement seul contre toute une armée. La ville résonnait des coups de sifflets des garnisons et du bruit des bottes, se rapprochant dangereusement. Instantanément, les estropiés entrèrent en action. Et en un rien de temps, bousculant un étal, renversant un chariot, ils envahirent le cœur de la place, qu'ils bloquèrent.

Le piège improvisé fit gagner quelques précieuses secondes à l'élève officier. Mais ce ne serait pas suffisant. A peine sorti des ruelles sombres, Louis entendit d'autres coups de sifflets par dizaines : il était repéré et l'alerte se propageait plus vite qu'il ne l'avait prévu.

« De mieux en mieux », se dit-il.

A l'angle d'une rue, il avisa une bâtisse dont la porte ne semblait pas verrouillée. Il s'y engouffra. A l'intérieur, une femme d'âge mûr était assise dans une baignoire en bois, entièrement nue. Les bains, tout comme les latrines publiques étaient à la mode depuis que Louis XIV y avait pris goût. La location de baignoires était devenue une pratique courante, pas les ablutions en public. A la vue du fugitif, la baigneuse bondit de trouille ! Elle cria à s'en arracher les cordes vocales. Pétrifié, Louis recula, les mains en avant comme pour s'excuser, encore. Il rebroussa chemin, trébuchant dans la rue. A l'évidence, il n'appartenait pas à la race des brigands. Et pourtant...

Entendant les hurlements, les soldats se précipitèrent dans sa direction. Louis reprit sa course de plus belle, longeant les murs de pierres. S'il gagnait la rue Galilée, il était sauvé. Un coup de feu claqua, faisant exploser la rocaille. Des éclats sautèrent sur ses cheveux. Louis se retourna. Deux gardes le tenaient en joue sans même s'arrêter de courir. Il se jeta sur sa droite, dévalant à toutes jambes un petit escalier qu'une enfant rousse remontait, un panier de pommes à son bras. Glissant sur la rambarde comme un boulet de canon, Louis renversa la petite, le panier et les pommes, lançant juste un « pardon » à la pauvrette échouée contre les marches, qui regardait ses pommes se déverser.

Déjà, du haut de l'escalier, les soldats se remettaient à tirer. Une balle ricocha sur la rampe en acier, manquant de tuer la petite rouquine. Rattraper le fugitif était visiblement devenu l'urgence. Louis sauta les neuf dernières volées, s'écrasant le nez sur les pavés. Dans une roulade, il parvint à se ramasser, détalant de plus belle vers le chapiteau du vieux marché. Les toiles étaient encore en place. Toujours à pleine vitesse, Louis enleva une petite hache abandonnée sur un étal. Un commerçant bondit alors de sous la table, rejoignant en hurlant la horde guerrière. Les soldats, maintenant plus de cinquante, avaient ordre de rattraper le fugitif, mort ou vif. On aurait dit que le sort de Brest et de ses habitants dépendait de la prise. Hache en main, toujours suivi par une foule grandissante, Louis courait maintenant vers un mât dressé au milieu de la place et d'où partait une myriade de cordages. Un à un, à coups secs, il trancha tous les câbles. Au dernier, il sauta aussi loin qu'il le put pour s'extraire du piège de tissu qui s'abattit sur la soldatesque.

A fond les ballons, Louis échangea un quartier pour un autre, constatant qu'à présent, la ville entière résonnait du bruit des sifflets et des bottes. Une centaine de soldats devait maintenant être à ses trousses. Quittant la rue de l'Egout, il dut choisir entre longer l'arsenal de la Penfeld ou s'enfoncer dans la ville. Croiser trois cents soldats de plus, passer devant l'ancien bagne et le local de la Marine ou couper devant deux casernes avant de rejoindre la rue Galilée ? Foutu pour foutu, Louis préféra courir le long de la rivière : contrairement à des milliers de soldats, lui savait nager !

En cavalant devant l'ancien bagne, il croisa un groupe de quinze soldats, fusils en mains : tous lui tournaient le dos, attendant l'arrivée de l'évadé après lequel courait tout Brest. Louis les frôla à toute allure. L'un d'eux se retourna et vit, loin derrière sur les quais, ses collègues débouler. A peine débarrassés des monceaux de toiles qui leur étaient tombés sur le râble, ils étaient enragés. Le soldat comprit et ouvrit le feu. Louis bondit vers l'esplanade avant d'avoir passé le local de la Marine. Il fonçait maintenant droit sur la caserne de l'infanterie coloniale, d'où jaillirent d'autres coups de sifflets. Pour sûr que s'ils l'attrapaient, il allait déguster ! Il arriva au jardin botanique. D'un coup d'œil par dessus l'épaule, il découvrit les troupes furieuses de ses poursuivants. Plus aucun civil à l'horizon. Que des tuniques. Et droit devant, sur l'esplanade, la mauvaise surprise : une compagnie de gardes de la marine en plein rassemblement. Sans autre issue, Louis courut plus vite encore. Sans s'arrêter, il détala sur l'esplanade, croisant tous ses camarades de troisième année. La plupart - instructeurs inclus - le méprisaient, le jugeant irrévérencieux, provocateur et arrogant ! Tous étaient au garde-à-vous, bien incapables de bouger la moindre oreille. Louis y vit sa chance et alors qu'une escouade de plus en plus massive arrivait sur le parvis, il fonça dans le carré d'élèves-officiers, fendant le rassemblement comme une motte de beurre. Il bouscula ses camarades, tout en veillant à éviter leurs lames et surtout, ne s'excusant pas : lui non plus, ne pouvait pas les encadrer !

Lorsqu'il arriva à l'homme de base, Louis bondit pour prendre appui sur le bas de son dos. La pauvre référence du peloton bascula en avant sous le regard stupéfait de l'adjudant Desroches, qui venait de voir son rassemblement en ordre serré éclater. Déjà, des centaines de militaires envahissaient l'esplanade, cherchant à le débusquer au milieu de toutes ces vestes bleues.

Louis s'était envolé, escaladant l'échafaudage de l'entrepôt maritime encombré des pièces qui serviraient à la construction d'un pont sur la Penfeld. Ses poursuivants le virent s'accrocher à la charpente, grimpant quatre mètres, puis six, puis dix. Ils se précipitèrent dans le ventre de l'entrepôt, certains prirent les escaliers pour l'attraper sur les toits. D'autres investirent la cour.

Dehors, sur le parvis, les troisièmes années levaient le nez, effarés. Dix mètres plus haut, l'élève Louis Labous glissait sur les lames de l'échafaudage avec une assurance déconcertante. Passant son buste entre deux poutres, il roula sur les toits de l'entrepôt. Une porte s'ouvrit sur sa gauche : trente soldats en sortirent. Une autre sur sa droite : ils étaient plus nombreux encore. Louis voulut courir vers le bord opposé. Il entendit les dizaines de fusils que l'on braquait sur lui et s'arrêta, enfin. Dos au vide et face à la mort, il leva les mains, prêt à se rendre. De la cour intérieure, montait l'infernal bourdonnement du chargement des fusils. Il s'en doutait : au moindre geste, il finirait truffé de plombs. Dix mètres plus bas : une rivière de carrosses et de voitures embouteillées... dans la rue Galilée.

– C'est fini gamin, lança un soldat ; c'est trop haut pour toi !
– M'en parlez pas.

Tête baissée, souffle court, Louis plissa les yeux et passa deux doigts sur sa tempe, pour les saluer. Puis, écartant les bras, il bascula en arrière en un étonnant salto christique. Arrivés à l'endroit d'où il venait de sauter, les soldats ne purent que contempler le gigantesque bouchon, formé par les dizaines de diligences qui tâchaient de se créer un chemin. Penchés sur le bastingage, certains remarquèrent une botte et un carrosse arrêté, dont le toit semblait arraché. L'accident immobilisa toute la chaussée, collant les voitures les unes aux autres. Interdits, les soldats comprirent l'astuce et relancèrent la poursuite de plus belle, à grands coups de sifflets. Mais déjà, Louis crapahutait sous les voitures, passant d'un essieu à un autre avant de se jeter, ventre à terre, dans un caniveau, d'où il se laissa tomber au fond d'une cave. Dans sa chute, il renversa un seau en bois plein de pisse. Au même moment, les gardes envahirent la rue et l'ombre de leurs bottes passant devant le soupirail s'imprima sur le mur.

– Oh c'est pas vrai, s'exclama une voix fluette ! Ne me dis pas que tout ce ramdam dehors, c'était pour toi ?

Louis se releva tant bien que mal, avec un petit sourire fiérot :

– Qui d'autre ?

Derrière un pupitre éclairé par trois bougies, William Cormac rangea ses papiers. C'était un jeune Irlandais au physique disgracieux, parlant fort bien le français, malgré un accent à couper au couteau. Comme d'autres, il le devait à Guillaume dit le Conquérant ; car avant de devenir roi d'Angleterre[4], le Bâtard était duc de Normandie. Une fois au pouvoir outre-Manche, il fit venir près de lui les grands nobles normands et imposa le français comme langue officielle ; l'anglais - langue des vaincus - restant celle du petit peuple. Jusqu'à la fin du quatorzième siècle, le français se maintiendra auprès des nobles, avant d'être petit à petit englouti par l'anglais[5]. Mais les personnes éduquées comme l'était William Cormac en gardèrent longtemps quelque chose.

Si Louis répondait parfaitement à la définition du cancre, son ami William était un étudiant brillant, à l'imposante mémoire. La mémoire, c'est justement ce qui faisait le plus défaut à l'élève officier. Il souffrait d'un mal étrange : dès qu'une conversation s'engageait, une petite voix s'élevait dans sa tête, décrétant le sujet intéressant ou non. Et toute réponse négative mettait instantanément sa mémoire cérébrale au repos. En définitive, Louis ne retenait rien hormis ce qui touchait directement sa petite personne, les femmes qu'il avait en tête ou l'alcool.

L'exact opposé de Cormac, qui s'échinait depuis sa naissance de déjouer le malheur à force de sérieux. Sur ces terres où depuis des lustres, Irlandais et Ecossais affrontent le royaume d'Angleterre en un entrelacs de détestation religieuses, sociales et politiques, les enfances sont plus souvent piétinées qu'heureuses. De ce côté là, William avait tiré le gros lot. Sa mère à peine enterrée, son père était pris par les soldats de Charles II pour pratique de culte interdit, cueilli au nid ! Le petit William ne devra sa survie qu'à l'aide d'un voisin qui, faute de pouvoir l'établir, assurera tant bien que mal son éducation. Rêvant d'un monde plus juste où sa patrie retrouverait son indépendance, William étudia le droit. Et comme la haine de l'Anglais ouvrait les portes et les cœurs de certaines régions de France, il se retrouva en Bretagne où il

---

[4] De 1066 à 1087.

[5] Depuis le milieu du XVIe siècle, les armoiries des souverains d'Angleterre portent les mentions : « Honi soit qui mal y pense » et « Dieu et mon droit ».

rencontra Louis, près de l'académie. Ces deux-là s'apprécièrent immédiatement. Isolés dans un monde dont les ambitions leur semblaient dérisoires, ils ne s'en sentaient absolument pas solidaires. Chacun s'était, jusque là, pressenti différent. Leur rencontre prouvait qu'ils avaient raison. Surtout après une nuit à redessiner la vie autour de quelques bouteilles... C'était en France, en 1687, avec cent ans d'avance...

William s'était installé dans ce taudis ; un sous-sol à double avantage : il ne lui coûtait rien et lui permettait de se cacher. Parfois, le destin ne vous lâche pas. William s'y était habitué. L'Europe, rudement éprouvée par les grandes ambitions de Louis XIV, s'inquiétait de ses préparatifs pour conquérir le trône d'Espagne. L'Angleterre tenait à surveiller les ambitions françaises, ses espions étaient partout. Et pour eux, ce petit Irlandais ami d'un élève officier eût été bien inspiré d'approcher tous les officiers de l'académie navale. Evidemment, s'il refusait on retrouverait son corps dans une décharge brestoise. D'un autre côté, s'il se faisait prendre par les Français, on le retrouverait probablement aussi dans une décharge brestoise. Qui se soucierait de ce jeune orphelin apatride ? Personne à part Louis et le type chargé de brûler les décharges brestoises...

Pris au piège, William était pétrifié. Louis avait d'office déconseillé le retour précipité au pays ; les terres irlandaises seraient le premier endroit où les Anglais, pour mieux le débusquer, répandraient la rumeur de sa collaboration. Le piège était imparable, William n'avait nulle part où aller. Si ce n'est vers le Nouveau Monde, comme le lui proposaient justement les espions de la Couronne. Contre quelques indiscrétions, le jeune Cormac se vit promettre un acte de propriété et le droit d'exploitation d'une plantation de Charles Towne[6], en Caroline du Sud.

---

[6] Charleston.

– Pas dégueulasse comme offre, avait conclu Louis.

A Brest, le *Royal Revanche*, navire civil armé, doté par lettre de marque d'un équipage corsaire, s'apprêtait à rallier le Nouveau Monde, justement. Etre corsaire, c'était endosser - sous couvert de la loi - la livrée du pirate, la lettre de course autorisant à piller, tuer et ravager tout ce qui ne portait pas les couleurs de son roi. S'ils étaient pris par l'ennemi, pirates et corsaires finissaient pareillement, au bout d'une corde. L'envoi massif de corsaires sur les mers avait l'avantage d'éloigner de la marine traditionnelle quelques brebis galeuses qui ne devaient leur salut qu'à leurs talents ou leurs rangs. Et ces « pirates légaux » œuvraient plus ou moins pour les services secrets de Sa Majesté.

L'équipage du *Royal Revanche* n'était pas encore complètement constitué. Louis, malgré son désir brûlant de goûter au Nouveau Monde, n'avait que peu de chances de l'intégrer. Dans l'univers de la marine militaire, il était un objet naviguant non identifié. Dès son entrée à l'école militaire, il avait eu droit au rabâchage martial : il devrait « faire et être, incarner et représenter » mais surtout ne jamais penser. Encore moins contester. Rester à sa place. Garder les rangs serrés. Ne pas s'interroger. C'est ainsi que ses amis et lui seraient à la hauteur de leur nouvelle appartenance à « l'élite du royaume » ! Amusé par l'expression, Louis s'était retourné vers ses compagnons, ne voyant qu'une bande d'adolescents plus ou moins bien éduqués, prisant l'alcool, les fêtes et les jolies filles. Comme lui, mais prêts à donner le change. Lui, était surtout prêt à obéir à ses passions avec toujours cette petite voix qui lui éteignait le cerveau dès qu'un discours l'ennuyait. A l'exception des cours de stratégie militaire et de combats rapprochés, ses résultats étaient catastrophiques.

En larguant les amarres, il suivrait les traces d'Alessandro Cajal, son grand-père. Soldat aux ordres du roi d'Espagne, Cajal guerroyait contre la France. Il servait Philippe II d'Espagne, qui poursuivait avec succès un conflit entamé par son propre père, Charles Quint. Réussite que les divisions de la France favorisaient grandement. Lorsque les Espagnols débarquèrent en Bretagne, Henri IV, roi de France contesté, ne dut son salut qu'à des hommes comme Alessandro Cajal ; des agents doubles très spéciaux, communiquant entre eux au moyen d'un code oublié depuis près de trois siècles : l'alphabet templier. Une suite de formes géométriques, d'angles, de triangles et de carrés munis de points. Ces caractères particuliers confondaient tout profane qui aurait essayé de les décrypter. L'ordre du Temple ayant été éradiqué dans toute l'Europe un vendredi 13, d'une manière aussi brutale que spectaculaire, tout ce qui s'y rapportait, dont l'alphabet, avait sombré dans l'oubli. Excepté dans certains villages espagnols où le mythe de ces chevaliers protecteurs avait survécu. Cajal était de là-bas. A partir de ces signes, qu'il maîtrisait sur le bout des doigts, il fit l'un des codes qui sauverait le roi de France, lui permettant même de reprendre Amiens et la Bretagne.

En 1598, Alessandro faisait partie du petit commando travaillant en secret aux tractations qui aboutiraient à l'édit de Nantes et rétabliraient le calme entre protestants et catholiques. Finalement, le 2 mai de cette même année, la paix de Vervins mettait fin à près d'un demi-siècle d'une guerre au cours de laquelle Alessandro Cajal avait plusieurs fois dû choisir entre deux loyautés. Les services rendus à la France plaçaient l'Espagnol en situation délicate ; seule la protection d'Henri IV lui évita le pire. Il intégra donc la noblesse d'épée pour douze courtes années, le poignard que Ravaillac planta dans le cœur de son protecteur menaçant brutalement sa sécurité. Destitué de son rang, Alessandro fut contraint de troquer son flamboyant patronyme pour un humble La Boue, avant de s'installer dans un modeste moulin près de Reims. Il y vivra quinze pauvres années de honte, persécuté par tous, à commencer par les officiers des douanes. Un soir, il retrouvera la compagne qui lui avait donné un fils, Olivier, morte sous les coups d'une soldatesque avinée. Alejandro, que ces années d'humiliation avaient définitivement brisé, se laissa partir doucement, glissant à grandes lampées d'alcool vers des cieux qu'il espérait moins cruels. Juste avant de mourir, il obtint pour l'honneur de son fils un aménagement de son état civil ; transformant son nom en Labous.

De l'héritage de son père, Olivier ne garda que trois choses : un nom, une fierté ombrageuse, et un petit bout de papier, plié en quatre ; un message muet, car écrit en un alphabet templier dont le jeune homme ne connaissait rien. Illettré, Olivier ne prêta pas attention à cet ultime cadeau, qu'il conserva cependant toute sa vie. Même lorsque, pour intégrer l'armée, il vint s'installer à Calais. Là, Olivier rencontra Anne-Marie Levasseur. Une femme venant des îles, qui ne lui avouera jamais son précédent mariage, avec François Levasseur, premier gouverneur de l'île de la Tortue.

Ingénieur et ancien officier de la marine, Levasseur courait les Antilles pour en chasser les Espagnols sur ordres du roi. En 1639, il était nommé directeur des fortifications de Saint Christophe, une petite île au Nord de la Guadeloupe. Mais l'année suivante, François Levasseur était chargé par le roi de reprendre l'île de la Tortue, abandonnée aux négociants clandestins, petits pirates et receleurs en tout genre. A cette époque, l'îlot n'est pas encore la base arrière de forbans qu'il deviendra. C'est François Levasseur lui-même, qui lui donnera cette impulsion. Il y débarque avec une compagnie de cent soldats et rapporte au roi de France en avoir chassé les Anglais et les Espagnols. En réalité, personne n'est parti. Et Levasseur décide d'exonérer les îliens de toutes taxes. Les affaires (illégales) prospèrent. Comme le roi reçoit d'autres rapports que ceux de François Levasseur, il s'aperçoit que celui qu'il a fait premier gouverneur de l'île a menti. Les soldes tardent bientôt à arriver, isolant un peu plus l'officier et ses hommes dans ce paradis de la flibuste en devenir. Levasseur prend rapidement la mesure de la situation. Il fait construire un fort (qu'il baptise le fort de l'Enfer) et l'arme consciencieusement. Pour ne pas énerver la population, il enrôle dans sa propre compagnie des îliens qui deviennent soldats tout en restant brigands. François Levasseur fait ensuite détruire toutes les églises, toutes les chapelles de la Tortue. Plus de Dieu ! Plus de maître ! Seulement lui !

A court d'argent, il lève un premier impôt, que les autochtones prennent mal. Et ce n'est pas les femmes - que Levasseur fait venir en nombre - qui suffiront à les calmer. Parmi elles, Anne-Marie, rachetée elle aussi à une maison close. En 1648, les Anglais tentent de prendre l'îlot. Grâce au fort de l'Enfer, François Levasseur les repousse. Dès lors, la France n'a plus la main. Levasseur instaure des taxes, toujours plus lourdes. Le gouverneur est devenu un tyran, autoritaire, alcoolique et violent. Il épouse Anne-Marie de force et l'engrosse pour mieux l'enfermer ! Une fausse couche plus tard, Anne-Marie gagne sa liberté en le dénonçant à un émissaire secret dépêché par le roi.

En 1652, l'envoyé des autorités françaises, Bertrand d'Ogeron de La Bouëre, ancien boucanier de Saint-Domingue, emprisonne François Levasseur, accordant à sa femme, en échange de ses services, de rentrer en France.

Huit ans plus tard, Olivier Labous épousait Anne-Marie Levasseur et, le 5 mars 1665, tous deux donnaient naissance à un petit garçon prénommé Louis. L'enfant grandit dans la petite bourgeoisie militaire. Il échappa à la peste noire venue de l'Est en se tournant vers la carrière de soldat. Ses années de formations le sauvèrent des grippes espagnoles, des étés caniculaires, des inondations ou des hivers si rudes que la mer fut gelée le long des côtes françaises, anglaises et hollandaises... Sa mère elle, n'eut pas cette chance. Quant à son père, Olivier Labous, il disparut au champ d'honneur sur le front hollandais, en 1679. Avant de choir, il aurait crié « pour le roi ». Louis balayait cette image d'un revers de la main. Il avait passé moins de temps avec son père qu'au sein de la structure militaire. Où l'armée tenta de lui inculquer un ordre qui le transforma en anarchiste convaincu.

De cette obscure filiation, Louis ne garda finalement que la gloire du grand-père ; toute entière contenue dans un message aux formes géométriques. Curieux de tout, Louis était le contraire de son père. Bien que paresseux, il lisait beaucoup et apprenait sans cesse, ce qui avait fini par lui donner une forme de culture éclectique. Aussi, après quelques années de recherches, il trouva un ouvrage lui permettant de remplacer les hiéroglyphes par des lettres latines. En une nuit, il traduisit le fameux message templier. Et lorsqu'il put enfin lire le texte complet, il éclata de rire. Un rire joyeux et tendre qui le transporta de bonheur.

Le cryptogramme bercerait toute sa vie... tant qu'il le garderait sur lui.

Dans la cave de William Cormac, l'ambiance était électrique. Le fugitif attrapa un torchon pour essuyer sa veste et son pantalon maculés d'urine, avant de saisir prestement une bouteille de vin. Entre deux gorgées, Louis se mit à râler :

– Tu vis comme une bête ma parole ! Tu vas finir par crever comme un rat dans ce cachot pourri !
– Mais qu'est-ce que tu viens m'emmerder avec l'humidité ? s'emporta William. D'où tu viens, d'abord ? Qu'est-ce que t'as encore fait ? Et avec qui ?
– Oh là, oh là, oh là, j'aurais été mieux reçu par l'amirauté, s'amusa-t-il... Si je te dis Châteaurenault ?

William, qui allait traverser la cave pour s'asseoir près de Louis, se figea subitement :

– Mais t'es complètement malade ? Gravement malade, même !... Tu te tapes pas sa gosse, tout de même ?

Louis se pinça les lèvres en souriant, plutôt fier de lui. S'en suivit une série d'horreurs sur les multiples sévices que l'illustre marquis n'hésitait pas à distribuer autour de lui pour un simple regard sur la précieuse enfant.

Brusquement, William devint blême en remarquant un détail manquant :

- Ton... Ton épée ? Qu'est-ce t'as fait de ton épée ?

Heureux, après toutes ses imprécations, de renouer avec son ami un semblant de dialogue, Louis sourit, attrapa une pipe, l'alluma et brandissant son fourreau vide, lança avec fierté :

- Je l'ai laissée chez elle !
- Très drôle.
- Ah bon.
- Non mais tu plaisantes, s'écria William, épouvanté. T'as pas oublié ton épée là-bas ?
- Ah non, non, non : j' l'ai pas oubliée, non. Je l'ai laissée...

Louis avait aux lèvres ce petit rictus narquois des enfants insolents pris en flagrant délit, l'antisèche à la main. Plus blanc que jamais, tremblant de tous ses membres, William le dévisagea, stupéfait :

- Tu es complètement fou, avoue-le.
- C'est toi qui es complètement normal.

Souriant aux anges, allongé sur la couchette, les yeux clos, Louis songea à Hyacinthe. Hyacinthe d'Hermitte, le major de sa promotion, son vrai problème, auprès duquel la fureur du Châteaurenault n'était que peccadille, et auquel il venait peut-être de trouver un petit début de solution.

L'histoire d'Hermitte-Labous était de celles qui ne s'arrangent jamais, une rivalité juvénile, comme un mal incurable entre deux jeunes gens brillants. Et si Labous n'avait pas totalement le profil d'Abel, il y avait du Caïn en d'Hermitte. Grand, mince, le nez aquilin et le physique peu avantageux, d'Hermitte était le fils d'un notable bien vu de la cour. Il avait l'habitude de ne voir dans ses proches que des subordonnés. Aux antipodes du grand charmeur qu'était Louis Labous.

Lucides, les deux s'évitaient autant que possible. Mais un jour, entrant en salle de classe, Louis bouscula sans le faire exprès le pupitre de Hyacinte. S'excusant immédiatement, il se pencha pour ramasser les livres épars. Geste d'amicale conciliation que d'Hermitte, le voyant à ses pieds, prit pour un acte d'allégeance, lui ordonnant de baiser ses bottes pour gagner son pardon. La classe retint son souffle. Personne n'osait provoquer le major de promotion. Sauf Louis, qui se releva dans la seconde en souriant. Furieux, d'Hermitte tenta une ultime manœuvre ; le saisissant par les cheveux pour le forcer à embrasser ses pieds. Dans le mouvement, Louis attrapa son bras pour le repousser : le major bascula à la renverse.

Mortifié, d'Hermitte exigea de laver l'affront dans un duel, pourtant rigoureusement interdit par l'académie. Il quitta la salle en fixant son heure et ses conditions. Les deux jeunes gens devaient se retrouver aux abords du vieux cimetière le lendemain, à l'aube, tous deux avec mousquet et témoin.

Louis s'en voulait de n'avoir, pour une fois, pas vu venir le danger : la menace était réelle. Il était bien conscient que l'animosité entre condisciples sourcilleux avait brusquement pris un tour dramatique. D'Hermitte perdait tout sens commun dès que son honneur - celui de son nom disait-il - était en jeu. Il n'abdiquerait pas avant le premier sang. Or justement, pistolet en main, Louis était nul : un manchot aurait pu l'abattre. S'il excellait au corps-à-corps, il n'était pas foutu de trouer un tonneau de rhum à dix mètres. D'Hermitte, en revanche, ne ratait jamais sa cible, à tout coup, il faisait carpette. Même sur une buse...

Dans le rôle de l'offensé, il s'était déjà une ou deux fois tiré d'affaire en jouant la dérision, mais dans celui de l'offenseur, il ne voyait rien ! Il avait beau essayer de secouer ses fameux dons d'anticipateur, aucun stratagème, aucune idée ne lui venait. Le lendemain, cinq heures sonnèrent.

Hyacinthe d'Hermitte, son témoin, son arme et lui étaient en place, fin prêts. Personne ne vint. Six heures. Toujours rien. Sur le coup de sept heures, le major comprit que Labous s'était joué de lui, l'obligeant du même coup à rater le premier rassemblement et la matinée de classe, source inévitable de punition. Fou de rage, il rentra directement à l'académie, la tête pleine d'idées de meurtre. En passant la porte de sa chambrée, D'Hermitte fut brutalement frappé au visage. Il chuta sans parvenir à saisir son arme. Et l'agresseur, lâche c'est certain, récidiva en le cognant de toutes ses forces. Dans la nuque, la tête, le dos, les côtes. D'Hermitte parvint, non sans mal, à se dégager. Il reconnut Louis, prêt à l'étriper, et tenta à nouveau d'attraper son pistolet. Le cancre le tenait à la gorge, essayant de l'en empêcher. Leurs deux mains se rejoignirent autour du mousquet, s'ensuivit une sourde lutte entrecoupée de grognements. Louis, parvenant à dégager une de ses jambes, frappa d'un genou précis les valseuses de son rival, retournant du même coup le pistolet vers le bas. Le coup partit. Qui avait tiré ? La détonation, incongrue dans cette enceinte strictement interdite aux pistolets, fit immédiatement débarquer des gradés... au grand soulagement de Louis qui n'attendait que cela. Certes, tous deux seraient vraisemblablement exclus, mais il était en vie. Au petit trot, le colonel Pinard et ses deux aides de camp attrapèrent Louis, qui était au-dessus, et le jetèrent contre un lit. Libéré, d'Hermitte put ramper pour reculer et, enfin, hurler. Il avait la jambe ensanglantée. Dans sa main, le mousquet fumait encore. Pas de bol pour le major, qui devrait ainsi répondre de cette introduction intempestive d'arme à feu. Louis, pour sa part écopa de douze jours de cachot. A sa sortie, il apprit qu'eu égard à sa blessure et à son image dans l'école, Hyacinthe d'Hermitte n'avait eu qu'un rappel au règlement et une mise à l'épreuve. La balle, qui lui avait frôlé la fémorale, avait tout de même arraché une partie de la rotule. Blessure que le chirurgien ne put réparer complètement. A peine sorti de convalescence, d'Hermitte était déjà devenu La Boiteuse. Comme certains l'aimeraient avec passion, Hyacinthe se mit dès lors à haïr Louis avec déraison.

Or justement, devinez qui s'était retrouvé en tête des listes d'embarquement sur le *Royal Revanche* ? La Boiteuse. Si le plan de Louis fonctionnait, le problème du marquis de Châteaurenault ne serait bientôt plus qu'une amusante histoire...

– Gard' vous !

Les joyeux souvenirs se dissipent toujours quand, à six heures du matin, un quinquagénaire imbibé jusqu'à la moelle de l'alcool ingurgité dans sa nuit vous aboie au visage, sans que le vent glacé qui s'infiltre dans vos os n'arrive à dissiper son odeur putride. Le bien nommé colonel Pinard, flanqué comme à l'accoutumée d'un des élèves de la caserne, battait le rassemblement au rythme de son tambour... Aujourd'hui pourtant, constata Louis à mesure qu'il descendait de ses brumes, quelque chose semblait avoir changé : Pinard piquait du nez, étriqué dans son uniforme, l'œil hagard, comme s'il avait peur...

Louis comprit la terreur du colonel en voyant apparaître le marquis de Châteaurenault. Il avait troqué ses attributs de père colérique pour la pompe et la componction attendue d'un lieutenant de Haute et Basse-Bretagne. A chacun de ses pas, cliquetaient doctement ses décorations de vice-amiral du Levant et de maréchal de France. Louis passa une main fiévreuse sur son fourreau vide. Lentement, méticuleusement, le marquis examinait les troupes du premier rang. Pour donner l'impression d'une inspection surprise, il prodiguait avec mesure quelques tapes amicales dans un flot de remarques sévères sur une veste mal tirée, un bouton avachi, ou des pieds relâchés. Arrivé devant Louis, il ne put retenir une moue de dégoût. Louis le regardait droit dans les yeux.

– Nom, glapit le marquis.
– Élève officier Labous, vice-amiral.

Le visage brutalement empourpré de colère, Rousselet porta la main à sa ceinture qui, curieusement, soutenait deux épées. Il en tira une et la lui tendit :

– Je crois que vous avez perdu ceci, monsieur.

Louis s'en saisit, remerciant le vice-amiral d'un hochement de tête.

– Tâchez de ne pas perdre plus important, à l'avenir ! conclut le marquis qui s'éloignait.

Louis serra les dents. Tous les élèves entendirent la menace. Mais dans l'amertume du vice-amiral, Louis ne vit que la providence.

Contrairement aux apparences, l'élève officier n'avait pas courtisé la jeune ingénue - qui ne l'était pas tant - par caprice. Trop intelligent pour aller risquer sa peau aussi bêtement, il s'était dit que, si elle acceptait ses avances, il parviendrait à rentrer dans la maison du vice-amiral. Et en s'y faisant remarquer par la garde, puis en y oubliant son sabre, il serait certain de signer son méfait. Alors, le vieux François-Louis Rousselet se retrouverait bien malgré lui dans une impasse : un élève officier de l'académie navale, fût-il dernier de sa classe, ça ne se zigouille pas comme un esclave. On peut le provoquer en duel ou éventuellement réussir à le faire mettre en prison. Mais cela aurait mené le vice-amiral à admettre publiquement que sa fille avait perdu sa virginité. Avec la vertu de sa fille, Rousselet devrait aussi oublier son honneur, un beau mariage et la dot qui l'accompagne. Impensable ! La seule issue que pouvait entrevoir le père blessé était justement celle qu'avait prévue l'élève officier : l'exil.

Juste après l'inspection des troupes, le vice-amiral rencontrerait le capitaine Jacques Bart, dit « le petit ». Un capitaine aussi mou que bavard, écrasé par l'ombre de son frère aîné, Jean. Corsaire et stratège de génie, Jean Bart s'était illustré en effectuant un raid sur la Medway puis en affrontant les Barbaresques. Le cadet avait peu d'espoir de connaître un jour un si grand destin. Comme tout petit homme qui s'ignore, Jacques Bart était convaincu de pouvoir être sans jamais avoir fait. Une tragédie silencieuse née des peurs de l'enfance, qui le poursuivrait jusqu'à la mort. Sans estime pour les autres, donc incapable d'en avoir pour lui-même, Jacques Bart, agrippé aux petits pouvoirs que lui prodiguait son rang, alliait médiocrité et franche malveillance. Aussi, lorsqu'il se vit doté de la lettre de marque lui confiant le commandement du *Royal Revanche*, un navire armé, se crut-il arrivé au faîte de la gloire : « Tant d'arrivisme pour si peu d'arrivage ».

Par crainte d'un putsch à son bord, Jacques Bart avait recomposé son équipage, misant en priorité sur les jeunes puceaux sortis en bonne place des écoles, les mieux notés qu'il savait aussi plus tendres. Pour remplacer son commandant en second, en qui il avait perdu toute confiance, il s'orienta vers Hyacinthe d'Hermitte... Du moins jusqu'à ce que le marquis n'entre en scène.

Face au vice-amiral Rousselet, le capitaine corsaire n'en menait pas large. Sûr de son effet, Châteaurenault joua de tous ses registres : confiance, amitié, complicité, fausses évidemment, tout pour que les vraies raisons de sa rancœur envers Louis Labous ne filtrent pas. Pris au jeu, face à un Jacques Bart si infatué de lui-même qu'il en explosait de fierté, Rousselet alla jusqu'à insinuer que le jeune élève officier était mêlé à une histoire d'espionnage top niveau. Versailles, à travers lui, demandait la coopération du nouveau capitaine du *Royal Revanche*. Pour la sûreté de l'Etat, il devait illico nommer Labous commandant en second. Point final.

Sidéré, le petit capitaine fixait les lèvres du marquis, l'auguste bouche qui venait de le faire entrer dans le cercle des puissants, et pour l'obliger encore ! Tout bon capitaine se serait offusqué. Une traversée de l'Atlantique n'est pas une escapade entre copains ; on ne change pas de route, de navire ou d'équipage au dernier moment. Il faut une stratégie claire, un cap et des hommes sûrs face aux dangers. Mais Jacques Bart ne pensait plus qu'à une chose : le roi en personne lui donnait un ordre ! Des papillons vibrionnaient dans son ventre. Il aurait volontiers décapité ses frères pour un tel honneur.

Devant son silence, le vice-amiral commença à s'impatienter et, comme chaque fois qu'il craignait de laisser paraître ses faiblesses, sa jambe droite fut saisie d'un tremblement nerveux qui le déstabilisait. Il coupa court, précisant calmement :

– C'est un ordre de Sa Majesté, capitaine. J'espère que vous le comprenez.

Jacques Bart comprit surtout qu'à demeurer ainsi bouche bée, il était en train de laisser passer la chance de sa vie. Alors il se raidit, sourit niaisement et tendit sa main pour remercier chaleureusement. Sa pogne était sale remarqua le marquis, qui ne l'effleura même pas.

Tourneboulé, le capitaine laissa son cerveau se vautrer dans les magnificences de l'éblouissante carrière qui l'attendait... avant que la peur ne le rattrape. Si bien qu'en regagnant son vaisseau, il commençait à s'interroger. Et s'il avait accepté un peu vite ? Et si Louis Labous était un traître ; une machine à tuer ? De plus en plus inquiet, le capitaine usa d'un subterfuge hiérarchique afin de protéger ses arrières : il fit nommer Hyacinthe d'Hermitte maître de manœuvre (pilote) et lieutenant de bord pour mieux contrer son nouveau commandant en second.

Lieutenant de bord, poste facultatif, était surtout utile lorsque le capitaine n'avait pas une absolue confiance en son second. Son rôle était de reprendre le commandement au cas où il arriverait malheur au patron.

L'appareillage prit encore quelques jours. Quand Hyacinthe d'Hermitte apprit qu'il avait été destitué au profit de son pire ennemi, il se précipita au mess. Louis y déjeunait joyeusement avec des officiers de l'équipage. Arrivant par derrière, il le fit basculer de sa chaise, lui balançant dans la foulée une salve de coups de pied. Pris par surprise, Louis se releva rapidement tandis que fou de rage, d'Hermitte éructait, hurlant que ce grand con lui avait tout volé :

– Tu veux ma vie aussi ? Mais prends-la ! Prends-la donc !

La Boiteuse était à bout. Louis tentant de le calmer, lui rappela qu'il était et demeurerait lieutenant de bord, donc capitaine par intérim. Mais c'est Raphaël, le maître d'équipage, qui trouva l'argument pour calmer sa colère :

– C'est ça, te retiens pas surtout ! Si jamais le capitaine a vent de la bagarre, tu peux dire adieu à ton poste à bord, lieutenant... et pour un paquet de temps !

De sages paroles qui envoyèrent d'Hermitte râler sous d'autres vents. Avant de quitter le mess, il pointa Louis d'un doigt menaçant :

– Tu le paieras. Un jour, tu verras...
– Plutôt une nuit si ça t'ennuie pas !

Louis, avec sa belle gueule et sa propension à lever le coude, avait le chic pour mettre les rieurs de son côté. Dépité, d'Hermitte tourna les talons se contentant de claquer la porte. Louis s'amusa intérieurement, le cœur tout réchauffé d'avoir déjà trouvé le moyen de rire avec les hommes du bord.

De son côté, le capitaine Bart se laissait peu à peu envahir par la paranoïa. Il n'osait même plus reprendre Louis sans envisager pour autant de demander confirmation de cet étrange ordre de mission. C'était sa chance ; il ne la raterait pas ! Mais lorsque le jeune commandant en second passait le pont en revue, Bart tenait fermement son mousquet sous sa veste. Louis avait fini par sentir la défiance de son capitaine sans en deviner l'origine. Lui n'était pas du genre à se faire des nœuds dans la tête. En pareille situation, il se contentait de rester sur ses gardes et d'attendre le bon moment pour sauver sa peau.

Il entama sa carrière de corsaire en dévorant la mer, espace d'une liberté qu'il ne voulait qu'illimitée. Les océans s'ouvraient à tous, avec un rapport de quinze navires marchands contre un navire militaire : de quoi susciter des vocations chez les voleurs des mers. Et sans oser s'imaginer qu'il pourrait les rejoindre, Louis rêvait aux héros de son enfance : Christophe Colomb ; François l'Olonnais, le cannibale ; Sir Henry Morgan ; Bartholomew Sharp ; Charles Swan ; Jacques Tavernier, le Lyonnais ; Lionel Wafer ; Exquemelin... Autant d'existences marquées d'une même volonté de résister à la peur, dans une époque où règne la terreur, plus souvent qu'à son tour.

Fermer les yeux et glisser sur la mer, la sentir à toute allure filer sous vos pieds avec, entre elle et vous, un monstre de huit cents tonnes. Gonflées, toutes les voiles se bombent en saccades et s'envolent sur l'océan. Le lourd vaisseau qui vous arrache pour vous emporter loin, dans l'espace et le temps, n'est plus alors un assemblage de bois et de toiles. C'est un animal féroce, insatiable et dans son ventre, la vie s'éveille. La vraie. Les hommes, qu'ils soient trente ou trois cents, passent le plus clair de leur temps à courir entre les ponts, les entreponts, les soutes, les vergues et les poulies : il y a toujours quelque chose à repriser, quelque chose à ajuster, quelque chose à apprêter.

Le centre névralgique de cette petite ville frémissante, perdue dans une immensité capable en un clin d'œil de virer de l'azur au plomb, reste la cabine du capitaine. Toujours disproportionnée, plus le navire est grand, plus elle est immense. C'est de là que tout vient, là que se prennent les décisions dont dépend le sort de tous. A la fin du dix-septième siècle, elle occupait la largeur entière du navire, la longueur du gaillard d'arrière et de la dunette lui servant de toit. De multiples fenêtres perçaient ses côtés, faisant de l'endroit le plus lumineux du bâtiment. Selon la richesse du bord, la cabine était plus ou moins bien agencée. Mais même celle du plus minable sloop, échoué sur un rocher, abritait des trésors cachés : bien plus importants encore que les tapis de soie, les objets d'or ou les brocards, les instruments de navigation ne quittaient jamais l'endroit. Boussoles, compas de route, chronomètre, télescope et autre anneau astronomique - nouvelle version de la sphère armillaire - ainsi que des brassées de cartes, plus ou moins bien rangées selon la nature du commandant, composaient l'essentiel du décor.

Mais pour Louis, la meilleure place était le gaillard d'arrière. A peine avait-il fait ses premiers pas sur l'eau qu'il en avait été intimement persuadé. Y saisir la barre, c'était comme conduire un char tiré par des dizaines de chevaux, étalons fous galopant du levant à l'abîme. Louis devenait Hélios, suivant chaque matin la course du soleil, mais l'oreille aux aguets, prêt à interpréter les craquements de la bête, les plaintes des haubans, les gémissements des lames. Chaque grande vague, chaque gîte, chaque coup de vent rappelle la folie des hommes qui se risquent ainsi à chevaucher les flots. La mer ne se dompte pas. C'est elle qui vous dresse. Mais Louis ne se sentait jamais aussi vivant que lorsqu'il se tenait sur son gaillard, dieu-soleil triomphant et petit enfant inquiet, condamné à faire confiance : aux éléments, à ses hommes et - c'est bien là que le bât blessait - à son capitaine. De là, il sentait battre l'âme et le cœur du vaisseau. Les vagues de fatigue qui couraient les coursives, les soubresauts de vigueur ou d'angoisse, Louis absorbait tout, se nourrissant de ces dangers comme de l'ardeur des hommes.

Fantasque pour les uns, inconscient pour les autres Louis avait une logique que bien peu soupçonnaient : jamais il ne dérogeait à ses plans. Du jour où il avait compris qu'il pouvait, en un rien de temps, cerner n'importe quelle situation et que les solutions qui lui venaient à l'esprit étaient plutôt brillantes, ou du moins applicables, il avait décidé de se faire confiance. Et, surtout, de n'écouter personne ! En contrepartie, il suivait toujours à la lettre les stratégies qu'il s'inventait avec la peur constante de laisser entrer le malheur s'il n'y obéissait pas fidèlement. Surtout lorsque l'enjeu était de taille, comme maintenant où, vu ce qu'il savait ou subodorait de ses pairs, capitaine et lieutenant de bord, c'est à lui qu'incombait la responsabilité du bâtiment et de tout ce qui y vivait. Tout le jour, il surveillait l'état de ses hommes, la manière dont ils travaillaient, échangeaient et même se reposaient. Dès qu'il avait un instant, il jetait un regard vers l'horizon. Il aimait voir le soleil s'y couler au crépuscule, se laissant glisser comme vaincu, dans les flots dont demain il renaîtrait brûlant, triomphant, indispensable et intraitable avec les peaux, les bois ou les mâtures. Louis était heureux. Surtout les premiers jours. Les hommes mangeaient à leur faim et œuvraient dans la bonne humeur malgré une mer agitée et un crachin presque constant. Quand la pluie devenait battante, certains râlaient. Pas lui. Sans savoir pourquoi, il avait toujours aimé sentir les gouttes lécher son visage.

– C'est parce que tu es né un jour de pluie, disait doucement sa mère quand il était enfant.

Vrai ou faux, sous l'orage il avait la sensation de caresser les flots. Le vaisseau ne naviguait plus ; il volait. Et lui avec ! Louis sentait tout son corps, énergique, vibrant, prêt à dévorer le monde. Une résurrection. Quand les vents s'intensifiaient, il s'arrêtait sur le pont et levait les yeux au ciel, vers ceux qu'il aimait et avaient disparu. Etait-ce son père ou sa mère qui lui envoyait courage, force et amour ? Les gouttes ruisselaient sur son corps ; une armure liquide. Certains se moquaient et prédisaient une mauvaise grippe qui n'arrivait jamais. Louis savourait ces intempéries comme un enchantement à durée limitée. Tout comme sa joie.

Sur un navire militaire, du troufion au patron, la hiérarchie s'établit ainsi :

Tout en bas de l'échelle, les matelots qui briquent le pont et aident à toute manœuvre ; les gabiers, qui escaladent les mâtures, se jettent d'un cordage à un autre et jouent les vigies dans le nid de pie ; puis les artilleurs et les moucheurs, sortes de tireurs d'élite au mousquet.

Parfois on embarquait un ou plusieurs musiciens, guitariste, violoneux, souvent juifs ou prétendant l'être pour bénéficier du sabbat.

Au-dessus des mousses se trouvaient le cuisinier (le coq) et le chirurgien. Au même rang figuraient aussi le cambusier, chargé de surveiller les provisions ; le maître calfat, garant de l'étanchéité ; le maître charpentier, qui surveillait le bois ; et le maître voilier, qui surveillait les voiles.

Pour surveiller ceux qui surveillent, un quartier-maître - ou maître d'équipage - faisait régner l'ordre, souvent fouet en main. On l'appelait également le « bosco » ou « bosseman » car il devait bosser les aussières et l'ancrage. Lui côtoyait le maître de manœuvre (le pilote), ainsi que le maître canonnier. Comme son nom l'indique, ce dernier dirigeait les salves d'artillerie lourde.

Enfin, pour encadrer le tout, le corps des officiers :

Avant de remplacer le capitaine en cas de défection, le lieutenant de bord Hyacinthe d'Hermitte devait assurer son rôle de pilote en proposant des itinéraires. Le commandant en second, Louis Labous, devait maintenir le lien entre l'équipage et son capitaine. Le capitaine, quant à lui, était censé mener l'ensemble vers la gloire et la fortune.

Mais au bout d'une semaine, tous à bord du *Royal Revanche* avaient compris qu'ils trouveraient surtout l'infortune. Plutôt que de fondre sur les navires anglais pour les prendre en chasse, Jacques Bart préférait filer doux vers le Nouveau Monde. Ça commençait à sentir la débâcle. Avec son odeur de scorbut, de mutineries et leurs funestes cortèges...

Sous l'avant du bâtiment étaient parqués deux chevaux et trois bœufs qui, finalement, ne tiendront que vingt jours. Les hommes couchaient dans des hamacs sous le pont arrière, dans une vaste pièce appelée la sainte-barbe. Ils y cohabitaient avec des poules, des moutons et des cochons vaquant sous les hamacs, au milieu de leurs excréments. Le tout bien confiné, sans aération.

Les repas dictaient le rythme des journées, un rassemblement entre frères d'armes, une écuelle (pas très garnie) à la main. Le petit-déjeuner était composé de biscuits secs qui, au huitième jour étaient infestés de vers. Les autres collations ? Des potages ou des ragoûts à base de blé, de semoule, de seigle, de maïs, de fèves ou d'avoine assaisonnés d'huile d'olive. Une fois par semaine, il fallait servir de la viande tout en veillant à rationner les vivres. Les animaux étaient là pour ça. Et le cambusier devait fournir au moins un verre d'alcool par jour et par marin. Du rhum pour l'équipage, du vin pour les officiers. L'eau potable était précieuse. Stockée dans des barils sous le pont avant, elle croupissait au bout de trois jours. Au dixième, on se pinçait le nez pour la boire. Au douzième, il fallait la filtrer au moyen des quelques linges restés propres.

Petit plaisir de la vie : les discussions, autorisées à toute heure de la journée, sur tous les sujets. Excepté les femmes, Dieu et le roi - le capitaine entrant de facto dans l'une des deux dernières catégories.

Maintenant, question de bon sens : enfermez cent quarante types prêts à se battre dans deux cents mètres carrés avec des bêtes et de la merde un peu partout ; affamez-les ; épuisez-les ; et interdisez-leur de parler sexe, religion et politique. Que reste-t-il ?

Un capitaine peureux d'un côté, un équipage impatient d'en découdre de l'autre et au beau milieu, Louis Labous. L'atmosphère était déjà électrique lorsqu'une occasion se présenta. En septembre, au large de Terre-Neuve, en Nouvelle France, le *Royal Revanche* croisa le *Forbridge*, un bâtiment de commerce de même taille, pratiquement désarmé et battant pavillon anglais. Dans ses cales, probablement du sucre, du tabac ou autres denrées aptes à enrichir quelque peu les corsaires. Presque devant le fait accompli et face à l'attente générale, Bart n'eut d'autre choix que de lancer la poursuite.

Ces courses étaient souvent aussi interminables que fastidieuses, avant que ne tonne le premier coup de feu. Et elles étaient principalement affaires de pilotes et de tacticiens. Bart ne tolérait aucun conseil et souhaitait s'entretenir seul, avec son maître de manœuvre, monsieur d'Hermitte. Le *Forbridge* profitait des vents du Nord pour descendre sur les colonies anglaises, espérant ainsi atteindre Boston avant la nuit.

Au bout de quelques heures, l'équipage corsaire sidéré comprit enfin la manœuvre de son capitaine. Comme ses hommes, Louis Labous pensait que Bart faisait confiance à ses canonniers et tenterait de gagner assez de vitesse pour rattraper le marchand en restant dans son axe, avant de virer de bord au bon moment. Là, l'artillerie aurait bombardé les flancs du *Forbridge*, le mettant en panne forcée. Dans pareille situation, tout capitaine raisonnable amène ses couleurs, de peur que son assaillant n'ajuste ses tirs et ne le coule.

Au lieu de cela, Bart et d'Hermitte firent descendre le *Royal Revanche*, toutes voiles dehors par Sud-Est. Espérant rattraper le marchand sur son bâbord, Bart avait fait préparer ses canons tribord. Mais même pour les marins les moins expérimentés, la tactique apparaissait aussi lamentable que risquée.

La stratégie était déplorable car le *Forbridge* virerait évidemment à l'Ouest pour gagner la côte. Le temps que les Français en fassent autant, l'ennemi aurait une trop grande avance, entraînant le *Royal Revanche* vers les colonies anglaises alors qu'il venait de croiser les terres de la Nouvelle France - où chacun espérait se reposer un peu. De plus, ouvrir le feu au large de Boston revenait à envoyer un faire-part de présence à la Navy...

Les capitaines se prenant généralement pour Dieu, leurs commandants en second avaient tendance à les imiter. Louis n'était pas de ceux-là. Il se sentait plus proche de ses hommes, avec lesquels il aimait rire, boire et gueuler. Ce qu'ils avaient vu de lui à la manœuvre les rassurait plutôt. Ils lui faisaient confiance.

Louis, qui flairait d'instinct leurs enthousiasmes et leurs déceptions, jusqu'à leurs sautes d'humeur, respira un grand coup : on y était ! La mutinerie, celle qu'il allait bien devoir gérer, il l'avait sentie venir depuis le début. Quand une révolte se trame contre le capitaine, l'attitude du second est déterminante. Soit il est avec les insurgés, soit il est contre. Le choix de Louis coulait de source. L'heure étant à l'action, il décida de prendre la température et se présenta devant la cabine du capitaine Bart. Elle dégageait une odeur putride de renfermé, de sueur, de vin et de pommes pourries. Le seul éclairage venait des vitraux qui ornaient la poupe. Assis derrière son bureau, le capitaine tournait le dos à la verrière ; il n'était qu'une ombre. Penché sur ses cartes, il grommelait en recalculant les trajets que d'Hermitte lui avait conseillés. A ses côtés, Hyacinthe, immobile, les poings fermés sur la table, semblait plus préoccupé par les fruits posés devant lui que par le cap. Louis s'avança d'un pas assuré, plissant juste un peu les yeux pour s'habituer progressivement à la pénombre après l'aveuglante lumière du pont. Le capitaine dégustait une pomme, tout en bavant sur sa chemise. D'un regard, Louis comprit que malgré la gravité de leur situation, d'Hermitte s'accrocherait à la route qu'il proposait.

– Vous tombez bien, commandant, dit Bart en s'essuyant les doigts sur ses manches. Ce gamin veut nous rapprocher des côtes de la Virginie avant d'atteindre les Antilles. Qu'en dites-vous ?

Quittant son air buté, le lieutenant d'Hermitte se retourna. Louis songea que s'il voulait obtenir le soutien de son meilleur ennemi pour s'extirper de ce pétrin, il lui fallait surtout le rassurer. De plus, le sud de la Virginie offrait un chapelet d'îles où ils pourraient se ravitailler à l'abri des yeux anglais. Louis soutint donc la suggestion du lieutenant.

– Que diable voulez-vous que l'on aille faire là-bas ? s'insurgea le capitaine. Exciter le gouverneur et ses corsaires ?

Louis justifia sa position en expliquant que le cambusier annonçait une diminution drastique des rations ; que les hommes étaient à bout ; et que treize d'entre eux venaient de passer de vie à trépas, de fatigue, de malnutrition ou (mais il ne le mentionna pas) de désespérance :

– Balthazar s'est tué la nuit dernière, insista-t-il, en tombant du nid de pie ! Le moral de l'équipage est en berne, capitaine. Ils ont besoin d'action.
– Et si j'en tuais cinq de plus, ça leur redonnera le moral ? s'amusa Bart d'humeur coquine.
– Sauf votre respect, capitaine, se risqua Louis. Je doute que, vu le rapport de force, ce soit votre meilleure option.

Le patron s'enfonça dans son fauteuil et jeta le trognon de pomme à l'aveuglette. Il s'essuya encore les mains sur son habit, retira ses petites lunettes, fronça les sourcils et rappela qu'ils avaient le devoir sacré de servir Sa Majesté et non de faire fortune.

– Capitaine, insista Louis, les hommes œuvrent sous lettre de marque. Je doute sincèrement que Sa Majesté nous cite régulièrement à titre de gloire. Nous sommes...
– Silence ! hurla Bart, blessé dans son orgueil.

Tout en se redressant, le capitaine dégaina un mousquet et le pointa sous le nez de Louis. Ce dernier ne bougea pas d'un centimètre, d'Hermitte ne put retenir un mouvement de recul. Louis serra les dents et inspira très fort, priant secrètement pour que son heure ne fût pas venue. Bart éclata soudainement d'un rire rauque, sans pour autant baisser son arme.

– Vous parlez comme un capitaine, commandant. Le seriez-vous devenu ?
– Non, capitaine.
– Qui est le seul maître à bord ?
– Vous, capitaine.

Bart acquiesça et se retourna vers d'Hermitte, le mettant vaguement en joue dans le mouvement. Le lieutenant tressaillit et confirma, comme Louis, l'ordre hiérarchique du bâtiment.

– À la bonne heure ! soupira Bart en rengainant son arme. J'entends donc que vous obéissiez à mes ordres sans discuter.

Mis à la porte, Hyacinthe et Louis se retrouvèrent sur le pont supérieur. Les visages fouettés par les vents salés, tous deux venaient d'échapper à une mort imbécile. Tous deux étaient sonnés, chacun à sa manière, l'un sentait sa jambe valide flageoler, l'autre son sang bouillonner.

– Commence à m' faire doucement chier, celui-là ! souffla Louis avant de demander où le capitaine souhaitait aller.
– Port Royal, soupira d'Hermitte.

Louis inspira posément :

– Tu sais ce que ça veut dire ?

D'Hermitte quitta le pont sans répondre. Témoin de ce qu'il jugea comme un acte d'insubordination, Raphaël, le « bosco », leva la tête vers Louis. Fouet en main, il attendait un signe pour rétablir l'ordre. Perdu dans ses pensées, Louis ne répondit rien. Renan, le cambusier, vit son regard sombre. Ça tournait mal. Mettre le cap vers Port Royal, c'était se vendre au plus offrant en s'invitant à la table des renégats dans une colonie d'indomptables...

La Jamaïque, le pirate Henry Morgan n'en avait fait qu'une bouchée. Devenu gouverneur, il avait transformé Port Royal en capitale mondiale de la flibuste. Au point qu'il avait dû instaurer une charte de bonne conduite : le Code de la piraterie. Certes, en 1687, Morgan était déjà mourant, sénile et ruiné. Mais Port Royal comptait plus de dix mille habitants dont cinq à six cents forbans. A quelques encablures, les terres françaises de Saint-Domingue et l'île de la Tortue. Quoi qu'il arrive à Port Royal, décider d'y accoster revenait, Louis le savait, à abandonner la marine royale. Un pied chez les corsaires, un pied chez les pirates : grand écart périlleux au-dessus d'un chenal, débordant de pièges anglais.

Louis avait voulu le Nouveau Monde : il l'avait.

La veille de l'arrivée en Jamaïque, il y eut un conciliabule nocturne dans la cale. Un conseil de guerre en petit comité réuni à l'initiative de Renan et Raphaël. Ceux qui étaient de quart, comme d'Hermitte, n'en furent pas informés. En tant que maître d'équipage, Raphaël retenait les désirs de soulèvement depuis plus de trois semaines. Affamés, assoiffés et sans le sou, les marins de Sa Majesté avaient fini par comprendre que Bart les menait aux portes de l'enfer. De l'équipage qui avait embarqué à Brest, un cinquième n'avait pas survécu au voyage. Ceux qui restaient s'interrogeaient légitimement sur le traitement qui leur serait réservé en Jamaïque.

« Pour sauver sa peau, Bart nous jettera tous au cachot » pensaient les hommes.

Un putsch ? Louis n'était ni pour ni contre. Son problème, c'est qu'il n'était pas invité pour valider la stratégie de l'équipage mais pour accepter d'en devenir le nouveau capitaine. Exit l'ordre hiérarchique attribuant le rôle à d'Hermitte. Les hommes ne l'aimaient pas. La mutinerie étant la première marche vers la piraterie, ils se comporteraient donc en pirates : en votant !

Comme prévu, les suffrages désignèrent Louis Labous pour capitaine. Lui, qui se tirait toujours de toutes les situations, prit le vote de plein fouet. Subitement muet, se grattant la tête, il sourit bêtement pour masquer son embarras. Sa politique avait toujours été de fuir le commandement pour ne pas risquer d'être défait par les armes à son tour. Il avait l'impression que, pour un homme comme lui, qui ne se voulait qu'en liberté, sans dieu ni maître, accéder au poste suprême revenait à poser sa nuque sur le billot.

Les corsaires en passe de devenir flibustiers espéraient bien trouver grâce auprès d'Henry Morgan, en lui apportant la tête du capitaine Bart. Après quoi, ils auraient proposé leurs services en espérant que Louis soit un capitaine plus va-t-en-guerre que son prédécesseur.

Sur un navire de pirates, il y a toujours deux camps ; celui de la répression et celui de la dissuasion. Celui du sang et celui de la grâce. Sans en faire état, Louis n'était pas de la race des saigneurs. Qu'allait-il se produire s'il commandait avec clémence ? Combien d'abordages arriverait-il à diriger sans trop d'effusions de sang ? Combien de temps resterait-il capitaine, avant d'être lui-même débarqué ? Trop fin pour être ici, trop con pour être ailleurs, Louis n'avait pas beaucoup de solutions.

Cette nuit-là, le *Royal Revanche* n'était qu'à six heures de navigation de Port Royal. Louis avait calculé qu'en une dizaine d'heures de rame, il pourrait espérer atteindre la baie de la Croix, à Saint-Domingue. En territoire français, il trouverait sans doute plus facilement refuge. D'autant que l'île grouillait de bandits, de receleurs et de proxénètes. Quand bien même la révolte serait un succès, Louis ne se faisait que peu d'illusions sur les perspectives d'une négociation à l'amiable avec les Anglais.

Consigne avait été donnée aux hommes de se réveiller une heure avant leurs quarts. C'est à l'aube qu'ils auraient sorti les armes de la batterie, pour prendre le pont d'assaut et abattre d'emblée les quelques marins qui ne les auraient pas suivis dans leur élan.

Vers trois heures du matin, Louis profita de sa position de second pour écarter un mousse du pont arrière. Puis il fit descendre la vigie de sa mâture et lui ordonna d'aller se reposer. Le jeune gabier ne comprit pas les raisons d'un tel abandon de poste mais dut se résoudre à obéir. Seul sur le pont, Louis sortit de sa veste un sac contenant quatre mousquets, deux sabres et deux bouteilles de vin. Il accrocha la besace à un cordage qui tractait trois esquifs. Il attendit ensuite une bonne demi-heure sur le pont, à fumer sa pipe en admirant la voûte étoilée. Raphaël vint le trouver pour le féliciter d'avoir écarté le jeune gabier :

– Il a une sacrée paire de mirettes, ce gosse. Ce serait bien qu'il calanche pas.
– C'est aussi ce que j'ai pensé, dit Louis.

A quatre heures du matin, seuls deux matelots peinaient à monter la garde sur le pont avant. Louis enjamba le bastingage de la poupe, se glissant le long des câbles qui menaient aux canots. Il s'installa discrètement dans l'un d'eux puis, sans un bruit, coupa tous les liens des embarcations. Tandis qu'il commençait à ramer dans le silence de la nuit, les deux autres barques partirent à la dérive. D'ici une heure, lorsque le *Royal Revanche* serait à feu et à sang et que ses anciens compères s'exciteraient sur la dépouille de Bart, lui serait déjà loin. Et sans chaloupe ni capitaine, les marins n'auraient que deux options ; mouiller à Port Royal ou se lancer à sa poursuite, sans cap ni ration. Condamnés à fuir éternellement les compagnies militaires, les mutins ne s'aventurent pas le nez au vent sans savoir où ils vont.

Louis rama, presque en sifflotant. La mer était sombre et calme ; les vents, favorables. Si les éléments ne se déchaînaient pas subitement, il avait une chance de toucher la côte avant midi. Le bruit et la fureur des révoltés du *Royal Revanche* ne tarderaient pas à atteindre la baie de la Croix. Louis n'aurait qu'à conter sa légende ; comment il était parvenu à réchapper aux insurgés qui avaient assassiné ce cher petit Bart. Ex-commandant en second et élève officier de Sa Majesté, sa parole ne serait pas mise en doute. Plus il ramait, plus son cœur s'allégeait. Il descendit joyeusement ses deux bouteilles de vin sous une fine bruine, douce comme les caresses de la providence.

*

Tout insulaire sait que la mer n'amène jamais rien de bon : invasions, cyclones, malheur et désolation, ça oui ! Pour la fortune, on repassera, c'est en mer que sont les trésors, pas sur le sable.

- Il est mort ? demanda un homme aux airs de boucanier.
- J' crois pas, dit un autre.
- Fous-y un coup d' baïonnette, pour voir...

Allongé sur une plage, vomissant à s'en arracher les tripes, Louis souleva une main puis, se redressant péniblement, tenta de demander grâce, hoquetant, à quatre pattes, étourdi par la chaleur moite, l'air humide et ses deux bouteilles de vin.

- Il est bourré ? redemanda le boucanier.
- Cravate-le ! On verra ça plus tard.

L'homme passa derrière Louis, incapable de dire un mot, lui attacha les poignets dans le dos et le releva brutalement. La tête de l'ancien élève officier bascula en arrière. Ebloui, écrasé de fatigue, il sentit son cœur chavirer et perdit connaissance.

Bienvenue dans le Nouveau Monde.

Cavaler dans la merde, la boue, sous un ciel bas, à Reims ou à Paris, pour tenter de survivre et parfois d'exister, ça vous donne une drôle d'image du bonheur. A force, on se rend bien compte qu'on n'est jamais si bien que lorsque la carcasse ronronne de plaisir. Louis avait bien identifié ce qui le rendait heureux : courir à perdre haleine, baiser à s'en décrocher le cœur, offrir son visage aux crachins et, surtout, son corps à la belle chaleur du soleil. S'était ancrée en lui l'idée que les tropiques ne pouvaient être tristes, ou du moins que la misère, seul cadeau de l'existence à peu près garanti, était moins pénible au soleil. Il savait vaguement ce qu'étaient devenues les Indes occidentales. Mais ce qui s'y passait, la colonisation, la traite négrière, l'économie du sucre, du tabac ou du café, ne l'intéressait que moyennement. Pour autant, il eût été bien inspiré de se renseigner. Surtout avant de choisir Saint-Domingue pour son débarquement. Il n'avait pas fait le rapprochement entre l'île et le terme de « boucanier », qui y était né. Et il ignorait que si le mot avait traversé le temps et les frontières, c'était essentiellement dû au bordel intégral que ces gens-là avaient réussi à y installer.

Les boucaniers étaient des parias de la société, réunis en petits clans autonomes. Semblables aux compagnies pirates qu'ils côtoyaient, ils vivaient autant sur terre que sur mer. Ne prenant pas part aux raids meurtriers, aux vols ni aux arraisonnements de bateaux, ces nomades-là ne risquaient pas toujours la potence. A Saint-Domingue, ils chassaient les cochons sauvages et les bœufs, les fumaient au gril (le boucan) puis en revendaient les peaux.

Les deux îles de Saint-Domingue et de la Tortue que se disputaient Français, Espagnols et Hollandais, étaient l'un des points de passages obligés pour gagner les Indes occidentales. Sourd aux avertissements de Colbert, le Roi-Soleil avait laissé l'Angleterre y implanter des colonies un peu partout et prendre une avance considérable. Lorsque avec un temps de retard, Louis XIV lança les grandes manœuvres, il essaya d'abord d'établir des colonies sur les principaux axes commerciaux afin de rentabiliser ses investissements. Ces lieux clefs devinrent, comme le rocher du Diamant en Martinique, le théâtre d'incessants combats entre Français et Anglais pour s'emparer du contrôle des Antilles.

En cette année 1687, au moment où Louis abordait en vomissant les côtes de Saint-Domingue, le moins que l'on puisse dire c'est que le territoire était morcelé. L'Est de l'île était espagnol. L'Ouest, français. La frontière, un no man's land. Outre le contrôle des voies navigables, les deux royaumes se battaient aussi pour les plantations de sucre et de tabac. Se nourrissant sur la bête, boucaniers et forbans détournaient une part plus ou moins conséquente de ces richesses. Depuis plus de vingt ans, le roi de France tentait bien de mettre de l'ordre, ordonnant que les récoltes soient rapatriées directement dans l'Hexagone. Les différents planteurs de l'île étaient ainsi tenus de vendre leurs productions à la compagnie des Indes occidentales française mais à prix cassés ! Ce qu'ils refusaient de faire, préférant passer par les boucaniers traitant avec la compagnie des Indes hollandaise qui, elle, payait rubis sur l'ongle. Dans cette affaire, le roi perdait tout : les produits mais aussi une recette fiscale annuelle évaluée à plus de 2 millions de livres[7]. La compagnie des Indes française frisait le dépôt de bilan.

En quelques décennies, pirates et boucaniers avaient créé un véritable contre-pouvoir. Le roi tentait régulièrement de jouer sur la nomination des gouverneurs pour juguler ces détournements : c'est ainsi que Bertrand d'Ogeron de La Bouëre, boucanier de son état, se retrouva à la tête de la colonie sans pour autant assainir la situation.

En 1687, la petite île avait le vent en poupe. Comme on le redira plusieurs fois dans une histoire où les maîtres changent souvent : « Qui tient la Tortue tient Saint-Domingue, qui tient Tortuga tient Hispañiola ! » Au point que l'envoyé du roi de France, Pierre-Paul Tarin de Cussy, était officiellement gouverneur de la Tortue et de Saint-Domingue réunis. Dans un ultime sursaut pour tenter de mettre les boucaniers au pas, il avait rapatrié son administration sur Saint-Domingue, à Port-de-Paix, avant de lancer une opération à triple détente : trois stratégies pour réduire les irréductibles qu'il envisageait selon le cas de séduire, de payer ou d'affamer. Séduire en offrant des terres à tous ceux qui accepteraient de déposer les armes et donc de renier leur clan.

Payer de fortes soldes à ceux qui renonceraient à leur état de boucanier pour, à travers lui, servir le roi.

Et, solution radicale, affamer les autres en faisant abattre tous les cochons sauvages et les bœufs de la région. Sans nourriture, les boucaniers seraient forcés de sortir du flou juridique qu'ils s'étaient bricolé en ralliant soit le camp du roi, soit celui des

---

[7] 7,5 millions d'euros.

flibustiers. Dans ce dernier cas, ils entreraient dans la catégorie des criminels passibles de la peine capitale[8]. A méditer !

Les hommes qui s'étaient emparés de Louis Labous avaient opté pour la solution médiane. Ils travaillaient pour Pierre-Paul Tarin de Cussy, sous les ordres du chef de la police locale, Laurens de Graff.

Trop contents d'être tombés sur un vagabond qui n'était pas un des leurs, les boucaniers le ramenèrent dans une geôle de Port-au-Prince en attendant les instructions de monsieur de Graff. Ce catholique hollandais avait une trentaine d'années et une solide réputation. Au point que ses compatriotes le surnommaient « le fléau de l'Ouest ». Tour à tour gabier, moucheur, canonnier puis corsaire, il avait combattu la flibuste avant de la rejoindre gaillardement, un jour de défaite. De Graff était un opportuniste élégant, éloquent et, pour tout dire, charmant.

Quatre ans plus tôt, sa renommée lui avait permis de mener une expédition au Mexique, où il avait pris la ville de Veracruz et fait des milliers de prisonniers qu'il avait ensuite libérés contre rançon, avant de remonter la même opération, dans le même pays, à Campeche. Devinant son talent, le gouverneur Tarin de Cussy avait jugé utile de s'en faire un allié et l'avait pris sous sa protection. Contre une bonne solde et une amnistie totale pour ses précédents faits d'armes, de Graff accepta d'œuvrer dans le bourbier de Saint-Domingue. Mais nul ne pouvait penser qu'un tel aventurier s'y enracinerait.

De Graff avait lu la déposition du petit Louis, alors retenu dans la prison de Port-au-Prince, avec grand scepticisme. Un gamin de dix-huit ans, tout juste sorti de l'école et nommé commandant en second, ça ne sentait pas bon. Il se rendit donc en personne dans sa cellule, afin de l'entendre. Louis en était à

---

[8] C'est finalement cette dernière solution qui sera employée par les Espagnols, en 1694.

sa seconde lune de captivité. Le jour, il bouillait dans sa cage de pierres et d'acier. La nuit, il grelottait, sa meurtrière battue par les vents, la tête pleine des plaintes et des hurlements des autres prisonniers.

A peine de Graff était-il entré dans le triste couloir que le silence s'était fait, par vagues. Des petits voleurs aux condamnés à mort, tous n'avaient d'yeux que pour sa tunique bleue, sa chemise immaculée, son sabre et ses mousquets, son chapeau orné d'une splendide plume et son petit visage bien dessiné. A chaque pas, il semblait marcher vers sa destinée triomphante. Devant la cellule de Louis, le policier s'arrêta quelques secondes, impassible. Il se mordilla les lèvres, perplexe, puis se fit ouvrir le clapier. Silencieux, Louis attendit de voir à quelle sauce il serait mangé. Fidèle à lui-même, Laurens de Graff ne salua pas le prisonnier. Il s'assit sur le banc, dans un coin de la cellule. Et, posant son chapeau sur ses genoux, démarra l'interrogatoire sans attendre :

– Pierre Bot ? lança-t-il en souriant...

Louis le dévisagea, incrédule. De Graff sourit encore et poursuivit :

– Non ? Cook, alors ? Ou Davis ? Edward Davis ?

Louis comprit alors qu'il s'agissait là de bandits. L'homme fort du pays cherchait à établir un lien entre ces criminels et lui.

– Mademoiselle Dieu-le-veut ? reprit de Graff de sa voix douce. Cornelius Essex ? Jean du Casse ?
– Jamais entendu parler, m'sieur.
– Hamilton ? Ou bien ces salopards de François Grognier, George d'Hout et Pierre le Picard ?
– Non plus, m'sieur.
– Willems peut-être ?
– Aucune idée, m'sieur.

De Graff soupira. Avec l'expérience, il avait appris à reconnaître les menteurs, les traîtres et les lâches. Il savait même les dissocier de ceux qui ont peur. Louis Labous ne semblait appartenir à aucune catégorie si ce n'est à celle des types tombés là par erreur... judiciaire, donc.

- J'ai lu votre déposition, dit-il. Vous dites avoir embarqué il y a trois mois sur le *Royal Revanche*, de Brest. Sous l'autorité du capitaine Bart, c'est bien ça ?
- Jacques, hein. Pas Jean.
- Manifestement, rit de Graff, la différence est notable.
- Si vous saviez...

De Graff cessa subitement de rire. Son visage devint aussi froid que du métal. Il se pencha en avant, comme pour arracher au jeune captif des aveux du plus profond de ses entrailles. Louis sentit sur sa peau le souffle glacial qui envahit sa cellule. S'ensuivit un singulier dialogue, où l'ancien élève officier s'efforçait de ne pas laisser transparaître le moindre indice sur ce qu'il pensait. Il pesait chacun de ses mots avant de les prononcer

- Vous avez dix-huit ans, monsieur Labous, lança l'ancien pirate en plissant les yeux. Et vous êtes commandant en second...

« J'ai couché ! » pensa Louis.

- Je suis plutôt doué, lâcha-t-il à tout hasard
- Les noms que je vous ai cités... Ce sont les principaux forbans et boucaniers de ces îles.
- Vous comptez organiser un banquet ? tenta Louis avant d'ajouter plus sagement qu'il n'en connaissait aucun.
- Savez-vous ce qui gangrène les colonies ? Le crime mon jeune ami, le crime ! Loin de chez eux, les hommes n'hésitent plus à piller, tuer, voler, comme s'ils réveillaient leur seconde nature.

« Ou comme s'ils n'avaient pas le choix pour tenter de survivre, du gland ! pensa Louis. C'est marrant comme chaque fois que l'économie part en sucette, que les gens n'ont plus de boulot, ils se mettent à voler ! »

Le super flic attendant visiblement une réponse, reprit :

– Monsieur Labous, avez-vous l'intention de vous établir dans la colonie de Saint-Domingue ? ; de rejoindre un groupe de boucaniers ? ; d'attenter à la vie d'un représentant de Sa Majesté ? ; ou de participer à des actes de piraterie ?

« Comme t'y vas, faudra m'aider à choisir » se sourit intérieurement le jeune Français, avant de lâcher :

– Absolument pas, m'sieur.
– Savez-vous où vous loger ?

Le parfum de liberté qu'il reniflait dans la question lui mit le cœur en joie :

– J'ai pas vraiment eu le temps, m'sieur.

Laurens de Graff se releva, claqua des doigts et fit signe aux gardes d'emmener le prisonnier dehors ! Sans quitter Labous des yeux, il conclut :

– Je n'ai pas encore pu obtenir d'informations au sujet du *Royal Revanche* et de la mutinerie dont vous nous avez fait part. Si les choses se sont déroulées comme vous le dites, les malheureux n'en auront probablement pas réchappé. La situation politique de la Jamaïque n'étant pas plus favorable que la nôtre, je le crains. En attendant, il n'est pas tolérable que nous gardions un officier du roi dans ces geôles. Je vous présente donc mes excuses et, j'espère que vous les accepterez lorsque vous aurez compris ce qui se joue dans ce pays. En gage de ma sympathie, je vous invite dans la maison de madame Beaumont, l'une de nos plus grandes fermes de tabac. Vous y trouverez tout le confort nécessaire, j'en suis certain. Si vous voulez bien me suivre...

Louis quitta sans regret le cachot et ses graffitis - même si certains l'avaient amusé - pour la demeure de madame Beaumont.

Sexagénaire, veuve, Margueritte Beaumont faisait partie des « loyaux », clan formé par les propriétaires les plus riches de l'île qui avaient fini par trouver plus rentable de se détourner des boucaniers. Elle bénéficiait du même coup d'un passe-droit pour vendre son tabac à la compagnie des Indes française, aux prix du marché.

Depuis le décès de son mari, elle dirigeait sa plantation d'une main de fer. Ses terres dominaient la baie de Port-au-Prince, offrant une vue imprenable sur l'île de la Gonâve et les champs où s'affairaient ses esclaves. A peine avait-il franchi l'orgueilleux portail, Louis fut pris à la gorge. Jamais il n'avait vu d'humain dans cet état : traces de fouets pour beaucoup, fers aux pieds pour certains, quand d'autres n'avançaient qu'en traînant leur boulet. Il verrait bien pire par la suite, les contremaîtres de la bonne dame n'hésitant pas à frapper à mort des hommes en plein labeur et à jeter les plus récalcitrants nus dans ce qu'ils appelaient le « beau four » : un cercueil de métal posé à même la terre, en plein soleil. L'endroit puait le tabac pourri, la mort et la sueur. Il en avait des haut-le-cœur.

Du portail au perron de la demeure coloniale, même d'un pas vif, il fallait compter huit bonnes minutes. Huit minutes d'horreur, par lesquelles devaient passer tous les esclaves lors de leurs arrivées. C'était ici et ainsi qu'ils découvraient ce qui les attendait. De part et d'autre du sentier, des hommes noirs trimaient sous les coups, les cris et les railleries. Beaucoup chantaient.

La musique était un élément à part entière du langage des esclaves, les paroles servant tant à épancher leur âme qu'à glisser des informations essentielles, notamment aux nouveaux arrivants. Les colons s'étaient habitués à ces mélopées, qui prendront le nom de gospel[9]. Elles leur plaisaient, c'est tout. Ils ne s'intéressaient pas, à tort, aux éventuels messages qu'elles pouvaient véhiculer. Ni à leurs origines, indiennes. Ainsi la « Maison du Père », où tous devaient se retrouver libres, indiquait surtout qu'une route clandestine permettait de s'évader par le Nord. Qui entendait que « des nuages, surgira la lumière du Seigneur » pouvait comprendre que c'était le moment de tenter sa chance en se cachant dans les balles de coton, avant qu'elles ne soient expédiées au bateau...

Les autochtones (baptisés un peu vite « Indiens ») n'ayant pas tenu le choc, toute l'économie des colonies reposa rapidement sur la traite négrière. Les planteurs, activement incités à vendre au prix le plus bas aux compagnies d'Etats, n'avaient pas d'autre moyen de préserver leurs marges. A charge pour eux de s'arranger avec leur âme et Dieu auquel ils rendaient fidèlement visite toutes les semaines. La solution fut, justement, de leur dénier cette âme. Toute la perspective en était changée, du moins pour ceux qui essayaient de ne pas trop s'éloigner de ce que la société considérait comme le droit chemin. Chez les autres, notamment les pirates, la vision était différente, même si certains ne s'étaient pas gênés pour en croquer joyeusement[10].

Les lèvres brûlées par le soleil et craquelées par le sel de mer, Louis avançait péniblement au milieu de ces silhouettes déshumanisées. Du perron, madame Beaumont le regardait approcher. Ses cheveux blancs ramassés en un petit chignon durcissaient un peu plus l'austérité de son visage. Elle portait une robe bleu marine, relevée sur les hanches. Seule coquetterie ; une chemise bouffante bien arrangée et de petits gants blancs. Quand Louis se présenta devant elle, il ne put faire autrement que baiser la main qu'elle lui tendit. Elle fit

---

9 God Spell : parole de Dieu.

10 L'auteur du Code, Henry Morgan, acquit la majeure partie de son patrimoine dans les années 1670, sur le sang d'ébène.

alors demi-tour, précisant que la chambre se trouvait au premier. Les présentations étaient faites.

A peine installé, Louis reçut la visite d'Anassa, une esclave d'origine Toucouleur, qui se mettait tout bonnement à sa disposition. Louis, qui avait le loisir de sillonner les champs de tabac tout le jour, était consigné dans le domaine dès que la nuit tombait.

Anassa était à peine plus âgée que lui. Grande et fine, les cheveux pris dans un foulard, elle était vêtue comme une Blanche, en plus simple. Louis remarqua surtout qu'elle était magnifique. Esclave de maison, elle ne servait qu'à l'intérieur, jouant impeccablement sa partition dans le concert des boys et des servantes qui entretenaient cette grande demeure. Plus qu'attentionnée, elle était d'une douceur sans équivoque avec le jeune invité. La nuit suivant son arrivée, elle lui apporta son dîner. Avisant la teinte écarlate de sa nuque, puis de ses épaules, elle s'éclipsa, revenant munie de l'onguent censé soulager les brûlures du visiteur. La médication tournant rapidement au massage érotique, Louis se releva et la plaqua contre le mur. Lui retirant son chemisier il l'embrassa à pleine bouche. Elle se laissa faire et lui rendit ses baisers. Il la saisit alors contre lui et se débarrassa de sa robe avec emportement. Elle semblait apprécier, soupirant tandis qu'il s'attardait sur ses tétons dressés. Sous les draps et les oreillers, les fesses griffées, cambrées, pleines de volupté, ils s'entremêlèrent de longues minutes avant qu'un bruit ne les arrache à leurs plaisirs.

L'escalier grinça sous le pas lourd de madame Beaumont. Anassa sauta du lit et se rhabilla en un éclair. Mais la matriarche n'entra pas dans la chambre. Alors les amants restèrent près l'un de l'autre, quelques minutes. Assez pour qu'elle lui demande de ne jamais en parler.

– Je suis pas fou, dit-il en riant. Je ne te veux pas de mal.
– Ce n'est pas pour moi, dit-elle. C'est pour toi.

Louis écarquilla les yeux, dubitatif. Il était leur hôte. Et officier de la marine royale avec ça.

– Tu n'es pas leur invité, insista Anassa en se levant. Tu es leur prisonnier.

Tandis qu'elle regagnait la porte de la chambre, Louis s'agaça : ainsi, on l'avait sorti de taule pour mieux le garder prisonnier ? Joli coup !

– Des invités comme toi j'en ai vu des dizaines, reprit-elle. Certains ont été pendus. Ce n'est pas une maison de repos, ici. Méfie-toi.

Anassa referma doucement la porte sans un mot de plus. Avait-elle l'habitude de coucher avec tous les étrangers qui séjournaient ici ? Avait-elle eu une vraie tendresse pour lui ? Louis tenta de se bombarder de questions inutiles, pour ne pas avoir à se poser les bonnes. Il se releva et s'approcha de la fenêtre. Le domaine surplombait la partie nord de l'île... En arrivant, il s'était étonné que l'incroyable vue n'ait pas été réquisitionnée par Laurens de Graff pour en faire un point d'observation militaire. La plantation était plus que cela : c'était une prison politique. Toujours nu, Louis se toisa dans un miroir et se sourit à lui-même : « Bravo mon canard ! »

Deux jours plus tard, le « fléau de l'Ouest » se présenta devant la résidence de madame Beaumont. Inquiet, Louis se précipita sur un couteau qu'il avait volé aux cuisines. Il le mit derrière son dos et se tint droit comme un i, attendant qu'une escorte ne vienne le chercher. Traître ou héros : il serait immédiatement fixé.

Les boucaniers-flics entourant Laurens de Graff ouvrirent brusquement la porte. S'asseyant immédiatement, le bel Hollandais, toujours souriant, invita son prisonnier à en faire autant. Méfiant, Louis obéit en demeurant sur ses gardes.

Reprit alors l'improbable dialogue de la prison, où le jeune Français devait mûrir chacune de ses réponses :

– Comment allez-vous, commandant ?
– Ma foi, ça irait mieux si vous ne m'aviez pas sorti d'une geôle pour me flanquer dans une autre.

De Graff sourit de plus belle en penchant la tête, comme pour saluer sa clairvoyance.

– Navré, monsieur. Et je ne suis pas porteur d'excellentes nouvelles

« Le banquet des boucaniers est annulé ? » s'amusa Louis en silence.

– Votre déposition s'est avérée, poursuivit le super flic. Il y a bien eu mutinerie à bord du *Royal Revanche*. Le capitaine n'a pas survécu. L'équipage a bien mouillé en Jamaïque, où tous ont été pendus, comme on pouvait s'y attendre...

« Personne pour témoigner de ma désertion ? J'achète ! » pensa Louis.

– Les Anglais ont torturé vos compagnons, avant de les exécuter, ajouta sèchement de Graff.

Louis inspira profondément. Il ne put s'empêcher d'avoir une pensée émue pour Raphaël et Renan qui, bien que peu brillants, n'étaient pas de mauvais bougres.

– L'équipage, reprit difficilement l'Hollandais... L'équipage vous a unanimement désigné comme l'instigateur de cette mutinerie.

La tuile !

– Mais... C'est absurde, s'insurgea le jeune homme. J'étais commandant en second, certes. Mais c'était au lieutenant de bord, monsieur d'Hermitte, de prendre la tête du bâtiment en pareil cas. Ce devait être son initiative.

De Graff se releva péniblement et se retourna lentement vers la porte de la chambre, l'air espiègle d'un ancien corsaire connaissant trop bien les choses de la mer.

– Justement, dit-il en souriant. Le lieutenant de bord n'a pas été exécuté. Son nom ne figure sur aucun registre, continua le chef de la police. Mais il est réapparu ce matin, à Port-de-Paix. Apparemment, il aurait réchappé à la mutinerie. J'attends son arrivée ici, dès demain. On pourra comparer vos deux versions et tirer l'affaire au clair. On a de la chance, non ?

Fier de son effet, Laurens de Graff prit congé en sifflotant. Une fois encore, son instinct ne l'avait pas trahi. Labous ou d'Hermitte, le policier s'en alla avec la certitude d'avoir bientôt une canaille de plus à accrocher par le cou. Une de trop dans son île.

Louis sentit les battements de son cœur remonter jusque dans sa gorge. Loin, très loin de ce petit pincement de joie dans l'estomac qui signait ses victoires. Ne restait que le doute et la peur qui lui enserraient les épaules. Le souffle coupé, paralysé, il ne pouvait plus se relever et en oublia même de saluer le départ du policier.

Sa vie ne tenait plus qu'à un mot. Sur le procès-verbal de sa condamnation à mort, de Graff avait encore un trou à combler : déserteur ou mutin ? La déposition de l'aimable Hyacinthe d'Hermitte ne manquerait pas de l'éclairer sur ce point. Effroyable idée que de s'imaginer gravir les petites marches de l'échafaud. Louis se laissa tomber sur son lit, le ventre noué et la gorge serrée, déjà.

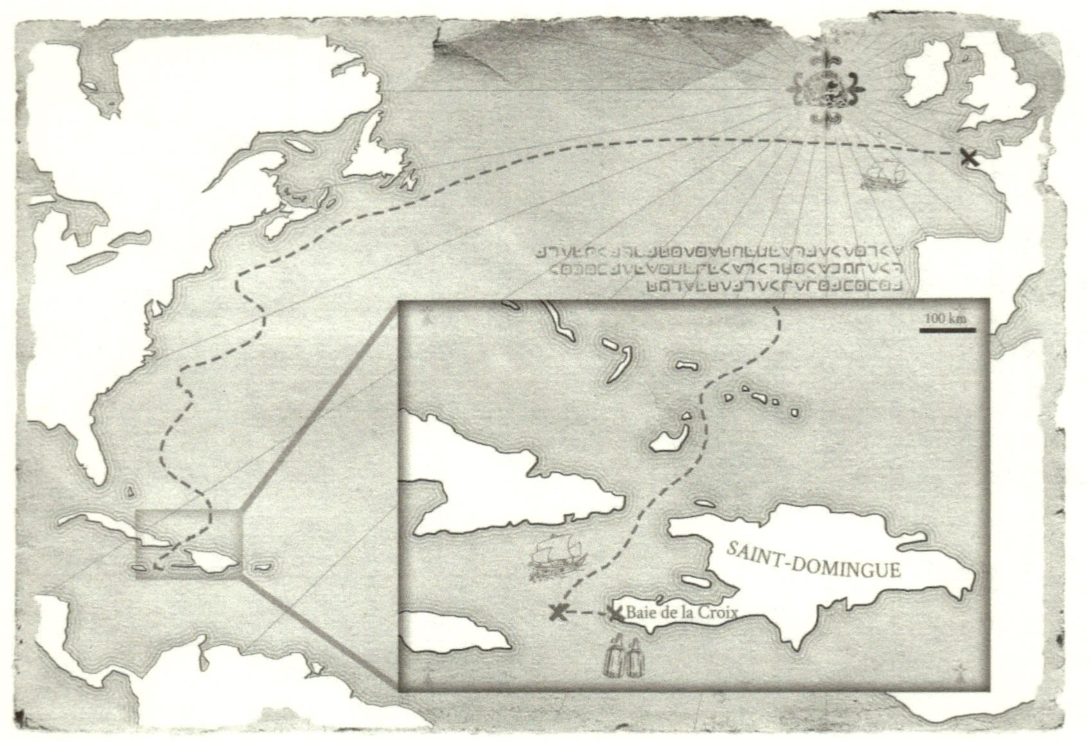
100 km
SAINT-DOMINGUE
Baie de la Croix

– Chapitre II –

Un grand sourire de sang

Comme toute place forte, le domaine de madame Beaumont compensait son faible nombre d'hommes armés par une position surélevée dominant plages, terres et vallées. De fait, s'en évader sans être vu semblait impossible. La garde, presque inexistante de jour, quadrillait le secteur de nuit. Les flambeaux éclairaient les sentiers, les murs de la demeure, les remparts et les cases des esclaves. On n'entendait alors que le bruit des bottes de quelques boucaniers devenus gardiens, ainsi que l'effroyable agonie des prisonniers oubliés dans les « beaux fours ». La trentaine de gardes armés d'épées, de mousquets et de fusils faisait des rondes régulières pour s'assurer que l'une des premières exploitations de l'île ne subisse pas de défection fâcheuse. L'évasion nocturne était une idée suicidaire. Mais en plein jour, c'était une idée lunaire ! Mais s'il y avait bien une chose qu'il avait retenue de l'académie, c'est que la surprise peut compenser nombre de faiblesses cumulées.

Le « fléau de l'Ouest » était venu à lui un dimanche. La soirée de lundi commençait déjà. Port-de-Paix, le centre administratif où d'Hermitte aurait accosté, était à presque trois cents kilomètres des rivages de Port-au-Prince, que la plantation Beaumont dominait. Laurens de Graff semblait habitué à cavaler sur ces trajets d'une traite, en six à huit heures. De toute évidence, de Graff avait déjà entendu Hyacinthe d'Hermitte. Il savait. Si l'île était, comme on le disait, totalement infestée de boucaniers insoumis, de forbans ou de brigands, le chef de la police ne se risquerait pas à un long trajet de nuit. Sa petite troupe et lui partiraient demain dès l'aube et arriveraient au soir pour l'arrêter. Dernière nuit de liberté pour Louis qui, plus que jamais, avait besoin d'un plan. Un plan bien ficelé.

D'abord subtiliser : si la bâtisse et ses accès étaient solidement gardés la nuit, l'intérieur de la maison demeurait privé. La matriarche y dormait seule avec, au pied de son lit, un énorme chien. Au bas de l'escalier principal, deux autres molosses respectivement nommés Conti et Fouquet somnolaient en surveillant le grand salon, les cuisines, les chambres, les cabinets et les secrétaires. Ereintées, comme les humains par le soleil de la journée, ces bêtes passaient les heures nocturnes à ronfler, les quatre fers en l'air. Leur seule présence suffisait à effrayer les esclaves. Quant à Louis, le risque eût été de descendre au rez-de-chaussée dès sa première nuit. Ne le connaissant pas, Conti et Fouquet auraient sans doute grogné. Mais depuis qu'il était là, Louis s'amusait à leur dénicher un quignon de pain ou à leur jeter des os. Faute d'amis, il avait sympathisé avec les Cerbères. En descendant sur la pointe des pieds, il réveilla Conti, qui vint péniblement à lui. Louis s'accroupit pour lui faire un câlin rassurant, tandis que le chien le regardait d'un air hébété. Puis il se releva, s'avançant vers le bureau de madame Beaumont. Le chien se mit à grogner. Louis s'immobilisa avant d'opérer un détour par les cuisines. Rapidement, il trouva ce qu'il cherchait dans le garde-manger : un jambon entamé protégé par sa couenne. A peine avait-il découpé quelques fines lamelles pour ses amis, que Fouquet rejoignait Conti dans la cuisine, l'air endormi mais le regard criant famine. Louis les rassasia délicatement et s'accroupit pour les caresser. Le festin pouvait commencer, Louis en profita pour gagner le bureau. Tenant haut la bougie qu'il venait d'allumer, il éclaira le mobilier briqué, les tapis de soie avant de se fixer sur ce qu'il cherchait : accrochée aux murs, la collection d'armes qui avaient sans doute appartenu à feu monsieur Beaumont. Louis subtilisa, du coin le plus sombre, un mousquet qu'il passa à sa ceinture. Puis, toujours en silence il regagna la cuisine. Allongés sur le flanc, les chiens digéraient lentement. Il les caressa de nouveau et nettoya les quelques traces laissées au sol. Ce faisant, il aperçut une redingote grise ainsi qu'un tricorne : l'uniforme des valets de la maison. Louis sourit.

Puis observer : durant sa nuit d'insomnie, Louis craignait que madame Beaumont ne se réveille à tout instant ou qu'une délégation de Laurens de Graff n'envahisse le domaine. Rivé à sa fenêtre, il observait le ballet des quelques gardes dans les jardins et la plantation. Il faisait attention à leurs pas, à la manière dont ils se tenaient, à la façon dont ils portaient leurs armes. Ce n'étaient pas des militaires et ça se voyait. Mais leur indiscipline reflétait leur dangerosité.

Le petit matin vint enfin. La nuque raide, les yeux piquants, Louis avait du mal à rester concentré. Sa survie dépendait de cette matinée. Vers neuf heures, Anassa frappa à sa porte, comme tous les matins, afin de lui proposer de prendre un petit déjeuner. Il descendit, l'air de rien. Les chiens n'étaient plus là. Lorsqu'il demanda pourquoi, on lui répondit qu'ils étaient malades et avaient été emmenés en ville pour être soignés. Louis enchaîna les cafés à s'en détruire l'estomac. Anassa était d'humeur câline. Lui pas.

– As-tu entendu du bruit, cette nuit ? demanda-t-elle.

Au « non » embarrassé qu'il bredouilla, elle reprit de sa voix haut perchée :

– Parce que la veste de monsieur Lellier, le cuisinier, est manquante.
– Vraiment ?
– Il l'a peut-être égarée ou rangée ailleurs. Mais si tu la vois...

En quittant la table, Louis échangea un regard complice avec Anassa. Il ne sut pas si c'était un appel à renouveler leurs folies ou si elle avait deviné ses intentions. En pareille situation, la paranoïa était de rigueur.

La veste grise et le chapeau de l'ami Lellier l'attendaient sous son lit, enveloppant le mousquet. Louis devait patienter une demi-heure ; l'heure à laquelle madame Beaumont vaquait à ses affaires : inspection de champs, audience de valets, entretiens avec de riches commerçants et des représentants de la compagnie des Indes, ou déplacement en ville... la dame était active.

Tout ce que Louis avait à faire, c'était attendre près de sa fenêtre et tendre l'oreille. La première occasion serait la bonne. Une petite voiture tractée par deux chevaux traversa le domaine depuis les grandes portes d'entrée et se présenta devant la maison. Un cocher en descendit maladroitement. Passablement éméché, il manqua de s'écraser au sol. Se rattrapant de justesse, il ouvrit la porte de la calèche pour permettre à un homme chauve d'en descendre. Ce dernier, paré de soie et de bijoux, tenait dans sa main un grand chapeau emplumé. Il fallait être riche ou important pour oser se déplacer avec autant d'apparat sous une telle chaleur. L'homme fut accueilli sur le perron par madame Beaumont, tandis que le cocher était pris en charge par un garde de la propriété. Louis ne pouvait pas entendre ce qui se disait mais il comprit qu'ordre était donné de garer le véhicule et de reposer les chevaux.

Le grand salon du rez-de-chaussée était désert. Du cabinet de travail, on entendait des bribes de négociation sur des sommes et des chargements. Sa veste grise sur les épaules, son arme dans le dos et son tricorne sur la tête, Louis descendit prudemment. Il se dirigea vers le jardin de derrière ; le chemin le plus court pour gagner les écuries. Il inspira profondément et s'assura que personne ne traînait dans les parages. En traversant la petite cour pleine de gravillons, Louis marcha d'un pas rapide mais déterminé. Il se concentra sur sa respiration, conscient que l'essentiel de sa supercherie reposait sur une simple veste et son air naturel. Comme plan, on a déjà vu mieux.

Arrivé aux écuries, il tomba nez à nez avec le cocher et un garde, en plein débat philosophique d'alcooliques assumés. Par chance, le garde n'avait jamais vu Louis :

- T'es le cuistot ? demanda-t-il. T'avais pas paumé quelque chose ?
- Ma veste, s'empressa Louis avant de se retourner vers le cocher. Je l'ai retrouvée. Dites, je dois vous désaltérer et vous nourrir. Ordre de madame Beaumont.

Les deux hommes levèrent leurs sourcils, surpris.

- Monsieur, reprit Louis s'adressant au cocher, vous n'êtes pas dans votre état normal et madame Beaumont ne le tolère pas sous son toit.
- Ah ça c'est vrai qu'elle est pas jouasse avec la vinasse, la taulière, cracha l'ancien boucanier.

Le cocher se leva, bredouille.

- Quant à vous, dit Louis en s'adressant au garde, madame Beaumont aimerait assurément que vous regagnâtes votre poste.

L'homme eut l'air surpris mais s'exécuta. Le cocher s'arrêta péniblement en plein milieu de la cour, se retournant pour demander où se trouvait la cuisine.

- Rentrez... le temps que je me soulage, dit Louis en s'avançant dans la pénombre de l'étable. Je vous rejoins.

Le cocher se lança difficilement en direction de la maison. Louis s'immobilisa comme s'il urinait contre un bat-flanc, songeant à cette phraséologie élégante de son temps. Dans son esprit, ces mots, ces tournures s'associaient à l'hypocrisie des notables et à l'arrogance des gradés. Mais c'était aussi une arme qu'un illettré ne savait contrer. Louis passa sa main sur la croupe des deux chevaux. Il cherchait le plus calme, le plus docile - qualité essentielle au cas où ils se feraient tirer dessus. Mais il n'y connaissait rien en bourrins. Choisissant finalement au hasard, il coupa les liens qui retenaient l'animal à la voiture et sauta dessus, quittant l'étable en souplesse.

À peine avait-il gagné la cour d'honneur que le cocher, impatient, passait la tête par la fenêtre. En voyant qu'un cheval manquait à son attelage, il se précipita vers son carrosse avec effroi. Louis entendit vaguement son pas lourd et décida d'accélérer. Plus son cheval trottait rapidement, moins il était discret. Mais il lui fallait encore traverser le long chemin, du domaine jusqu'à la sortie. Il longea les plantations où trimait la centaine d'esclaves. Les quelques gardes qui surveillaient l'ensemble, fusils en main, ne le regardèrent même pas. Au bout du chemin, Louis vit un homme devant la grande porte. Plus que quelques mètres et il serait hors de danger.

Dans l'étable, complètement affolé, le cocher se mit à crier au voleur. Trop loin de l'entrée pour qu'on l'entende. Tout au plus, quelques soldats de la plantation auraient-ils pu être intrigués. Louis prit une grande inspiration ; plus qu'une dizaine de mètres. Il calma l'allure de son cheval pour qu'elle paraisse la plus normale possible.

Une ombre surgit du bord de la plantation, portant robe bleue, fichu rouge sur la tête, sa main d'ébène posée sur un panier d'osier. Sans changer son allure, Louis releva lentement les yeux. Il croisa le regard ébahi d'Anassa, bouche entrouverte. Il la salua d'un sobre hochement de tête puis retourna son regard vers le gardien de l'entrée. Elle pouvait tout aussi bien donner l'alerte ou décider de ne pas le remarquer. Louis sourit en pensant que c'était le moment de savoir s'il était un bon amant. Puis une petite voix dans sa tête le rappela à l'ordre ; comment peut-on être toujours aussi dissipé dans les moments d'une telle gravité ?

Il ralentit en arrivant devant le dernier boucanier entre lui et la liberté. Et il lui fit signe d'ouvrir la grande porte. Ce dernier se leva en râlant.

– Vous saluez les nègres à présent, en cuisine ?

Pour toute réponse, Louis se contenta d'un sourire. Le garde déverrouilla le premier loquet, puis le second. Depuis l'écurie, le cocher désemparé décida de courir après le voleur, agitant les bras en l'air et criant comme il le pouvait. Le voyant, Anassa qui n'avait pas bougé, eut le cœur serré. Elle comprit que si elle n'intervenait pas, elle risquait le fouet. La mort dans l'âme, elle laissa tomber son panier et commença à courir, elle aussi, vers Louis. Les cris du cocher interpellèrent le gardien, qui s'arrêta dans son mouvement. La porte n'était qu'entrouverte.

– Qu'est-ce qu'il a, à gueuler comme ça, celui-là ? s'interrogea-t-il.
– Arrêtez-le ! hurla Anassa. Il s'évade !

Et enfin, improviser : le garde ne comprit pas tout de suite. Un cocher qui braille. Une esclave qui court. Et un type louche qui sort. Louis soupira en penchant la tête, navré que les choses tournent mal et marmonnant : « j' voulais le faire en douceur ».

Et alors que le garde allait refermer brusquement la porte pour empoigner son fusil, il releva son mousquet vers lui :

– N'y pense même pas.

Le garde hésita mais obéit. Anassa n'était plus très loin ; elle courait de plus en plus vite, comme si sa vie en dépendait. Le garde avait les yeux ahuris.

– La porte ! demanda Louis une première fois.

Le garde resta immobile. Un très bref instant, Louis se demanda pourquoi, dans chacune de ses entreprises, il y avait toujours un grain de sable ?

– Je ne suis pas obligé de te buter, pesta-t-il ...

Le garde ne bougeait toujours pas, tétanisé. Alors Louis releva le percuteur de son pistolet et hurla :

– La porte !

Sursautant, l'homme attrapa la grande poignée de bois et la tira vers lui. Louis donna un coup de pied dans le flanc du cheval et partit au grand galop. Au même moment, Anassa arrivait devant l'entrée, essoufflée. Les gardes qui sillonnaient le champ de tabac accoururent dans l'allée. Il ne leur fallut que quelques secondes pour imiter leur collègue, qui s'était fait braquer et brandir leurs armes. Plusieurs salves de coups de fusils éclatèrent. Personne ne put savoir si Louis ou le cheval étaient touchés, tant ils disparurent vite. Dans la continuité de l'allée, le cocher s'arrêta pour reprendre son souffle, lui aussi. Mains posées sur les genoux, il se retourna pour apercevoir son maître et madame Beaumont, qui sortaient sur le perron, alertés par les cris et les détonations. Tous étaient sidérés. Louis, quant à lui, galopait vers la liberté... blessé.

L'épaule de Louis saignait abondamment. En effleurant son bras, il comprit que la balle avait traversé. La blessure était donc superficielle. Seulement, il perdait beaucoup de sang, donc d'énergie. Et il y avait ce soleil, cette chaleur lourde et écrasante à laquelle un Européen peine à s'habituer...

Il entreprit de galoper le plus longtemps possible vers l'Ouest. Le cheval n'avait pas été touché, peut-être pourrait-il l'emmener à Petit-Goâve, plaque tournante du commerce de sucre, de tabac et d'esclaves. De là, il trouverait le moyen de gagner l'île de la Tortue. Fréquenter un territoire pirate n'était pas la meilleure idée juste après une évasion. Mais ce serait l'endroit où il risquait le moins d'être arrêté.

En deux heures, son cheval avait atteint la cité coloniale qui grouillait de monde. Les rues étaient bondées de Blancs pressés tandis que quelques Noirs traversaient, ici et là, pour le compte de leurs maîtres. Les paupières lourdes, la nuque raide et le dos gelé malgré la chaleur étourdissante, Louis était au bord de l'évanouissement. Il percevait sons, mouvements et lumières de plus en plus difficilement. Soudain, à l'approche d'une contre-allée, il sentit qu'il allait perdre connaissance. Il eut le réflexe d'arrêter son cheval et essaya d'en descendre. Mais il n'y parvint pas et bascula, tel un poids mort.

Lorsqu'il ouvrit un œil, Louis aperçut, penchée sur lui, la plus belle des créatures. Ses longs cheveux blonds roulaient sur des épaules où s'accrochaient délicatement les fermoirs d'une camisole arachnéenne, son seul vêtement. Ainsi dévêtue, la nymphe lui souriait, passant délicatement un linge humide sur son visage. Louis avisa alors, toujours dans la pièce, une autre femme, presque nue elle aussi, qui rangeait des bassines d'eau ensanglantée. Il tourna la tête pour voir son épaule, bandée. La seconde jeune femme s'approcha et lui déposa un baiser sur le front tout en lui demandant de rester calme.

– Suis-je mort ? hasarda-t-il.

Les deux femmes gloussèrent :

– Nous ressemblons à des anges ?

Louis voulut répondre, mais il perdit à nouveau connaissance.

– Petite nature, jugea l'une d'elles.

Louis ne revint à lui que le lendemain matin. Toujours dans la même chambre faiblement éclairée, aux fauteuils et aux lourdes tentures rouge sang. Les deux femmes avaient disparu. Au milieu de la pièce restait une bassine d'eau rougie où baignait un linge. Se relevant, il constata que son bras lui faisait encore mal ; les chairs devaient cicatriser. Il entreprit de visiter les lieux. En ouvrant la porte, il réalisa qu'il était à l'étage d'une grande maison aux allures d'hôtel. Quelques bougies tamisaient l'éclairage. Barbouillé, affaibli, chancelant, Louis ne distinguait les détails qu'un à un. Le rez-de-chaussée était encombré de canapés rouges semblables à ceux de la chambre où il avait été soigné. S'y étaient installés quelques hommes qui buvaient, en charmante compagnie. Près du long bar en bois ocre, il reconnut la nymphe blonde entraperçue à son premier réveil. Il la trouva plus ronde qu'il ne l'avait jaugée, mais toujours aussi incroyablement belle. L'air mutin, les joues duveteuses sous le nuage de poudre blanche et de beaux seins fermes qui ne demandaient qu'à s'échapper de son corset.

Comme aimanté, Louis descendit les escaliers pour venir à elle. Toujours aussi peu vêtue, elle récupérait des bouteilles de vin pour les porter en salle. En la voyant se pencher ainsi en avant, Louis put découvrir son admirable fessier. Il s'arrêta un instant, entrouvrit la bouche et se gratta la tête. De tous les endroits où il aurait pu échouer, il fallait que le destin l'amène dans un bar à putes. « La vie est bien faite ! », songea-t-il en souriant.

Il avança lentement, se tenant d'une main au comptoir. Il plissa les yeux et avant même qu'il n'ait eu le temps de dire un mot, la jeune femme se retourna vers lui avec un sourire radieux et des yeux illuminés. Elle était heureuse de le voir debout :

– Mais c'est notre grand guerrier...

Brutalement intimidé, Louis tenta un « Bonjour... Merci ? »

– Je suis Lucie, dit-elle sans abandonner son sourire et en tendant sa joue.

Peu habitué à saluer une dame ainsi, Louis sembla hésiter. Puis il se pencha pour offrir le baiser demandé en se présentant :

– Louis.
– On sait.

Il eut le ventre noué par cette affirmation. Si elle savait, si elles savaient, c'est donc qu'il n'était pas hors de danger. Lucie le pria de l'excuser : elle devait retourner en salle, les clients attendaient.

– La solitude, c'est mauvais pour les affaires, philosopha Lucie ajoutant en désignant du coude une porte à l'étage : il t'attend dans son bureau.
– Qui ça ?
– Gui Patrick.

Sans plus d'explication, la nymphe retourna à ses clients. Intrigué autant qu'inquiet, Louis remonta les escaliers plus vite qu'il ne les avait descendus. Il palpa sa chemise sans conviction ; son mousquet lui avait bien été enlevé. Il se présenta devant la porte du bureau et frappa. Une voix nasillarde lui ordonna d'entrer.

Il pénétra dans une grande pièce pareille à la chambre où il avait dormi. Derrière le bureau, un homme de grande taille, la cinquantaine, la mine jaune et de petits yeux de chouette au-dessus d'un nez de corbeau. Presque chauve, il coiffait soigneusement une longue perruque blanche posée sur sa table. Vêtu avec beaucoup d'élégance, il ne portait que de la soie ou des tissus d'une grande finesse. Sa chemise blanche, légèrement transparente, était presque fermée jusqu'au col, où un léger foulard pourpre protégeait sa gorge. Posée sur un siège, une veste marron assortie à son pantalon. Le violon sur le secrétaire, les quelques écrits sur son bureau, ses petites lunettes cerclées et son air maniéré complétaient le tableau : Gui Patrick était un dandy mondain, jouisseur et amuseur, tenancier d'un établissement de petites vertus - mais de grandes joies - et possiblement gay.

L'homosexualité était courante, mais peu évoquée en société. À bord d'un bateau par exemple, elle pouvait être tolérée si elle n'entraînait pas d'excentricité. Tout comportement fantasque était passible de sanction. Veiller à ne pas créer le scandale suffisait à se garantir une paix relative. La chouette au nez de corbeau se dressa face à Louis et lui tendit la main :

– Guislain Patrick Edouard Pascal de la Roche Sainte de Drychain, mais on m'appelle Gui Patrick.

Méfiant, Louis lui serra la main sur une réponse minimum :

– Enchanté.
– D'habitude, reprit Gui Patrick d'un air désappointé, on se présente ! Devrais-je connaître votre nom ?

Louis s'assit en premier, sans y avoir été formellement invité. Il n'avait jamais aimé ces préliminaires de palabres, où chacun se tourne autour en prenant soin d'éviter le plus longtemps possible d'annoncer la couleur. Il se saisit nonchalamment d'une pipe pleine de tabac sur le bord du bureau et l'alluma à l'aide d'une bougie, comme s'il était chez lui :

– Non, mais c'est le cas.

Gui Patrick changea d'expression et se mit à considérer Louis. Il s'assit à son tour.

– Vous devez donc vous demander pourquoi vous n'êtes pas de retour chez monsieur de Graff ?
– Un peu.
– Déçu ?
– Pas vraiment.

Le proxénète s'adossa sur son siège, manifestement ravi. Puis, reprenant un air sérieux, il dit :

– Ils vous cherchent, vous savez.
– De Graff et ses boucaniers ?
– Ses boucaniers ! explosa-t-il de rire. De Graff pense avoir mis au pas tout l'île... Mais les boucaniers ne sont pas à lui, non. Ils n'appartiennent à personne et commercent avec tous.
– Alors qui ?
– Mais vos amis, dit-il avec ironie. Les soldats de Sa Majesté.

Louis crut s'étrangler :

– Il y a des soldats, ici ?
– Evidemment ! Nous ne sommes pas des sauvages. Mais un nouveau contingent est arrivé hier soir, sous l'égide de monsieur de Graff. Ils sont commandés par un petit lieutenant de votre âge. Fort repoussant, je dois dire... Sec et froid, avec un nez à ramasser les miettes.
– Il boîte ?
– Vous savez donc de qui je parle.
– C'est à cause de moi s'il boîte, souffla Louis.

Le proxénète éclata de rire à nouveau. Le cœur de Louis se serra. Il eut le sentiment d'être piégé. Où qu'il aille et quoi qu'il fasse, était-il promis au gibet ?

– « La boiteuse » a retrouvé votre cheval, reprit Gui Patrick. Il est venu ici, prétendant être votre ami.

Louis prit une grande bouffée d'oxygène :

- Et que lui avez-vous répondu ?
- Jamais vu. Jamais entendu parler, s'amusa Gui Patrick avant d'ajouter : les ennemis de mes ennemis sont mes amis.
- Je vous suis donc redevable, c'est bien cela ?
- Oh ? s'exclama Gui Patrick en feignant la surprise. Célébrons cela !

Le soir tomba brutalement et Louis fut invité à la grande table où siégeait Gui Patrick, presque exclusivement entouré de femmes. A la droite du propriétaire des lieux se tenait Lucie, sa « favorite », mais aussi sa « gagneuse » pour le citer. La grossièreté de Gui Patrick et ses revendications sur Lucie mettaient Louis mal à l'aise. D'autant plus que la belle femme lui lançait des regards équivoques. A gauche de Gui Patrick, son garde du corps, Huchet. Huchet était plus large que haut, mais plus très bavard depuis que, lors d'un abordage, des pirates lui avaient tranché la langue. Il vouait une haine sans pareille aux forbans.

Au cours de ce repas, Louis comprit que cette maison close nommée le Bal des Nuits était l'un des lieux de luxure les plus rentables de Petit-Goâve. Aristocrate bordelais, Gui Patrick avait eu la malheureuse audace d'afficher sa préférence sexuelle comme il l'aurait fait d'une de ces excentricités qu'appréciaient tant les plus éduqués de ses pairs. Las, il avait ainsi et sans le prévoir franchi les bornes de l'acceptable de ce petit cercle. Déshonoré en société, les siens l'avaient contraint à l'exil. Perdu pour perdu, il avait jeté son dévolu sur des lieux où il savait la nature plus chaude et les mœurs plus libres : Saint-Domingue. Il commença par y faire fortune en vendant des vêtements de soie, mais perdit une partie de sa recette lors des deux invasions pirates successives de 1685. Cette année-là, il décida d'ouvrir un bordel pour tous les voyageurs de passage, qui en auraient les moyens - pirates compris. Par mesure de sécurité, il décida aussi d'employer les services d'Huchet, sommé de ne jamais s'éloigner.

Gui Patrick, que ses employés surnommaient en secret « Saint-Drichien », était un homme aussi extravagant qu'affable, grossier et bavard. Les commérages sur Louis et sa mésaventure circulaient autour de la table, réjouissant l'assemblée d'où les rires fusaient. Louis, seul, restait impassible. Il mangeait beaucoup, souriait faussement et riait peu. Tout ce dont il avait envie, c'était d'une bouteille de rhum, d'un peu de tabac et de silence.

– Faut vraiment pas avoir de bol, hurlait de rire « Saint-Drichien » en moquant Jacques Bart... Faut vraiment pas avoir de bol pour devenir corsaire sous les ordres d'une « danseuse » ! Et je connais mon sujet.

Louis souriait à moitié, par politesse, mais n'écoutait rien. Il était obsédé par la déclaration sous serment, le condamnant irrémédiablement, qu'avait maintenant dû faire le lieutenant d'Hermitte. Il ne cessait d'imaginer la scène : La Boiteuse, droit dans ses bottes face à Laurens de Graff, levant la main droite pour jurer devant Dieu de dire la vérité. Sa vérité. Eu égard à son grade, il n'aurait pas eu droit aux chaînes, lui. Ni au cachot, ni à la prison dorée, gardée par cette garce d'Anassa...

D'Hermitte avait effectivement levé la main et relaté toute l'histoire, à sa manière :

Comment son poste de commandant en second lui avait été soufflé à la dernière minute sans qu'il puisse protester. Comment Louis Labous, qui ne savait pas mieux naviguer qu'un cheval, avait aidé le petit Bart à perdre l'équipage neuf semaines durant. Comment Bart avait, pour sa part, intentionnellement et avec l'aide du cambusier, gaspillé les rations avant de fomenter la mutinerie qui devait lui coûter la vie. Selon d'Hermitte tous les malheurs du *Royal Revanche* n'étaient dus qu'à un homme : Louis Labous.

– Le capitaine n'était plus aimé des hommes, avait-il cependant reconnu. En plus de deux mois de mer, nous n'étions parvenus à accoster nulle part ni à arraisonner une seule cargaison. L'équipage était à bout. Le commandant Labous et moi-même en avions fait part au capitaine, mais il a refusé de nous écouter. J'étais certes lieutenant de bord, mais je n'étais que maître de manœuvre. Louis Labous, lui, avait la confiance des hommes.

– Dites-moi, lieutenant, s'était alors étonné de Graff... Pourquoi aurait-il fui son bâtiment s'il comptait en prendre le commandement ?
– Nous étions trop près des côtes jamaïcaines, monsieur, se justifia d'Hermitte. La réaction anglaise était prévisible. De plus, j'ajoute qu'en tant que dernier de notre promotion, Louis Labous n'avait pas la vocation militaire.
– Vous estimez donc qu'il a déserté ?
– Pour moi, monsieur, Louis Labous a commandité la mutinerie afin de profiter du chaos pour s'échapper.
– Mutin et déserteur, donc, soupira de Graff en gribouillant ces mots sur une feuille. Et vous ?
– Comment cela, « et moi » ?
– Vous avez bien abandonné le navire à votre tour, il me semble ?
– Pour sauver ma vie, monsieur. Et pour retrouver ce traître !
– Fort bien.

Au récit de la déclaration de d'Hermitte, Louis s'enfonça dans son fauteuil, pensant certes qu'il était incorrigible, mais que, cette fois, les vents ne soufflaient vraiment pas dans le bon sens. Plus les choses avançaient, plus sa situation s'aggravait. Une ordonnance demandait son arrestation pour désertion et mutinerie. Tôt ou tard, il serait vu et reconnu. Il ne pouvait s'éterniser à Petit-Goâve.

Mais il ignorait encore un détail. Gui Patrick avait une autre spécialité : la fauche. Il aimait employer de jeunes gens habiles, auxquels les dames désignaient des victimes potentielles : des clients fortunés. Après quoi le voleur devait suivre sa cible jusqu'à un lieu éloigné du Bal des Nuits, afin de lui faire les poches. Pour la manière, c'était « figure libre ». A charge du voleur de récupérer le maximum.

On le lui rappela sans détour ; Louis était redevable. Il ne s'offusqua pas, songeant que pour partir loin d'ici, il lui faudrait de l'argent. Et il avait les poches vides. Même s'il ne se sentait pas tout à fait l'âme d'un voleur, il devait admettre que cette hospitalité et cette protection offertes par Gui Patrick lui donnaient un peu de répit.

Il l'avouait d'autant plus que Lucie ne le quittait plus des yeux. A table, ses œillades appuyées lui faisaient envie et il n'osait plus se lever. Quand le repas fut terminé, Gui Patrick emmena Lucie et Emilie dans l'une des chambres du haut. Les autres femmes pouvaient retourner travailler. Chacun allait être occupé. Sauf Louis qui précisément, n'avait rien à faire. Il traîna les pieds pour regagner son lit. Il éteignit toutes les bougies et décida de se coucher tôt ; son épaule lui faisait toujours mal. Malgré cela, il s'endormit rapidement et commença à rêver. Jusqu'à ce que le rêve n'embrasse la réalité et qu'une main chaude glisse sous les draps, pour courir le long de sa poitrine, de son flanc à ses cuisses, sans oublier de s'égarer. Dans la pénombre, il reconnut les formes généreuses de Lucie. Son regard enflammé, son sourire d'ange et ses doux baisers. Il sourit et voulut lui demander ce qu'il en était du tenancier. Mais elle mit sa main sur ses lèvres et, comprenant son angoisse, chuchota qu'il ronflait déjà. Alors, Louis s'abandonna totalement à ces mains expertes et les laissa l'apaiser. Après l'amour, ils partagèrent une pipe de tabac.

– Tu ne dois pas rester ici, dit-elle. C'est dangereux.
– Je sais.
– « Saint-Drichien » va te garder tant que tu lui seras utile. Puis il te donnera.
– C'est une ordure à ce point ?
– Tu lui confierais ton cheval, toi ? demanda Lucie.
– Tiens, c'est vrai : il est passé où, mon bourrin ?

Lucie sourit avec lui, puis l'embrassa tendrement sur le front avant de quitter la chambre. Il devait se reposer ; son travail l'attendait.

Louis attaqua sa carrière de faucheur - ou voltigeur, les deux se disaient au Bal des Nuits - trois soirs plus tard. Ses boucles brunes ayant poussé durant la traversée de l'Atlantique, il s'était coupé les cheveux, très court, afin qu'on le reconnaisse moins aisément. Il avait aussi glané le droit de récupérer son mousquet, son tricorne et une épée. Il noua donc à sa taille trois longs foulards, qui plongeaient de ses hanches jusqu'au sol, dissimulant ses armes.

Caché à l'étage, il fut rejoint par Lucie, qui pointa du doigt un homme bedonnant, à l'allure rigide. Lucie était certaine de l'avoir vu retirer des pièces d'or, ou d'argent, de la poche intérieure gauche de sa redingote. Les cliquetis faisaient deviner une somme importante. L'homme quitta l'établissement sans s'attarder et Louis renoua un contact visuel avec lui en s'échappant par la terrasse. De là, il le vit s'éloigner dans la nuit, en direction du port. Louis descendit par la corniche et se hâta pour ne pas le perdre de vue. L'homme s'engouffra dans une petite rue, la remontant d'un pas pressé. La pente était dure et plus il montait, plus la rue était déserte.

A un moment, ils se retrouvèrent seuls dans la ruelle. L'homme ne pouvait ignorer le manège derrière lui. Il s'arrêta donc et attendit que Louis le rejoigne. Comme la victime, courageuse, ne se retourna pas, Louis dut s'arrêter un pas derrière. Ce n'est qu'à ce moment-là que Louis sentit qu'il n'aimait ni ce qu'il était en train de faire, ni ce qu'il était en train de devenir. Mais la machine était lancée. L'homme plongea lentement sa main gauche dans l'intérieur droit de sa veste. Louis se souvint que l'argent était de l'autre côté, il dégaina aussi sec son pistolet et en posa le canon sur sa nuque en lui soufflant : « À votre place, j'éviterais. »

La victime n'osa bouger. Louis entreprit de le contourner, sans abaisser son arme. De sa main libre, il ouvrit sa veste et découvrit un petit pistolet. Louis le prit et le rangea à sa ceinture. Puis il ouvrit l'autre revers et y découvrit trois sacoches d'argent. Il en retira deux. En lâchant la veste, Louis tapota la troisième sacoche contre le cœur de l'homme et sourit : « Pour le service ! »

Puis il disparut dans une rue parallèle. Seul, à l'abri des regards, il ouvrit les sacoches. Il en sortit cinq cents livres tournois[11] et décida d'en garder trente[12] par devers lui. Cela couvrirait, pensa-t-il, à peu près le tiers du voyage qui le mènerait loin de cette île maudite... même si les femmes y sont charmantes.

Durant les deux semaines qui suivirent, Louis n'eut plus d'aussi gros poissons à piéger. La plupart des victimes avaient déjà tout dépensé au Bal des Nuits et n'avaient guère en poche qu'une dizaine de livres, au mieux. Impossible donc d'y piocher sa part sans risquer d'éveiller les soupçons. Alors il redoubla d'efforts, commençant à baisser la garde. Il pistait de plus en plus de clients le jour, les dévalisant parfois en public. Il ne se cachait presque plus et n'hésitait pas à presser le pas pour rattraper plus rapidement ses proies. Il tentait cependant de limiter la violence, se voulant certes menaçant, mais avec élégance. Entre temps, il avait peaufiné quelques arguments décisifs. Son préféré restait : « Monsieur, si j'avais le choix, moi non plus je ne serais pas là. Rendons-nous service l'un l'autre et faisons ça vite ! » Prononcé calmement, avec le support d'une arme, cela marchait à tous les coups.

Lorsque au détour du jour, il s'apercevait dans un miroir, il éprouvait parfois comme une vague de dégoût. Et quand la fatigue s'en mêlait, il lui arrivait de se demander ce que son père et sa mère auraient pensé de lui. Le sable sec de Petit-Goâve lui piquait les yeux. Seul, il lui arrivait de retrouver l'amère douceur de ses larmes. Alors, il dépliait le petit

---

[11] Soit environs 1050 euros si l'on se réfère au cours de l'or en 1689 et en 2006. A titre de comparaison, l'estimation du coût de la vie de l'époque peut se mesurer au prix d'une poule : 50 centimes de livres, soit 10 sous, soit environs 10 euros.

[12] 63 euros.

cryptogramme légué par son arrière grand père, Alessandro Cajal, et s'interrogeait. Le fruit était tombé bien loin de l'arbre. Sa vie commençait à ressembler à une fuite désespérée vers l'inconnu. Courir vite, c'est bien. Les yeux fermés, ça finit toujours dans le ravin.

Une odeur similaire à celle qui imbibait la sainte-barbe du *Royal Revanche* commençait à l'habiter. Une odeur de merde. La puanteur le suivant partout, les secondes devenaient des minutes. Les minutes, des heures. Il ne dormait plus. Son visage, pourtant d'un naturel radieux, s'obscurcissait, dévoré par la marque grandissante de ses cernes. De fines rides commençaient à apparaître. Avant même que le soleil ne se lève, il était au bar, sifflant ses premiers verres de rhum en priant pour trouver le bon coup ; celui qui l'arracherait à cet endroit. Mais peut-on demander à Dieu de réussir un braquage ?

Quelques mois plus tôt, il croyait de tout son cœur en Dieu, dont l'amour ne quittait pas ses pensées. Puis il avait tenté de l'oublier. Aujourd'hui, se demandait-il seulement si Dieu croyait encore en lui. Et si oui, comment ? Des lugubres nuits où il était toujours à deux doigts de faire subrepticement passer ses victimes de vie à trépas aux réveils divins de ces matins qu'Il aurait lui-même créés dit la Bible, que croire ? Car c'est à se taper la tête contre les murs, cette histoire de pardon et d'amour indéfectible quand on sent son corps et son esprit s'enfoncer dans la fange.

En attendant d'obtenir sa réponse, même dans le souffle d'un zéphyr, Louis se noyait dans l'alcool. Des ivrogneries chagrines, imbibées de rhum où tout n'était que désillusion, misère et solitude. Il n'osait garder les yeux ouverts de peur de voir, dans son reflet, la honte affleurer sous les traits de ses ancêtres. Il n'osait fermer les paupières de peur de se retrouver seul, face à la noirceur de son âme. A chaque fois, une larme semblait s'en échapper, dévoilant une autre nature. Toute sa vie, il avait rêvé de courir le monde afin de le découvrir et de mieux se découvrir. De deux choses l'une, se disait-il parfois : ou les réponses qui lui avaient été faites n'étaient pas bien glorieuses, ou il n'avait simplement pas encore trouvé le moyen de les comprendre.

Une de ces réponses devait surgir des océans, une nuit de vertiges, grâce à Lucie qui lui avait, une fois de plus, désigné un nouveau client. Légèrement plus jeune que Louis, l'homme était grand et mince. Il avait les cheveux rouges et en bataille. Une petite barbe rousse, mal taillée, et le visage criblé de taches de rousseur. Mais ce qui frappait immédiatement lorsqu'on le regardait, c'était les immenses balafres asymétriques qui barraient ses joues, de la commissure des lèvres jusqu'aux oreilles. Elles n'avaient pas l'aspect immonde des cicatrices recousues en mer, de la main gauche d'un chirurgien, droitier et complètement bourré. C'était juste de fines - mais profondes - rides, partant de sa bouche à ses mâchoires, où elles entamaient un virage serré vers les lobes. Ces entailles, qui rayaient sa pilosité, étaient plus intrigantes que repoussantes et dotaient le jeune garçon d'une certaine beauté, somme toute singulière.

L'homme aux cheveux rouges portait un pantalon court en toile bleue, tombant sur ses mollets, et des souliers neufs. A la taille, il avait arrimé plusieurs foulards, pendant de sorte à ce qu'on ne vît pas l'artillerie qu'il trimballait sur lui. De son barda dépassaient un tricorne, la garde d'une épée, une boussole et une gourde. La fille qui s'en était occupée rapporta qu'il était mieux armé qu'un bâtiment de Sa Majesté. Elle ajouta aussi qu'il était bon amant, bien qu'un peu violent et on ne peut plus méfiant.

Louis ne remarqua que plus tard l'anneau en or à son oreille et le mousquet à peine dissimulé sous sa chemise en lin, fermée par un seul bouton, à la ceinture. Séparément, l'anneau et le pistolet laissaient peu de doute. Mais ensemble, ils signaient inévitablement la marque des pirates.

La boucle d'oreille en or était une sorte de garantie obsèques obéissant aux coutumes marines. Tout homme mourant lors d'une navigation avait d'office la mer pour sépulture, ceux qui lui préféraient une inhumation dans les règles portaient ce bijou grâce auquel ils pouvaient, de manière posthume, financer leurs propres funérailles. L'équipage se partageait l'or, s'engageant à offrir au défunt une sépulture décente, avec un prêtre. L'anneau garantissait aussi l'hébergement temporaire de la dépouille dans une barrique de rhum[13] à ceux qui avaient le mauvais goût de mourir à plus de dix jours des côtes. Evidemment, il pouvait arriver de mal tomber et qu'un cadavre soit ramassé par des salopards sans morale. Mais les gens de mer étant d'un naturel superstitieux, l'anneau restait un bon placement.

Le forban à la tignasse flamboyante quitta le Bal des Nuits sans empressement. A la lueur de la lune, Louis le suivit le long de la jetée, craignant qu'il ne regagne immédiatement son vaisseau. Mais l'homme n'en fit rien. Il marchait paisiblement, tirant quelques lampées de sa gourde, comme s'il se promenait. La filature dura ainsi de longues minutes, jusqu'à ce que le pirate les emmène sur une plage, loin des regards. Le bruit des vagues masquait celui des bottes sur le sable. Le moment était idéal et Louis se jeta sur lui.

Au dernier moment l'homme se retourna, attrapa et tordit le poignet armé de Louis, qui laissa choir son pistolet. Dans le même temps, il sentit un coup sec à l'arrière de ses genoux, le forban qui venait de le frapper tentait de le maîtriser en le serrant par-derrière. Louis eut alors le réflexe de balayer le sable d'un coup de pied, faisant tomber le pirate sur lequel il se rua de nouveau, poings en avant. Il lui lança quatre coups bien ajustés sur les joues. Il frappait fort mais plus les coups claquaient, plus l'homme riait. Comme si, juste amusé, il se laissait faire. Fou de rage, Louis cogna, encore et encore. Le rouquin commençait à saigner, du nez, de la bouche, sans pour autant cesser de rire. Jusqu'à ce que se fasse entendre le petit

---

13 Le corps était ainsi conservé dans un tonneau d'eau de vie. C'est d'ailleurs ainsi que l'amiral Nelson – tué le 21 octobre 1805 à Trafalgar lors de sa victoire sur Napoléon – put être ramené et inhumé en Grande-Bretagne.

“clic” qui ramena Louis à la raison. L’ancien officier s’immobilisa, saisi d’étonnement. Le roux à la balafre reprit sa respiration, un grand sourire de sang aux lèvres. Brusquement, sentant la pointe d’un mousquet lui chatouiller l’entrejambe, Louis ferma les yeux, il venait de comprendre la raison du sourire. Pendant qu’il se laissait tabasser, le pirate dégainait discrètement son pistolet. Louis recula, mâchoires serrées, mains en évidence, furieux de s’être montré aussi stupide.

Sans baisser son arme ni cesser de sourire, le forban se releva, époussetant le sable de sa chemise. Fasciné par ses balafres, Louis se surprit à trouver magnifique cet inconnu qui le dévorait de ses grands yeux bleu clair, comme s’il sondait son âme. Léger, le pirate flamboyant s’amusait :

– Pas mal. Un peu bête, mais pas mal.

Louis aurait voulu pouvoir détacher son regard des balafres :

– Je... Je suis désolé.
– Surtout pas ! sourit le pirate.

Agitant doucement son mousquet il demanda :

– Dis, je peux ranger ça ou tu vas recommencer ?

Trop heureux de se trouver en phase, Louis avala sa salive et opina du chef, sans hésiter. Ravi lui aussi, l’homme rengaina son pistolet puis s’allongea sur le sable, accoudé face à la mer où se reflétait la lune. Dégageant la gourde de rhum qu’il portait à sa hanche, il convia son agresseur à en boire une rasade. Louis n’était pas sûr de comprendre, mais il aimait la tournure que prenait l’échange.

– Arrête de les regarder, lança le « balafré ». Ça m’énerve.
– Difficile de passer à côté, argumenta Louis.

Le roux parut amusé par cette franchise. Puisque Louis ne buvait pas, il reprit sa gourde et s’en repaya une gorgée.

– Elles me viennent d’Irlande, dit-il.

Louis saisit l'allusion cinq sur cinq. Il n'ignorait rien de ce que l'Irlande gaélique avait subi après la défaite de Kinsale, ultime bataille de la conquête anglaise. Il connaissait le sort que les soldats de Sa gracieuse Majesté Elisabeth Ière réservaient aux enfants des vaincus. Il était souvent arrivé, au bout des longues nuits qu'il passait à refaire le monde avec William Cormac autour de quelques bouteilles, que son ami revive les tortures auxquelles il n'en revenait toujours pas d'avoir pu échapper. Tous les récits se ressemblaient : des enfants devant les corps massacrés de leurs parents recevaient une dague posée à plat sur leur mâchoire. Ordre leur était donné de la mordre. La lame, choisie avec soin, ne devait être ni trop large ni trop petite, juste à la taille de la mâchoire. Un soldat saisissait alors les deux têtes par les cheveux, celle de la mère, morte, et celle de son enfant, bien vivant, les heurtant violemment l'une contre l'autre en un ignoble baiser qui enfonçait profondément la lame dans la bouche du petit. Généralement, les militaires finissaient le travail en prolongeant l'entaille des joues jusqu'aux oreilles. C'était le « sourire de Glasgow ».

Le pirate à la tignasse flamboyante ne semblait cependant pas avoir été aussi sauvagement saigné. Louis apprendrait plus tard que la garnison tortionnaire, à quelques jours de sa démobilisation, avait brutalement retrouvé quelques miettes d'humanité. Se souvenant qu'eux aussi étaient souvent des pères, voire des hommes, les soldats supportaient moins bien la première étape de l'opération « sourire de Glasgow ». Le « baiser » à la maman assassinée commençait à leur tournebouler l'estomac. L'enfant y échappa donc, les militaires se contentant de lui entailler les joues jusqu'aux oreilles et, chose exceptionnelle, réparant eux-mêmes les dégâts en recousant les plaies. D'où la propreté des cicatrices. Malgré ce petit geste, le jeune Irlandais ne pardonnerait jamais aux soldats anglais.

– Mon meilleur ami était irlandais, expliqua Louis.
– Lui aussi ?
– Non, sa mère a été assassinée, mais lui en a réchappé de justesse.

– Le bol ! sourit le pirate en allumant une pipe.

Sans dire un mot, il tira quelques bouffées et la tendit à son agresseur. Louis ferma les yeux une seconde, profitant du merveilleux vacarme de l'océan. Quand il fuma la première taffe, il fut prit de picotements dans la gorge et se mit à tousser. Il y avait plus de zamal[14] que de tabac dans cette pipe.

– D'où viens-tu ?
– De France.

Le rouquin éclata de rire.

– Tu connais ? reprit Louis
– Je connais des Françaises. Et quelques Français. Un peuple à deux visages ; vous rêvez de révolutions mais si possible, sans sortir du lit.

Puis, se tournant plus franchement vers Louis :

– T'es pas mauvais dans la fauche, mais tu vas y rester. Bêtement, en plus.

Le cœur du petit voleur battait la chamade.

– Je suis venu pour voir si tu voulais passer pro, dit l'Irlandais sans quitter la mer des yeux.

Louis reprit la pipe. Ces mots choisis sous-entendaient clairement que l'Irlandais l'avait repéré, probablement estimé puis avait tout orchestré. De sa négligence auprès des filles jusqu'à la promenade sur la jetée. S'il avait voulu, il l'aurait descendu. Pitoyable, Louis se sentit plus insignifiant que la petite fourmi qu'il avait, le matin même, écrasée de son gros orteil.

Louis comprit instantanément que cette proposition ouvrait grand les vannes de son existence. La vie, la vraie, pouvait commencer. La course à l'argent, à l'aventure et à la gloire. Les batailles et les coups de sang, de poudre et de canons. Le rhum

---

14 L'un des noms du cannabis, notamment dans l'océan Indien.

et les femmes, tout venait à lui dans un enchevêtrement d'images, de sons et d'odeurs qu'il accueillait... à grandes lampées.

L'Irlandais sortit une petite bourse et la jeta dans le sable. Puis il se redressa, se tint les hanches et étira son dos en arrière comme pour décoincer un nerf, tout en râlant. Louis plongea sa main dans la sacoche, découvrant plus de deux cent cinquante réaux[15] en pièces d'or et d'argent : plus du double nécessaire pour quitter Petit-Goâve.

Louis tendit sa main et après hésitation, l'Irlandais lui agrippa l'avant-bras pour le saluer chaleureusement, comme le font entre eux, les pirates :

- Louis Labous.
- John Taylor.

John Taylor était un fou. Et certain d'être sain d'esprit, il aimait faire croire qu'il était fou. Mais la vérité, c'est qu'il était vraiment fou !

Louis ne savait pas s'il devait cette excentricité aux traumatismes de son enfance, à de trop longs mois en mer ou aux ravages de l'alcool et des herbes euphorisantes qu'il fumait sans cesse. De toute façon, les raisons de cette folie importaient peu. Les raisons n'importent qu'aux fous. Les autres cherchent les solutions ou vivent avec.

John Taylor était le second d'Edward Seegar, capitaine d'une trentaine d'années, Irlandais lui aussi. Lorsqu'il lui fut présenté, Louis songea que tous ces Irlandais commençaient à faire nombre dans la vie d'un Français.

Dans une vie antérieure, Seegar était négociant. Capturé par Christopher Winter, un pirate, il avait été forcé de rejoindre leurs rangs. Calme, réservé et réfléchi (c'était une bonne

---

15 Monnaie portugaise.

nature), Seegar était aux antipodes de la caricature des forbans. Dès qu'il le put, il quitta l'équipage de Winter pour lancer sa propre entreprise. Ses quelques mois chez les pirates lui apprirent qu'il existait deux catégories de flibustiers : les brutes et les commerçants.

Les brutes constituaient le gros des équipages, avec une hiérarchie précise et une sorte de Code d'honneur établi par Henry Morgan. Ils prenaient tous les risques et passaient leur existence mouvementée à tirer le diable par la queue. Capables de tous les courages, ils dépendaient des receleurs, seuls à pouvoir transformer leurs rapines en butin. Négociants, boucaniers, brigands, tout le monde pouvait être receleur. Il suffisait d'avoir le contact facile, le nez creux et un peu de trésorerie. Espérant garder les mains propres, Seegar devint donc marchand et receleur à bord d'un petit sloop[16], voguant d'un port à un autre, où il fréquentait les tavernes, les forbans et les autres négociants, commerçants, comme lui.

De nature plutôt pacifique, Seegar n'avait pas - encore - de tueurs à son bord, John Taylor sera l'exception. Les deux hommes s'étaient rencontrés trois ans plus tôt, aux Bahamas, dans des circonstances que ni l'un ni l'autre ne pourraient oublier.

Après avoir été recueilli, encore ensanglanté, par un seigneur irlandais qui ferait son éducation, l'enfant quittera rapidement l'Europe pour fuir la répression. Embarqué sur le premier navire venu, John Taylor - devenu Le Balafré - découvre la dure réalité de la marine. Des conquêtes extraordinaires dont il rêvait, il ne verra que le pont, qu'il doit briquer sans cesse. Et le fouet du quartier-maître. Une sombre brute amusée par les souffrances qu'en virtuose elle inflige de sa seule lanière par temps calme, réservant la poudre à ceux qui l'ont énervée. Une de ces décharges impromptues, sur un gabier demandant que

---

16 Petit navire prisé des pirates et des marchands. Doté de deux à trois mats, d'un seul pont et rarement armé de plus de dix canons, il permettait des manœuvres très rapides.

l'on soignât son pied entaillé, bouleversa John. En un clin d'œil, le bouillonnement de la révolte l'avait retrouvé. Le pauvre marin avait pris la balle en pleine poitrine et, bien qu'il portât un anneau en or, fut balancé par-dessus bord, non sans avoir été délesté de son bijou par son assassin. Dans sa fuite, le jeune Irlandais n'était tombé ni sur un bâtiment de pirates ni, bien sûr, sur un équipage militaire. John avait simplement sauté sur un navire de commerce battant pavillon turc. Si la question religieuse, qu'il voulait furieusement gommer, n'avait a priori pas d'importance, il dut bien constater qu'il était l'un des cinq non-musulmans dans un équipage de cent quarante personnes. Lui qui savait dans sa chair les douleurs que les religions peuvent engendrer, parvint à convaincre ses quatre coreligionnaires d'affronter la centaine de mahométans du bâtiment. La mutinerie dura sept minutes. Et dès le lendemain, John et les mutins furent revendus à un négrier hollandais.

Très vite, le capitaine comprit qu'il devrait se débarrasser de cet étranger rouquin au comportement exécrable. Estimant impossible de trucider un Blanc sans risquer les flammes de l'enfer, crainte qui ne l'avait jamais effleuré lorsqu'il devait délester son bateau de dizaines d'esclaves noirs enchaînés, le Hollandais décida de le vendre à New Providence, au cœur des Bahamas. Un port de scélérats où la Navy n'arrivait pas à implanter son étendard. Criminels, évadés, voleurs, receleurs et petits pirates y faisaient la loi. A l'agitation qui l'entourait, le capitaine négrier comprit qu'il avait vu juste, son esclave blanc faisait sensation.

Au milieu de la petite foule venue admirer le spectacle de ce Blanc enchaîné parmi les Noirs, Seegar voit ce jeune garçon, ostensiblement griffé par la vie, invendable, râleur, furibond de naissance. Il est immédiatement séduit. Comme il revenait d'une « bonne pêche », Seegar avait les poches pleines. Les qualités marines de John aidant, les quelques deniers ainsi dépensés connurent un rapide retour sur investissement. Le garçon connaissait déjà bien des choses de la mer et avait un tempérament de feu à vous commander l'armée des morts.

Bien sûr, John avait ses défauts... Pour commencer, il n'était jamais sobre. Toujours plus ou moins joyeux, à la recherche de rhum. Ensuite, il avait un faible pour le zamal, qu'il fumait sans arrêt pour calmer l'effet excitant que l'alcool avait sur lui. Enfin, il prétendait entendre la mer. Pour lui, elle prenait les traits d'une vierge qui lui susurrait des mots cochons à l'oreille. Des saloperies qu'il traduisait par des présages suffisamment vagues pour que chacun y croie. Ses cicatrices brouillant l'interprétation de ses humeurs (comment savoir s'il souriait ou s'il ruminait ?) personne ne revendiquait son amitié. C'était un animal sauvage, aimant boire jusqu'à la déraison, piller, saccager, violer et massacrer quiconque se trouvait sur son chemin. Au quotidien, il apparaissait comme un être flamboyant et joueur, mais dépourvu de raison. Sa blague préférée était de préparer la pierre de silex de son mousquet sans y mettre de balle. Ensuite, il braquait quelqu'un au hasard par surprise et lui posait une question hors contexte, comme : « Dis donc, tu crois que j't'ai pas vu ? »

A tout coup, la victime devenait pâle, ne sachant que répondre. Chez les pirates, tout le monde a toujours quelque chose à se reprocher. La question n'était jamais « quoi » mais « où et quand ». Puis John laissait la tension monter quelques longues secondes, avant de presser la détente. Sous l'explosion, si elle ne se figeait pas, sa proie se jetait irrémédiablement à terre. Et réalisant qu'il ne s'agissait que d'un tour, tous riaient de bon cœur afin de dissimuler leur véritable angoisse : un jour, ce con-là mettrait une balle.

Si on s'en tient à la stricte réalité, Taylor incarnait le mal. Mais il avait une telle estime de lui-même qu'il ne pouvait se résoudre à l'accepter. Aussi mettait-il toute son ardeur, et une bonne dose de séduction à tenter de convaincre de sa rectitude. Il trouvait un tel réconfort dans ces opérations de réhabilitation personnelle qu'il aurait pu mourir pour prouver qu'il ne tuait pas par plaisir, certain que dans le pire des cas, il y aurait trouvé du plaisir...

Le second du capitaine Seegar était mourant : plus que le tabac, la syphilis tue. Sans lui, l'avenir du capitaine devenait incertain. Un commandant en second est à la fois un filtre et un tampon. Tout passe par lui et avant de transmettre les informations, il doit absorber la maladresse, le mépris ou la colère du donneur d'ordre, tout en ayant jaugé la fatigue ou l'énervement des troupes. Ainsi, un ordre exprimé en ces termes dans la cabine du capitaine : « Commandant, allez dire aux michetons alcooliques qui me servent de gabiers, d'aller vérifier les garcettes au lieu de s'enivrer comme des cochons de lait. Parez à ferler les voiles ! » devenait, sur le pont, dans la bouche d'un bon commandant : « Messieurs Young, Chavaniac, Desmond et Asher, mâtures ! Vérifications des poulies et des drisses : parez à carguer ! Plus vite que ça, allez, allez, allez ! Le capitaine vous regarde. »

Le commandant en second devait être un homme fiable, capable et cultivé, afin de maintenir un climat de confiance entre un équipage parfois belliqueux et un capitaine qui l'était trop rarement à leur goût, question d'appétit. Or John s'était montré particulièrement intelligent, fin stratège, lettré, organisé, ordonné, bon mathématicien, féru d'astronomie, navigateur de génie et capable de coups de folie. Comme il était redevable à Seegar, notamment de sa liberté, il était le second idéal.

John Taylor rêvait de voir le monde. Le monde entier. Il avait donc usé de sa position pour embarquer sa compagnie dans d'incroyables et fructueuses explorations. La cordillère des Andes, l'Equateur, le Mexique, le Japon, la Chine, Manille, Malacca, Singapour, l'Inde, l'Afrique de l'Est, le royaume d'Émyrne[17], l'Afrique de l'Ouest... La curiosité de John Taylor était insatiable et sa bonne fortune, insolente.

De l'Occident à l'Orient, les équipages avaient eu le loisir de se ruer sur l'or et les femmes. Même s'il ne crachait ni sur l'un ni sur l'autre, John ne semblait jamais aussi vivant que lorsqu'il côtoyait l'histoire, lorsqu'il mettait ses pas dans ceux d'illustres

---

[17] Madagascar.

conquérants ou lorsqu'il effleurait, pensif, des pierres, témoins muets de civilisations évanouies. Seegar l'avait compris, partout, toujours, Le Balafré se sentait à l'étroit. Marqué dans sa chair, il ne pouvait se contenter de vivre en un seul endroit à la fois, comme si, partout, l'enfant pourchassé qu'il avait été risquait de se faire reprendre. Seule l'idée d'être ailleurs l'apaisait. Sans cesse, il s'échappait, y compris dans le passé.

Il lui fallut atteindre l'Asie pour découvrit enfin la paix. John y trouva trois raisons de vivre : l'art oral du bushido, les vapeurs d'opium et les douceurs des femmes de Malacca. Vouant aux trois une réelle adoration, il s'y abandonna avec passion et déraison, jusqu'à ce que sa compagnie se retrouve sans argent, le forçant à repartir, encore, vers l'Ouest.

– Certaines villes sont très belles quand il pleut, disait John avec nostalgie alors qu'il relatait ses périples. Chez nous par exemple, c'est moche quant il pleut, pas vrai ? Enfin, « chez nous »... Est-ce que je sais où c'est, « chez nous » ?

Le sentiment d'être « chez lui », c'est sur le bateau de Seegar que Louis Labous le retrouvera, aux côtés de John Taylor. L'un étant la lumière de l'autre et tous deux intervertissant les rôles, ils nouèrent rapidement une relation aussi complice que complexe. Ils commencèrent par s'admirer, puis se respectèrent et ne s'envisagèrent bientôt plus l'un sans l'autre.

De cette amitié passionnelle naquit un jeu propice au rêve qui, sans qu'ils s'en soient rendus compte, du moins au début, les reliait directement au capitaine. Il suffisait d'un bref échange pour que tout un chapitre d'histoire se livre, avec ses aventures et, comme l'anticipait Seegar, ses enseignements.

Que Taylor lance :

– Dis, tu sais pourquoi l'empire romain est mort ?
– A cause de l'eau ? répondait Louis.

Et c'était parti.

– Non, mon vieux, enfin, pas seulement. C'était une conspiration. La dette et les taux d'emprunt romain étaient trop élevés ; bourgeois, négociants, prêteurs et banquiers, sénateurs et généraux, tous ceux que cela gênait ont organisé la chute de Rome, en espérant remettre les compteurs à zéro...
– Et alors ?
– Ils ont remis les compteurs à zéro. Plus d'Etat : plus de dette.
– Un peu rude.
– Mais efficace !

Seegar qui adorait ces joutes, les suivait de loin, en silence, sans jamais donner son interprétation des faits. Et puis, quelle importance ? L'essentiel n'était-il pas qu'à la lumière des tranches de vies passées, ces jeunes gens se forgent des instruments indispensables à leur vie d'homme : le discernement et, surtout, la curiosité, l'envie de savoir et, pourquoi pas, d'essayer de comprendre.

La méthode lui convenait. Cela faisait déjà quelques paires d'années qu'il se l'appliquait à lui-même et il s'en trouvait plutôt bien. Ainsi, Edward Seegar menait-il, par exemple, ses opérations de recrutement en suivant les recettes soigneusement rapportées par Jules César dans ses commentaires sur la Guerre des Gaules et sur la Guerre civile. Pour lui, 2 et 2 faisaient bien plus que 4, s'ils étaient éduqués et dotés d'esprits vifs. Véritable cas d'école, l'épisode du pont sur le Rhin l'avait à jamais convaincu du primat du cerveau et de l'innovation sur les muscles et la tradition.

En 55 avant J-C, soit trois ans avant la trempe infligée à Vercingétorix, Jules César avait son idée sur la manière de venir à bout de ces irréductibles Gaulois : l'asphyxie. Furieusement indépendantes les unes des autres, les différentes tribus de ces valeureux guerriers ne parvenaient pas à faire front uni, au grand désarroi de Vercingétorix. César resserre donc tranquillement son emprise, sans brusquer, lorsque ses espions lui rapportent des mouvements de troupes suspects. Les

Germains, repoussés par des invasions suèves - plus tard on dira souabes - venues du centre de l'Europe, ont franchi le Rhin, pourtant réputé infranchissable. Cent vingt milles barbares qui fourniraient d'ici quelques mois une main-d'œuvre qualifiée et peu chère aux armées gauloises.

Pas vraiment prêt à perdre les contrées qu'il s'était donné tant de mal à conquérir, César met le cap sur le Rhin, quasiment sans bagages. Rien qu'avec quatre légions et huit cents cavaliers, il repousse les Germains vers les turbulents Suèves, de plus en plus nombreux et qui, de la rive où ils viennent d'aborder, montrent leur cul au sénat et au peuple romain réunis, par étendards S.P.Q.R. interposés !

Pour les deux camps, le Rhin représentait une frontière à la fois protectrice et extrêmement dangereuse. Ses pièges et ses courants déportaient les embarcations et entraînaient par le fond les soldats et leur barda. Pour aller au bout de leur poursuite, les hordes de barbares s'interdisaient de regarder en arrière ; compter ses pertes ramollit l'homme, même vandale.

Face à ce déferlement, César avait misé sur des troupes un peu particulières ; elles comptaient certes des soldats, mais aussi des ingénieurs, spécialistes des ouvrages d'art et de guerre - l'origine du génie militaire. Huit jours après qu'il leur eut posé le problème, l'impossible était advenu : un pont, leur pont, enjambait le Rhin.

Effrayés par cette prouesse inouïe, les barbares s'enfuirent avant même qu'il ne soit achevé. Moment que choisit Jules César pour lancer un raid d'une dizaine de jours par-delà le Rhin, histoire de calmer tout le monde. Ensuite de quoi, il revint en Gaule, sans oublier de démolir le pont au passage. Cet exploit, d'une violence mais aussi d'une simplicité et d'une efficacité sans pareilles, Rome ne le réalisa ni par la force, ni par le glaive, mais par le seul talent de ses ingénieurs.

Des siècles plus tard, le vieux capitaine enrôlait ses chefs de bords sur des critères simples : ils les voulait jeunes, intelligents, passionnés et surtout, aimant lire. Les cartes, les livres, les registres, les récits... Une insatiable curiosité faisait d'eux de meilleurs pirates, parce qu'elle faisait d'eux de meilleurs hommes.

Du capitaine aux moussaillons, la constitution d'un équipage de forbans obéissait aux mêmes règles que celles de n'importe quel vaisseau. La véritable différence résidait dans sa gestion, basée sur une règle jamais vraiment appliquée jusque là : le suffrage universel.

Le droit de vote, suivi d'effets, offrait aux hommes du bord un réel pouvoir sur leurs officiers, tenus d'avoir des résultats. Contrairement aux récits que laissera l'Histoire, les capitaines prêts à exécuter un membre d'équipage sur une saute d'humeur ne furent pas nombreux.

Dans ce microcosme se côtoyaient le pire comme le meilleur : des cons comme des gens bien, voire brillants. La chose étant affaire de curiosité, de culture et de lectures, l'élite se trouvait dans le carré des officiers. Les capitaines incarnaient la crème. Les commandants en second ressemblaient à des ministres de la guerre et de la diplomatie. Sans talents de négociateur, un commandant ne le restait pas longtemps. Les maîtres de manœuvres devaient aussi bien connaître leur partition. Un pilote qui rate un créneau dans une rade bondée, ça se vire : par-dessus bord ou les pieds devant ! En moyenne, un homme sur trois était un tueur de sang-froid. Les deux autres, étaient généralement des bourricots dont certains devaient s'y reprendre à deux fois avant de convenablement égorger une enfant innocente, pour mieux violer son cadavre (sinon à quoi bon ?). Certains étaient bâtis comme des montagnes, avec des pognes façon battoirs. D'autres avaient surtout la langue bien pendue... Un condensé de société capable de tout, venant de partout et sans nulle part où aller.

Du quartier-maître aux mousses, en passant par le chirurgien, le maître calfat ou les canonniers, le reste du bord était à l'image du Nouveau Monde. Hétéroclite, multiculturel, laïque, plein d'espoir mais incroyablement méfiant. Avec aussi ses tueurs, ses soiffards et de sacrés emmerdeurs. Les pirates ne pouvaient pas se passer de fines lames. Or les meilleurs combattants sont ceux qui ont été formés pour. Les anciens soldats comme les ex-taulards, les brigands et les voleurs, les escrocs, les voyous et surtout, les assassins. Une mortelle légion de saigneurs qui se montrèrent fort logiquement plus utiles sur le premier pont qu'au fond d'une geôle.

Sur son bord, le capitaine Seegar se promenait avec l'aisance d'un petit garçon. Quelques jours à peine après que Louis eut embarqué, le chef se trouvait sur le pont, par une après-midi sans vent. Les ordres étaient relâchés, tout comme les postes. Seegar aimait se mêler aux hommes, évitant toutefois le dialogue. Rapiéçant une pièce de voile, confortablement installé sur la dunette, il écoutait sa troupe rire et chanter. D'un petit sourire amusé, il tentait généralement de dissimuler le regard d'enfant, légèrement apeuré, qui affleurait trop souvent à son goût.

Cet après-midi, le patron entendit, comme tous, monsieur Jefferson se plaindre de ne jamais réussir à tenir une heure lorsqu'il faisait l'amour à une femme. Le jeune engagé s'inquiétait d'autant plus qu'il prenait pour argent comptant les rodomontades de ses compagnons, à les entendre tous des aigles au lit. D'ici quelques semaines, Jefferson comprendrait qu'ils étaient surtout champions de viols, toutes catégories. Seegar se leva, délaissant son bout de voile et se penchant sur le bastingage, il lança avec son éternel petit sourire en coin : « Monsieur Jefferson ! Vous semblez oublier que ce sont toujours les meilleurs qui partent les premiers. »

Eclats de rires sur le pont. Courbette de l'intéressé, qui salua le capitaine avec respect, pour le remercier. Puis, Seegar retourna s'asseoir. Il ne leur ressemblait en rien, mais jamais il ne les quitterait ni ne les abandonnerait. Ces gueux des mers le savaient, le capitaine prenait soin d'eux. Le fait était assez rare pour qu'ils lui en soient, à leur manière, reconnaissants.

Louis comprit vite que Seegar, le bon chef, qui prenait soin de masquer la douceur de son regard, était un capitaine écartelé.

L'économie du Nouveau Monde, galopante par nature, était freinée par les guerres et les magouilles de différentes compagnies des Indes, achetant à bas prix et jouant sur les taux de change.

Prendre soin de ses hommes coûte cher. Pour trouver l'argent dont il avait besoin, Seegar bascula lentement et malgré lui vers la véritable piraterie. Ses talents de navigateur, servis par la furie de ses hommes, compensaient la douceur de son caractère. Seegar n'aimait pas la violence gratuite et inutile. Il n'était pas de ces chefs qui refusent les pourparlers et ne font pas de prisonniers. Les siens, il mettait même un point d'honneur à les remettre en liberté, ce que l'équipage pouvait supporter après d'éclatantes réussites mais qui avait beaucoup plus de mal à passer lorsque la victoire s'était jouée à un cheveu, après que le sang eut inondé l'entrepont, rougi les yeux, imbibé les cordages et rongé les sens... Quand l'odeur de la poudre s'agrippait aux narines et quand le bruit des canons bourdonnait encore dans les oreilles, alors il devenait pénible - voire insupportable - de laisser s'échapper des survivants qu'on aurait bien aimé étriper. Seegar savait que cette exigence pouvait lui coûter son poste ou pire, sa vie. Mais il en avait fait sa règle de vie : « Piraterie et anarchie sont mères de libertés. »

Et, lorsqu'il était dans les parages, John répondait par une moue désabusée, lèvres vers le bas, cicatrices vers le haut comme si deux personnages en lui voulaient rire et pleurer à la fois.

Leur frégate, un trois-mâts rebaptisée le *Pearl*, craquait de partout, criant sur les vagues. Mais elle avait essuyé huit tempêtes et une vingtaine de combats avec si peu d'égratignures, que le maître charpentier s'estimait en villégiature. Le *Pearl* avait presque toujours mené à la victoire, sans trop de pertes, des hommes qui lui vouaient adoration.

En 1687, Seegar et John ne s'adonnaient qu'à une petite piraterie rentable sans ostentation. L'équipage était riche, car l'essentiel de leur butin provenait de la contrebande. L'émergence des nouveaux commerces d'exportation (sucre, coton, tabac, cacao...) faisait leurs affaires. Tel un renard dans une cage à poules, le *Pearl* n'avait qu'à se pencher, en l'occurrence marauder sur les grands axes commerçants. Pour un navire de guerre, ils croisaient cent négociants. Et même quand l'armée les trouvait, leur donnait la chasse et cherchait querelle, ils pouvaient se permettre de hisser leur pavillon noir avec fierté. Jusque-là, Seegar n'avait pas de drame à déplorer. A cette époque, les armées n'étaient ni entraînées, ni encore préparées à croiser des pirates et la seule vue du drapeau noir suffisait à les terroriser. Avant même d'avoir commencé, les batailles étaient écrites. Sur un bord se tenaient des groupes de jeunes gens fébriles, cassés par des mois de mer sous un commandement militaire, loin de leurs familles et qui, pour la plupart, quittaient l'Europe pour la première fois. Face à eux ; les pires fils de chiens que la mer ait jamais enfantés, des soiffards de liberté, presque nés en mer et certains d'y périr.

Bien sûr, quelques unités d'élite étaient libérées de ces craintes. Parmi elles, la compagnie franche, une brigade navale de dix mille hommes, spécialement dédiée aux révoltes d'esclaves et à la traque de flibustiers. Louis les connaissait bien : ils étaient de Brest. Leur devise, « *Per mare et terras* », sous-entendait que rien ne les arrêtait. Les pirates étaient considérés comme des terroristes - même si les terroristes des uns sont toujours les résistants des autres - il était donc légitime que les royaumes s'équipent de factions anti-terroristes. Mais ces commandos étaient rares et si un forban les croisait une fois dans sa carrière, c'était le bout du monde.

L'un des premiers chocs de Louis Labous à bord du *Pearl* fut le décès du « bosseman », Yann le Gallois dit « Yann la Galle ». Sa mort n'affecta personne en soi. La Galle était une petite raclure longiligne aux cheveux gris, fins et gras, d'une suffisance et d'un mépris à toute épreuve. C'était aussi un lâche sans états d'âme, incapable de frapper autrement que par-derrière et que l'on surveillait de près, craignant qu'il ne soit aussi voleur. Pris la main dans le sac à l'issue d'une bagarre, La Galle fut mit aux arrêts en plein océan, pour avoir joué et triché aux dés - deux interdits, chez les flibustiers. Bien que visiblement navré, Seegar s'en remit aux lois qui gouvernent les gueux des mers et ordonna aux hommes d'équipage - dont Louis faisait partie - de procéder à deux votes :

Le premier suffrage condamna Yann le Gallois à être passé par-dessus bord, un boulet de canon cadenassé à sa cheville. L'homme pleura, hurla, implora puis plongea.

Le second suffrage devait décider de son remplaçant. Et sans que Louis ne s'y attende, John Taylor le proposa :

– Il est grand, fort et sympathique. Il saura donner le fouet ou récompenser. Et rien n'est plus grave qu'un quartier-maître bête et violent, comme celui que nous avions précédemment. Labous a l'œil humain et l'air intelligent, je suggère d'en faire son remplaçant.

Aux côtés de John et Seegar, Louis se tenait près des escaliers menant à la dunette. Il ne dit pas un mot, découvrant avec bonheur l'usage démocratique pour la première fois. Ces gredins, que l'on peignait comme la pire racaille de l'univers, étaient donc des démocrates ! John n'eut qu'à demander qui votait pour, tout en levant lui-même la main et immédiatement, les deux tiers de l'assemblée l'imitèrent. Seegar inspecta furtivement ceux qui n'étaient pas d'accord et brailla :

– Allons messieurs, si l'un d'entre vous y voit une objection, qu'il l'énonce sans crainte avant de ne plus pouvoir.

Personne ne dit rien. Seegar adopta la motion :

– Louis Labous, à la majorité des deux tiers, vous avez été élu quartier-maître du *Pearl*, sous mon commandement. L'acceptez-vous ?

Une nouvelle fois, Louis bredouilla, cela devenait une habitude.

D'un claquement de doigt, John donna aux hommes l'autorisation de se disperser pour retourner à leurs postes respectifs. Au loin, Louis pouvait voir les rivages de Saint-Domingue. Il chercha des yeux cette satanée ville de Petit-

Goâve pour la regarder une dernière fois, le cœur plus léger mais le ventre noué.

Les premiers jours sur le *Pearl* lui firent l'effet de grandes et belles vacances. Contre toute attente, l'ambiance était joviale, presque festive. On jouait souvent de la musique, les hommes pouvaient parler de tout et de rien et ce, même avec les « officiers ». Interpeller le capitaine pour lui soumettre une idée n'était pas considéré comme un manque de respect. Lui désobéir, en revanche...

Louis eut le sentiment d'entrer dans une nouvelle famille, mieux lotie que la sienne, du moins le pensait-il. Et comme dans toute famille, il lui fallut intégrer de nouvelles lois : le Code. En appuyant la gouvernance jamaïcaine d'Henry Morgan, l'Angleterre espérait rassurer les pirates désireux de déposer les armes mais que retenait la peur du gibet. Leur afflux transforma Port-Royal. Pour ramener une forme d'ordre, Morgan dut mettre au point une série de lois. Le Code de la piraterie était né, ses articles et ses amendements firent rapidement le tour du monde. On comprend pourquoi :

Article I :

Chaque homme a un droit de vote dans les affaires du moment le concernant. Peuvent être soumis aux votes : les décisions du capitaine ; l'organisation hiérarchique de l'équipage ; et les caps.

Les pirates sont libres et égaux en droits, quels que soient leurs fonctions ou leurs grades, leur âge, la couleur de leur peau, leur obédience religieuse ou leur opinion politique.

> Amendement 1 - En cas d'urgence ou de combat, aucun vote ne sera permis.
>
> Amendement 2 - La voix du capitaine compte double.

Article II :

Sauf contrordre du capitaine, les femmes sont interdites à bord. Toute femme découverte sur un vaisseau devra immédiatement être débarquée à terre, en lieu sûr. Tout homme ayant emporté une femme à bord à l'insu de ses camarades, sera coupable de trahison et passible de sanction sans procès.

Article III :

Le capitaine, s'il est destitué par ses hommes pour manquements graves, pourra être maronné : déposé en mer, sur une île déserte, suffisamment éloignée de toute civilisation pour que la survie lui soit compliquée. Il sera alors doté d'une flasque de rhum ou d'eau, d'un mousquet et d'une seule balle à employer selon son bon vouloir.

> Amendement 1 - Le nouveau capitaine devra être élu au suffrage universel.

Article IV :

Tout acte de vol est puni par le bosco, le commandant en second ou par le capitaine, qui peut également soumettre la sanction au vote. Les sanctions vont de la découpe du nez et des oreilles à la condamnation à mort.

Article V :

Les rapines sont divisées en parts égales entre tous les membres du bord. Le capitaine et le commandant en second ont droit à une double part. Les maîtres et les spécialistes, à une part et demie. Les autres peuvent voir leur portion augmenter à la juste proportion de leurs blessures ou de leurs infirmités.

Amendement 1 - Le maître charpentier peut voir son lot évoluer s'il doit s'apprêter à réparer, caréner ou mettre en cale le navire. Les mêmes compensations sont à prévoir pour le cuisinier, le maître calfat, le maître voilier et le chirurgien en fonction de leurs prérogatives et besoins.

Amendement 2 - Celui qui devine en premier une voile à l'horizon recevra la meilleure ou la plus chère des armes trouvées à bord de la prise.

Article VI :

Les jeux d'argent et de hasard sont interdits à bord, sauf autorisation du capitaine.

Article VII :

Tout homme a droit de boire et de manger ce qui lui plaît à toute heure, à moins qu'une pénurie n'impose le rationnement pour le bien de tous.

Chaque pirate dispose du droit de boire, de manger, de jouer, de jouir et de forniquer comme il l'entend. Il dispose également du droit de piller, de voler, de tuer ou de torturer qui il veut et quand il veut, du moment qu'il ne porte pas atteinte aux intérêts de son capitaine, d'un Frère ou de la communauté.

Article VIII :

Par mesure de sécurité tant que pour le rationnement, les chandelles devront être éteintes à partir de huit heures, tous les soirs. Les hommes qui voudront boire ou fumer passé cette heure pourront le faire sur le pont.

Article IX :

Tout pirate devra conserver ses armes propres, en état de marche et à proximité.

Article X :

Les musiciens, s'ils sont juifs ou le prétendent, pourront disposer d'un jour de repos par semaine pour le sabbat. Les six autres jours, aucune faveur particulière ne leur sera accordée.

Article XI :

A l'exception des capitaines, aucun pirate n'a le droit de tuer un Frère de la côte. Celui qui s'y risque pourra être condamné à mort.

> Amendement 1 - Les querelles et les bagarres sont interdites à bord et devront être réglées à terre, si le capitaine le permet, sous forme de duel s'arrêtant au premier sang.
>
> Amendement 2 - Si le combat ne parvient pas à réconcilier les coquins, le quartier maître conclura l'affaire dans un duel aux pistolets.

Article XII :

Celui qui ne porte pas assistance à ses Frères, abandonne son poste de garde ou quitte le navire sans permission sera jugé pour trahison.

Article XIII :

Les secrets d'un équipage (caches, positions, tactiques et trésors) ne concernent que cet équipage et ne doivent jamais être révélés, même après la dissolution dudit équipage. Sous peine de mort, précédée de tortures.

Article XIV :

Tout déserteur, s'il est repris, sera passible de mort. S'il s'avère qu'un déserteur est retrouvé dans une autre compagnie, son nouveau capitaine devra immédiatement le remettre à ses anciens compagnons.

> Amendement 1 - La dissolution d'un équipage devra faire l'objet d'un vote à l'unanimité s'il est entendu que chacun soit en possession d'au moins mille livres afin d'entamer une nouvelle vie.

Une nouvelle vie.

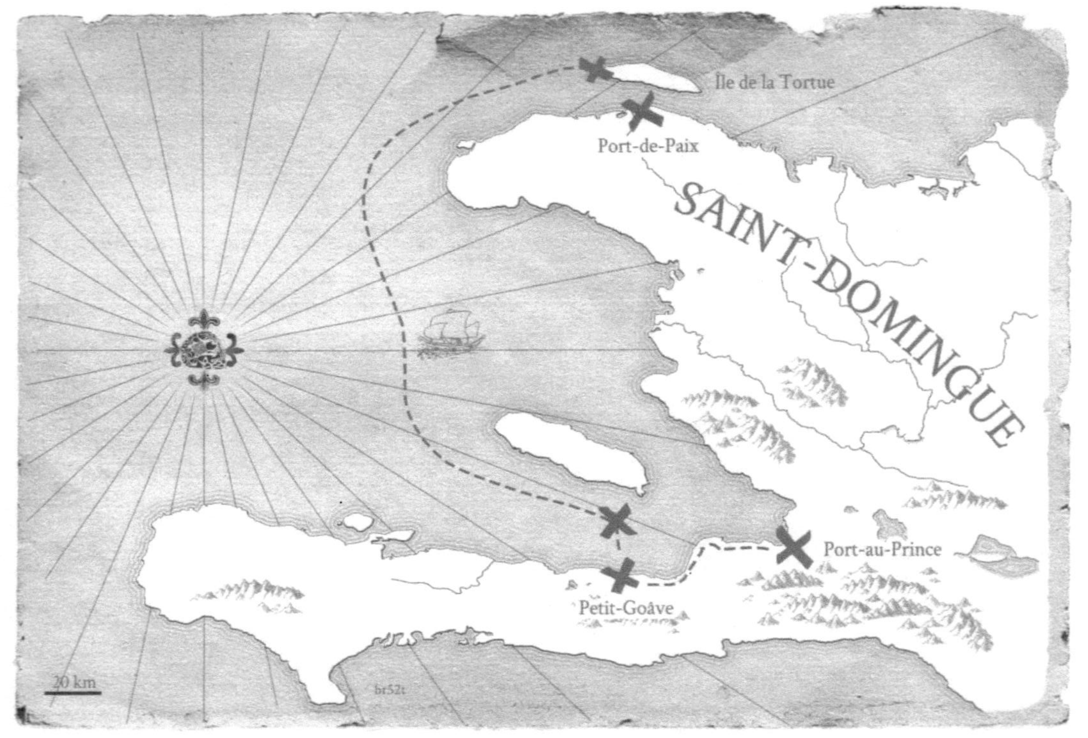
Île de la Tortue
Port-de-Paix
SAINT-DOMINGUE
Port-au-Prince
Petit-Goâve
20 km

– Chapitre III –

La Boiteuse

Des flots d'hémoglobine ruisselaient du pont à l'entrepont. Des ombres sillonnaient le *Pearl*, courant à toute allure, la rage au cœur, la haine au ventre. A chaque détonation, des silhouettes s'effondraient brutalement contre les lattes en bois. D'autres les ramassaient, afin de les descendre en cale. Là où le sang coulait si fort. Au point que le commandant Taylor ordonnerait bientôt d'écoper. Une voie d'eau, ça existe. Mais un déluge de plasma ?

Au milieu de cette pagaille désespérée, un homme se tenait immobile. Grand, mince et chauve, le nez sec, surmonté de petites lunettes rondes, Christopher le Danois, était depuis deux ans le chirurgien d'Edward Seegar. Jusqu'à ce jour d'hiver, les pirates l'admiraient et le respectaient. Bien qu'il ait lâchement fui le bourbier opposant son pays natal à la Suède - et donc à la France. Le Danois n'était pas un boucher comme la plupart de ses collègues. Il pouvait opérer en mer, les blessures les plus graves, même par mauvais temps. De plus, c'était un toubib honnête. Pas de ceux qui vous rassurent inutilement quand, avec une balle fichée dans la poitrine, vous beuglez comme un âne que vous allez claquer. Si tel était le cas, le Danois s'employait à réduire la douleur et à vous accompagner. Jamais il ne mentait.

Louis Labous descendit les marches quatre à quatre, il portait le cambusier sur son dos. La blessure était suffisamment grave pour que l'épaule du quartier-maître soit devenue pourpre. Il s'avança jusqu'à la table d'opération, éclairée par une tache de soleil tombant de l'une des écoutilles. Sur cette table que fixait

Christopher, hagard, Louis balança le corps du cambusier. L'homme chargé du rationnement semblait dormir dans le soleil, la main sur la poitrine, tranquille.

La pièce trembla sous les déflagrations provenant de la chambre à canons. En haut, les Frères criaient toujours. Essoufflé, Louis se tint un instant près du médecin immobile. Il le regarda, étonné, puis passa sa main devant ses yeux. Figé, le Danois fixait intensément le corps du cambusier, sans faire un seul mouvement. Louis le secoua, lui hurla de s'activer, que s'il ne se bougeait pas, le cambusier allait y rester. Paralysé, Christopher restait en suspens. Au bout de quelques secondes, il entrouvrit les lèvres et dit : « Il faut que j'aille à l'eau ! »

Louis n'en crut pas ses oreilles. Il le bouscula un peu plus fort, hurlant qu'il devait se reprendre. Mais rien n'y fit. Le chirurgien était manifestement en état de choc. Du moins, c'est ce que le maître d'équipage expliqua à son commandant en second et ami, quand ce dernier sauta à fond de cale, s'inquiétant de ne plus le voir.

– Comment ça, « en état de choc » ? demanda Taylor, abasourdi.

Louis répétant le seul diagnostic probable, la Balafre voulut voir de lui-même. Taylor s'approcha du médecin, tel qu'au cœur des batailles : un mousquet dans la main gauche et une petite hache dans la main droite ; à la ceinture, huit petits couteaux de lancer, un sabre d'abordage, deux autres mousquets et deux petites sacoches remplies de poudre, toutes munies d'une courte mèche : des grenades.

John Taylor se campa devant Christopher et lui demanda ce qui n'allait pas. Le regard vide plongé sur le corps du cambusier, le Danois ne répondit pas. Au même moment, un gabier prénommé Jean descendit les marches et se présenta, portant à bout de bras un Frère de la côte tout aussi abîmé. Louis lui fit signe de déposer son ami au sol. Jean s'exécuta et resta près de son camarade, soucieux de comprendre la situation.

A l'étage, les combats continuaient, toujours aussi intenses. Entre coups de canons et tirs de mousquets, les pirates répliquaient avec rage aux agressions d'un vaisseau anglais. La Navy les avait pris en chasse en début d'après-midi. Et six heures plus tard, aux portes de la nuit, ils étaient arrivés à portée de tir. Voici donc vingt minutes, que pirates et soldats anglais s'écharpaient, échangeant aux pistolets ainsi qu'avec la grosse artillerie. Le mât avant du *Pearl* avait déjà volé en éclats. Et des cent vingt hommes composant l'équipage, on n'en comptait déjà plus que quatre-vingt. Le Danois en avait opéré cinq et sauvé trois. En dépit du buisson d'intestins qui semblait unir les deux malheureux et qu'il avait dû se résoudre à trancher, cette journée n'était pas la pire de sa vie. Taylor et lui avaient déjà vu plus dur. Louis en revanche, dont c'était le troisième combat depuis qu'il était à bord, s'habituait progressivement.

Une décision du capitaine, plébiscitée par l'équipage (qui ne demandait qu'à en découdre) avait généré l'hécatombe : aux premiers sangs, et bien que l'obscurité leur offrît une réelle possibilité de fuite, les pirates avaient stoppé la voilure et fait demi-tour. Les vaisseaux fonçaient maintenant l'un sur l'autre. Et même si cela intensifiait les tirs - donc les morts -, les pirates rugissaient toujours plus fort leur soif de victoire. En un fracas de fin du monde, le *Great History* de la Navy et le *Pearl* des Frères s'entrechoquèrent. Sous la secousse, presque tous tombèrent. Les deux bâtiments s'éloignèrent légèrement, empêchant un abordage imminent mais permettant de tirer à vue. Quoi qu'il advienne, les pirates auraient besoin d'un médecin.

Comme amusé de voir le Danois transformé en statue, Taylor claqua des doigts devant ses yeux absents. Le toubib ne bougeait pas un cil. Louis et Jean regardaient la scène, interdits. Le Balafré soupira et se retournant vers Jean :

– Toi, tu sais cuisiner, tu sais préparer une farce ? Le poulet farci, la viande farcie, les tomates farcies ?

Sidéré, le pauvre homme balbutia...

Taylor recula, pointa son mousquet sur la tempe du chirurgien qui ne sembla même pas le remarquer et pressa la détente. Louis et Jean sursautèrent. Le blessé, aux pieds de Jean, râla lentement. En silence, Christopher le Danois s'écroula doucement sur lui-même, une balle dans la tempe. Le second se retourna alors vers Jean et, prêt à quitter l'entrepont, lui dit :

– Te voilà toubib, mon gars. Tu verras, c'est juste une histoire de farce !

Puis il s'évapora sur le pont, reprenant le combat. Médusé, Louis tenta de le suivre après avoir posé une main rassurante sur l'épaule du jeune gabier. Ce dernier, liquéfié, s'approcha du blessé sur lequel le Danois s'était brutalement figé et qui avait eu tout le temps de trépasser. Les mains tremblantes, il chercha un pouls inexistant puis le balança au sol pour le remplacer sur la table par le compagnon qu'il venait d'amener. Brutalement investi d'une science nouvelle, il observa soigneusement ses blessures, se saisit d'un scalpel et inspira profondément en fermant les yeux. John Taylor le lui avait prédit en l'embauchant sur le *Pearl* : « Tu vas vivre dans un cimetière de Frères, bâti par ceux qui nous sont proches ».

Sur le pont, les boulets sifflaient au vent comme des flèches, avant de traverser les bois, les voiles ou les hommes. Ceux du *Great History* sautaient en l'air, sous les explosions. Louis, qui n'avait jamais vu pareil spectacle se crut dans la maison d'Hadès. Reprenant quelques lampées de rhum entre ses tirs, de fusils et de mousquet, John bouillonnait. Tous reconnaissaient sa force mentale. Bien peu s'habituaient à ses démonstrations, aussi inattendues qu'effroyables, de cruauté ou de lucidité, nul n'arrivait à trancher. Lui-même effrayé par les brutales éruptions de terreur qu'il tentait de calmer avec une méticulosité d'assassin, John appelait le monstre, la bête sommeillant en lui.

D'un coup, une double bordée de canons embrasa les voiles !

En flammes, le mât principal se mit à pencher dangereusement. La voilure se transforma en torche. Les hommes se précipitèrent vers l'incendie. Louis eut le bon réflexe de le leur interdire ! Le navire anglais se rapprochait toujours plus près. Dans quelques secondes, ils seraient bord à bord. Les coups de feu fusaient de part et d'autre. Et au milieu, cette grande croix de flammes qui illuminait la scène alors que l'obscurité de la nuit commençait à les recouvrir. Louis hurlait de laisser brûler. Comme ils ne pouvaient pas être au four et au turbin, il fallait laisser brûler. A tout prix, laisser brûler !

Les deux navires se fracassèrent, flanc contre flanc. Les Anglais envahirent le pont des pirates, qui peinèrent à les contenir. Entre cris de rage et de désespoir, les forbans se défendirent comme ils le purent, à grands coups de sabres et de pistolets. Sur le gaillard arrière, John contemplait la scène, presque serein. Ses dagues en main, il les ajusta pour les projeter sur l'adversaire avec la plus grande précision. Sous ses coups, les soldats tombaient un à un. John tuait, méthodiquement, délicatement, sans l'once d'une émotion sur son singulier visage. Et au milieu, Louis et Seegar bataillaient comme des diables.

A un moment, Louis leva les yeux au ciel et vit que le mât était sur le point de céder, prêt à enflammer les autres voiles. Il donna enfin l'ordre de l'abattre, comme on abat un arbre. Dans le chaos, six des dix pirates qui s'y employèrent périrent. Mais dès, qu'à coups de haches, le mât fut sectionné, tous les pillards comprirent la stratégie de leur quartier-maître. L'immense poutre ardente s'abattit, en une traînée d'étincelles, contre la voilure du *Great History*. Ce fut comme la foudre calcinant une église. Instantanément, les Anglais se retrouvèrent avec un nouveau front ; une pluie de braises incandescentes s'éparpillait sur leur pont principal, consumant chaque lame de bois du navire.

Désemparés, choqués de voir brûler leur bâtiment, les soldats reculèrent soudainement : une retraite désorganisée, creusant des trous dans leurs lignes d'attaque et de défense. Des brèches, dans lesquelles les pirates n'hésitèrent pas à s'engouffrer, sautant sauvagement sur leur pont, au milieu des flammes, pour asséner d'autres coups de lames. Frappés de sidération, les Anglais n'avaient pas de chefs capables de laisser brûler. Ils restaient là, paralysés au moment où ils auraient dû se démener pour faire face.

A court de poignards, John se saisit d'une corde pour sauter d'un vaisseau à l'autre. Dégainant son épée en plein vol, il trancha - net - la gorge d'un soldat qui l'attendait. Puis il descendit les quelques marches du gaillard anglais où Louis, Seegar et les autres reprenaient le dessus.

John croisa le fer avec trois soldats, presque en même temps. Il enfonça sa lame dans chacun. L'ennemi lui était devenu mou comme la mie du pain. Sur un cadavre, il vit un mousquet avec le chien relevé. Il le ramassa en virevoltant et, dans le mouvement, le braqua vers Louis. Sans hésiter, l'ex-officier français se coucha pour le laisser décharger son pistolet sur un adversaire prêt à l'embrocher par-derrière. Puis l'Irlandais lâcha l'arme à feu. Saisissant à nouveau sa lame et sa hache, il se mit à danser dans cette grêle d'Anglais.

Submergés par les flammes et une forêt d'insoumis, les soldats de la Navy jetèrent leurs armes en implorant, tandis que depuis le pont avant du *Great History*, solidement protégé par une petite garde rapprochée, leur capitaine leur ordonnait de continuer à se battre. John Taylor valsait entre les Frères, les protégeant et frappant à leur place. Il virevoltait sur lui-même, il donnait l'impression de frapper à l'aveugle mais la précision avec laquelle, en souplesse, il tranchait des gorges, décapitait des corps en pleine course, ou fichait ses couteaux de lancer dans des poitrines menaçantes laissait ses compagnons interdits. Quand, à l'issue d'une de ces chorégraphies, il s'arrêtait, il posait un genou à terre et, son éternel sourire de sang tourné vers le ciel, ouvrait grands ses bras ensanglantés, comme une ultime offrande. Apaisé, il se relevait et, en quelques pas, retrouvait son étrange majesté. Pour tous, John Taylor était une sorte de *shinigami*, à la fois prêtre et incarnation de la mort.

Face à pareil spectacle, le dernier quarteron de soldats du *Great History* qui gardaient encore leur capitaine préféra lâcher les armes. Plutôt risquer d'être lâchement saigné par son propre capitaine que d'énerver le Balafré. Abandonné de tous, le capitaine à la tunique rouge mit ses deux genoux à terre, avant d'ôter son sabre en signe de reddition.

La capitulation provoqua une intense euphorie chez les forbans. Maculés de sang, ils s'agitaient, tels des forcenés, au milieu des flammes. Le temps était venu d'apaiser les esprits, d'éteindre l'incendie, d'attacher solidement les prisonniers et de compter les morts et les blessés. Bien qu'épuisé, John déambula nonchalamment dans les rangs des ennemis vaincus. Dévisageant ceux qui accrochaient son regard, il planta son épée à la base d'un cou, allant chercher l'aorte de la pointe, jusqu'à ce qu'un jet rouge inonde son visage. Relevant la tête, John s'essuya d'un revers de main qu'il amena à ses lèvres pour goûter. Les Anglais, à genoux, le regardaient, terrifiés.

Louis ne dit rien. Seegar s'insurgea, criant que le combat était fini et que l'urgence était à l'incendie. Lentement, mais sûrement, les braises roulaient sur le pont. Au milieu, le mât du *Pearl*, effondré, était carbonisé.

John entendit raison. En une fraction de seconde, les Anglais découvrirent, stupéfaits, l'ordre et la rigueur dont étaient aussi capables leurs abominables vainqueurs. Labous et Seegar lancèrent quelques ordres clairs, séparant leur troupe en trois ; deux groupes dédiés à l'extinction des incendies sur chacun des navires ; un groupe pour le rapatriement des prisonniers sur le *Pearl*.

On compterait les morts plus tard. Enjambant les blessés, ignorant leurs effroyables plaintes, les pirates prenaient position. L'ennemi, solidement entravé, était parqué entre les carrés de mousquets et de fusils qui les tenaient en respect pendant qu'une chaîne humaine se passait les seaux d'eau puisés directement dans la mer à l'aide de poulies. La cadence était telle que bientôt, les dernières flammèches cessèrent de danser.

Dans cette agitation organisée, John rongeait son frein et attendait patiemment que Seegar l'autorise à entamer l'inventaire. Avec trois compagnons, le second visita enfin la cabine du capitaine. Les Anglais aiment dormir près de leur or. Le bureau et la chambre du patron étaient sombres, ornés d'abominables arabesques sculptées que Taylor n'eut aucun scrupule à mettre en pièces. La cabine à sac, le mobilier retourné, il trouva un coffre solidement fermé. Après quelques coups de crosses, ils tombèrent sur des pièces d'or et d'argent, qu'ils évalueraient bientôt à deux mille deux cent cinquante livres[18].

Fous de joie, les pirates continuèrent l'inventaire et gagnèrent le ventre du navire, pour y désigner tout ce qui devait être saisi. La batterie évidemment, avec ses stocks d'armes, de poudre et de munitions, était la priorité. Puis il fallait fouiller chaque pièce, de la sainte-barbe aux cellules, pour s'assurer qu'il ne restait pas quelque part un bœuf, une poule vivante ou un peu d'eau potable. En professionnel qu'il était, John Taylor savait à peu près tout ce qu'il pourrait trouver sur un bâtiment de Sa Majesté. Tout, sauf ce prisonnier encore vivant, sur lequel il tomba au détour d'une cale. Comme John, il avait une vingtaine d'années. C'était un garçon fort, aux larges épaules, doté d'une puissante mâchoire, de jambes robustes et d'un regard assez doux. Il attendait calmement, derrière les barreaux de sa cage. Le commandant en second s'avança vers lui et le toisa, sans le faire ciller :

– Pirate ? demanda posément le prisonnier.
– Naturellement, répondit John en souriant.
– Et vous recrutez ?
– Sortez-le de là, s'exclama John.

---

[18] Un peu plus de 45 000 euros.

De retour sur le pont principal, le Balafré félicita ses troupes pour leur efficacité. L'obscurité s'était complètement abattue sur les deux navires, solidement attachés et qui devaient maintenant s'éclairer aux lanternes, signe que plus aucune flamme ne dansait librement et dangereusement sur l'océan. Le transbordage des soldats anglais sur le *Pearl* se poursuivait dans l'ordre. Et Louis s'entretenait avec monsieur Richardson, le médecin anglais, espérant qu'il daignerait s'occuper de ses forbans. A cet instant, sans se soucier de l'inconnu qui suivait Taylor comme s'il était des leurs, Seegar jaillit de l'entrepont en apostrophant son second :

– Tu as tué le docteur ? éructa-t-il, furieux.

Louis cessa soudainement ses palabres, inquiet. Le capitaine avait dû croiser le gabier Jean, en pleine cuisine dans l'entrepont.

– Il avait une absence, dit calmement John.
– Non mais tu plaisantes ? hurla Seegar de plus belle. Tu n'as pas fait ça ?

Le capitaine se retourna vers Louis, comme s'il le pensait impartial :

– Il a fait ça ?
– Il avait une absence, répéta sobrement le quartier-maître.

Le capitaine se rappela brutalement que remettre publiquement en question son second revenait à se remettre lui-même en cause. Sans la fidélité et l'énergie de Taylor, il n'était qu'un petit chef assez doué au maniement du compas. Alors Seegar tourna les épaules, furibond, beuglant de parer au sabordage du *Great History*, avant de mettre les voiles pour réparer le *Pearl* en terrain sûr. Et John se retourna vers les tas de corps désarticulés qui s'amoncelaient sur les ponts. Sombre mélange de tuniques pourpres et de Frères de la côte. Il devait y avoir, au bas mot, plus de soixante cadavres. Il sentait gronder en lui, jusqu'à hurler, le monstre qu'il parvenait encore à contenir. Et ce sang ! Tout ce sang qui dégoulinait des ponts jusqu'à ce que chaque lame de bois s'en gorge à en exploser, comme les tiques qu'après ses courses folles dans les fossés de son enfance, il écrasait sur ses mollets.

Louis vit la jeune brute qui suivait John de près. Il s'avança, interrogeant son ami du regard. John préféra s'écarter pour laisser l'ancien prisonnier répondre et, du même coup, se présenter :

- Benjamin Adrian Hornigold, dit le mutin.
- Louis Labous.
- John Taylor ! ajouta le second avec empressement, comme s'il regrettait de n'être cité qu'en dernier.

Benjamin était anglais, apolitique et athée. Il se foutait des problèmes des autres, comme de sa première chemise. S'il y voyait un intérêt quelconque, devenir protestant, catholique, mahométan ou tenant de n'importe quelle religion ne lui aurait pas posé plus de problème que de l'abjurer. Tant qu'on le laissait gagner trois sous en servant dans les tavernes de Bristol, ce jeune garçon ne demandait rien à personne.

Dépensant sa solde en bière et en colifichets - c'était un grand séducteur -, il se tenait généralement éloigné des problèmes. Jusqu'au soir où, la veille de leur départ, des officiers et le capitaine du *Great History* étaient venus s'arsouiller dans son bar. Toute la soirée, ils l'avaient tanné. Parce que Benjamin était grand, fort et puissant, parce qu'il ne parlait pas, ils le voulaient à leur bord. Dieu merci ils avaient fini par lever le camp, quasiment à la fin du service.

Benjamin rentrait tranquillement chez lui lorsqu'il fut agressé, assommé par derrière et emballé, comme un paquet. A son réveil, il était en mer[19]. Manifestant son mécontentement au quotidien, Benjamin finit par attirer les foudres du capitaine qui préféra le mettre aux fers, deux semaines. Quand il sortit, sa première initiative fut de se révolter, tentant de convaincre les

[19] « La presse » était une pratique de recrutement militaire aussi extrême que courante.

compagnons qui lui étaient ainsi imposés de se mutiner. Dénoncé avant même d'avoir commencé, il fut de nouveau écroué et devait être jugé... « Le procès était pour ce soir » avait-il précisé à John, son libérateur.

L'histoire, semblable à des milliers d'autres, ne surprit ni Louis, ni John qui ne voulurent y voir que la preuve de la malhonnêteté et de l'inaltérable fourberie anglaises.

La rage remontait lentement dans le ventre du Balafré. Dévorant tout sur son passage, John la laissait embraser son cœur, ses poumons. Quand la bête était réveillée, il savait que le rhum, seul, pouvait l'endormir. Et il ne boirait pas avant que les forbans aient envoyé par le fond tous les vestiges de cette mauvaise rencontre.

Il se précipita donc sur le pont du *Pearl.* Trois pirates s'activaient pour arrimer le mât consumé par les flammes. Derrière eux, une soixantaine de soldats attendaient, désarmés, assis, têtes baissées et mains attachées dans le dos. John chercha autour de lui nerveusement. Il tournait la tête dans tous les sens, avec des gestes brusques. Les Frères l'observaient, sans rien dire, sûrs de ce qui allait suivre. S'ils n'avaient pas tous été si pressés de réparer, ils en auraient bien profité pour l'aider. Le combat avait été éprouvant et les pertes, conséquentes. Ils voulaient du sang.

– Où est-il ? s'écria John. Où est-il ?

Seegar, qui s'entretenait à son tour avec le médecin anglais, se retourna et comprit ce que John cherchait. Avec son élégance habituelle, le capitaine demanda au toubib de l'excuser et rattrapa son second :

– Dans ma cabine !

John Taylor sembla interloqué. La phrase l'avait offusqué, blessé. Un rosbif ? Dans la cabine d'un capitaine irlandais ? Au nom de quoi ? De quelle morale ? Au nom de quel article du Code ? Et leurs bottes, à cause de qui pataugeaient-elles dans le sang des compagnons ?

Louis et Benjamin suivaient attentivement la scène depuis le *Great History* : Edward Seegar mit sa main sur l'épaule de son commandant en second, comme s'il voulait simplement le convaincre de retrouver son calme. Le capitaine pirate ne voyait pas que pour ses hommes, tous ses hommes, le sang appelait le sang. Ils avaient besoin de purger leur colère. Comment auraient-ils pu ne pas venger leurs Frères et, au nom du drapeau noir, ne pas exiger qu'un responsable paye, quitte à le sacrifier ?

John écarta la main du capitaine et se précipita vers sa cabine. Pour Louis Labous, ce qui se passa ensuite eut moins d'importance que la passive collaboration de Seegar. John ressortit de la cabine d'un pas pressé, tirant le capitaine anglais par les cheveux. Ce dernier, mains liées, se laissait lamentablement traîner. Après avoir, un peu, tenté de protester, geignant qu'il leur avait remis son épée, il supplia qu'on l'épargne, avant d'offrir la vie de ses hommes en échange de la sienne. Tout un programme !

John le jeta comme un chien, au pied d'un mât, lui demandant de décliner son identité. Les jambes tremblantes, l'Anglais se releva péniblement et obéit :

– Cap... Capitaine Touch du *Great History* de... de Sa très gracieuse Majesté, le roi Jacques II.

Le silence s'était fait, tranchant ; au point qu'on n'entendit bientôt plus que le clapotis des vagues contre les coques et le grincement des lames de bois. La rumeur courait le monde depuis des mois : trahi par ses sujets, ses proches et même certains membres de sa famille, le roi d'Angleterre Jacques II était sur le point d'être renversé par un conquérant français ! L'histoire faisait rire le monde entier et pulvérisait les quelques lambeaux de respect qu'aurait pu espérer un capitaine anglais. Tous les pirates cessèrent leurs allées et venues pour observer, comme Louis, la mise à mort.

– Ton roi, s'esclaffa John... Il serait sur le point de fuir en Irlande. C'est pas drôle, ça ?

Taylor lui ayant demandé s'il avait déjà servi en Irlande, l'Anglais jura qu'il n'y avait jamais mit les pieds. Fou de colère, John l'attrapa à la gorge et le plaqua contre le mât. Puis il approcha son visage, à le toucher, pour être sûr que le capitaine ne rate aucune fissure de son sourire de chair.

– Ne me mens pas, dit-il. Regarde moi bien : j'ai pas une gueule qui porte bonheur !

Il était fort probable que l'Anglais dise vrai. Mais personne n'avait envie de contredire John Taylor. Surtout maintenant. La Balafre dégaina alors un couteau dont la lame était aussi large qu'une paume de main. Il le plaça dans la bouche du capitaine anglais, à plat sur la mâchoire inférieure, lui demandant de serrer bien fort. L'Anglais obéit, fixant terrorisé la moitié de la lame qui dépassait de ses lèvres et sur laquelle ses narines soufflaient à grand bruit. Ayant parfaitement compris la nature du supplice qui l'attendait, il recommença à pleurnicher :

– Ecoutez, je me rends ! Tout est à vous. Je...

Doucement, le tenant toujours par les cheveux, John le retourna face au mât, attendit quelques secondes pour faire durer le plaisir, avant de propulser une première fois son visage. L'Anglais eut le réflexe de baisser la tête et son front percuta violemment le bois de la mâture. Ses lèvres, légèrement fendues, laissaient s'écouler de minces filets de sang, ce qui n'était naturellement pas suffisant pour l'Irlandais. Le capitaine s'effondra, relâchant la lame en hoquetant, John l'aida délicatement à se relever :

– Non, non, non, murmurait-il avec une douceur effrayante... Un peu de courage, monsieur Touch, allons. Ce n'est pas comme ça que l'on fait, vous le savez !

L'Anglais s'était tu. Ses hommes le fixaient, médusés. John remit le couteau correctement en place et retourna à nouveau sa victime, face au mât. Cette fois, il le prit, à la fois, par les cheveux et par la nuque pour s'assurer qu'il garderait bien la tête droite. Et il frappa à nouveau le visage, contre le bois. De toute ses forces ! L'Anglais hurla si fort qu'ils n'entendirent pas le choc. Il cessa immédiatement de crier. Il avait la bouche ouverte ; autant que cela était possible. Ses plaies étaient écartées, déchirées. Sa mâchoire, tombante et fracturée. Au travers de ses joues, on pouvait maintenant voir se dessiner les muscles et ses dernières dents, ensanglantées.

Monsieur Touch s'effondra à nouveau. Cette fois, John eut l'air ravi. Il l'aida encore à se relever, toujours délicatement. Il le félicita même, assurant que ça, c'était du travail de professionnel. Le capitaine du *Great History* bavait une flaque de sang. Et dans le regard de John, chacun put lire que ce ne serait pas encore assez. Le pirate ramassa son couteau et le rangea à nouveau dans la bouche de sa victime, dont les plaintes s'étaient transformées en gémissements étouffés. Taylor pencha la tête en souriant et, à petits coups saccadés, comme on vide un poisson, il remonta sa lame, entaillant chaque joue jusqu'à l'oreille. Des sons sortaient de la plaie béante, sourds, comme bloqués quelque part au fond de sa gorge. Il chuta encore. Plus l'Anglais pleurait, plus John se délectait, sentant aussi le petit garçon apeuré qu'il avait été s'emplir d'admiration et de reconnaissance pour l'homme qu'il était devenu.

Le spectacle n'était pas fini. Rangeant son poignard, le commandant en second releva une troisième et dernière fois le capitaine Touch, afin de le mener au bastingage. Il le félicita à nouveau, rappelant que c'était cela, être capitaine : assumer, endurer et souffrir en silence. En tranchant les liens qui retenaient ses mains, il ajouta :

– Et pour votre bravoure, je vous laisse le droit de nager !

John balança alors un violent coup de pied dans la poitrine du capitaine anglais, qui bascula par-dessus bord. Les soldats eurent le souffle coupé. Ils entendirent leur commandant tomber à l'eau comme un âne mort, puis en ressurgir dans d'atroces hurlements de douleurs. Accoudé sur le bord, la Balafre regardait le supplicié se débattre, rendu fou par le contact de l'eau salée sur ses chairs déchirées. Quand il s'estima rassasié, l'Irlandais salua son ennemi comme le font les pirates : touchant sa tempe de deux doigts, qu'il écarta lentement. Après les abominables appels du capitaine, qui allait rapidement se noyer, John espérait que Seegar décrèterait un « quartier libre » qui aurait permis à tout l'équipage de s'amuser un peu avec les prisonniers. Mais, dépassé par la situation, Edward n'ordonna que de lever le camp.

Louis s'approcha de l'Irlandais et dit :

– C'était fini, vieux : il s'était rendu.
– J'étais pas convaincu.

Après avoir récupéré ses cargaisons et ses canots, les pirates incendièrent de nouveau le *Great History*. Cette fois, pour de bon. Les prisonniers furent chargés dans les canots et remis à la mer, sans vivre, ni carte ni boussole. Entre temps, leur capitaine finit par sombrer, probablement tué par la souffrance. Et le *Pearl* releva ses voiles pour filer sous des cieux cléments, où le maître charpentier pourrait réparer tranquillement. Ironie du sort, les lieux accueillants les plus proches étaient l'île de la Tortue ou la rade de Petit-Goâve, à Saint-Domingue.

Repère de pirates devant l'Eternel, la Tortue eût été le choix le plus sage. Mais il fallait aussi écouler les stocks de marchandises volées. Et, Seegar le savait, le marché de Petit-Goâve était un paradis pour receleurs. Sans parler des volontaires qui y affluent, toujours prêts à s'engager.

Ce choix par défaut ne réjouit pas Louis, qui s'y savait recherché. Il s'était évadé du *Royal Revanche*, avant de s'évader du domaine des Beaumont, pour enfin s'évader du Bal des Nuits. Beaucoup d'évasions en bien peu de temps dans un périmètre si restreint. Lorsqu'ils atteignirent Petit-Goâve, il décida de rester discret et de ne pas participer aux activités terrestres. Ce fut l'occasion de faire connaissance avec ce

Benjamin Hornigold, qui se révéla un formidable compagnon de beuverie. Il était drôle, fort en gueule, toujours prêt à festoyer et rendant service. En somme, un type qu'on aime avoir pour ami. Ce qui sembla irriter Taylor au plus haut point :

- Je croyais que c'était moi, ton ami !
- Arrête, j'ai un grand cœur : c'est pour avoir plein d'amis.
- Oui mais moi, avait repris John avec fierté, j' suis irlandais !
- William Cormac aussi. Enfin, je l'espère. Il ne serait tout de même pas devenu anglais, ce con...
- Espion ?
- L'Europe, mon ami, c'est un grand bordel où tout est interdit : ça complique la vie.
- Sacré merdier, je sais. Mais si ton espion s'est fait piéger, ça fait de moi ton seul ami dans le quartier, pas vrai ?
- Cormac devait filer à Charles Town. J'espère qu'il est encore en vie.
- N'oublie tout de même pas que c'est moi qui ai sauvé la tienne, de vie.

Louis sourit en silence : avait-il sauvé ou perdu sa vie en entrant dans la piraterie ? Vaste débat. Que Taylor eût raison ou tort, Louis était touché par cette étrange jalousie masquant mal une réelle tendresse, inattendue chez ce fou furieux, pas si imprévisible qu'il pouvait y sembler.

Jaloux, rageur ou tendre, John était de toute façon trop occupé à fourguer le fruit de ses rapines, et à réembaucher, pour surveiller cette nouvelle amitié. Quelques jours après que le *Pearl* ait été radoubé, les objectifs financiers et de recrutements furent atteints. Les rangs étaient repassés à près de cent quarante hommes, parmi lesquels le docteur Richardson, désireux de prolonger l'aventure. Ils allaient donc bientôt lever l'ancre, quand Benjamin entreprit de convaincre Louis de s'offrir un peu de bon temps. Suffisamment éméché pour vouloir encore festoyer et pas assez pour chercher à se bagarrer, il l'enjoignit, une fois de plus, de l'accompagner à terre pour boire et voir les filles. Louis, passablement ivre, céda sans trop résister et finit même par proposer un établissement de qualité : le Bal des Nuits.

En passant la porte principale, Ben fut ravi. L'ambiance, les petites lumières, la décoration tout de pourpre et velours, les filles dénudées, les parfums... Tout était fait pour le plaisir des sens... et des cœurs. Bouteilles en mains, les deux amis se laissèrent rapidement entraîner par de superbes dames, dont c'était évidemment le métier. Louis fut propulsé dans une chambre par une jolie nymphe, qui l'embrassa avec délicatesse, avant de céder la place à une autre dame. Louis avait continué de boire. Il commençait à être aussi bourré qu'un cageot de coings. Quand il reconnut le (beau) regard furibond de Lucie qui le foudroyait, il n'opposa qu'un lamentable réflexe d'ivrogne : « Attends, attends : c'est pas c' que tu crois ! »

Lucie se jeta sur lui le giflant de toutes ses forces. Une fois. Puis deux. Elle lui en voulait de l'avoir abandonnée. Elle lui en voulait de les avoir toutes laissées seules, aux mains de « Saint-Drichien ». Elle lui en voulait d'être parti comme un voleur - qu'il était. Mais par-dessus tout, elle lui en voulait d'être revenu ! Parce que c'était provoquer ces puissants salauds ; et parce que ça le mettrait en danger. Depuis des mois qu'elles ne l'avaient vu, le lieutenant d'Hermitte continuait d'écumer toutes les rades de l'île à sa recherche. Il aurait même passé une semaine entière sur la Tortue, déguisé en gentilhomme de fortune. Et il revenait souvent ici, au Bal des Nuits, furieux d'être resté bredouille et toujours plus menaçant, allant jusqu'à promettre qu'il finirait par brûler cet établissement de malheur. Pour le calmer, et parce qu'il en aurait été capable s'il en avait eu le courage, « Saint-Drichien » jura même d'accrocher le cadavre de Louis à un croc de boucher, s'il le voyait passer. A bout de nerfs plus que de forces, Lucie le lui répéta : « Casse-toi ! »

Louis n'insista pas, comprenant que de toute évidence, il était en tort. Il plongea sa main dans une poche et jeta quelques pièces sur le lit. Furtivement, tous deux se sourirent au souvenir de cet argent pour lequel, avec l'aide de Lucie et de ses copines, il avait entamé une carrière de petit voleur ; visiblement, il en était désormais pourvu. Il se dirigea vers la porte, que Lucie, pointant la fenêtre du doigt, lui interdit. Elle avait raison, c'était plus sûr pour tout le monde. L'âme pleine de la nostalgie qui assaille les pochetrons en fin de bordée, mais heureux d'avoir retrouvé une Lucie déchaînée, donc encore amoureuse, Louis quitta le Bal des Nuits. Lui qui prévoyait tout, avait fait l'impasse sur une évidence : derrière la porte, l'oreille collée à la serrure, l'ignoble Saint-Drichien avait tout entendu. Peut-être plus que la colère, le mépris est mauvais conseiller, il ne tarderait pas à s'en rendre compte.

Louis retrouva Benjamin sur le *Pearl.* Tous deux se remirent à boire. A bord, les autres compagnons n'étaient pas en reste. Une fête jusqu'au bout de la nuit s'improvisa en rade même de Petit-Goâve, sans se soucier le moins du monde d'une possible descente militaire. Ils avaient les poches pleines, l'esprit insouciant.

Le lendemain après-midi, incapables de cuver correctement, ils décidèrent de lever l'ancre pour aller rallumer la chaudière, à quelques heures à peine, sur l'île de la Tortue. L'école, l'armée, la famille et même le cercueil, tous ceux qui vivaient sur cette île fuyaient l'enfermement. Ce faisant, ils y multipliaient les chances de se faire piéger.

En 1684, Pierre-Paul Tarin de Cussy, officiellement nommé gouverneur de l'île de la Tortue, et sixième du titre, tentait encore d'y remplir la mission que Louis XIV lui avait confiée : calmer la flibuste et inciter les planteurs à vendre leur production à la ferme du tabac (française) plutôt qu'aux Hollandais qui payaient nettement mieux. Il comprendrait bientôt qu'en dépit des apparences et de la taille, Saint-Domingue, plus de quatre cents fois plus vaste, serait plus simple à gérer que l'île de boucaniers qu'il abandonnera, exténué.

En un demi-siècle, ce petit bout de terre, à quelques brasses de Port-de-Paix, était devenu un étonnant micro-Etat, indépendant de fait, grâce notamment aux bons soins de son tout premier gouverneur, François Levasseur. Celui-là même que fuira Anne-Marie Levasseur, future épouse Labous... et mère de notre Louis ! Le monde est petit aux oiseaux voyageurs.

L'influence de François Levasseur, qui protégea rapidement les forbans qu'il aurait dû chasser, ouvrit la voie : la - relative, c'était quand même à cent miles - proximité d'un port marchand et peu regardant comme Petit-Goâve fit le reste. La légende était en marche, avec ses héros, à commencer par Henry Morgan, qui s'y replia après ses pillages de Maracaibo et de Panama, dans les années 1669-70. Nulle part ailleurs il n'aurait trouvé caches si efficaces que dans ce dédale de grottes accessibles par des plages protégées par une végétation luxuriante au milieu de la jungle. Celui qui deviendra gouverneur de la Jamaïque utilisa la Tortue comme une banque à ciel ouvert, que tous pouvaient surveiller. Est-ce alors, au cœur de ce ramassis de forbans et d'artistes (Emanuel Wynne, l'inventeur du premier drapeau pirate y vivait à l'époque) qu'Henry Morgan eut l'idée de son fameux Code ?

Il eut tout le loisir d'y observer l'impact de ses idées, dont celle de fédérer les différentes compagnies de forbans - les « hors du ban » - en proposant d'établir une assurance sociale, qui s'imposerait d'elle-même. Tout pirate blessé en service pouvait réclamer un dédommagement calculé selon la gravité de son cas. Tous les capitaines séjournant sur l'île étaient tenus d'y cotiser. Le Code, que Morgan destinait en priorité à ses sujets jamaïcains, put s'appliquer à tous les pirates désireux de vivre en démocratie. Jetant les bases de ce qu'ils appelaient leur « république », il régula leurs vies en mer et sur terre. La colonie grandit. Pirates et boucaniers commencèrent à s'installer à l'année. On y trouvait différents corps de métier, de petites zones rurales, des bars, des hôtels, des maisons closes et même des banques.

Les capitaines affluèrent. Brasiliano « le furieux », Trebutor « le scandaleux », « l'odieux » Paxon et Jacques Cassard « le sulfureux »... Alexis de Segovia, Van del Dorm, Coxon, Sharp et le docteur Lionel Wafer... Même l'espionne Anne Dieu-le-veut, envoyée séduire les flibustiers, finira par les aimer et s'y installer.

Au fil de leurs pillages, Michel le Basque et François l'Olonnais (le Cannibale) reversaient eux aussi de bonnes parts de butin à la cité autonome. C'est d'ailleurs sur l'un de ces pirates, Laurens de Graff, le « fléau » hollandais, que Tarin de Cussy s'était appuyé pour tenter de gérer l'île, avant de jeter l'éponge.

En cette fin d'année 1687, les vaisseaux noirs étaient si nombreux aux abords de la Tortue et dans ses passes, que personne n'aurait jamais osé les attaquer. Une armée de l'extérieur eût été réduite en poussière. Des traîtres de l'intérieur, lentement asphyxiés.

Les nombreux patriarches que comptait l'île, tels que Jacques Raveneau de Lussan, se respectaient les uns les autres et avaient à cœur de protéger cette harmonie. Mais tout le monde savait que ça ne durerait pas. Avec plus de deux mille habitants – dont les trois quarts étaient forbans –, l'organisation sociale de la petite république qui rejetait furieusement tout principe d'autorité était des plus délicates à gérer. Des politiques tels que Tarin de Cussy l'avaient expérimenté, des capitaines comme Edward Seegar en étaient très conscients : l'île de la Tortue vivait ses derniers instants. Son déclin prit effectivement une tournure définitive deux décennies plus tard, avec la fin du siècle.

Alors il fallait profiter, tant qu'il en était encore temps, de sa douceur de vivre et de sa beauté. Partout, des plages au sable doré, d'interminables étendues d'eaux turquoise et transparentes, des grottes et des calanques où, la nuit, les blocs de pierre gorgés d'huiles se transformaient en rochers ardents. Des cocotiers, des hamacs, des musiciens n'arrêtant pas de jouer et des femmes, de danser. Les hommes les plus ignobles y côtoyaient les plus belles femmes, qui pouvaient se révéler de redoutables meurtrières. L'île était devenue le lieu de toutes les orgies et de tous les coups, bons ou mauvais.

Les hommes du *Pearl* connaissaient presque tous la Tortue et ses dangers, ses délices. Pas Louis Labous, dont l'excitation se faisait plus vive à mesure qu'il la sentait approcher.

Les hommes mouillèrent en début de soirée. L'équipage fut scindé en deux : l'équipe de veille, qui devait rester sobre et les autres, autorisés à descendre à terre. Le lendemain, ils échangeraient. Mais Seegar ne se faisait aucune illusion quant au sérieux des hommes restés à bord : ce qui se passe sur la Tortue reste sur la Tortue !

Les chaloupes de tête emportèrent le capitaine Seegar, le commandant Taylor et le quartier-maître Labous. Lorsqu'elles touchèrent le sable, ils tombèrent sur deux hommes allongés, qui regardaient les étoiles apparaître. Totalement ivres et incapables de se lever, ils appelèrent l'équipage du *Pearl* à les rejoindre pour contempler la terre. Seegar leur rappela que d'ici quelques heures, la marée allait remonter et que s'ils restaient là, ils risquaient de se noyer. Mais ils insistèrent :

- Non, m'sieur. Tu ne comprends pas, m'sieur. Faut absolument que tu viennes voir ça ; regarde la terre avec nous.
- La terre est sous vos fesses, triples andouilles ! rigola Seegar. Vous regardez le ciel.
- Mais c'est comme ça qu'on la voit le mieux, m'sieur, dit l'un d'entre eux.
- On la sent, reprit son compère visiblement dans le même état.

Seegar jeta un œil amusé à ses amis et leur fit signe d'avancer.

Passés les chemins de traverses qui tailladaient la jungle, le petit groupe du *Pearl* arriva aux premières baraques de bois abritant voleurs, gredins, catins, toxicos, débits de boisson et hôtels miteux. En face, sur leur gauche, une porcherie à ciel ouvert où un homme dormait, à moitié nu, dans la boue. Louis s'approcha pour voir s'il respirait encore. Mais impossible de s'en assurer. John Taylor le ramena dans le groupe d'une tape sur l'épaule, l'incitant à laisser filer ; tout cela ne le regardait pas. Il lui demanda aussi de porter son mousquet à sa ceinture, au niveau du nombril, bien en évidence. Sur la Tortue, où les armes doivent se faire discrètes, les quartiers-maîtres sont tenus de laisser leur pistolet à la vue de tous, la menace permettant aux autres, notamment les capitaines et les commandants, de vaquer apparemment sans matériel.

Derrière les premières maisonnées se trouvaient les premières voies, à peine carrossables, vaguement éclairées par quelques lanternes. Et sur le perron d'un bouge, une femme attendait que deux hommes finissent de se massacrer pour elle. Une foule grandissante admirait le combat avec elle. Un bosco, mousquet bien visible sur le ventre, vint à la rencontre de Seegar et ses hommes. Mains en avant, il leur interdit, à eux comme aux badauds curieux, de s'en mêler car, dit-il, ces hommes avaient un besoin urgent de régler le différend qui les opposait. Alors Seegar et les siens firent comme la cinquantaine de passants : ils regardèrent un boucanier cogner un forban, sous les yeux experts de leurs congénères. Le pirate rendit les coups. L'autre enchaîna une pluie de frappes dans le ventre du forban, qui s'effondra sur son épaule. La foule hurlait, s'exclamait, sifflait, applaudissait et brandissait des pichets de rhum. Le pirate tomba au sol brusquement et dégaina un mousquet qu'il avait caché. Il le pointa sur le boucanier et tira. Le chasseur s'écroula, raide mort. Le flibustier, mal en point, se releva, acclamé en vainqueur. Et la jeune femme, manifestement éméchée, droguée ou simplement éprise de ces bestialités, sauta dans les bras de son héros.

– Bof, apprécia Taylor... J'aurais fait pareil.

Louis regarda tout cela sans émotion, comprenant enfin que le fameux Code n'était en fait qu'une ligne de conduite, laissée à la libre appréciation de chacun.

Les hommes du *Pearl* entrèrent dans une taverne où on leur demanda s'ils étaient à vendre ou à engager. Agitant une petite sacoche d'argent, Seegar répondit ni l'un ni l'autre : ils n'étaient là que pour consommer. Dans ce royaume aussi l'argent était roi, peut-être même plus qu'ailleurs. Rien d'autre ne pouvait acheter un moment de paix - fût-elle précaire - qu'une sacoche, pleine de blé.

John emmena son ami français au bar. Pour montrer qu'il était un habitué, il lui présenta un serveur - natif des Indes orientales :

– Lui, c'est Mishka : il était fakir dans une autre vie. Il lévitait si on fermait les yeux. Il peut encore le faire, mais y en a toujours un qui triche.

Louis explosa de rire. Mishka cracha par terre en les dévisageant, avant de retourner à ses occupations. Edward, John, Benjamin et Louis n'avaient finalement que peu de choses en commun avec l'image de ces animaux sans âmes que les civils appelaient « pirates » :

Seegar était un professionnel expérimenté, dépassant la trentaine, dont la moitié effectuée en mer. C'était un capitaine vieillissant, bon, souvent sobre, d'une extrême timidité et à qui l'on ne connaissait pas de femme.

John, bien que de dix ans son cadet, était aussi un professionnel de la rapine. Il savait aussi bien naviguer que tuer. Des deux choses, il avait appris à jouir. Mais cela dépendait intégralement des raisons.

Louis avait également le souci du détail : il voulait toujours savoir où il allait et comment il s'y rendrait. Ces deux-là n'étaient pas du genre à s'oublier sur un litron de rhum tant qu'ils n'étaient pas en sécurité.

Et bien qu'étant la plus jeune recrue dans l'aventure, plus prompt aux frivolités qu'au sérieux du métier, Benjamin partageait leur vision des choses. Aussi, lorsque le capitaine commanda leur alcool directement en tonneaux pour qu'ils aillent le boire seuls, dans une calanque, ils n'en furent pas surpris mais totalement ravis. Avant de regagner le rivage, les hommes achetèrent aussi des femmes, de la nourriture, des jeux et d'autres liqueurs. Et ils emmenèrent le tout.

Sur les chemins sinueux qui les menaient à la plage en traversant la brousse, le groupe de flibustiers fut attiré par les rythmes des tam-tams. S'écartant de leurs sentiers, ils découvrirent une petite clairière éclairée par un grand feu où se déroulait une véritable orgie. Entre les flammes et les premières herbes, une cinquantaine de personnes - dont vingt femmes - se mélangeaient, discutaient, faisaient de la musique, grignotaient, buvaient, dansaient et surtout, baisaient ! Les demoiselles se laissaient caresser, embrasser ou prendre sauvagement par une horde d'admirateurs en chaleurs. Intrigué, et surtout déjà excité, John Taylor fit un pas, prêt à participer. Il en fut empêché d'un geste sec, par son capitaine. Lequel pointa, aux abords du cercle où tous s'amusaient, de grands Noirs dansant aux sons des tambours, coiffés de têtes de vaches et de têtes de chevaux. Les danseurs, sorciers vaudous, ne tardèrent pas à rejoindre le centre des festivités, où de belles débauchées prenaient soin de se combler. Des peaux de bêtes en lambeaux dissimulaient à peine leur intimité. A chaque pas de danse, l'un d'eux versait sur ces mêlées charnelles, un liquide rouge, gluant, ressemblant à du sang.

Nul ne pouvait prédire leur réaction en cas d'intrusion dans le cercle de leurs jeux sacrés. Les houngans de Saint-Domingue étaient très respectés et leurs pouvoirs, redoutés. Même des guerriers tels que Taylor ne se seraient risqués à violer leurs danses envoûtées. Lors de ces transes, tout pouvait arriver aux corps possédés, des simples mystifications sexuelles aux sacrifices humains.

Les pirates reprirent leur descente, avec d'autant moins de regret qu'ils étaient, eux aussi, très agréablement accompagnés. Cette nuit-là, l'équipage du *Pearl* la passa au pied d'une grotte, sur une plage reculée et déserte de La Tortue, protégée par des colonnes de rochers.

Par la mer, les fonds empêchaient d'y accéder autrement qu'en chaloupe mais l'accès permettait de se baigner comme de surveiller leur bâtiment ancré. Regroupés autour d'un grand feu, ils firent la fête, en petits groupes ou discrètement éparpillés, dans ce havre de paix. John alla se baigner, assurant que la mer l'appelait. Quand il en revint, entièrement nu, il leva les bras en croix et hurla que sa divinité lui avait encore parlé :

– La mer m'a dit que nous devrions rester là. Car dès cette nuit, les vents se lèveront et nous imposeront d'autres festins comme celui-ci. Cette catin affirme que si nous levons le camp avant d'avoir baisé et dévoré tout ce que nous pouvions, elle nous le fera payer : par les fonds ou par le feu. Ainsi m'a parlé l'océan !

Les hommes rirent et s'empiffrèrent de cabris braisés, de pains frais, de fruits et de belles amies - grassement payées. Ils s'encanaillèrent, philosophèrent et se racontèrent des histoires. Ils burent jusqu'à plus soif et firent l'amour jusqu'à mourir. Cette nuit-là, ils la vécurent comme la dernière.

Un lendemain de cuite côtoyant un surlendemain de cuite est toujours un peu rude. Les paupières collées sur ses yeux gonflés, les membres en friche et le cœur naufragé dans le désordre de son estomac, Louis se réveilla péniblement au bruit de grognements, de jurons et de bordées de crachats. Il se releva et vit, à quelques mètres de lui, Benjamin Hornigold étendu sur le sable, parallèle au rivage. Les vagues commençaient à rouler son corps plein d'alcool. Dans un état second, il risquait la noyade. Un coup sur deux, il respirait une eau qu'il peinait de plus en plus à recracher. Louis se jeta sur lui, le retourna, lui collant quelques baffes pour l'aider à se réveiller. Ben ouvrit grand les yeux et se redressa d'un coup sec, vomissant un épais mélange d'eau de mer, de rhum et de grillades qui n'étaient pas passées. Le tout sur Louis qui s'était pourtant écarté, trop tard. Puis, l'ivrogne se rallongea, déjà épuisé. Surpris, Louis vérifia son pouls. Il respirait.

– Dommage ! siffla John. Il y était presque.

Louis se retourna en sursaut, découvrant John Taylor assis sur un rocher. La Balafre taillait une noix de coco de sa dague, suçant des petits morceaux qu'il recrachait dans les restes d'un feu encore fumant. Etonnamment frais, il n'avait pas l'air attaqué par les excès de la veille, ce dont visiblement il tirait sa fierté. La vérité est qu'à son réveil, deux heures plus tôt, il avait comme toujours en pareil cas, ingurgité autant d'eau de mer qu'il le fallait pour se forcer à vomir. Et que, depuis, les noix de coco aidaient à pacifier son foie et son estomac, en pleine guerre civile.

Epuisé, titubant, Louis vint s'asseoir à son côté. Les yeux plissés vers le *Pearl*, qu'il distinguait entre les rochers, John garda un air sombre, concentré et mystérieux :

- Ça va ? demanda le commandant en second avec ironie.
- Impression de m'être fait caréner la tête... Le vent se lève, non ?
- Ouaip', la mer avait raison.
- Tu parles...
- Tu devrais essayer.
- De parler avec l'océan ?
- Seul sur l'eau, sans un bruit ni rien d'autre que le vent qui roule les vagues sur mon dos... Le silence, c'est la paix ; la paix intérieure. C'est simple comme le bonheur : c'est la vie !
- Si tu le dis, soupira Louis qui s'en foutait.
- Ça te manquait, Petit-Goâve ?
- John ! j'étais bourré...
- Est-ce qu'il y a quelque chose que je devrais savoir ? insista le Balafré.

« A part que je suis un ancien officier de la marine royale française recherché pour fornication, trahison, mutinerie, désertion et évasion ? songea Louis en silence. Non, rien. »

Brutalement, John recracha un bout de coco dans les braises, comme pour contenir sa colère :

- Un bâtiment de guerre français est passé au large, tôt ce matin. C'est un gamin qui traînait là, qui m'en a parlé.
- Ah.

– Et tu sais combien de navires de guerres passent si près de la Tortue, ces temps-ci ?
– Heu...
– Aucun.

John se releva brusquement. D'une voix calme et assurée, il ajouta dans l'effort :

– Deux mille personnes vivent sur cette île. Trois peut-être, avec les femmes et les enfants, au Nord. Tu sais ce dont nous sommes capables sur mer. Alors que sur terre... Si nous partons dans l'instant, vu les vents, vu le temps, nous avons nos chances. C'est simple, on reste et tous sont en danger, ou on file...
– Attend, une minute. Pourquoi seraient-ils là pour nous ?
– As-tu quitté le bord, à Petit-Goâve ?

Louis soupira, désolé. John se plaça face à lui et dos au soleil, un sourire radieux aux lèvres :

– Alors, mon coquin : terre ou mer ?

John jeta son reste de noix dans le feu, essuyant sa lame sur sa jambe. Passant sa langue sur ses dents pour les nettoyer, il s'étira longuement en arrière, faisant craquer ses vertèbres. La moitié de l'équipage restée à bord - et qui devait profiter, ce soir, des plaisirs de l'île - n'allait clairement pas apprécier la nouvelle. Et même si chacun conviendrait qu'ils seraient plus heureux sobres en mer, qu'ivres au bout d'une corde, ça risquait de gronder en soute. Or c'est dans les grondements que les commandants en second perçoivent généralement les premières notes de la mélodie que joueront bientôt les mutins.

Seegar fut le premier informé. Il dessaoula aussi sec. C'est aussi à cela que se reconnaît un bon capitaine. Les autres furent réveillés de quelques tapes amicales sur les épaules ou les pieds, incités eux aussi à presser le pas pour rapidement déserter les lieux. En quelques minutes, les chaloupes quittèrent l'anse, ne laissant derrières elles que les restes d'une nuit de vertiges.

Les troupes s'affolèrent sur le pont du *Pearl*, d'où tous avaient vu passer la frégate française. Voiles hissées et hommes en marche, le bâtiment leva l'ancre vers l'inconnu, laissant quelques haut-le-cœur sur le parapet.

Sous le crachin permanent, les vents soufflèrent de plus en plus fort, annonçant la tempête. Le cap, plein Nord, devait les mener aux Bahamas. Mais s'ils parvenaient à toucher Inagua, la première de ses îles, ce serait déjà formidable. Ils seraient alors en meilleure posture. Territoires espagnols, les atolls ne laisseraient pas approcher un vaisseau aux couleurs du roi de France. Alors que les pirates, eux avaient, bien rangés dans leur coffre, les étendards de tous les pays utiles.

Distinguant, très loin derrière, une silhouette qui semblait les suivre malgré les bancs de brume naissants, Seegar choisit le fanion le plus explicite, le noir, pour que tous sachent à quoi s'attendre.

Tout juste sortie de l'imagination d'Emanuel Wynne, la première mouture de ce qui deviendrait le Jolly Roger, se voulait aussi simple qu'édifiante. Trois éléments blancs - un sablier surmonté d'un crâne qu'entourait une paire de tibias croisés - sur fond noir ne laissaient aucune place au doute. L'ennemi n'avait plus qu'à estimer le temps qui serait nécessaire pour transformer son corps plein de vie en ces quelques restes d'abattis. Pour signifier pareille mise en garde, toujours en blanc sur fond noir, Thomas Tew utilisa un bras - droit - armé d'un sabre, quand l'illustre Henry Every arborait le pavillon le plus esthétiquement achevé : un crâne de profil droit, arborant l'anneau d'or, au-dessus de deux tibias croisés. La menace, aussi belle que claire était devenue œuvre d'art.

Louis regardait le drapeau noir s'élever avec fierté : quoi qu'il fasse, il ne serait plus seul. D'un coup, l'étendard protecteur s'affaissa. Tous comprirent : les vents avaient tourné. Louis se précipita à la poupe, il savait qu'un problème n'arrive jamais seul : accompagnée d'un épais brouillard, la mer commença à se déchaîner. John, qui se tenait toujours à ses côtés, sourit. Cent quarante hommes s'affairaient à faire glisser les drisses sur les flancs du bâtiment, pour affronter les ombres et remonter le vent, glissant au hasard de cette interminable chasse. C'étaient de bons marins, de bons pirates et par-dessus tout, de bons camarades. Ils connaissaient les dangers d'un tel blizzard en pleine chasse. Ils redoutaient et s'attendaient au pire, tout en espérant le meilleur. Telle était leur vie, libre et passionnée, passant de la gloire au désastre en un éclair.

Louis sortit de sa poche le petit parchemin couvert de cryptogrammes templiers. Il y jeta un œil avec tendresse. Toujours près de lui, la Balafre se pencha sur le papier :

- C'est un code ?
- Quoi ?

Louis le rangea nerveusement.

- Le papelard. Celui que tu caches. C'est un code ?

Louis ne répondit pas, grignotant puis recrachant les protubérances d'une pomme cannelle avant d'attaquer sa chair blanche tout en se retournant vers leur poursuivant. Ces courses-poursuites pouvaient durer des jours et des nuits, avant que l'un des deux navires ne soit à portée de tirs.

John éclata de rire, le traitant de soupe au lait cachottier. Comment pouvait-il encore nourrir des secrets envers lui, à l'aube d'une telle bataille et après tout ces mois de mer et d'amitié ?

- L'amitié est plus souvent une responsabilité qu'une chance, soupira Louis.
- Ton cynisme m'enchante, sourit John.
- Je me suis renseigné sur Rome ; ils sont tombés en l'an 150, quand le Sénat a laissé aux barbares moyennement intégrés le soin d'assurer sa défense...
- Arrête ! Deux siècles plus tard, Rome était toujours là. T'es aux fraises, avoue-le !
- Je dis juste que ça a pu commencer comme ça, sourit Louis.

- J'avais donc raison, cria John. Ce devait être une étape de la conspiration.
- C' que tu peux être de mauvaise foi...
- Pas du tout : j'ai raison. Je n'y peux rien, c'est comme ça !

Soudain, un cri rauque plomba leur échange : « Bâtiment de guerre ! » hurlait la vigie.

Se retournant instantanément, les deux compères devinèrent les grandes voiles d'un imposant bâtiment de la Compagnie franche, paré aux combats. Immédiatement, les cœurs se serrèrent et les hommes s'immobilisèrent. Tous les regards se tournèrent vers ce monstre de guerre, dont on pouvait à présent déchiffrer le nom à la longue-vue : le *Diligent.*

Pour avoir vu ces hommes à l'entraînement, alors qu'il était à l'académie de Brest, Louis comprit tout de suite que cette frégate - de cinq cent vingt tonneaux - devait compter près de deux cents hommes. Sur ses flancs, ils aperçurent trente-deux canons. Le *Pearl* n'en avait que vingt, pour cent quarante pirates. John dégaina sa lunette pour observer le pont ennemi. Il y vit un immense fanion tricolore où quatre carrés, deux rouges et deux bleus, étaient séparés par une croix blanche. Chacun était couvert de fleurs de lys. Au centre de la croix, on lisait : « *Per mare et terras* ».

Par « franche », ces compagnies signifiaient leur indépendance, les unes des autres, comme de l'armée en général. Elles avaient toutes libertés d'entreprendre sur terre comme sur mer. Cette unité d'élite, formée entre autres à l'éradication de forbans, ne s'embarrassait d'aucun cadre légal. Dotés d'une rigueur militaire à la manière de corsaires, rien ne leur était reproché à partir du moment où ils effectuaient d'importantes prises. N'attendant aucune reconnaissance du royaume, ces commandos semblaient n'obéir qu'à eux-mêmes. Leurs interventions n'en étaient que plus subtiles et leur nature plus difficile à anticiper.

Lorsque, quelques années plus tôt à Brest, Louis fréquentait les mêmes tavernes qu'eux, il avait rencontré des jeunes recrues de la Compagnie franche. Ils n'avaient rien à voir avec les « intellectuels » de l'académie navale, pas plus qu'avec les sombres brutes de l'armée royale. Ces hommes, qui ressemblaient parfois à d'anciens bagnards fraîchement relâchés, ne se rasaient que pour éviter les foudres de leur hiérarchie. Ils étaient dressés à se battre en toute circonstance, en usant de tous les moyens. On les levait avant l'aube, pour les coucher au milieu de la nuit. Ils creusaient des trous, les rebouchaient, rampaient dans la boue d'innommables parcours parsemés de verre pilé. On les battait, les insultait, on les poussait à bout. Perchés de longues heures sur une étroite planche à cinquante mètres du sol, ils savaient la chute mortelle mais tenaient, comme ils devraient le faire en toute circonstance. Ces hommes étaient des « chiens de guerre » que rien n'arrêterait, Louis le savait.

John pouffa de rire, tentant de dédramatiser, comme toujours, la situation. Il pointa son index plusieurs fois sur le cœur de Louis :

– La connerie, dit-il, c'est comme les impôts : on finit toujours par payer !

Louis esquissa un vague sourire.

Alors que les vagues harcelaient de plus en plus la coque du *Pearl*, le capitaine ordonna qu'on remonte les malles d'armes de la batterie. Mal réveillé, Seegar se tenait à sa barre. Le blanc des yeux jauni par l'alcool, il s'agrippait à son cap. Il se retourna vers le maître de manœuvre et lui hurla :

– Vitesse ?

L'aboiement qui lui répondit n'avait rien de rassurant :

– Cinq nœuds, capitaine !

Seegar frappa dans ses mains, hors de lui. Et alors que l'obscurité s'abattait sur cette matinée, faisant gronder le tonnerre et éclater les éclairs, le capitaine avertit qu'il virait de bord :

– Allons à la rencontre de cet ami français qui tient tant à nous parler.
– On va s'amuser un peu, plaisanta John.

Derrière eux, la Compagnie franche avalait les milles, surgissant de la brume comme un monstre marin. On entendit leurs roulements de tambours commencer à donner la cadence.

– Parez à l'abordage, soupira Seegar avec angoisse.

Et tandis que le *Pearl* virait complètement de bord pour affronter la mort en face, les hommes brandirent leurs armes en hurlant, comme des bêtes sauvages. John jeta un regard amusé à Louis, penchant légèrement la tête, il lui lança un clin d'œil. Louis ne dit pas un mot, souriant simplement en retour, dégainant son mousquet et son sabre. Les pirates s'époumonaient, beuglaient, riaient, crachaient, hurlaient aussi fort qu'ils le pouvaient, espérant bien que l'adversaire entendrait ce désir brûlant de faire couler du sang. Ils voulaient croire ces petits soldats français en train de trembler à leurs cris. En chefs avisés, Edward, John et Louis savaient qu'il n'en était rien. Dans le camp d'en face, on se préparait calmement, sobrement et simplement au devoir sacré car, cette fois, l'ennemi tenait plus du mercenaire que du militaire emplumé. Pas un homme du camp d'en face n'avait cillé aux hurlements et aux manifestations de l'hystérie légendaire des flibustiers, car cette fois, dans le camp d'en face, il n'y avait que des exterminateurs. Des chasseurs et des tueurs : d'esclaves, de fermiers, de bandits, de boucaniers et de flibustiers !

Entre la pluie torrentielle, les creux de cinq mètres et l'obscurité soudaine, le *Pearl* faisait courageusement route vers sa destinée. A mesure que le *Diligent* s'approchait, les forbans mesuraient l'immensité de ce bâtiment. Sur son gaillard, le capitaine du Chesnay tenait la barre sereinement. Un tapotement régulier vint perturber sa concentration. En tournant légèrement la tête, il aperçut le commandant en second. Ce n'était pas le sien mais celui que Laurens de Graff, en lui confiant sa lettre de mission, lui avait imposé. Une main rivée à la balustrade, six mousquets accrochés à sa ceinture, deux sabres d'abordages et une canne pour l'aider à grimper les marches malgré sa jambe de bois, ce lieutenant était prêt à tout.

- Comment s'annoncent les opérations ? demanda Hyacinthe d'Hermitte.
- Pluvieuses, rit le capitaine.

Sans nouvelle (même indirectement) de d'Hermitte depuis sa propre désertion, Louis ne savait rien de la façon dont le petit lieutenant avait échappé aux mutins :

Profondément royaliste, Hyacinthe avait, lors des combats, radicalement pris le parti du capitaine Bart. Et bien entendu, le capitaine n'avait pas manqué de le suivre, se rangeant derrière lui, plutôt qu'à ses côtés. Malgré leur résistance héroïque, les mutins avaient été défaits. Sérieusement mis à mal par le lieutenant de bord, même boiteux, ils reçurent la dernière estocade, inattendue, du petit Bart lui-même. Retranché derrière d'Hermitte, le capitaine estima à un moment que son second avait remporté la bataille... Pensant qu'il ne serait certainement pas tendre avec lui, Bart préféra l'éliminer. Il se rapprocha alors silencieusement et le frappa par-derrière. Il visait bien évidemment sa rotule chancelante. Mais s'il ouvrit le genou de d'Hermitte, le coup lui fit aussi l'effet d'une décharge. D'un bond, l'éclopé passa par-dessus bord. Médusés, les mutins se retournèrent vers le lâche, qu'ils accrochèrent par la gorge à une drisse. C'est ainsi que le petit Bart, qui rêvait d'égaler son frère, finit à bout de sang et demi étripé en haut du nid-de-pie.

D'Hermitte, abandonné à la mer, nagea jusqu'à ce que des pêcheurs le trouvent et le ramènent à Saint-Domingue où lui seront donnés les premiers soins. Il sera immédiatement amputé. Cette jambe de malheur ne voulait décidément pas de lui !

Une fois le grand cirque d'intimidation - indispensable à la victoire - terminé, les forbans du *Pearl* reprirent leurs postes, l'urgence étant de vérifier l'armement et de se positionner pour le combat. John Taylor, qui n'y allait jamais par quatre chemins, avait prévu un rapprochement face à face, devant mener au choc frontal. Dans cette apparente cohue, en fait gérée de main de maître, le mouvement était somptueux. Les deux navires avançaient lentement l'un vers l'autre, sans faiblir, jusqu'à une première collision ! Après quelques coups de feu d'intimidation, les Français abandonnaient leur gaillard d'avant. Les pirates, au contraire, s'y exhibaient fièrement, plus menaçants que jamais. S'ils parvenaient à ne pas passer par-dessus bord au moment de la collision, ils seraient les premiers à aborder : avantage psychologique de taille dans pareille situation.

Louis observait les siens avec un peu de recul. Ses compagnons, frappant le bastingage du plat de leurs lames, hurlaient au sang et à la mort. A leurs cris, plus sourds que le battement de leurs tambours, les Français ne pouvaient manquer de se sentir submergés, par la force, par le nombre et la sauvagerie. La mer, déchaînée, ramena les deux vaisseaux l'un contre l'autre à une vitesse ahurissante. Le jour devenu nuit annonçait une apocalypse parsemée d'éclairs, révélant le terrifiant visage de l'océan.

Du coin de l'œil, Louis vit John Taylor s'emparer de ses armes préférées : une petite hache, quelques dagues, deux mousquets et un bracelet de force, qu'il ne mettait que pour les grandes occasions. A moins d'une minute de l'impact, l'ancien élève officier s'approcha de l'Irlandais balafré pour observer la singulière pièce de cuir que Taylor bouclait sur son avant-bras gauche. Sur chacun des côtés, se dressaient deux rangées de trois petites lames recourbées, pointues comme des rasoirs. Souriant à son ami, John sortit une petite fiole qu'il versa méthodiquement sur cette arme étrange en précisant :

– Poison hallucinogène : à la moindre entaille, tu pars au nirvana.

« Impact ! » hurla le maître de manœuvre du *Pearl*.

La figure de proue française entra d'abord en collision avec l'étrave des pirates, créant un trou béant. Les forbans du gaillard d'avant virent leur mât de beaupré exploser, arrachant les haubans de misaine. En face, la civadière des soldats se déchira. La collision fut terrible. De part et d'autre, des monceaux de bois éclatèrent dans tous les sens, transformant les bouts de charpente en javelots acérés. Les deux navires se retrouvèrent accrochés par le nez, encastrés l'un dans l'autre. Et les pirates rirent de plus belle. La première ligne sauta d'une proue à une autre, au moment même du choc, comme propulsée. La seconde se retrouva par terre, sous la secousse. Ce front se releva aussitôt et s'élança, à son tour, à l'abordage.

Les Français se retrouvèrent prisonniers de leur pont principal, obligés de se battre en contrebas avec, comme seuls accès à leur gaillard d'avant, de petits escaliers sur chaque côté. Des marches sur lesquelles les soldats ne pouvaient avancer que par deux.

Les pirates utilisèrent l'organisation du navire de guerre comme avantage de terrain, afin de compenser leur infériorité numérique. Le capitaine français envoya à la mort ses premières lignes d'assauts. Les soldats se jetèrent littéralement sur les deux escaliers, croisant le fer. Ils perdaient de plus en plus en vaillance et commencèrent à attaquer les forbans comme on va au gibet : en tremblant.

Les pirates se sentaient d'ores et déjà prêts à se disperser pour mieux envahir le bâtiment. Mais Seegar et ses hommes évitèrent le piège, leur intimant l'ordre de se concentrer sur le pont avant de la compagnie franche, où le ménage était loin d'être fait. Tandis que cette première ligne de Français, un genou à terre, se faisait massacrer à grands coups d'épées, une seconde s'organisa depuis le grand mât.

– Chargez ! brailla le capitaine du Chesnay à ses hommes. En joue ! Feu !

A l'unisson avec le tonnerre, la première rafale brossa la proue d'une trentaine de balles. Benjamin Hornigold s'acharnait comme un fou, faisant danser son sabre sur ses assaillants ; Louis Labous et John Taylor le virent tomber à la renverse, une gerbe de sang éclatant de son œil gauche. Ils reculèrent d'un pas, cessant de combattre un instant pendant que Seegar et les autres se relevaient, pour reprendre leur harcèlement. Face à eux, les deux lignes de tireurs français rechargeaient. Louis se releva pour balayer le *Diligent* du regard. A ses pieds gisaient trois dizaines de cadavres en tuniques. Il n'y avait plus guère que trois ou quatre courageux pour encore oser monter à l'attaque. Sur le pont, les lignes de tireurs comptaient trente soldats. L'ordre de tirer retentit de nouveau. Hagard, John se précipita sur Louis pour le jeter à terre :

– Tu veux te faire tuer ?

Louis ne répondit pas, perdu dans ses calculs.

– Quoi ? s'égosilla John. Qu'est-ce qu'il y a ?
– Soixante, balbutia Louis. Ils sont soixante.

Seegar retenait ses hommes, éparpillés sur le gaillard avant et criant leur furieuse envie d'envahir le bâtiment français.

– Ils devraient être deux cents au moins, hurla Louis.
– Comment tu sais ça ?

Louis hésita avant de répondre. Les tireurs rechargeaient une fois de plus, prêts à faire un carnage au fusil si les pirates ne descendaient pas se battre. Seegar se fit dépasser par ses cent quarante hommes, qui se jetèrent comme des fous, pour hacher menu la petite trentaine de fusiliers marins.

– J'étais dans l'armée, souffla Louis avec effroi.

John eut un haut-le-cœur. Comprenant brutalement l'horreur de la situation, il hurla à ses compagnons de reculer, de battre en retraite. Louis, son passé et ses mensonges, ne comptaient déjà plus. Les soldats parvirent à tirer une nouvelle salve, beaucoup plus meurtrière. Douze hommes s'écroulèrent sous leurs balles, reculant parfois de quelques pas, comme emportés par le coup. Ce qui n'empêcha pas les pirates survivants de poursuivre leur charge, sabre au clair. Au même instant, une colonne de soldat s'échappa de l'entrepont, surgissant depuis les trappes. Les bandits se retrouvèrent cernés et assaillis de tous côtés, par un équipage militaire dont les forces gonflaient à vue d'œil. Ceux qui venaient de s'échapper des entrailles du bâtiment se lancèrent dans une bataille pour la vie, espérant bien ainsi couvrir leurs collègues, à nouveau en train de recharger leurs fusils. John Taylor se retourna pour ordonner d'évacuer les blessés. Effondré, la tête en sang, Benjamin Hornigold fut l'un des premiers à être rapatrié sur le *Pearl.* Au milieu de la cohue, Edward Seegar tenta une fois de plus d'ordonner la retraite, en vain.

Tout aussi dépassé, Taylor sauta au milieu du pont français, suivi de près par Louis. Arrivé au sol, le Balafré roula sur les lattes de plancher, balayant le sol de ses lames et tranchant trois chevilles au passage. En se relevant, il planta ses dagues dans deux corps différents, qui n'eurent que le temps de crier. Louis se redressa presque aussi vite, recommençant à trancher, épaulé par ses camarades. Il dégaina deux mousquets et les déchargea sur ce maudit peloton d'exécution, qui achevait de recharger ses armes.

Seegar commença à reculer, regagnant le *Pearl,* tout doucement. Le capitaine abandonna son équipage au beau milieu de la bataille, les forçant à s'organiser en rond, pour résister aux assauts des soldats. John et Louis virent le capitaine s'éclipser, sans comprendre. Le cercle des forbans tournait sur lui-même, se faisant lentement engloutir par l'enfer.

Arrivé sur l'entrepont du *Pearl,* Edward Seegar courut dans la soute à batteries, prenant un canon, une pièce de douze montée sur roulettes, il en retira la bouche. Il fit de même avec cinq autres pièces d'artillerie...

Seul maître à bord, John relança son ordre de retraite. Le gros des flibustiers essaya de revenir en arrière, vers la proue du *Diligent* imbriquée dans celle du *Pearl.* A mesure qu'ils se repliaient, ils s'épaulaient, ramassant les blessés. Au combat, leurs effectifs fondaient face aux soldats toujours plus nombreux. Le capitaine du Chesnay lâchait ses troupes par lignes offensives de trente hommes. Imperturbable, il se retourna vers la dunette. Monsieur d'Hermitte y patientait tant bien que mal, mourant d'envie de se jeter dans la mêlée. Mais le capitaine avait jugé que son infirmité serait un handicap imposant une garde rapprochée. Or seuls les capitaines peuvent prétendre à ces honneurs. Le maître d'équipage se pencha vers du Chesnay, haletant :

– On en est à six vagues, capitaine.
– Combien d'hommes ?
– Plus de cent. Quatre-vingts en attente dans la batterie. Dix dans la sainte-barbe.

Du Chesnay s'arrêta un instant, contemplant cette grappe de pirates que rien ne sauverait mais qui continuait de croiser le fer avec virulence. Il jeta un œil sur ses lignes de tireurs, obligées de maintenir leurs canons vers le bas, tandis que les soldats submergeaient les forbans.

– Bilan du médecin ?
– Dix-sept morts, capitaine. Sept en attente. Vingt-et-un estropiés.
– Quartier-maître...
– Capitaine ?
– Préparez les hommes en batterie. Et faites descendre ce monsieur d'Hermitte, qu'on en termine.
– Bien, capitaine.

Près de la proue, John et Louis continuèrent de guerroyer côte à côte. Les pirates parvinrent à regagner le gaillard d'avant. Plus très loin de rejoindre leur propre bâtiment, tous étaient conscients du risque de s'y voir envahis par les soldats ! Ils entendirent un nouvel ordre de tir et se jetèrent à plat ventre, avant qu'un concert de déflagrations ne détone. John constata dix morts de plus. Huit soldats tentèrent leur chance en escaladant les corps, espérant trancher dans le vif avant que les pirates ne se relèvent. Mauvais calcul : même au sol, ces derniers recommencèrent à se battre comme des lions. Louis avait tendance à blesser gravement en évitant le cœur et la gorge, laissant ces cibles de prédilection à John. Roulant par terre avant de se relever, l'Irlandais plantait son bracelet de force dans tout ce qui était à sa portée, avant d'enfoncer ses sabres dans d'autres tripailles nouées. A chaque fois qu'il retirait une de ses lames, il arrachait un enchevêtrement de nerfs, de tripes et de sang. Tournant sur lui-même, Taylor éviscérait, faisant ensuite gicler d'horribles gerbes de sang dans les paquets de mer. Tout cela l'enchantait. La pluie, battante, ruisselait dans ses cheveux, dans ses yeux, sur sa barbe. Il allait trop vite pour que l'on sache s'il souriait vraiment. Mais à lui seul, il en tuait tellement que la nature du plaisir, brutal et sauvage, qu'il en retirait était évidente. A force, et presque à lui seul, John Taylor fit reculer ces maudits Français. Et les pirates se retrouvèrent enfin aptes à fuir.

Du Chesnay redonna l'ordre de tirer. Louis se jeta sur le Balafré, pour le plaquer au sol. La rafale emporta trois pirates. Ils n'étaient plus qu'une cinquantaine sur ce gaillard, à tenter de braver la Compagnie franche qui avait totalement repris l'avantage. Face au courage désespéré des Frères, la vermine militaire multipliait les salves de canons. Alors les pirates, refusant la défaite - ils ne voyaient pas comment regagner le *Pearl* sains et saufs sous le feu des cent cinquante nouveaux soldats - se retournèrent d'un coup. Courant de toutes leurs forces, ils se jetèrent en hurlant sur l'adversaire entre deux salves, sans lui donner le temps de recharger, forçant ces chiens galeux à dégainer leurs épées et à se battre comme des hommes. Juste après cette dernière salve, un terrible éclair, éblouissant, déchira le ciel. Une seconde de silence immobilisa les deux camps, face à face.

A cet instant précis, les forbans, torses nus, en loques, le souffle court et les gueules ensanglantées, se tinrent droits et fiers, brandissant leurs sabres. En face, à une quinzaine de mètres, les soldats, enfin tétanisés, s'étaient figés.

Ahuri, le capitaine du Chesnay bégaya un ordre, sans parvenir à faire recharger ses gens à temps. Pour la seconde fois, John Taylor enjamba le parapet et, sans un regard pour ses compagnons, se précipita vers le capitaine français. Il s'élança, hurlant lui aussi, sabre et hache en avant. Seul ou accompagné, c'était du pareil au même ; il vaincrait ou mourrait et ne semblait même pas s'en soucier. Du Chesnay voulut dégainer son pistolet. Mais à peine eut-il effleuré sa crosse, qu'un choc lui coupa le souffle ! Le capitaine baissa la tête, ne trouvant qu'un manche de hache, dont l'acier tranchant était déjà profondément enfoncé dans son sternum. Il s'affaissa sur les genoux et tous les pirates s'élancèrent dans une clameur de fin du monde, brandissant le tranchant de leurs lames. Les soldats eurent un mouvement d'effroi et reculèrent presque tous de quelques pas dans une désorganisation générale, avant de dégainer les épées. Dans l'atroce mêlée, où s'entrechoquaient cris de haine et cliquetis métalliques, les forbans ne parvenaient toujours pas à prendre le dessus. Les Français étaient trop nombreux, mieux entraînés et sobres de la veille.

C'est là que Louis le découvrit, comme surgissant d'outre-tombe, croisant le fer et le feu avec Taylor. Revoir cette démarche boiteuse le frappa un instant de sidération, au point que sans l'intervention d'un Frère, il se serait fait couper en deux. Louis courut au côté de John, le bousculant pour prendre sa place. Le voyant, Hyacinthe d'Hermitte marqua un temps d'arrêt, surpris et heureux d'enfin retrouver son ancien camarade de classe. Sous cette abominable tempête, les deux hommes entamèrent enfin le duel qu'ils s'étaient promis, près du chantier naval de Brest. John ne comprit pas immédiatement. Il resta prostré, au sol, tandis que leurs compagnons se faisaient une fois encore déborder par des Français désireux d'envahir le *Pearl*. Les flibustiers, poussés vers le gaillard d'avant, abandonnèrent malgré eux John Taylor et Louis Labous aux mains d'Hyacinthe d'Hermitte.

– Je t'ai manqué ? demanda d'Hermitte avec ironie.
– Ta jambe, ça s'arrange pas on dirait.

Louis frappait avec rage. Hyacinthe contra les premiers coups sans problème, mais demeurait acculé contre le bastingage. John brandit sa rapière, entre eux deux.

– Te mêle pas de ça, John !
– Et il a de l'honneur, avec ça, s'amusa d'Hermitte tout en reprenant l'offensive.

Puis la Boiteuse, hurlant et frappant aussi fort que possible, perdit brutalement tout humour. Il balança d'un coup sa jambe de bois sur la hanche de Louis, y plantant les piques métalliques qui lui servaient de pilon. Dans le même mouvement, Hyacinthe rabattit son sabre sur le buste de son adversaire. Une gerbe de sang inonda la chemise de Louis Labous, qui s'effondra sur ses genoux.

Dans le ventre du *Pearl*, Edward Seegar poussait toujours ses canons, non sans peine, afin de les aligner. Les pièces étaient si lourdes qu'il était presque allongé, pour les amener à rouler jusqu'à leur position de tir : face à un mur de bois. Epuisé, Edward y parvint. Alors, il se précipita dehors et beugla une retraite en bonne et due forme. Ceux qui y étaient presque n'hésitèrent pas et passèrent rapidement d'un pont à l'autre. Les soldats continuant de les pourchasser, le combat se poursuivit d'une proue à l'autre, chacun tentant de tenir ses lignes.

John, de son côté, entendit son capitaine malgré l'orage. Mais il choisit de ne pas obéir. A quatre pattes, Louis perdit sa lame et son mousquet. Il tâcha maladroitement de se relever, la bouche en sang, le ventre bien plus qu'éraflé ; presque ouvert. D'Hermitte le contourna avec arrogance, oubliant jusqu'à la présence de John Taylor. Arrivé derrière Louis Labous, il pointa sa lame sur son cou. Le Balafré constata avec effroi que jamais ils ne regagneraient le *Pearl* en perçant le front ennemi par-derrière. La proue française débordait de soldats. Et d'autres semblaient encore surgir de l'entrepont, pour venir les renforcer. Au moment où d'Hermitte allait planter son sabre dans la nuque de son ennemi intime, John releva le percuteur de son pistolet. L'officier boiteux se retourna, comme étonné, vers ce mousquet qui le menaçait.

– Votre ami ne vous a-t-il pas demandé de...

D'Hermitte ne parvint pas à achever sa phrase. Dans un élan désespéré, Louis se redressa sur un pied, frappant son bas-ventre avec force. Il bouscula Hyacinthe, jusqu'à le renverser. Les yeux dans les yeux, tous deux ressentirent cette haine, incommensurable et disproportionnée, qui nourrissait d'Hermitte et explosa enfin. Désarmés tous deux, il ne leur restait que leurs poings pour cette lutte à mort.

Un coup de feu résonna, éclatant un flanc du parapet auquel se tenait l'Irlandais. Sur l'autre flanc, deux soldats l'avaient repéré, rechargeant leurs pistolets. John Taylor se jeta sur ces deux idiots, qu'il s'empressa de découper. Dans l'action, il vit le *Pearl* commencer à dériver. Sur sa dunette comme dans les haubans, des hommes s'activaient pour gonfler les voiles et virer de bord. Dans les mâtures, il en vit d'autres arrimer des câbles aux poulies. Et enfin, il vit les derniers, grimpant au mât de misaine, des grappins sur l'épaule. Quand ces gabiers arrivèrent sur les vergues du *Pearl*, ils s'empressèrent de faire tournoyer leurs cordages, avant de les balancer aussi loin que possible, sur le pont du *Diligent*. L'un d'eux pointa John Taylor du doigt : ils ne l'abandonneraient pas !

L'un des crochets s'échoua près du grand mât ; là où se trouvaient John, Louis et Hyacinthe. Taylor se précipita dessus, tranchant l'accroche et enroulant la drisse autour de sa taille. Autour du beaupré des Français, les soldats sans commandement se dispersaient sous les assauts diaboliques des forbans. Quelques coups de feu éclataient toujours mais, d'un gaillard d'avant à un autre, le temps de rechargement n'était plus suffisant pour s'épargner des combats rapprochés. Le Balafré courut vers Louis qui, entre temps, avait de nouveau perdu l'avantage.

Sur le *Pearl*, Edward Seegar achevait d'organiser la retraite de ses troupes. Puis il regagna l'entrepont à toute allure. Il y alluma une mèche à canons. La ficelle s'embrasa, projetant des étincelles, courant sur le dos de six canons, tous braqués vers la cloison en bois. Sur chaque pièce, elle était nouée à une mèche courte, directement reliée au canon, lui-même. Les mèches consumées, le capitaine Seegar sourit :

– Pour l'édit de Fontainebleau[20], tas de salopards !

Et les canons tonnèrent, emportant avec eux la paroi à laquelle ils faisaient face : l'étrave du *Pearl*. Dans l'explosion, ils déchirèrent ce qui restait de la proue du *Diligent*, détruisant l'entrepont français où stationnaient encore plusieurs soldats. Les boulets brûlèrent la sainte-barbe militaire, avant de ravager l'ensemble du bâtiment, sur toute sa longueur : le faux pont, l'entrepont, le pont principal, les mâts de misaine et d'artimon ainsi que le grand mât, s'en trouvèrent pratiquement sectionnés. Comme le gouvernail du *Diligent*, qui fut également emmené. La désintégration fut terrible.

En un éclair, les six boulets de canons arrachèrent tous les piliers et toutes les lames de bois qui faisaient l'équilibre des ponts français. Les mâts du *Diligent* s'effondrèrent instantanément et les ponts tremblèrent un bref instant avant de s'incliner, les uns sur les autres. Sans sombrer complètement, le bâtiment français s'écrasa sur lui-même, éventrant son flanc bâbord, s'embrasant lentement et renversant tous ses hommes.

Sous le choc, les deux bâtiments se désolidarisèrent complètement. Les soldats, qu'ils fussent sur la proue ou le pont principal, prêts à porter assistance à d'Hermitte, tombèrent dans l'entrepont, ouvert au ciel et sur son flanc, à la merci des avaries et de la pluie.

John aussi tomba d'un étage, voyant d'Hermitte basculer avec Louis, le visage et le corps meurtris, semblant évanoui. Le

---

20 Ratifié en 1685 par Louis XIV, il révoqua l'édit de Nantes et donc, la liberté de culte octroyée aux protestants depuis Henri IV. Toutefois, l'édit de Fontainebleau ne fut que la manifestation concrète des persécutions subies par les protestants sous le règne du roi soleil.

cataclysme bouleversa tous les esprits qui se retrouvèrent coincés là, entre l'eau montante et les flammes. Les hommes qui respiraient encore étaient sonnés, l'air perdus. Et John vit la Boiteuse. De son nez coulait énormément de sang. La bouche entrouverte, les pupilles dilatées, d'Hermitte ne savait plus où il était. Mais il trouva le corps inerte de son ennemi aussi vite qu'il dégaina une dague. Et sans que John ait pu l'en empêcher, Hyacinthe d'Hermitte frappa Louis Labous, enfonçant son poignard au plus profond de son cœur !

Hoquetant, incapable du moindre mouvement et la caboche en résonances, John Taylor se laissa sombrer aux pieds de son ami, assassiné. Autour d'eux, des dizaines et des dizaines d'uniformes dormaient, cassés, impassibles, certains de mourir dans cette nuit noire. La pluie battante de cette infernale tempête noyait les quelques départs de flammes, créés par les coups de canons. L'homme à la jambe de bois tenta de se relever quand il s'aperçut que son coude était cassé. Il s'effondra sur Louis, assommé par la douleur.

Et alors qu'il entendit les grandes voiles du *Pearl* se gonfler, John Taylor n'eut qu'un réflexe : il saisit la drisse nouée à sa taille et en passa une boucle, à la cheville du petit français. Puis, absolument épuisé, l'Irlandais s'évanouit. La corde se tendit d'un coup sec. Les corps inanimés de John Taylor et Louis Labous furent proprement expulsés hors de l'entrepont, catapultés par le flanc éventré. Dehors, l'immense *Pearl* meurtri avait déployé ses voiles, défiant majestueusement la tempête qui secouait l'océan. Des mâts à la proue, une vingtaine de pirates s'affairaient sur le câble auquel tenait la vie du commandant. La plongée dans la mer déchaînée réveilla Taylor, qui sentit son buste prêt à rompre. Sans qu'il sache comment, il se libéra et se mit à nager pour sauver Louis, toujours inanimé. Lorsqu'il fut enfin ramené à bord du *Pearl*, John tenait son camarade à bout de bras. Les pirates débarquèrent leur second sur le pont. Le quartier-maître poignardé et lui se retrouvèrent allongés et monsieur Richardson, le nouveau médecin que les forbans avaient ravi au *Great History*, courut jusqu'à eux. John gémit et vomit. Près de lui, il aperçut la carcasse de Benjamin, à qui un pirate donnait du rhum. Son globe oculaire gauche n'était plus qu'un orifice sombre, d'où suintait une gelée pourpre. Le spectacle autour était horrifiant. Des morts et des blessés, gémissants. Au loin, il discerna le *Diligent*, désarticulé, dérivant... Le docteur Richardson l'empêcha de se relever, lui demandant de rester tranquille et ignorant complètement la présence de Louis. John rampa tant que possible près d'un camarade et tendit la main vers le mousquet qu'il portait à la ceinture. Pensant assister au chant d'un cygne noir, le mousse lui tendit son arme sans hésiter. John Taylor s'en saisit alors et, toujours incapable de retrouver l'équilibre, arma le percuteur pour en pointer le canon vers le chirurgien. Les pirates demeurèrent interdits. John désigna Louis d'un hochement de tête et dit :

– Doc', rappelez-vous de votre embauche et sauvez cet homme : je dois le tuer.

– Chapitre IV –

Résurrections

Compliquée, la vie des monarques européens en cette seconde moitié du dix-septième siècle. Pas simple non plus l'existence des marins, soumise aux aléas les plus terribles, elle dépendait tant des gloires et vicissitudes de leurs chefs que du temps qu'en mettait à chaque fois l'annonce pour leur parvenir.

Un seul soleil semblait devoir briller jusqu'à la fin des temps, Louis XIV roi de France qui, de Versailles, illumine ou ensanglante - selon que l'on faisait on non partie de ses ennemis - l'Europe. A son zénith des années 60 à 80, il commencera à décliner dès les années 90. En attendant, de l'autre côté de la Manche, les Stuart bataillent avec le Parlement pour asseoir leur pouvoir. Certains finissent exécutés, comme Charles Ier, d'autres en exil, comme son fils, Jacques II. Catholique, jaloux des prérogatives royales, donc peu enclin à laisser le parlement gouverner, Jacques II avait d'autant moins le profil du roi d'Angleterre, d'Irlande et d'Ecosse qu'il fut pendant trois petites années, qu'il admirait la France. Il la connaissait bien puisqu'à chacun de ses exils, son cousin Louis XIV, le monarque absolu, l'accueillait au château de Saint Germain-en-Laye, résidence des rois de France jusqu'à la construction de Versailles. Arrivé au pouvoir en 1685, à la mort de son frère Charles II, Jacques II en sera chassé en 1688. Ses idées absolutistes et sa politique pro-catholique dans un pays presque exclusivement protestant avaient fini par rallier contre lui le parlement et l'essentiel de ses sujets, nobles comme roturiers. A la naissance de son fils, effrayés à l'idée qu'une dynastie catholique s'incruste sur le trône, ils appelèrent à la rescousse un ennemi d'hier, neveu et gendre du roi, Guillaume III d'Orange des Provinces Unies.

Jacques II n'était pas encore défait que les espions anglais, aux ordres du roi ou du Parlement, débarquaient en France. Les Provinces Unies, la France, l'Espagne ou l'Angleterre passant leur temps à s'entendre pour mieux s'affronter, les partisans devenaient traîtres, et l'inverse, au gré des coalitions ; tous cherchaient furieusement les pistes, ou les preuves, qui leur permettraient de se protéger ou de se confondre, selon l'air du temps. C'est dans ce contexte que William Cormac, dont la relation avec l'élève officier Louis Labous n'avait pas échappé à Londres, fut approché. Las, l'oiseau avait, comme on sait, quitté Brest pour le Nouveau Monde, ce qui n'arrêta pas les hommes de l'ombre. Si l'Irlandais promettait de renouer le fil, il ne le regretterait pas. De négociations en promesses, un accord simple fut trouvé : Cormac toucherait une petite solde pour « services rendus » mais serait majoritairement payé en actes de propriétés. William savait ce qu'il voulait : des titres de plantations en Caroline du Sud. Ils avaient souvent parlé avec Louis de cette ville que l'on appelait alors Charles Town. Des peintures qu'ils en avaient vues, des descriptions qu'ils avaient lues, elle correspondait en tout point à l'idée qu'ils se faisaient de l'éden. En pleine explosion économique, elle promettait à la fois travail, argent et aventure, le tout sous un ciel idyllique...

William, juriste de formation, exigea des titres de propriétés en bonne et due forme, avant d'opérer. Il savait que les pouvoirs, qu'ils soient royaux ou parlementaires, usaient de ces titres comme prébendes ou récompenses à bon marché puisqu'en fait, ils ne leur coûtaient rien. Mais il savait aussi que s'il voulait pouvoir en jouir, il les fallait irréfutables car il imaginait, à juste titre, que sur place, la concurrence serait rude. Il fit valoir à ses interlocuteurs l'importance que revêtait, tant pour le roi que pour le Parlement, une installation juridiquement inattaquable de son informateur.

Jacques II avait déjà donné à ses partisans la fameuse assurance d'une descendance catholique, signant ainsi la perte de son trône, que William Cormac n'avait toujours rien appris. Louis

Labous était parti depuis des lustres et bien des choses avaient changé à Brest. Le rythme d'armement de frégates augmentant, l'académie navale avait fermé ses portes. De même que les tavernes d'officiers.

Un soir, en rentrant chez lui, Cormac croisa, vautrée sur le trottoir, une loque humaine, incapable de faire un pas. L'homme était saoul comme un cochon mais parlait avec virulence et, ce qui attira l'attention de William, s'attribuait un fabuleux destin. Cet inconnu aux cheveux longs prétendait avoir été messager de Guillaume d'Orange-Nassau qui l'aurait licencié parce qu'il buvait. Un comble ! Vexé, comme seul peut l'être un ivrogne, il avait dépensé son indemnité en quatre jours et, depuis, n'arrivait plus à se relever. Froissé d'être exclu de l'entourage de l'homme fort des Provinces Unies, il était prêt à mettre ses talents au service de celui qui était, encore pour quelques mois, roi d'Angleterre. Intéressé mais feignant de n'être qu'amusé, William invita l'homme à passer un moment chez lui, dans sa cave. A bout de force et sans argent, il entra. Et il continua de parler.

Cette même nuit, William Cormac alla trouver les espions anglais. Il réclama deux soldes supplémentaires et le droit d'embarquer, avant l'aube, sur un navire français.

– La guerre entre l'Angleterre et la France n'est pas encore déclarée, se justifia-t-il. Si j'attends, je ne pourrai plus appareiller.

Une fois dans la colonie anglaise, il ferait valoir ses droits de propriétaire auprès du procureur local. Et si les Anglais avaient un jour quelque chose à redire aux informations qu'il leur délivrerait, ils sauraient où le trouver. Les espions acceptèrent, un peu contraints et forcés. Ils n'avaient rien à se mettre sous la dent et des informations sur l'imminence d'un coup d'Etat, ça n'a pas de prix. La solde en main, William leur remit un petit papier dans une enveloppe scellée, à n'ouvrir qu'après son départ. Le papier ne contenait que cela : « chez moi ».

Pendant que William payait un capitaine négociant partant pour les Antilles, les espions déboulèrent dans sa cave, y capturant l'ancien messager en plein coma éthylique. Ce malheureux, après avoir été sérieusement questionné, parla abondamment en espérant, à tort, sauver sa misérable vie. L'épisode ne changea rien aux desseins de Guillaume d'Orange-Nassau qui, quelques mois plus tard ravissait à Jacques II la couronne d'Angleterre, mais ouvrit à William, juriste diplômé sans emploi, la porte de son vieux rêve.

Fondée vingt ans plus tôt, la grande ville portuaire de Charles Town comptait près de six mille habitants - hors esclaves - lorsque Cormac y débarqua. Son climat tropical était d'une grande douceur. En dehors de la période des cyclones, il y faisait bon vivre. La ville comptait alors nombre de commerces et de plantations. Tabac et coton en étaient les deux mamelles, dépendant totalement de l'importation d'une main-d'œuvre bon marché. L'Afrique y pourvoira. Les fouets claquaient dans les champs de labeur. Des Noirs s'entassaient dans les fosses communes...

Fondateur de la ville, William Sayle était sur le point d'en devenir le premier gouverneur. Quelques alliances indispensables restaient à négocier, ultimes ententes politiques et économiques. Dans son périmètre de jeu, Howard Vincent Mayler, procureur en exercice, était une pièce maîtresse. Prêt à tout pour accroître son pouvoir et étendre son influence, Mayler n'hésitait pas à organiser des réunions secrètes avec les receleurs, les proxénètes et les forbans de la région. Il est de règle que, partout, en tous temps, la voyoucratie met plus rapidement la main sur une ville que les notables qui s'y pavanent. Elle reste donc l'éternel passage obligé pour accéder à de plus hautes fonctions.

Sayle avait soixante-dix-huit ans. Indépendamment de son positionnement politique, c'était quelqu'un de bien. Le procureur Mayler n'en avait que vingt-sept. Et que ce fût dans son prétoire ou dans sa vie privée, il était connu pour son impatience et son irascibilité. C'était un homme hautain, exécrable, arrogant et ambitieux, en bref : fier et con. William

Sayle, qui n'ignorait rien des relations de monsieur Mayler ni de sa passion pour l'argent, avait en lui une réelle confiance, au point qu'il lui avait confié la gestion économique de la ville. L'arrangement fournissait aussi au vieil homme une interface, un fusible, entre lui et les bandits. Le procureur Mayler régnait donc en maître sur l'organisation et le rendement des plantations ; secteur gangrené par la corruption. Les planteurs avaient ainsi échangé la bande de voleurs qui les mettait en coupe réglée contre un seul et unique percepteur.

C'est le moment que Guillaume d'Orange-Nassau choisit pour débarquer à Brixham. On connaît la suite : l'éviction de Jacques II, l'arrivée sur le trône de Guillaume d'Orange sous le nom de Guillaume III, aux côtés de son épouse, Marie II, fille du roi déchu… qui n'abandonnera jamais ses rêves de restauration, mais mourra une douzaine d'années plus tard, à Saint-Germain-en-Laye.

En acceptant de soutenir les ambitions de William Sayle pour le poste de gouverneur, monsieur Mayler espérait bien mettre la main sur l'un des plus grands terrains de la ville : une plantation de douze hectares, appelée à devenir l'une des plus rentables de la colonie, et qui, par décision de la Royale Navy, venait d'être attribuée à un inconnu, justement fraîchement arrivé. Le procureur Mayler se rendit à la banque d'Amsterdam, afin d'y vérifier si le propriétaire Cormac jouissait bien de tous les droits d'exploitations de ces terrains. A son grand malheur, c'était le cas.

Officiels, les actes étaient estampillés du sceau anglais. Et même si le roi Jacques II avait été chassé de son trône, le procureur Mayler savait qu'il lui serait impossible de révoquer ces documents. Il se sentait, de plus, pris à son propre piège : les terres que les espions avaient attribuées à l'Irlandais de Brest n'étaient plus, comme ils le pensaient « inexploitables et loin de tout » car, les convoitant, Mayler avait lui-même fait le nécessaire pour que les grands projets du futur gouverneur Sayle incluent leur remise en état. Il était d'autant plus furieux qu'il savait Cormac, sur lequel il s'était informé, capable de déjouer les pièges juridiques qu'il aurait pu lui tendre. A peine arrivé, Cormac avait compris qu'il était condamné à réussir, aussi rapidement que possible. Seule la richesse de sa plantation, obtenue de haute lutte, lui permettrait d'échapper tant à la jalousie de Mayler qu'aux espions anglais. Il emprunta donc aussitôt de quoi acheter ses premiers lots d'esclaves.

Jamais il ne s'était senti aussi bien. Enfin, il allait vivre. Il édicta ses règles, interdit qu'on se serve d'un fouet, d'un « beau four » ou de quelque autre objet de torture. Le maître de corvée devait s'assurer que les esclaves travaillent en cadence, point final. Tous avaient droit à trois repas par jour et à des vêtements propres. Si quelque chose n'allait pas, ils devaient s'adresser directement au patron de la plantation. Apprenant cela, le procureur Mayler crut entrevoir une chance de déstabiliser l'Irlandais :

- Les abolitionnistes, dit-il. Les gens comme vous... brisent l'économie du Nouveau Monde.
- Très flatté.
- J'espérais vous prémunir de vous-même, cher confrère.
- Votre sollicitude m'honore, procureur, répondit William Cormac. Nous évaluerons mes rendements avant la nouvelle année. Et nous saurons, en termes de chiffre d'affaire comme d'évasions, la méthode à privilégier.
- Soyez assuré de toute mon attention à ce sujet.

William Cormac n'appréciait certes pas la traite négrière, mais il raisonnait surtout en termes économiques. Ses esclaves - ils s'en rendraient vite compte - étaient privilégiés. Tant qu'ils ne sortaient pas des murs de la plantation sans autorisation, rien ne pourrait leur arriver et leurs vies seraient protégées. D'un point de vue légal, leurs corps appartenaient au domaine Cormac. Mais tant qu'ils oeuvraient sans se rebeller, ils pouvaient espérer des droits, voire des douceurs, qu'aucun n'aurait trouvés ailleurs. En contrepartie, Cormac se disait qu'ils travailleraient avec force, c'est à peu près ce qui se passa. La première récolte de coton le prouva. Impossible de charger les balles, prêtes à être expédiées de la plantation, en une seule journée. Colossale, cette production lui permit de rembourser son emprunt et même d'investir dans des réparations supplémentaires, sur ses terrains. Monsieur Sayle n'avait pas jugé utile d'aménager les cages qui servaient à emprisonner la main-d'œuvre, une fois la nuit tombée. Toujours dans sa logique, William Cormac décida de les transformer en cases et en foyers. Comme ses esclaves comptaient aussi des femmes, il engagea ses gens à vivre le mieux possible, tout en évitant de faire des enfants. Non pas qu'il craignait l'inactivité des femmes enceintes, mais le planteur savait bien qu'entre les mains de monsieur Mayler, l'administration surveillait forcément les naissances noires. De peur d'être débordée, elle ne laisserait jamais ces « prisonniers sans âmes » risquer de devenir, un jour, plus nombreux que les Blancs.

A peine deux semaines après la première récolte, trois femmes se retrouvèrent enceintes. Les esclaves réalisèrent la valeur de William Cormac après qu'un des leurs, un « oncle Tom », n'eut trahi leur secret en révélant au patron les naissances à venir. Cormac ne réagit pas avec la violence qu'ils redoutaient. Il licencia le maître de corvée, dont il confia les devoirs à un esclave beaucoup plus jeune, qu'il avait remarqué : Tafa. Puis il réorganisa les cases des fautifs, de sorte à ce que les bébés puissent voir le jour, cachés. Ainsi, il put expliquer aux quelque cent trente esclaves que, de son point de vue, leur droit à devenir parents était le plus naturel du monde. Mais du point de vue des autorités locales, ce ne serait sans doute qu'un raccourci vers le cachot, voire pire, pour eux comme pour les enfants.

C'est alors que, sans rapport aucun avec ce qui avait en quelque sorte révolutionné la plantation, William Cormac reçut l'étrange visite d'un capitaine. Commandant du *Pearl*, Edward Seegar se prétendit commerçant, là où tous le soupçonnaient d'être forban. A cet argument, il avait justement rétorqué à l'officier des douanes qu'il n'avait pas d'armes à son bord - toutes avaient été passées par-dessus bord à l'approche de Charles Town - et seulement cinquante six hommes d'équipage. Peu d'hommes, qui venaient justement d'échapper à un terrible combat contre des pirates, qu'ils n'avaient pu identifier. La suspicion demeurant, le capitaine et son second jouèrent leur va-tout en prétendant être des amis d'un certain William Cormac. Lors de la fameuse nuit sur la plage de la Tortue, Louis Labous avait parlé de son ami irlandais à John Taylor, lâchant même le nom de la ville où, s'il avait pu réaliser son rêve, Cormac avait quelque chance de s'être installé. Dans la mauvaise passe qu'ils traversaient, le Balafré espérait très fort que son compatriote se soit suffisamment bien établi pour être en mesure de les aider.

Le capitaine Seegar s'était présenté au planteur, escorté de trois officiers de la Navy, prêts à le flanquer aux fers. Plus ratatiné que jamais devant l'immense portail de la plantation, le vieux pirate n'eut qu'une seconde pour se présenter et faire mouche :

- Vous êtes William Cormac ?
- Vous-même ? s'enquit Cormac.
- Je me présente : capitaine Edward Seegar ; j'ai avec moi un équipage de cinquante-six hommes. Beaucoup sont blessés et ont besoin d'assistance. Les douanes de Charles Town refusent de nous aider et je crains que notre quartier-maître ne tienne plus bien longtemps.
- En quoi suis-je concerné ? demanda aimablement William Cormac.
- Notre bosco s'appelle Louis Labous. Il prétend être un de vos lointains parents. Selon moi, si tel était bien le cas, peut-être pourriez-vous convaincre ces messieurs de la Navy que nous ne sommes que d'honnêtes commerçants ?

A ces mots, Cormac blêmit. Depuis que Louis l'avait quitté, William repensait souvent à ce frénétique coureur de jupons, espérant secrètement ne plus jamais revoir ce buveur invétéré, capable de vous flanquer dans la merde la plus noire. Mais Louis Labous était son ami. Dans le crachin de Brest, tous deux avaient rêvé des tropiques où, lui, aujourd'hui se sentait plutôt bien parti. Il se dressa donc face aux militaires et, prenant un air convaincant :

– Louis Labous est effectivement mon cousin par alliance. Fils d'Olivier Labous et d'Anne-Marie Levasseur, laquelle fut en premières noces l'épouse de mon oncle, feu James Mac Cormac. Messieurs, je réponds personnellement des amis de mon cousin.

L'histoire était fausse, mais la généalogie pouvait tenir la route. Les soldats auraient toutes les peines du monde à contredire celui qui, en un temps record, était devenu l'un des plus importants planteurs de la ville. Et même si monsieur Mayler ne manquerait pas de s'y employer rapidement, réclamant par exemple la liste précise de ces visiteurs, cela ferait gagner du temps : il n'y avait plus d'états-civils précis et complets en Irlande. Pas plus que de recensement. Les soldats s'excusèrent brièvement, parce qu'on ne sait jamais, puis filèrent, laissant Seegar et Cormac seuls, face à face. Le premier ne savait que penser. Le second était simplement, formidablement inquiet. Comme du temps de Brest.

L'urgence étant d'installer son ami à l'abri des curiosités dangereuses, William mit une case d'esclave en réparation à sa disposition et à celle de son étrange garde-malade, un Irlandais, comme lui, dont il avait immédiatement compris l'origine de l'horrible sourire.

La pluie tombait sur la bâtisse. Avachi sur la balustrade, John tirait sur sa pipe en sirotant son whisky. Les paupières lourdes, presque engourdi, il contemplait l'immensité des champs. Face à lui, le domaine. Une étendue sans barrière, sans rien qui le séparât des zones nobles. La seule protection, des morceaux de haies que reliait une palissade, ne s'adressait qu'au monde extérieur, comme si de là seul pouvait venir le danger.

Louis Labous, installé au plus profond de la case, somnolait dans une pénombre constante. Son état ne cessait d'évoluer depuis qu'il avait été poignardé, juste au-dessus du cœur, vingt-deux jours plus tôt. Il pouvait passer une bonne journée sans cauchemarder et la nuit suivante, hurler sans arrêt. Il faisait encore des poussées de fièvre, si violentes et agitées, que les plaies n'en finissaient pas de se rouvrir. Il restait des jours entiers, prostré dans un semi coma que John surveillait en le désaltérant comme il pouvait. Dès qu'il ouvrait un œil, John lui parlait, doucement, comme à un enfant. Perpétuellement tendu, John était épuisé : les veilles mais aussi la peur constante, pour cet ami qu'à présent, lui aussi détestait. Comme l'équipage entier, qui aurait préféré le laisser crever. Voire y contribuer.

Le petit mensonge par omission de l'élève officier Louis Labous, à propos de sa virée au Bal des Nuits de Petit-Goâve, avait coûté très cher au *Pearl.* Côté forbans, l'affrontement - sans vraie victoire - avec le *Diligent* s'était soldé par soixante-dix-sept cadavres immédiats et vingt et un supplémentaires, tombés durant le trajet, des suites de leurs blessures. Des cinquante-six pirates qui composaient encore la compagnie, la moitié était en petite forme, essayant de reprendre du poil de la bête, comme John Taylor qui souffrait encore de ses brûlures au ventre ; ou de s'habituer à leur nouvel état, comme Benjamin Hornigold, devenu borgne. Les hommes, très remontés, avaient posé un ultimatum au capitaine Seegar : la vie du maître d'équipage ou la dissolution de l'équipage. Au choix. S'il mourait d'envie de faire passer la carcasse du petit français à la mer, Seegar ne put aller contre l'avis de son second. Personne, à bord du *Pearl,* n'osait s'opposer à John Taylor. Et pour une raison que même Benjamin Hornigold ne sut s'expliquer, l'Irlandais ne voulait pas que l'on touche à Louis Labous, tant qu'il ne serait pas remis. Seegar comprit immédiatement qu'il n'avait qu'une issue : mettre tout le monde, y compris le demi-mort, très vite à couvert, sous peine de voir la Compagnie franche revenir achever ce qu'elle avait entamé. Et si, comme il l'espérait, le *Diligent* avait fini par toucher le fond, d'autres se lèveraient pour les venger. Or les pirates n'étaient plus en état de rien. Taylor décida donc de tous les mener à Charles Town, en espérant y trouver ce William Cormac. Une fois sur place, ils pourraient se cacher, reprendre des forces et se soigner. Une fois sur place, ils pourraient décider de ce qu'ils feraient de Labous. C'est pourquoi, lorsque John Taylor s'asseyait auprès de lui, la phrase qui revenait le plus souvent dans son monologue était « Je devrais te tuer ! », accompagnée de quelques jurons.

A peine réveillé et surtout perdu entre les reproches de John et les méandres de sa mémoire, Louis essayait laborieusement d'attraper quelques bribes de souvenirs suivant cette nuit de vertiges, sur la Tortue. Mais rien ne venait. Sa dernière image était brûlée par les flammes du grand feu de plage. L'odeur de la viande grillant sur les braises. Le goût du vin de madère. Les rires de ses camarades et ces amazones sculpturales, qu'ils s'étaient échangés toute la nuit. Après cela, plus rien. Le trou noir complet. Quant à cette maison, cette odeur de pluie et les cris d'un port voisin, rien ne lui était familier : incapable de savoir où il était, dans quel état il se trouvait ni comment il était arrivé là.

- Je devrais te tuer, répéta John. Je ne te tuerai pas. Parce que t'es déjà mort et que ça porte malheur, de tuer un mort. Nom d'une pute borgne, je devrais t'étriper avec mes dents. Mais !!! Je ne tue pas les amis.

Cette obsession pour l'amitié ressuscitait chez Louis quelques images, en même temps qu'une vague angoisse. Lui revenaient, comme effilochés, ce réveil brumeux sur la plage et la jalousie de Taylor à l'égard d'Hornigold. Benjamin. Une blessure et un combat. Ce besoin d'être amis. La Compagnie franche. Hyacinthe d'Hermitte. Lentement, il se souvint. Au fur et à mesure que ses idées se faisaient plus précises, une peur qui se mua en effroi lui comprima le torse.

Il se souvenait de tout. L'étrave, explosée, du *Pearl*. Ses morts. L'œil de Benjamin. L'abominable douleur du poignard déchirant ses muscles et sa chair, centimètre par centimètre. La peur de mourir, omniprésente, envahissante, suffocante. Il tenta d'ouvrir la bouche pour demander pardon. Il pensa mourir sur le champ. Sa tête redevint lourde. Ses paupières aussi. Il se sentit repartir et n'eut qu'un désir : prononcer ces derniers mots, avant de se laisser aller. Il avait besoin de ce pardon. Mais aucun son ne sortit. Il ne put qu'expirer, lentement, péniblement, avant de laisser retomber sa tête sur son épaule droite. John avait suivi ces efforts avec avidité, constatant que l'esprit de son ami s'était évanoui de nouveau, il s'agenouilla, replaça doucement sa tête sur l'oreiller, laissant descendre sa paume sur sa joue, en une caresse amicale. Puis il se releva, avalant sa salive pour masquer une émotion dont il ne voulait pas, en haussant les épaules : à quoi bon s'en soucier ? Personne ne le voyait. Et si le pauvre bougre s'en sortait, il n'en aurait aucun souvenir.

Physiquement, Benjamin s'était rapidement remis de sa blessure. Moralement, c'était une autre histoire. Le plus dur était de s'habituer à ce demi-champ de vision qui, en plus, le faisait souffrir. L'alcool, qui lui rendait tant de services, n'arrivait à noyer que très superficiellement ses douleurs et la gêne que lui causait ce bandeau constamment vissé sur le crâne. Benjamin le portait pour les autres, pour leur épargner la vision d'une cavité à la fois purulente et en pleine cicatrisation, mais aussi pour se protéger. Plusieurs fois par jour, il imbibait sa blessure d'alcool, ce qui lui faisait un mal de chien, mais le médecin avait prévenu : si la plaie s'infectait, il mourrait.

Benjamin était un gars solide, même diminué, il résistait bien mieux à l'angoisse de l'attente que ses compagnons. Les hommes étaient à bout, épuisés physiquement et nerveusement. Ils en voulaient à ce grand con de Labous, qu'entre eux ils appelaient « l'autre Jonas » ; celui qui porte la poisse. Ils n'avaient qu'une envie, se casser, mais avec leur dû, pour voir venir et se remettre en selle, ailleurs.

Sentant le vent tourner, Seegar appela Cormac à l'aide. En plus de sa protection, il avait besoin d'argent pour ses gens. Car le bilan de l'affrontement était aussi catastrophique, financièrement parlant. Des deux mille deux cent cinquante livres trouvées à bord du *Great History*, six cents avaient servi au premier radoubage, dans le port de Petit-Goâve. Sept cents avaient été employées à rémunérer les troupes à l'engagement, ce qui garantissait à chacun un pécule d'arrivée de cinq livres par tête. Des quatre-vingt-dix-huit Frères morts dans le combat avec le *Diligent*, soixante-deux portaient une boucle d'oreille en or, valant dans les quatre livres chaque. Ces défunts ne furent donc pas jetés en mer mais entassés dans les réserves de rhum, avant d'être remis à un curé, sur une île perdue. Refusant d'être payé en or pour les inhumations, l'homme d'église exigea de l'argent. Les pirates conservèrent donc les bijoux, impossibles à fourguer à Charles Town sans que les cloportes ne remontent à Cormac, et donc à eux. Et pour régler l'affaire avec le prêtre, ils se délestèrent de trois cent quarante-huit livres supplémentaires. Avant l'arrivée en Caroline ils avaient encore dû en passer par un ravitaillement de cinq cents livres. Et, pour que le *Pearl* puisse rester un peu dans la rade de Charles Town, ils avaient accepté un radoubage supplémentaire de neuf cents livres. Même si certains déficits demeuraient virtuels (l'or serait monnayé un jour et la réparation de Charles Town, pas encore payée), Edward Seegar mesurait l'étendue de son découvert : leur livre de sécurité sociale était à sec.

Une part de toute prise servait à abonder les caisses de leur système de santé, ce qui permettait de gratifier les blessés d'une prime calculée en fonction de la gravité de leur état. Comme certains avaient eu la main plutôt lourde par le passé, sans compter quelques indélicatesses, Seegar ne pouvait même plus verser le tiers des dédommagements dus. Les cotisants se sentaient d'autant plus floués que le trou était de taille : des deux mille deux cent cinquante livres de base, il ne leur en restait plus que quatre-vingt-dix livres. Or la compagnie comptait encore cinquante-six têtes qui, si elles votaient la dissolution, étaient en droit de réclamer mille livres chacune. Charge alors au capitaine de solder les comptes, s'il ne voulait connaître une issue fatale.

Mis au parfum, le planteur se proposa d'aider Edward Seegar... La plus grande discrétion lui étant aussi indispensable. Le procureur Mayler, qui s'intéressait à l'affaire, lui avait fait parvenir une missive dans laquelle il avouait s'interroger sur les origines réelles du *Pearl*. Avec l'intronisation du gouverneur Sayles, Charles Town vivait des heures historiques, ce qui interdisait de prendre le moindre risque en accueillant des fauteurs de troubles potentiels. Le procureur Mayler demandait donc que lui soit transmis l'état civil de tous les marins hébergés par William Cormac. Proposer quelques prête-noms eût été possible, mais les registres des marines s'échangeant d'une puissance à une autre, on ne pouvait inventer la totalité des noms. Il aurait fallu communiquer quelques patronymes bien réels, que Mayler aurait pu retracer sans peine. Seulement, aucun des hommes qui servaient Seegar n'avait une existence honnête. De cette liste maudite devait naître un grand brasier, au cœur duquel brûlerait définitivement le corps de Louis Labous.

Seuls véritablement intéressés par la survie du petit Français, William Cormac et John Taylor s'entretinrent afin de lui inventer une nouvelle identité. Et c'est ainsi qu'ils concoctèrent un état-civil plus crédible qu'un vrai. A charge pour Louis, s'il s'en sortait, de l'assumer par la suite. Etendu dans sa couchette, à moitié conscient, l'intéressé entendait à peine les échanges de ses amis :

- Les allées et venues des médecins dans Charles Town ne font rien pour nous faciliter la tâche, se plaignait William. Comprenez-moi, ma position est aussi délicate que la sienne.
- Vraiment ? ironisa John. Vous avez aussi été poignardé au cœur ?
- Nous n'allons pas commencer à faire rouler nos muscles. Pour le moment, ici, je ne suis pas en position de force. Le contexte politique et social est tendu.
- Jacques II est revenu ? Arrivé en Irlande ?
- A Kinsale, m'a-t-on dit.
- Quelle ironie !

- Le parlement irlandais serait sur le point de le reconnaître comme seul et unique souverain d'Angleterre. Ils vont lui fournir une armée.
- Vous plaisantez ? s'étonna John Taylor.
- Du tout. Les Irlandais veulent briser l'Angleterre ou s'introniser faiseurs de roi.
- Tas de cons...
- Il n'y a pas qu'eux, ajouta William. Ici, un gouverneur est sur le point d'être nommé. Et de son premier allié, je me suis déjà fait un ennemi.
- Qui donc ?
- Un procureur. Cet homme a des vues sur mes terres et s'embarrasse de ne pas pouvoir me les prendre. Mon statut social fait de moi son égal, il ne me le pardonne pas.
- Vous êtes également un homme de loi ?
- Corruption mise à part, je suis tout aussi procureur que lui.

Alors John Taylor, grattant sa barbe en même temps qu'il caressait son bracelet de force soigneusement aiguisé, proposa :

- Ce proc'... Voulez-vous que je m'en...?
- Non, cria William. Surtout pas.
- Ah.
- Affairons-nous plutôt à rebaptiser ce mangeur de grenouilles.
- Fichtre ! Et pour les autres ?
- Les autres peuvent attendre ; ce ne sont que des marins, après tout.
- Les autres sont des mutins, des déserteurs, des évadés, des traîne-patins référencés ou des pirates confirmés. Un seul de leurs noms suffirait à tous nous conduire en cage ! Et vous avec, camarade.
- Si la Compagnie franche recherchait Louis, comme votre capitaine me l'a dit, vous n'avez pas le choix.

Vous devez partir rapidement. Et l'emmener sous une autre identité.

– Et vous avez une idée ?
– Je sais que son père s'appelait Olivier, lança Cormac avec calme. Sa mère, Levasseur. L'association des deux apaiserait les doutes. D'autant qu'il y eut un Levasseur, vers Saint-Domingue ; un gouverneur, de mémoire.

John Taylor explosa de rire.

– Qu'y a-t-il ? s'agaça le planteur.
– Vous ne connaissez pas François Levasseur ?
– Et alors ?
– Il est mort, il y a plus de trente ans, rit encore la Balafre... C'était un Frère de la côte, comme nous.
– Je manque de choix, monsieur Taylor. Il me faut établir des liens cohérents. J'ai vécu suffisamment longtemps en France, pour savoir qu'ils entretiennent mieux leurs registres de recensements que les bâtards de Kinsale.
– J'avais pensé à quelque chose de plus clinquant, comme Louis Legrand ou Alexandre l'Espagnol...
– Il parle espagnol, maintenant ?
– Je ne crois pas. Mais il ne me dit rien à moi, bougonna John.
– Alors faites-moi confiance. Le droit, c'est ma partie. Sa survie, je vous la laisse.

Tandis que Louis s'invitait dans les dossiers du procureur Mayler sous l'anonymat de bon aloi d'Olivier Levasseur, Cormac et Seegar entreprirent de rebaptiser le *Pearl* au registre maritime de Charles Town. Le vaisseau prit le nom de *Pearl of India* et on prétendit simplement qu'il avait perdu la fin de son nom durant une tempête, qui en avait aussi arraché l'étrave.

Chaque fin de mois, ces blocs de papiers retraçant les entrées et sorties de ces navires étaient remis au bureau de William Sayle, où ils étaient recopiés en triple exemplaires, dont un pour le bureau des armées. Il suffisait que ces derniers fassent la corrélation avec la dernière bataille du *Diligent* et, en un mois, les Français se lanceraient à nouveau à leurs trousses.

L'information a, de tout temps, circulé à deux vitesses. Un temps pour les rumeurs, les nouvelles, les informations publiques qui courent le monde à une vitesse folle. Et un temps administratif, bien plus long. Ainsi, à la fin du dix-septième siècle, la proclamation d'un édit royal pouvait mettre trois à quatre mois à atteindre le Nouveau Monde. Tandis qu'une simple missive mettait deux mois et quelques, pour traverser l'Atlantique.

L'apparition d'Olivier Levasseur dans des registres qui, en définitive, brûleraient dans un incendie des années plus tard[21], permit à Louis Labous de disparaître définitivement.

Des nouvelles venant de Saint-Domingue apprirent aux flibustiers, qui s'étaient mis à l'ombre, le sauvetage du *Diligent*, sans autres informations sur ses survivants. La seule chose notable avait été l'enterrement du capitaine du Chesnay, honoré pour services rendus à la patrie. Ils ne purent donc savoir si la France poursuivrait sa course vers le déserteur Labous.

Gravement malade, le gouverneur Tarin de Cussy dépensait ce qui lui restait d'argent et d'énergie pour préparer le terrain à un autre politique aux griffes affûtées, Jean-Baptiste du Casse. Les héros d'un jour, qui menèrent l'offensive contre le *Pearl* au prix de cent douze vies, ne seraient récompensés qu'après plusieurs années...

---

[21] En 1780, à la fin de la guerre d'indépendance américaine, Charleston fut assiégée par les Britanniques.

L'inquiétude était toujours aussi vive dans la plantation de Charles Town. Pour tenter de maintenir un semblant de calme dans cet équipage excité, la maison de William était devenue le théâtre de toutes sortes d'orgies. Chaque soir, le salon principal s'emplissait de femmes, dont profitait au passage William, qui ne s'en plaignait pas. L'objectif était de garder les hommes dans de bonnes dispositions, mais tous savaient que cela ne suffirait pas. Le procureur Mayler rejeta les listes du *Pearl*, les trouvant insuffisantes. En effet, Seegar et Cormac avaient jugé prudent de ne donner que des prête-noms, sans dates d'engagements ni dates de naissances, ni même de signatures. Ils expliquèrent cela en assurant que l'ensemble des documents relatifs à l'équipage avait été emporté par les pirates et par la tempête. Or le fait est que tous ou presque étaient illettrés. Furieux qu'on se joue de lui, Mayler prévint le planteur que la prochaine mise en demeure viendrait directement de William Sayle, le futur gouverneur. A ce stade, les choses commençaient à prendre une tournure plus dangereuse que jamais.

C'est alors qu'Edward Seegar réunit sa compagnie pour lui soumettre une proposition, aux voix. Le moment avait été

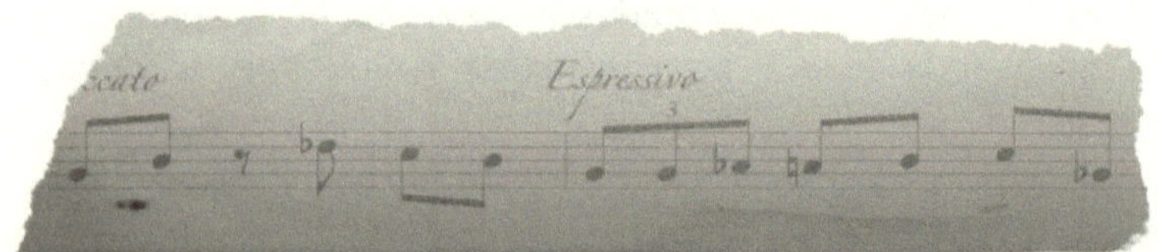

choisi avec soin, peu avant minuit. Suffisamment tard pour que tous soient fort bourrés. Suffisamment tôt pour qu'ils ne soient pas encore entourés des femmes, auxquelles ils s'étaient habitués. « Olivier Levasseur » reposait à l'étage et les forbans avaient poussé les tables et les chaises, pour manger allongés sur les tapis, à la romaine. A la lumière mouvante du feu, ils se goinfraient, s'arsouillant copieusement et chantant un air bien connu des vieux brigands : le triskèle de fer, dont voici un passage :

Seegar cassa l'ambiance en attrapant une chaise pour s'asseoir un peu plus solennellement. Plus haut que les autres, auprès des flammes, il demanda leur attention. Le capitaine n'était pas du genre à faire des manières. Et malgré l'ambiance festive, le silence se fit autour de son visage grave. Tous ne s'enivraient que pour oublier l'inoubliable : ils étaient prisonniers d'eux-mêmes. De Seegar seul pouvait venir une délivrance, ils le sentaient sans trop savoir pourquoi. Il ne leur parla que quelques minutes mais le rêve qu'il leur confia les tint éveillés toute la nuit.

Il reprit cette légende, que tous connaissaient. Une plage, quelque part dans l'océan Indien, sur les rives du royaume d'Émyrne[22]. Un mythe pour certains. Une réalité pour d'autres. Un havre de paix pour tous. Tous les pirates voulant déposer les armes sans risquer la corde y trouvaient refuge. Là-bas, ils pouvaient s'endormir à l'ombre des palmiers, heureux, sans rien à craindre. Cette plage était cachée dans une anse. Les bâtiments de guerre n'osaient approcher à cause des innombrables récifs qui la protégeaient. On y trouvait ce que le ciel protège de plus vivant : des pirates, des contrebandiers, des évadés, des déserteurs, des boucaniers, des femmes libres, des marins, des aventuriers et des illuminés, en quête de libertés. Aux forbans qui l'écoutaient avidement ce soir là, le capitaine du *Pearl* dit ce qu'il savait : la légende était vraie.

---

22 Madagascar.

– Chapitre V –

Les trésors d'Anjouan

« Nègres, Nègres, criait un Noir ! Qui veut de mes Nègres ? »

Sur le quai d'Inhambane, un des ports les plus actifs du Sud-Ouest de l'océan Indien, ce prince d'or, de sang et d'ébène scandait les mérites de ses frères. Protégé par sa garde, il présentait les trente esclaves qu'il avait lui-même enchaînés sur ces rivages du Mozambique. Il en vantait la peau d'un mot efficace qui, quelques siècles plus tard, deviendrait inconvenant. Comme bien d'autres - avant et après lui - cet enfant des terres rouges assassinait les siens, échangeant leurs larmes de sang contre quelques gouttes de diamants...

Tôt, ce jour de 1680, miliciens noirs, mercenaires blancs et commerçants de partout pratiquaient la pesée d'hommes, s'affairant autour d'un bétail humain à la peau d'ébène. Huilés, le muscle saillant, les objets de la vente étaient scrupuleusement observés, analysés, vérifiés - dents, mâchoire, langue, intérieur des yeux... - puis estimés. Traités comme des produits rares, chers et périssables, ils étaient l'or noir du dix-septième siècle.

Des enfants se mêlaient régulièrement au fatras de chaînes, semant un souffle d'émotion, donc de désordre, dans l'organisation d'une opération strictement commerciale. L'incident était généralement bref, les petits, non encore utilisables étaient rapidement capturés, enfermés puis revendus par des frères de peau. Chacun essayait de s'arranger de l'horreur d'une situation, dont les fondements venaient du fond des âges, mais que les besoins d'une révolution née de l'autre côté de l'océan, avaient brutalement exacerbée.

Pour survivre, tous les groupes se protègent des dangers extérieurs et des risques intérieurs. Le premier réflexe, le plus primitif, est toujours de supprimer l'élément dangereux. Le mettre hors d'état de nuire sans le tuer est déjà moins barbare, c'est ainsi qu'est né l'esclavage, opération pouvant même être lucrative pour peu qu'on la gère bien. Les ennemis vaincus peuvent alors devenir des esclaves utiles, au même titre que les éléments perturbateurs de clans amis, groupes qui eux-mêmes se chargeront de vos trublions, à charge de revanche.

Les organisations humaines ont toutes ou presque, à un moment de leur civilisation, utilisé ces « outils animés » que sont les esclaves. L'originalité du Nouveau Monde fut sûrement de le faire à grande échelle, important massivement une force de travail qu'il faisait voyager sur de longues distances. Plus que le dévoiement de l'homme en objet utilitaire, c'est la concentration de ces « hommes-machines » et le rythme auquel il fallait se les procurer qui a fini par poser problème. C'était pourtant le seul moyen que les décideurs avaient trouvé pour faire tourner une machine économique en plein boom. Le sucre, le tabac, puis le coton, matières premières de cette première industrialisation agricole, enfiévraient les esprits. Perspicaces, les gouvernants avaient rapidement pris la mesure morale du problème ainsi posé. Etant catholiques, ils descendaient en ligne directe de celui qui avait, le premier, radicalement rejeté toute forme d'esclavage. Rusés, ils choisirent d'y répondre par une question.

En proclamant que tous les hommes « pareillement aimés de Dieu » sont ses frères, le Christ avait fermé le paradis à ceux qui souhaitaient en faire un autre usage... sauf à prouver que certains bipèdes, malgré les apparences, n'étaient pas totalement « hommes ». Voilà pourquoi, dès le seizième siècle, juste après les grandes découvertes, le très catholique royaume d'Espagne s'était, concrètement et au plus haut niveau, posé cette question clé : « les Indiens ont-ils une âme ? »

L'interrogation inclura rapidement les « Nègres ». On connaît la réponse. Deux siècles plus tard, personne ne s'en souciait et ceux qui, présents sur les foirails au moment des enchères, ressentaient haut-le-cœur ou légers malaises s'arrangeaient comme ils le pouvaient avec leurs états d'âme. Certains, considérant que c'était dans l'ordre des choses, se faisaient une raison. D'autres pas ! C'est ainsi que ce matin-là, à même les quais du port d'Inhambane, vendeurs, intermédiaires et acheteurs comptaient les pièces de leurs cheptels et tenaient des registres.

Au loin, passa une frégate militaire de vingt canons. À sa proue, battait un immense pavillon blanc. Sur son flanc, on pouvait lire *La Victoire.* Toutes voiles dehors, le vaisseau ne semblait pas vouloir faire escale. Mais, à cette vitesse, il passait bien trop près des côtes, risquant de heurter un récif. La seule chose qui pouvait expliquer une aussi vive allure aurait été la préparation d'une attaque frontale du port. Mais l'idée n'effleura ni les marchands, ni les traders et encore moins les marchandises qu'ils échangeaient.

La France, l'Angleterre, la Hollande, l'Espagne, le Portugal... Tous les royaumes du monde toléraient et même pratiquaient la traite négrière, rouage essentiel du nouveau système économique. Ce commerce en pleine expansion, était souvent appuyé par les navires militaires. Suivant la réponse espagnole à la question théologique de l'âme : le Code Noir de Colbert - ratifié par Louis XIV - avait donné aux marchandises transportées et vendues le statut officiel de sous-hommes ! Cette charte octroyait à l'outil vivant une législation familiale et à ses maîtres, droit de vie ou de mort.

Sur le port, entre les mouches, les odeurs de poissons, de sueur et de terreur, tous regardèrent passer le bateau. Personne ne comprit où il allait, aussi vite. Une seule certitude ; il y allait. Un vieux capitaine de traite se rendit dans sa cabine, afin d'y débusquer une longue-vue. Peu habitué aux combats navals, il avait tendance à perdre ce précieux outil dans la paperasse de ses comptes. Il fouilla hâtivement dans un tas de « bons pour achat et vente » de matériel humain et dégaina le cylindre. Revenu sur son pont, il observa *La Victoire* et se rendit compte que ses voiles étaient trouées, comme percées par des boulets de canons. Deux hommes se hissaient dans la mâture. Ils portaient le pantalon blanc de la marine royale française mais pas la chemise réglementaire, ni la veste. Ils étaient torses nus, mais armés. Le vieil homme chercha le pont supérieur où, en pareille manœuvre, devait se trouver un officier. Il surprit deux hommes, manifestement en pleine dispute : l'un avait une longue et fine barbe brune, les cheveux jusqu'aux épaules, ondulés et sombres ; une robe d'ecclésiastique cachait un énorme ventre. L'autre arborait un uniforme militaire, qu'il avait arrangé à sa guise. Perplexe, excité, angoissé, le vieux capitaine chercha alors un signe sur *La Victoire*, qui aurait pu démontrer qu'il s'agissait bien là de pirates. Un pavillon noir dressé quelque part. Quelque chose. Une once d'espoir pour ce qu'on appelait l'honneur de la marine royale, de la France et du roi. Mais rien. Rien d'autre que l'étendard français, flottant au gré des vents. Il soupira et referma sa longue-vue. Sur le quai, l'un de ses amis et collègues lui demanda ce qu'il en était. Le vieil homme le regarda, embarrassé. S'il disait la vérité - qu'il s'agissait sûrement de mutins - les ordres de la compagnie des Indes étaient clairs : les navires en rade se devraient de quitter le port et leurs affaires en cours, pour donner la chasse. Malheureusement pour le roi, les marchands n'avaient plus que faire de cette obligation. Marins ou négociants n'iraient pas risquer leurs vies pour une armée en déroute. Quant aux négriers, obéir revenait pour eux à perdre deux jours d'enchères. Et tout esclave dont, par patriotisme, ils risquaient de louper la vente, ne manquerait pas de faire le bonheur d'un concurrent. Le vieil homme se retourna vers son collègue, sur le quai :

– L'armée française, dit-il en soupirant. Ils... Vous souhaitez réellement savoir, mon ami ?
– Non, lâcha l'intéressé avec un sourire de vague connivence.
– Alors disons que c'est une simple manœuvre militaire. Ça n'est rien.
– Rien ?

– Rien du tout !

Sur le pont supérieur de *La Victoire*, face au moine Baldo Caraccioli, le capitaine Olivier Misson était furibond :

– T'appelles ça rien, toi ? On va s'ensabler, espèce de fou !

Yeux mi-clos, raide dans sa toge de religieux, les mains tripotant la croix posée sur son gros bidon, Baldo Caraccioli ne bougea pas un cil. Il semblait méditer les paroles de son ami en prenant de grandes respirations. Résolument moins calme, Olivier Misson en avait marre. Il dévala les escaliers vers monsieur Chirrer, le maître de manœuvre, qui attendait impatiemment les ordres : « Bâbord toute ! aboya Misson. Augmentez les voilures ! Gonflez les perroquets et brassez les bonnettes à bâbord ! »

Misson continua d'avancer sur le pont, s'assurant que ses quelque soixante mutins lui obéissaient encore. Même si ses ordres ne tombaient pas dans le bon sens - voire en manquaient cruellement - tous vouaient une confiance aveugle à leur maître de manœuvre. Pareils à des araignées, ils rampaient, escaladaient, couraient et s'investissaient sur le bâtiment. Chirrer n'eut pas à répéter un seul mot, avant de rattraper Misson :

– Pardonnez-moi, capitaine, dit-il. Mais la manœuvre n'est...
– Ai-je l'air de savoir ce que je fais ? lui murmura Misson.
– Très franchement, capitaine ? Oui.
– Ravi de faire illusion. Sortez-nous de là : dare-dare !
– Le second Caraccioli souhait...
– Caraccioli est démis de ses fonctions, beugla Misson.

Depuis le pont supérieur, l'intéressé sortit de sa méditation en ouvrant un œil, interloqué.

– Capitaine, insista monsieur Chirrer. Si nous virons de bord, nous prenons les vents de travers, nous restons plus longtemps en vue des côtes et s'ils nous donnent la chasse, nous sommes perdus.

Misson s'arrêta un instant, près du garde-corps et, bien que le maître de manœuvre soit son aîné d'une bonne dizaine d'années, il se plaça face à lui et mit ses mains sur ses épaules, comme un père qui s'apprête à donner une leçon à son fils :

– Monsieur Chirrer, si nous fonçons tête baissée près des côtes et sans cartes précises des récifs, nous risquons le naufrage.

Puis, s'accoudant au bastingage, Misson soupira :

– Espérons seulement qu'ils ne nous donnent pas la chasse.

Depuis le pont supérieur, Baldo Caraccioli entendit l'échange et lança :

– Je vais prier, mon frère.

La simple allusion à la foi chrétienne de Baldo remit Misson dans un état de rage qui, en dépit des circonstances, tira quelques sourires aux membres d'équipage.

Lorsque midi sonna, *La Victoire* s'était suffisamment éloignée du littoral et aucun navire ne s'était lancé à sa poursuite. Les hommes du bord recommencèrent à fumer, à respirer et même à rire. Dans la cabine du capitaine, les pieds posés sur un luxueux bureau, Misson demeurait anxieux. Voire nerveux ! Il essayait de lire les cartes, sans y parvenir. « Au final, c'est tout de même sacrément utile de savoir lire », pensait-il.

Les dernières semaines avaient bouleversé tous ses plans, plaçant brutalement hors de portée ce après quoi il courait depuis son enfance - la recherche d'un bien-être simple - en le jetant sans ménagement dans un monde d'adultes. Lui, ce trentenaire jouisseur, qui s'était toujours soigneusement tenu à l'écart de toute forme de responsabilité, s'était retrouvé propulsé capitaine de frégate. A cause de quoi ? Je vous le donne en mille : son charisme ! La belle affaire. Tout était allé si vite. À bord de *La Victoire,* au départ il n'était... rien. Un petit artilleur, qui se voulait moucheur. Un engagé plein de volonté, même sans avoir servi dans les rangs de l'armée. Un garçon avide d'aventure et panier percé, que les dettes d'une vie facile avaient mis sur le sable. Trop intelligent pour travailler, trop couard pour rapiner et finalement, rattrapé par la réalité, il s'était engagé avec cent soixante-douze autres andouilles, du même acabit. Des mois de mers, de tempêtes, de batailles, d'escales et de fêtes, avaient volé quarante gaillards à *La Victoire.* Certains avaient eu le temps de devenir amis. D'autres n'avaient jamais trouvé un moment pour saluer ; d'autres enfin, avaient été engloutis par la maladie, les mauvais coups ou l'alcool.

L'ultime bataille avait été la plus terrible, celle où tout avait basculé. Deux semaines plus tôt, *La Victoire* avait été attaquée en plein Atlantique par un navire de guerre anglais. Le *HMS* - His Majesty's Ship - *Interceptor* : un monstre marin de trente-huit canons, près du double de *La Victoire.* Les officiers français avaient préféré virer de bord, pour tenter de fuir. Même si son travail se résumait à préparer les armes et nettoyer les lieux d'aisances, Olivier Misson fit savoir que c'était idiot. La voilure de l'*Interceptor* étant plus grande, il irait toujours plus vite qu'eux avec le vent dans le dos, par contre, l'avantage s'inversait si on l'obligeait à poursuivre avec un vent de travers. Sans parler de la différence de poids : en cas de combat rapproché, la masse de l'*HMS* le rendrait moins manœuvrable que *La Victoire* dans les dernières approches : « La seule chance de rester en vie, avait-il dit, c'est de se retourner et de les affronter ! »

La majeure partie de l'équipage approuva la proposition du jeune homme. Mais préconisant toujours la fuite en avant, les officiers de *La Victoire* se sentirent désavoués. Monsieur Misson insista, proposant à l'équipage de voter à main levée. Craignant le fouet, personne ne le suivit. Sauf Baldo Caraccioli, qui semblait déjà passablement bourré, à cette heure de la journée. Le père Baldo leva la main et dit : « Moi ! Moi, j' suis avec lui ! »

Sur un navire, les patrons prennent plus souvent les décisions qui flattent leur orgueil que celles de la raison. Les livres d'histoires sont pleins de ces - tragiques - exemples. Ne dérogeant pas à la règle, les chefs aboyèrent en meute, le poil dressé et la queue entre les jambes : qu'on enferme à double tour « l'apprenti capitaine et son curé enivré ». Misson se défendit comme un petit diable. Mais il n'avait ni la force ni la carrure pour répondre aux soldats qui, en plus, ne lui voulaient pas de mal. Il descendit en cale, suivi de Baldo, contre qui il n'arrêta pas de pester.

Baldo Caraccioli n'avait pas vraiment le look monacal. Il prétendait s'être échappé d'un monastère de Martinique assailli par des marrons. Misson doutait de son récit, même s'il devait admettre qu'il avait effectivement intégré *La Victoire* depuis cette île. Et sans que le petit artilleur ait jamais rien fait pour, Baldo se prit d'amitié pour lui. Au point de finir par lui avouer la vérité : lui, Caraccioli n'était pas plus religieux que n'importe quel homme de mer. Dans les tempêtes, il priait comme les autres, un point c'est tout. Il se trouve qu'en Martinique, sa famille l'avait forcé à intégrer les ordres. Comme il aimait par dessus tout les choses de la vie, il avait trouvé le moyen de continuer à boire, à festoyer et à visiter les bordels de la région. Pris en flagrant délit de luxure, il avait été pourchassé, rattrapé et aurait, à coup sûr été condamné. Alors il avait fui, juste le temps d'embarquer sur le premier navire venu. « Les marins ont toujours besoin d'un curé, pensait-il. Et, n'exagérons rien, je connais tout de même un peu le sujet ! »

Ce gros barbu de vingt-neuf ans aux longs cheveux sales, avait un penchant invétéré pour toutes les drogues et les alcools qui passaient à sa portée. Ce qui en faisait un compagnon lourdaud, toujours rêveur, souvent philosophe et finalement épuisant. Malgré cela, Baldo était parfois traversé d'éclairs d'intelligence, inattendus et pas toujours simples à décrypter. Lorsqu'ils s'étaient tous deux retrouvés en cage, Misson l'avait un peu secoué :

– Mais qu'est-ce qui t'a pris de me suivre ?
– J' voulais être avec toi, sourit bêtement Baldo.
– T'aurais mieux fait de rester tranquille !

Misson expliqua à son pire ami que si le combat avait lieu (et à son sens, il était inévitable), Baldo aurait eu plus de chance de sauver sa vie sur le pont, en tant qu'homme d'église, qu'aux fers, en tant que prisonnier. Baldo s'en amusa car il avait réfléchi à la question : les Anglais étant très croyants, s'ils gagnaient le combat et découvraient un clerc et son fidèle serviteur enfermés, ils ne pourraient que les épargner.

– Nous ne sommes que des victimes, s'amusa Baldo en feignant de pleurnicher.

Misson croisa les bras en soupirant :

– Les Anglais sont protestants, pauvre imbécile ! Toi, tu es déguisé en moine catholique.

Baldo bondit de panique, ôta immédiatement la croix du Christ qu'il portait autour du cou et la jeta, loin de la cellule :

– C'est bon comme ça ?

Pour toute réponse, Misson se contenta d'un long soupir navré : si Baldo pouvait être brillant, il savait aussi être con comme une enclume.

Heureusement pour Baldo, *La Victoire* fit miraculeusement honneur à son nom. La fuite sous le feu ennemi coûta la vie à cinquante hommes. Les officiers furent tous tués ! Et la frégate française ne dut son salut qu'à la présence d'esprit de son maître de manœuvre, monsieur Chirrer, et de son maître d'armes, monsieur Bourdon. Deux inséparables compères. Grand homme bien bâti et charmeur, François Philippe Chirrer avait un seul talon d'Achille : son chibre. Il ne pouvait résister aux femmes et prétendait qu'avec le nombre d'enfants qu'il avait à travers le monde, le renouvellement de son espèce était assuré ! Il avait été marchand d'art, puis faussaire, charpentier et proxénète, avant de devenir manœuvrier et enfin, pilote. Il aimait les femmes, les bateaux, les femmes, l'aventure, et les femmes. Il avait rencontré son camarade de vie, Manuel Bourdon, dans une rade de la Nouvelle France. Monsieur Bourdon était de très petite taille. On le prenait souvent pour un nain, il n'était que petit. D'abord imprimeur sous le manteau, puis éleveur de chevaux, de taureaux, il se fit armurier et devint le maître d'armes de *La Victoire*. Il était fort comme un bœuf et, le plus souvent, de mauvaise humeur. Râleur invétéré et dernier monarchiste convaincu chez les petites gens du bord, Bourdon méprisait cordialement le corps des officiers. Ces derniers le lui rendaient bien sans jamais, toutefois, lui manquer de respect. Bourdon était aux armes du bâtiment ce que monsieur Chirrer était aux cartes et au gouvernail : un expert.

Dans la cohue, Bourdon et Chirrer décidèrent d'appliquer l'idée du jeune Misson : ils changèrent d'amure et virèrent de bord, lof pour lof, parés à attaquer l'*HMS Interceptor*. Incapable de freiner son allure, l'Anglais dut encaisser trois salves de dix canons, avant de se mettre en panne. Bien que portés par l'euphorie de ce succès, les Français ne lancèrent pas d'abordage. Ils n'avaient, de surcroît, plus de capitaine pour mener l'assaut. *La Victoire* dériva, loin de l'*HMS*, pendant que Misson et Baldo étaient libérés. Le premier fut nommé capitaine. Et l'équipage désigna l'héroïque Baldo comme son second. Misson ne put protester. Il se savait ensablé dans une position exceptionnelle, qu'il lui fallait assumer.

Mais les jours qui suivirent, il flotta sur *La Victoire* comme un parfum de doute. Sa cabine de capitaine, Misson n'en sortait pas. Jamais. Terré dans l'obscurité, il tournait et retournait dans sa tête tous les scénarios possibles, pour trouver une échappatoire. Mais rien ne venait. Allongé sur sa couchette, fumant des herbes des Antilles, Baldo faisait semblant de l'aider. Misson eut l'idée de se rendre en rade de l'île Bourbon (l'actuelle île de La Réunion), pour raconter toute l'histoire aux autorités. Mais il se souvint que la colonie vivait des heures compliquées : Germain de Fleurimont Molinier, gouverneur par héritage, s'était mis en tête de pressurer au-delà du vivable les pauvres iliens. Tous les moyens étaient bons pour les contraindre, même les plus débiles, comme de répandre des graviers aux endroits où l'on marchait pieds nus... quelques jours avant que la compagnie des Indes importe sur l'île des cargaisons de bottes. A cette époque, la compagnie des Indes asphyxiait littéralement la colonie. Suivant les mêmes règles qu'à Saint-Domingue, elle imposait son monopole commercial, ainsi que ses prix d'achat, ridiculement bas quand ce qu'elle vendait l'était à prix d'or. Enfin, pour ne rien arranger, l'île ne comptait alors que trente-cinq femmes pour une centaine d'hommes... L'inévitable se produisit en janvier 1680 et le cadavre de Germain de Fleurimont Molinier fut retrouvé sur un rivage, vraisemblablement empoisonné par ses proches. Il laissait la chancellerie à l'unique prêtre de l'île : Bernardin de Quimper, un notable doté d'une solide éducation mais de santé fragile, qui se tua à développer l'agriculture locale.

L'affaire Fleurimont Molinier marqua un tournant dans la vie de Bourbon, où la compagnie des Indes française - et ses alliées - abandonnèrent un temps le négoce. L'île se replia sur elle-même, vivant quasiment en autarcie pendant une décennie. Pendant ce temps-là, les royaumes d'Europe s'étripaient dans des guerres où la religion jouait un rôle certain ; dans cinq ans, l'édit de Nantes serait révoqué.

Même si officiellement, l'*HMS Interceptor* n'avait pas le droit de les agresser, officieusement tout était possible. Dans ce contexte et sans aucun trophée de l'*HMS Interceptor*, Olivier Misson aurait vite fait de passer, aux yeux du nouveau gouverneur, pour un simple mutin.

– Pirate ! avait ri Baldo.

Misson eut l'idée de se mettre en panne plus loin, de l'autre côté de l'océan : à Pondichéry. Là-bas, ils auraient pu sans risque évoquer une mauvaise rencontre, avec des forbans... sauf qu'ils auraient été bien en peine de donner le nom du navire ennemi. Or toute autorité aurait exigé un nom, ne serait-ce que pour recouper leurs informations avec celles des vaisseaux croisant dans les parages.

– Piraterie ! chanta Baldo.

Misson songea enfin à rendre leur liberté aux soixante-dix hommes qui restaient sur *La Victoire*, afin qu'ils tentent leurs chances, chacun de son côté. Mais c'était risquer que certains soient pris et torturés, avant d'être exécutés.

– Piraterie ! répéta Baldo.
– Arrête avec la piraterie ! Tu ne vois pas que je cherche à nous sortir de là ?
– Impossible ! Nous sommes des pirates.
– Non, nous n'en sommes pas encore. Nous n'avons rien fait de mal. Nous sommes...
– Des mutins ou des pirates ! C'est ton choix, capitaine. Vu la peine encourue dans les deux cas, et considérant qu'il faut bien manger, boire et baiser de temps en temps, je ne vois pas pourquoi tu as besoin de penser. Nous sommes entrés en piraterie sans même l'avoir envisagé, voilà tout.

Effondré devant l'évidence, Misson s'avachit sur son fauteuil, près du lit où se prélassait son ami. Lequel, le voyant ainsi désemparé, lui tendit sa pipe :

– Tiens. Fume, c'est du bon.

Ils continuèrent à caboter.

Une fois sorti du canal du Mozambique, Misson se sentit bête. Il se grattait la tête, se répétant à lui-même de ne plus jamais écouter Baldo quand, inspiré par ses herbes à fumer, il s'improvisait manœuvrier. Le nouveau capitaine s'escrimait à tenter de comprendre les lettres sur les cartes du littoral africain, il savait qu'elles pouvaient les perdre comme leur sauver la vie. Mais rien à faire, elles lui restaient indéchiffrables. Seuls les chiffres lui évoquaient quelque chose. Et encore.

Fraîchement démis de ses fonctions, Baldo frappa deux petits coups à la porte de la cabine avant de passer sa lourde tête à l'intérieur, l'air gêné :

- Tu es fâché ?
- Non, lâcha Misson sans s'en rendre compte. Non, j' suis pas fâché. J'suis anxieux.
- Tu veux boire un coup ?
- Je veux nous sortir de là !
- En buvant un coup ?

La Victoire continua sa route sans encombre, jusqu'aux portes d'Anjouan, une île des Comores. Les vivres baissaient dangereusement. L'eau et le rhum aussi. Alors, sans rien savoir de cette nouvelle terre, Misson, jouant le tout pour le tout, décida d'y faire escale afin de demander audience aux dirigeants. En fidèle lieutenant, Baldo l'accompagna, non sans avoir caché un mousquet et une épée sous sa robe. Misson lui faisant remarquer l'inutilité de la chose, tant le vêtement et son embonpoint le gêneraient pour dégainer rapidement. Le moine regimba : non, il n'était pas gros, juste baraqué, c'est tout ! Messieurs Bourdon et Chirrer tenant à escorter ceux qui, par la force des choses, étaient devenus leurs capitaine et second, ils furent quatre à débarquer sur l'île.

Nez au vent, sans savoir dans quel monde ils arrivaient, ils s'engagèrent sur le chemin du palais de la sultane Manaou Binti Mwé Fani, fille du prince Mogné Fani et d'Echati Binti Omar, souveraine du sultanat d'Anjouan. L'île semblait avoir été désertée par ses hommes. Comme si une guerre, ou un autre mal qui n'aurait visé qu'eux, les avait emportés. Aux antipodes des chefferies africaines, ethniques et territoriales, Anjouan était une société monarchique exclusivement fondée sur l'argent et la religion. Le culte musulman était l'apanage du sultan, qui avait fait de Domoni, à l'Est, sa capitale administrative. Le culte financier était confié à un héritier, capitaine, gouverneur, vizir, ministre de la guerre et de l'économie, qui opérait depuis Mutsamudu, au Nord.

L'improbable richesse de ce petit sultanat s'expliquait tant par sa position géographique au centre du canal du Mozambique que par ses alliances. A l'époque, et grâce à la traite négrière, il s'agissait d'une des routes commerciales les plus rentables du monde. Les vaisseaux des plus grandes puissances l'empruntaient régulièrement et tous devaient acheter la paix. Traditionnellement accueillant, le sultanat avait astucieusement dépêché des centaines d'émissaires pour négocier directement des accords avec ces royaumes. Quiconque voudrait passer ce canal et croiser l'archipel sans encombre, quiconque voudrait y faire halte, y trafiquer ou s'y réapprovisionner, devait reconnaître - très officiellement - la souveraineté d'Anjouan.

Divisé en provinces, le sultanat, centré sur trois îles (Grande Comores, la plus grande ; Ajouan où se trouvait la capitale et Mohéli, la plus petite des trois mais centre stratégique donc économique) incluait des terres swahilis.

L'île d'Anjouan sur laquelle s'engageaient ainsi Misson, Baldo et leur escorte, avait effectivement oublié ce que le mot paix voulait dire. Après s'être violemment opposés à leur mère, la vieille sultane, et avoir fait sécession, trois des héritiers au trône s'étaient emparés des autres îles, d'où ils faisaient connaître leurs exigences. Une guerre fratricide avait embrasé l'archipel et ses provinces. Sur toutes les îles, les hommes étaient enrôlés de force et en masse pour se battre les uns contre les autres en une folie meurtrière. Une nation s'éteignait lentement, pour un sceptre. Et Manaou Binti Mwé Fani, la vieille sultane, ne pouvait qu'assister, impuissante, à ce suicide collectif. Deux de ses fils, sultans de Mohéli, avaient mêlé des musulmans d'Orient au désastre. Les soldats le savent, les mercenaires sont des insectes. Lorsqu'ils s'emparent d'un théâtre de guerre, ils ne l'abandonnent qu'une fois vidé de toute substance.

Trahie par son sang, la reine avait fini par déléguer à ces fous de Mohéli les quasi pleins pouvoirs, concentrant ainsi les affrontements sur la plus petite province de l'atoll. Bien que ne représentant plus qu'une dynastie moribonde, la sultane était encore révérée par coutume, respect et traditions. Elle avait conservé une certaine influence, mais sans légitimité administrative, judiciaire ou militaire. Repliée dans son palais, elle vivait recluse avec ses richesses et les derniers proches qui ne l'avaient pas abandonnée. Misson et Baldo découvrirent ces péripéties en même temps que le doux visage de la vieille souveraine. Ils furent pris de tendresse.

La tradition hospitalière d'Anjouan était célèbre : la reine souhaita la bienvenue aux hommes de *La Victoire* - qui venaient divertir son quotidien morose. Olivier Misson et Baldo Caraccioli décidèrent donc de s'établir sur l'île, quelque temps. Juste assez pour y tomber amoureux. Les femmes d'Anjouan étaient si belles que chaque marin chavira sous leurs charmes. Nuit après nuit dans les bras de ces nymphes autochtones, ils oublièrent leurs mésaventures et les tourments qui s'étaient ensuivis. L'île, somptueuse, regorgeait de fruits, d'oiseaux, et de toutes les nourritures dont l'équipage avait été longuement privé. Et le palais de la sultane, qui manquait cruellement de bras, accueillit chaleureusement ces gars pleins de bonne volonté. Fortes têtes et grands cœurs, ces hommes des mers, qui n'avaient jamais supporté les inégalités et la morgue des puissants, avaient quitté une Europe dont ils rejetaient la férule des princes. En découvrant Anjouan, ils avaient le sentiment d'aborder un petit paradis où ils pourraient, peut-être, vivre enfin.

Vivre et jeter les bases d'un monde amical, d'échange et de partage : l'opposé des manœuvres économico politiques imposées par la force, dont les petits savent d'instinct qu'elles ne fonctionnent pas mais qu'ils doivent toujours en supporter les frais.

Alors commencèrent des temps où tous rirent très fort, du soir au matin, burent et mangèrent, beaucoup. Ils se baignaient dans des cascades d'une telle beauté qu'elle dépassait de loin leurs rêves les plus fous. Lézardaient sur des rochers brûlants, tutoyant d'un seul coup le ciel et le soleil. Transfigurée, cette vie leur semblait aussi irréelle que si l'*HMS Interceptor* les avait tous fait passer, en bloc, dans l'autre monde sans qu'ils ne s'en soient rendu compte.

La sœur cadette de la sultane fit succomber Olivier Misson. Et Baldo Caraccioli s'inclina devant les délices que lui offrit la nièce de la souveraine. Durant plus de dix mois, cet équipage fantôme, perdu au milieu de l'océan Indien, se fixa à Anjouan, flânant au gré des cœurs, des joies et des festins. Baldo s'évadait des semaines entières avec sa concubine, découvrant de nouvelles épices à fumer et des liqueurs qu'il ignorait. Misson s'endormait plusieurs fois par jour, dans les bras de celle qu'il finit par épouser. Avec humour et réalisme, ils plaisantaient souvent sur l'omniprésence des encens et des plantes aromatisées dans les liqueurs que les femmes leur faisaient boire à longueur de journée. Les droguaient-elles pour les garder près d'elles ? Quelle que fut l'addiction, ils en redemandaient. Il est probable que cette vie de plaisirs tendres les ancra un peu plus, s'il en était besoin, dans l'idée qu'accepter les contraintes empêchait d'accueillir la vie. Une vie dont ils avaient mille fois ressenti dans leur chair la fragilité, ce qui l'avait rendue à leurs yeux hors de prix.

Tous savaient que le temps, inventé par les hommes, ne signifie rien. Des années de vie, comme de longs trous noirs ne laissent aucune trace quand des fractions de secondes remettent tout en cause, faisant exploser toutes les règles et souvent, les cervelles. Parfois, le hasard, la chance ou une propension à se noyer, que ce soit au fond d'une crique, dans les bras des femmes ou les yeux si grands des enfants, vous fait un cadeau inouï : une plage hors du temps. Loin de tout mais au centre de soi, on s'y retrouve, hors du monde.

C'est exactement là qu'évoluaient, depuis quelques semaines la bande de voyous, de tricheurs, de menteurs de *La Victoire*. L'équipage qui, ailleurs, aurait été directement expédié au gibet en avait perdu bien des réflexes ; au point de ne pas s'interroger sur ce qui était advenu des dîmes mirifiques, prélevées pendant si longtemps par les astucieux ministres des finances anjouanais sur les riches navires qui empruntaient le canal du Mozambique. Ni sur la salle des souvenirs que la vieille sultane évoquait comme un encombrant ramassis de vieilleries dont elle avait la garde. Leurs corps reconnaissants de tant de félicité et, peut-être aussi le respect que le doux visage fané de la vieille sultane imposait à leur cœur, avaient endormi tous leurs sens. A moins que ces vieux enfants n'aient tout simplement espéré faire éternellement durer ces moments hors du temps... Bref, aucun d'entre eux, dans ses rêves les plus fous, ne laissa l'ombre même des richesses après lesquelles ils avaient pourtant passé des années à galoper avec ardeur, refaire surface dans son cerveau. Comme si l'évocation de ce pour quoi ils avaient si souvent risqué leur vie risquait d'embrumer leur âme, et par là de sonner la fin du rêve. Pourtant, même si leurs esprits transportés n'avaient plus une pensée pour quelque trésor que ce soit, à quelques mètres d'eux, pierres précieuses, rivières de diamants, de rubis, de perles, pièces d'or et d'argent, entassées dans de lourdes caisses jouxtaient les kilomètres de tissus inestimables, de parchemins et de reliques qui protégeaient de leur fatras la pièce pour laquelle les princes s'entre-déchiraient : l'Acte.

Rédigé puis signé, un siècle plus tôt, par Hassani Chirazi El Madoua, premier sultan et fondateur du royaume, cet acte de souveraineté, ratifié par les provinces inféodées, les régions alliées et par des représentants d'absolument tous les plus grands royaumes d'Afrique, d'Europe et d'Asie, était devenu le symbole de la Couronne. Il faisait à lui seul le pouvoir du sultanat d'Anjouan. Sans lui, le roi n'était calife que de sa baignoire. Œuvre exclusive du premier sultan, il marquait une habileté diplomatique si exceptionnelle qu'aucun des héritiers belligérants n'eût songé à exiger ce papier. Il n'avait donc pas bougé de sa cachette, au milieu du fabuleux butin de la salle des souvenirs dont la valeur dépassait les deux cent quarante millions de livres tournois[23].

Perdue dans sa solitude, la sultane Manaou Binti Mwé Fani savait qu'à sa mort, ses fils finiraient par s'emparer des coffres. Le crépuscule approchait, comme une nuit de velours, l'enveloppant dans une brume froide et apaisante. Bientôt, la reine connaîtrait la fin de ses peines. Plus de réveil, le cœur lourd comme une pierre, l'esprit envahi par les mauvais rêves des exactions d'une progéniture cruelle et, pour tout dire, ratée. Plus de journée à craindre la colère des ancêtres. Plus de soirée à s'interroger sur l'avenir du royaume, sans autre héritier que des traîtres, impatients de s'entre-tuer. Plus de nuit à ressasser les mêmes remords sans pouvoir trouver le sommeil. Souvent la reine pleurait, oui. Mais parfois, de joie. Cette fin, si proche, effrayait tout le monde. Sauf elle. « Enfin ! » jubilait-elle en songeant au repos éternel.

Quand ils écoutaient ces paroles, Ses proches - parmi lesquels Misson et Baldo - en avaient le ventre noué. Ils l'aimaient, cette mère tendre et généreuse. Ils la vénéraient. Aussi, quand vint le jour, tous - mais surtout nos deux amis ainsi que leurs épouses - furent ébranlés par ce terrible deuil. Chacun pleura à chaudes larmes, tandis qu'on procédait aux rites funéraires. Sûrs, au fond de leur cœur, que cette mort marquait bien la fin d'une époque, l'équipage de *La Victoire* lui fit, avec le faste et les honneurs dus à la défunte souveraine, des adieux pleins d'amour. Pour mieux l'aider dans son voyage, monsieur Chirrer déposa une boussole sur son sarcophage. Et monsieur Bourdon fit broder un dessin de taureau pour l'accompagner, afin que chacun, dans l'au-delà, sache quelle femme forte elle était.

Inquiétés par la présence de marins étrangers dans le palais, les fils de Mohéli ne se présentèrent pas aux obsèques. Cette nouvelle marque de défiance ranima le péril d'une guerre civile

---

23 Près de 5 milliards d'euros.

au cœur de Domoni, le fief religieux. Un combat que l'équipage de Misson était prêt à mener pour la mémoire de la sultane. Mais avant de s'en aller, la reine avait voulu prévenir cette éventualité.

Conformément à ses vœux, son testament fut lu en la seule présence de sa sœur, de sa nièce et de leurs époux : Misson et Baldo. Le texte interdisait expressément toute forme de violence qui pourrait conduire Anjouan à sa perte, quand bien même les hostilités seraient déclenchées par ses fils. Si le combat était inévitable, la reine proposait en dernier recours de quitter le royaume, avec les biens encombrant la salle des souvenirs. De l'au-delà, elle demandait que Misson et les siens mettent son trésor en lieu sûr, le temps que la paix revienne.

Lorsque Misson et Baldo pénétrèrent la salle des souvenirs, ils n'en crurent pas leurs yeux. Dans d'autres circonstances, ils se seraient littéralement jetés dans cet océan d'or et d'argent, afin de s'y baigner. Mais toujours broyés par la peine, ils se contentèrent de rester plantés là, bouches bées.

– Et bah mon salop, jura Baldo.
– Merde ! répondit Misson.

La stupéfaction céda place à l'effroi lorsqu'ils découvrirent l'unique et authentique acte de souveraineté du sultanat. Alors ils comprirent que sans le dire, Manaou Binti Mwé Fani leur avait témoigné une confiance trop grande pour eux en leur remettant un trône qu'ils ne revendiqueraient jamais.

Bien avant Gorée, qui n'était qu'une terre de départs, le canal du Mozambique était devenu une des grandes plaques tournantes du commerce d'esclaves sur lequel reposait toute l'économie du Nouveau Monde. Anjouan en était l'épicentre. Tant que le monde moderne s'arrangerait de cette sauvagerie et tant que ce passage en serait un rouage essentiel, celui qui posséderait l'acte du premier sultan, Hassani Chirazi El Madoua, tiendrait le monde dans sa main. La vieille sultane ne pouvait faire meilleur choix que d'offrir cette écrasante responsabilité aux seuls hommes qu'elle savait devenus incapables de s'en réclamer.

– On est riches ? demanda Baldo Caraccioli.

– Oh non, répondit Misson. On est dans une merde noire ! Et jusqu'au cou.

Les premiers jours, Misson parvint à convaincre son camarade de ne pas toucher à la salle des souvenirs. Moins il y aurait d'allées et venues, mieux le secret serait gardé. Et plus le palais paraissait calme, moins ils risquaient d'être attaqués. Mais très vite, le sultanat fut débordé par le nombre d'héritiers. Six fils légitimes de Manaou Binti Mwé Fani réclamèrent la couronne. Le royaume était fragmenté. Des conflits éclatèrent dans tout le pays. Et la grande guerre civile commença.

Lorsqu'il dut reconnaître qu'il leur fallait agir, Misson ne souhaita mettre dans la confidence que messieurs Chirrer et Bourdon, qui lui semblaient dignes de loyauté. Chargé dans de grands sacs, le trésor d'Anjouan fut monté à bord de *La Victoire*, de nuit. Il était si conséquent que le transbordement dura plus de cinq heures. Certains habitants le remarquèrent. Mais tous pensaient qu'il s'agissait de denrées, en vue d'une future expédition. Car dans le même temps, Caraccioli affrétait la frégate. A l'instar de son capitaine, Baldo savait qu'aucun de ses compagnons n'accepterait d'abandonner sa nouvelle famille. Ils aménagèrent *La Victoire* comme ils le purent. Et quand l'heure du départ sonna, les équipages y firent embarquer leurs familles, leurs proches et tous ceux qui le souhaitèrent. Le bord de Misson passa subitement de soixante-dix à près de trois cents personnes, hommes, femmes et enfants...

Par une nuit sans lune, ils larguèrent les amarres et abandonnèrent Anjouan à ses conflits fratricides.

A la tête de la flotte la moins expérimentée de l'histoire, Misson redevint morose. S'ils croisaient des pirates ou un navire de guerre, les choses dégénéreraient. Dans un sens, la présence des femmes et des petits décuplerait la férocité des hommes d'équipage, qui défendraient ce qu'ils avaient de plus cher. De l'autre, cette surpopulation imposa des acrobaties en termes de place et de rationnement.

Comme toujours, Baldo Caraccioli tétait sa pipe et buvait son rhum, tout en agitant d'un air mystique les trois premiers doigts de sa main gauche en feignant de réfléchir intensément. L'affaire lui semblait mal engagée. Les îles aux alentours étaient trop petites et trop commerciales pour y cacher autant de gens et un si important butin. Ils avaient besoin d'une terre d'asile vaste, immense, protégée par des criques ou des hauts fonds. S'ils la trouvaient, ils pourraient y cacher les biens de la sultane et se mettre à l'abri... s'ils la trouvaient. A un moment, comme à regret, le gros moine lança :

- Il n'y a que l'Emyrne.
- C'est un royaume commercial, grogna Misson. Avec des provinces, comme Anjouan, pareil. Nous serons retrouvés.
- Pas au Nord.
- Qu'en sais-tu ?
- J'ai étudié cela dans mon monastère.
- Balivernes !

Misson et Baldo explorèrent tout de même la baie d'Ambavanibe, au Nord-Ouest de l'île, qu'ils jugèrent trop étroite et trop facile d'accès depuis les Comores. Si les sultans de Mohéli apprenaient l'existence du trésor, ils n'auraient qu'à descendre en ligne droite sur l'Emyrne pour les en débusquer. Ils contournèrent la pointe Nord et naviguèrent le long du littoral Est, avant de tomber sur un nouveau paradis. Difficile d'accès à cause de ses récifs, la grande baie d'Antongil retint leur attention. C'était une enclave, d'où une profonde forêt semblait jeter ses racines dans la mer. Des eaux transparentes émergeaient d'immenses rochers verdoyants. Ils obéissaient aux mêmes règles physiques que les icebergs : pour les contourner, il fallait mesurer ou deviner leurs masses sous-marines.

On ne pouvait accéder aux plages qu'en passant par la jungle ou par la mer. S'aventurer en forêt supposait pactiser avec l'autochtone, alors décrit en Europe comme un guerrier sauvage et autonome. Aborder par la mer suggérait de laisser les navires aux mouillages, à une distance d'où les canons ne pourraient atteindre les rivages. En revanche, les marins de *La Victoire* savaient que ces mêmes canons, utilisés depuis la terre ferme, feraient plus facilement mouche sur d'éventuels visiteurs.

Suffisamment large, donc assez praticable, presque déserte et regorgeant de criques, de plages et de cachettes, la baie d'Antongil s'imposa à eux comme le lieu idéal. Pour ne pas trop s'enfermer en cas d'attaques, les exilés jetèrent leur dévolu sur la côte de Rantabe, préférée à celle de Voloina. En quelques semaines à peine, ils établirent un premier campement. Ils bivouaquèrent sur la plage du fond, profitant des faibles vents et des poissons, coincés dans la calanque, lorsque la marée redescend.

Le trésor fut débarqué de nuit, par Misson, Baldo, Bourdon et Chirrer. Ils choisirent de l'enterrer au Nord de la baie, pour avoir toujours un œil dessus. Equipés de torches, de boussoles, de gourdes, d'armes et de pelles, ils empruntèrent un long sentier longeant la plage avant de pénétrer dans un bois, proche du rivage. Distants, les arbres laissaient passer des jets de lune à travers une légère brume. Ils marchèrent quelques minutes à peine avant de tomber sur un immense monument fragmenté, perdu dans la forêt.

Les quatre aventuriers apprendraient plus tard qu'il s'agissait de la table des Dieux Anteva. Ces divinités, comparables à Ouranos et Gaïa, s'étaient disputé la légitimité de leur progéniture. Certain que le nouveau-né (appelons-le Kronos) n'était qu'un bâtard, Ouranos renversa la table, la brisant en quatre morceaux. Les trois premiers blocs tombèrent au sommet de la colline. Le quatrième, plus imposant, bascula sur la pente abrupte, emportant l'enfant et la déesse avec lui. Le plateau de plusieurs tonnes alla heurter un arbre, qui l'immobilisa. Se redressant, le Dieu put voir sa femme disparaître sous le poids de sa colère. Quant au bébé, il glissa d'un bout à l'autre de la table, avec la grâce d'un être divin.

Les quatre hommes de *La Victoire* contemplaient cette pièce majestueuse ; quatrième élément de la table des Dieux. Si elle avait été parfaitement circulaire, elle aurait fait près de dix-sept coudées de diamètre. Sur sa face, ils découvrirent de fines marques rectilignes ; des droites, semblant géométriquement parfaites. Parallèles ou perpendiculaires, chacune courait le long du plateau avec la rectitude d'une flèche. A la lueur des flambeaux, ils devinèrent plusieurs inscriptions. La première, peu ordinaire, était une succession de lettres latines. A côté, une sorte de trou, minuscule et cylindrique, le dessin d'une ancre et la signature du marin qui, sans doute, avait trouvé l'endroit bien avant eux : François Octave. Monsieur Bourdon nota qu'un double « L » semblait également avoir été gravé en plein centre de la table, entre la place d'Ouranos et la tombe de Gaïa.

Fasciné, Olivier Misson s'allongea quasiment sur la table. Passant ses mains sur sa surface avec étonnement, il conclut qu'elle était aussi lisse que du marbre. Le quatuor se dévisagea en silence : l'endroit semblait s'imposer ! Ils attendirent de longues minutes, écoutant les bruits de la forêt. Tout autour, dans les arbres et les feuillages, la faune les observait. Quelques petits craquements de branches sous les pas des animaux prouvaient qu'ils n'avaient pas été suivis. Les quatre marins se mirent à creuser. Ils retournèrent la terre près de cinq heures durant, jusqu'à ce que le trou soit suffisamment grand et profond pour accueillir tous les souvenirs de la vieille sultane. Avant de l'enfouir définitivement, les hommes de *La Victoire* décidèrent d'en prélever une part substantielle, pour parer aux nécessités. Une partie de cette somme était destinée au commerce préféré des Comoriens : acheter la paix. Cette fois, en territoire inconnu.

Par quatre coudées de terre, le trésor d'Anjouan fut enseveli dans l'alignement divin du double « L ». Ils déversèrent leurs flasques sur leurs dernières pelletées, puis camouflèrent l'endroit en éparpillant des feuillages.

Découvert en 1500 par Diégo Diaz, le royaume de Madagascar - que l'on appelait alors l'Emyrne - était déjà peuplé depuis une bonne douzaine de siècles. Cinquante ans plus tard, en l'an de grâce 1550, l'amiral hollandais Cornelis de Houtman dit avoir croisé des négociants arabes, sur un îlot longeant le littoral Est, baptisé Nossi-Ibrahim par les Maures, Nosy-Boraha par les Malgaches, île Sainte-Marie par les Européens, puis Boraha par tout le monde ! Cent ans plus tard, le commandant Pronis, un Français, y plaça une garnison militaire décimée en un an à peine par une terrible fièvre. Mais à partir de 1643, Français et Portugais ne cessèrent plus d'explorer l'intérieur de ces mystérieuses contrées.

C'est alors qu'un roi décida d'unifier le pays d'Emyrne. Pour étendre son influence et imposer le respect sur tout le royaume, Sa Majesté eut une idée inouïe : il créa une monarchie, absolument soumise au peuple ! La personne du souverain n'exprimant, même si cela contredisait ses propres idées, que l'opinion de ses sujets. Au milieu de son étrange royaume, il fit construire le plus grand village : Tananarive. Il étendit ses frontières jusqu'aux littoraux, centralisant ainsi le pouvoir dans cette ville, qui devint la capitale qu'elle est restée jusqu'à aujourd'hui.

Considérant que cette souveraineté légitimait leur pouvoir, toutes les tribus d'Emyrne reconnurent le roi comme leur souverain. La voix de tous s'exprimant par sa seule bouche, les querelles cessèrent. Et les envahisseurs, contraints d'affronter un peuple uni lors d'épouvantables guérillas dans des jungles meurtrières, se firent plus rares.

Ce roi, qui avait su fédérer les cœurs et parler aux hommes, s'appelait Andriamasinavalona. Toute sa vie il sut les comprendre et anticiper leurs désirs, qu'il trouvait assez proches des siens. Pourtant, il commit une erreur ; la même que la vieille sultane, Manaou Binti Mwé Fani. Vers la fin de sa vie, il fractionna son royaume, pour le léguer à ses fils. Quatre morveux qui, bien entendu, le firent éclater en querelles, puis de querelles en véritable guerre civile. Profitant du bain de sang, les étrangers s'empressèrent de renouveler leurs malheureuses incursions. Mais c'était sans compter sur la clairvoyance de son Excellence, Andriamasinavalona !

Sur son lit de mort, l'Altesse eut l'ingénieuse idée d'octroyer son nom à tous ses sujets. Avec, ils héritaient de ses pouvoirs spirituels. Tous s'appelleraient désormais les Andriamasinavalona (on dira « Andri », pour plus de commodité). Et si ses quatre fils nés par le sang gardaient leur position sociale, ils ne pouvaient régner sur des sujets, tous investis du pouvoir sacré revenant traditionnellement au roi.

« Là où se trouve un Andriamasinavalona, avait confirmé le vieux souverain, est aussi présent le roi ! »

Le résultat ne se fit pas attendre, dès le début de la guerre civile, des milliers de sujets choisirent de devenir des Andri. Les quatre héritiers belliqueux durent se résoudre à l'évidence : soit ils décimaient tout un peuple, devenant les rois de rien, soit ils reconnaissaient publiquement la souveraineté spirituelle de ces milliers de bâtards, devenus les Andri. Ils cédèrent avec, pour seule exigence, que ces enfants de catins ne revendiquent aucun trône et s'éloignent de la capitale. Les Andri se firent nomades, errant d'une province à une autre, ce qui leur permit d'établir de nouvelles colonies autonomes dans tout le pays.

Sans que les héritiers légitimes d'Andriamasinavalona s'en rendent compte, les Andri (tous soumis à la même obligation : repousser les envahisseurs) réunifièrent le territoire. Les clans séparés se venaient en aide, selon les endroits d'où s'invitait la menace. Tous les fils du royaume d'Emyrne finirent par oublier leurs divergences, faisant front commun avec les sorciers et les groupes en guerre lorsqu'une invasion menaçait. Bientôt installés partout en Emyrne, les Andri préservèrent la dynastie des fils du vieux souverain, de sorte à ce qu'ils ne se sentent jamais menacés, mais continuent de leur témoigner du respect.

A défaut d'avoir su unir ses propres enfants, le bon roi était au moins parvenu à fédérer son pays, fût-ce à son insu. Bientôt, plus aucun chef de tribu ne put monter sur un trône, sans qu'un héritier Andri ne l'y ait officiellement autorisé.

Une vingtaine de ces tribus se répartirent le royaume. Certaines, se formant même en y amalgamant des peuples d'ailleurs, venus d'Afrique ou des Indes. Les peuples d'Emyrne appartenant aux terres du milieu, comme les Betsileos, taillèrent les collines pour en faire des rizières et des vignobles. D'autres, comme les Baras, se regroupèrent plus au Sud, promenant du bétail d'une plaine fertile à une autre, et luttant à mort contre des frères, devenus voleurs et bandits de grand chemin. Toutes étaient très croyantes et vouaient un culte absolu aux ancêtres, où la sorcellerie jouait un rôle essentiel. Mais le plus marquant de ces clans, et la principale ethnie de l'île, fut les Mérinas, eux aussi fervents acteurs d'une pratique toujours en cours, le *famadihana* ou retournement des morts.

La cérémonie, qui n'a que peu changé au cours des siècles, dure plusieurs jours. Danses et spectacles s'y succèdent, entrecoupés de banquets, en une grande fête de village. La célébration démarre dans un cimetière, où les dépouilles sont exhumées par les proches. Les corps sont enveloppés dans des linges neufs et des nattes tressées. Puis, la foule en liesse les porte à bout de bras, et les entraîne dans une danse ésotérique, où les prières secrètes et les vertiges du deuil mènent très vite à la transe. Les morts valsent ainsi plusieurs jours durant, entre les festins et les échanges mystiques avec l'au-delà, dans une ambiance fortement imprégnée de rhum. Lorsque les oracles, eux-mêmes proches des familles, décident que la fête a suffisamment duré (ou suffisamment coûté), ils remettent tous les corps en terre. Par terre, entendez des tombeaux en pierres de cinq à dix mètres de large, décorés de splendides gravures et sur lesquels s'élèvent d'immenses stèles.

Le Sud de l'île était le fief des Antanosy, dits les « natifs de l'île ». Leur récente autorité s'expliquait par leur position géographique. Ces pêcheurs et agriculteurs s'étaient installés tout autour de Tolanaro, lieu où les Français étaient parvenus à construire fort Dauphin en 1643. Hostiles à cette intrusion de la marine française, diverses tribus de l'île les avaient encerclés, en attendant des renforts qui ne vinrent qu'à moitié. En première ligne, les Antanosy s'organisèrent et s'équipèrent, devenant le premier rempart de leurs frères. Las de patienter, au soir du 27 août 1674, alors que les Français du fort célébraient une noce, les Antanosy passèrent à l'offensive. De ce massacre, seuls quelques survivants parvinrent à fuir sur l'île Bourbon. On apprit par la suite que ce carnage était le fruit d'une étroite collaboration entre le roi des Antanosy et quelques colons français, que l'on prétendit anarchistes. Les ex-colons se maintinrent dans fort Dauphin qu'ils transformèrent en simple plate-forme de négoce. L'armée française patienterait encore quatre-vingt-douze ans, avant de s'y réimplanter. Enrichis par le voisinage, les Antanosy, dont les rendements agricoles explosaient au contact des nouvelles méthodes, devinrent les principaux créanciers de leurs frères de l'intérieur. Pour que nul n'en ignore, et peut-être aussi pour rendre grâce de cette bonne fortune, les Antanosy érigèrent des stèles mortuaires de plus de cinq mètres de haut, tout le long de la côte.

Mais dans la baie d'Antongil, derrière les rivages de Rantabe, c'est à une autre tribu qu'Olivier Misson et Baldo Caraccioli durent acheter la paix, celle des Anteva.

Les Anteva, qui deviendraient plus tard les Betsimisarakas, occupaient une grande partie des terres du Nord-Ouest, jusqu'au canal des Pangalanes, d'où ils commerçaient avec l'étranger. Les nouveaux venus ne les étonnaient guère, ces cheveux blonds, roux, bruns surmontant des peaux blanches, ils ne les connaissaient que trop bien. Ils savaient comment les rouler, non pas dans la farine, mais dans les grains de café, le poivre ou les clous de girofle dont tous ces étrangers raffolaient. Ils savaient, eux dont le nom signifie « ceux qui sont nombreux mais qui ne se séparent pas », qu'ils n'avaient rien à attendre d'un colonisateur, si ce n'est les mousquets qu'ils parvenaient à leur voler, rendant leurs opérations de défense encore plus meurtrières.

A peine s'étaient-ils sommairement installés que les hommes de *La Victoire* virent arriver sur le rivage une délégation Anteva, menée par la fille aînée d'un roi de la famille de

Zafindramisoa : la princesse Rahena. La jeune femme d'à peine dix-sept ans, avait vu ses pairs affronter toutes les nations qui croisaient dans l'océan Indien, Français, Hollandais, Portugais, Anglais, Arabes... lors de leurs invasions successives. Aujourd'hui, elle était de ces nouvelles générations qui avaient grandi avec la certitude qu'il valait mieux composer avec l'avenir plutôt que de s'y opposer.

Pour trouver la paix avec les Blancs, les anciens Andri avaient misé sur le trafic avec l'étranger mais aussi les querelles entre clans. Sur des rivages comme ceux de l'île Boraha s'échangeaient riz, bétail, étoffes et armes. Plus au Sud, les Antanosy qui encerclaient fort Dauphin monnayaient leurs frères ennemis de l'intérieur, comme esclaves bon marché. La princesse Rahena refusait l'idée de devoir un jour gouverner un pays disloqué, à la merci de colons étrangers. Son principal ennemi était français, la marine française plus précisément, et elle manquait désespérément d'amis. S'il est vrai que les ennemis de vos ennemis sont vos amis, elle devait pactiser avec ces mutins recherchés.

Les émigrés d'Anjouan se retrouvèrent donc face à cette belle enfant noire, vêtue d'une toge blanche à la manière des sénateurs d'antan. Escorté par messieurs Caraccioli, Bourdon et Chirrer, le capitaine Olivier Misson s'avança le premier. Autour de la jeune princesse se trouvait une cinquantaine d'hommes, armés de lances, de fusils et de mousquets. Leurs regards sombres, leurs visages émaciés, taillés à la serpe, incitaient à la prudence. Certains portaient des tricornes ou des chemises, évoquant de singuliers mélanges culturels. Comprenant qu'il avait affaire à une nouvelle sultane, monsieur Misson se présenta sans détour.

- Ma reine, je suis le capitaine. Mon équipage et moi venons réclamer l'asile.
- Qui êtes-vous ? demanda Rahena en observant les centaines de démunis bivouaquant derrière lui, ainsi que *La Victoire*, mouillant au large.

– Je m'appelle Olivier Misson et je suis français. Nous sommes pourchassés par les Anglais, qui nous cherchent querelle. Et par les Français eux-mêmes, qui nous tiennent pour mutins et déserteurs. J'ai avec moi trois cents pauvres gens, échappés d'Anjouan. Tous ont fui la guerre et sont de bons musulmans.
– Que voulez-vous ?
– Si Vôtre Grâce nous le permet, nous installer. Nous avons besoin d'abriter les femmes, de soigner les enfants et de nous cacher. Si cela n'est pas possible, que Votre Altesse nous laisse au moins faire un peu d'eau.

La princesse Rahena sourit un instant, amusant ses propres gardes du corps.

– Vous voulez vivre ici ?
– Oui, ma reine.
– Je ne suis pas reine. Les Andriamasinavalona ne règnent pas.

Voyant que Misson ne comprenait pas, Baldo Caraccioli s'avança et s'agenouillant devant la princesse, il récita :

– Lorsque vous rencontrez un Andriamasinavalona, vous rencontrez le roi !

Devant la révérence du prêtre, ses compagnons s'empressèrent de l'imiter. Sensible à cette marque de respect, la princesse que personne n'avait le droit de toucher, fit un signe à ses hommes afin qu'ils relèvent ces étrangers. Puis, la tête haute, elle leur dit :

– Tous les Européens qui croisent notre pays veulent s'y installer. Mais vous êtes sans doute les premiers à demander la permission.
– Votre Altesse, reprit le moine, nous ne sommes pas des combattants. Il y en a, parmi nous. Ils vous serviront fidèlement. Mais nous ne voulons pas apporter la guerre, car nous la fuyons.

Estomaqué par les talents diplomatiques de son compagnon, Olivier Misson dévisagea Baldo de longues secondes, durant lesquelles la princesse Rahena tourna les talons, faisant signe aux quatre *fotsys* (Blancs) de la suivre. Le groupe quitta donc la plage, perdant de vue le vaisseau et les familles, pour s'aventurer, sous escorte, dans une jungle hostile. Rahena et sa garde les menèrent le long de la rivière Rantabe, non loin de la baie, dans le centre d'un immense village où trônaient les autres chefs.

Jusqu'alors, aucun colon européen n'avait été ainsi accueilli. Mais la démarche de Misson et Caraccioli n'avait rien à voir avec celles, guerrières, de leurs prédécesseurs. Eux ne voulaient pas se servir des fils d'Emyrne, commercer avec eux ou les duper. Ils ne sollicitaient que leur aide, promettant de se soumettre, pour mieux s'intégrer. Après des heures de palabres autour des jarres d'arack et des feuilles de khat, la tribu, profondément animiste, décida de sonder l'âme des visiteurs. Les quatre hommes furent donc conviés à passer la nuit au village, dans des cases neuves. Faites d'un entrelacs de tiges d'arbres du voyageur, liées en un mélange de pierres et de latérite, elles abritaient des nattes sur lesquelles les quatre Français, qui s'en étaient totalement remis à la grâce de la jeune reine, s'effondrèrent sans effort.

Pendant qu'ils dormaient, les Andri veillaient. Ils passèrent toute la nuit à discuter du sort qu'il convenait de leur réserver. Les anciens rappelèrent que, sur une île, les malheurs viennent toujours de la mer. Ils proposèrent de rejeter immédiatement à l'océan les envahisseurs, profitant de ce qu'ils n'étaient pas très nombreux pour le moment, ce qui ne pouvait durer, les Blancs attirant toujours les Blancs... et les catastrophes.

Ce à quoi la princesse Rahena répondit que les invasions successives d'étrangers étaient principalement imputables aux querelles entre les clans :

– Si tous les royaumes ne s'étaient point affrontés, dit-elle, jamais les Français n'auraient pu s'installer à Tolanaro.

– Et ta logique, jeune princesse, voudrait que cette fois nous les accueillions à bras ouverts ?
– Il est vrai que ces gens sont différents des colons de fort Dauphin, reprit un autre. Ils s'intéressent à nous. Ils veulent apprendre à nous connaître.
– Pour mieux nous réduire, s'exclama une voix.
– « *Trandraka milevina an-tany mena* », marmonna une vieille femme pour appuyer sa reine, « *ny volon-tany arahina*[24] »...
– Prenons leurs fils, proposa Rahena. Et faisons-en notre armée !

Médusée, l'assistance se tut. Ce que proposait la reine ressemblait fort à ce qu'avaient déjà fait d'autres clans avec des voyageurs venus d'Inde, d'Afrique ou d'Orient. Le deal était simple : si les étrangers de la baie voulaient s'intégrer, ils n'avaient qu'à se marier. Eux seront toujours considérés comme un peuple à part, inférieur aux Malgaches. Mais leurs enfants appartiendraient totalement au royaume d'Emyrne. Ainsi, « ceux qui sont nombreux mais qui ne se séparent pas » avaient assez justement estimé la véritable nature de ces nouveaux colons. Après avoir longuement hésité à réveiller les quatre hommes au cœur de la nuit, comme certains le proposaient, pour les conduire au piquet où ils seraient égorgés, les Andri validèrent la proposition de leur reine. Le lendemain, Misson et Baldo s'empressèrent d'accepter l'offre, sans oublier de les remercier. La jeune Rahena l'ignorait sans doute encore, mais elle venait de jeter les fondations de son peuple, appelé à devenir l'un des principaux groupes ethniques de l'île rouge pour des siècles et des siècles.

Bien sûr, la bénédiction des Andri comprenait d'autres contreparties. Manuel Bourdon et François Philippe Chirrer

---

24 « Quand un hérisson s'enfouit dans la terre rouge, il prend la couleur du sol »...

qui, à eux deux, cumulaient une solide expérience à la fois technique et commerciale, furent envoyés dans les Mascareignes d'où ils ramenèrent des outils, des fruits, des étoffes, des armes et de la poudre. Olivier Misson et Baldo Caraccioli se chargèrent de mettre toute leur communauté au service des Andri, afin de les appuyer dans leurs labeurs, sans oublier d'apprendre d'eux. Des couples se formèrent et rapidement, les trois cents colons fondèrent famille. Les camps de fortune devinrent de véritables maisons, construites sur pilotis pour être au plus près de la mer en s'épargnant les inondations des hautes marées. Beaucoup d'hommes se portèrent volontaires pour travailler dans les rizières et aider à la confection de distilleries. La première année, histoire de ne pas couper tous les ponts, ils amenèrent *La Victoire* au plus près du rivage, l'équipant d'un système de cordes et de poulies, qui la reliait à la terre. De là, les hommes pouvaient se hisser à son bord à toute vitesse, au cas improbable où il aurait fallu armer les canons. Mais ils ne craignaient déjà plus d'être retrouvés. Car le silence de la compagnie des Indes était assourdissant. Autour du royaume d'Emyrne comme face aux berges du Mozambique, la loi des devises finit de remplacer celles des rois. Si les négriers manquaient de patriotisme, il en alla de même pour tous les marchands de l'océan Indien. Ceux qui mouillaient au Sud de Rantabe - marchandant sur l'île Boraha - tenaient à ces partenariats commerciaux. Tous entendirent parler de cette légende, contant l'arrivée d'un ban de mutins sur le sable d'Antongil. Mais la princesse Rahena refusait que l'on aille errer sur ses terres. Alors, personne ne s'y aventura.

Dès la seconde année, éclatèrent des conflits de voisinages. La barrière de la langue, aussi complexe que le français, n'aida en rien. Mais le lit de ces oppositions se fit sur des appartenances culturelles, se cristallisant autour de coutumes insupportables pour des Européens. Vingt mois après avoir passé accord avec la princesse et les Andri, les immigrés refusèrent de laisser leurs nouveau-nés grandir entre les mains des sorciers Andri. Ils rejetaient surtout les rites animistes et vaudous qui les terrorisaient, entraînant le sacrifice de jeunes vierges. D'autant que les femmes perdant leur virginité peu après l'arrivée des premières règles, mages et sorciers s'adonnaient aux rapts d'enfants. Habile diplomate, Rahena proposa à Olivier Misson de faire migrer sa compagnie plus au Nord, dans la baie d'Antseranana[25] : la plus belle baie du monde.

Elle promit qu'ils seraient toujours bien accueillis à Rantabe, dans la mesure où leurs peuples étaient liés par le sang. Les Français en furent soulagés car, à la peur de la magie noire, s'ajoutait le risque, omniprésent, de voir passer une frégate militaire française, trop curieuse ; tandis qu'aucun bâtiment n'osait approcher Antseranana, alors cartographiée comme une véritable fosse à récifs. *La Victoire* demeurerait la propriété de Misson, amarrée à Rantabe sous la protection de la princesse. Mais la colonie devrait mûrir et s'émanciper, créant dans la baie d'Antseranana, comme cela s'était fait bien avant dans la Caraïbe, à Port-Royal, Petit-Goâve ou la Tortue, un havre de liberté.

Misson et Caraccioli acceptèrent d'autant plus facilement qu'ils eurent le sentiment d'avoir exaucé les dernières volontés de la vieille sultane : le trésor d'Anjouan était enterré à quelques encablures de Rantabe, quelque part au fond d'une forêt, et personne ne le réclamait. Le maître d'arme et le pilote de *La Victoire* étaient des hommes de grandes valeurs. Ils n'iraient pas trahir les leurs... Mais s'éloigner de l'endroit où tous les quatre avaient dissimulé ce si lourd secret était sans nul doute le meilleur moyen de se préserver d'une telle occurrence. D'autant que dans les immigrés qui avaient vu, sur les berges d'Anjouan, les Français charger les sacs, certains commençaient à s'interroger. La légende du trésor des Comores venait de naître.

---

25 Diégo Suarez.

Dans cette autre baie enclavée, les colons - qui seraient bientôt six cents - reconstruisirent des abris et des fortifications. Comme ils ne pouvaient plus compter sur les défenses de leur vaisseau, ils embarquèrent ses canons de dix-huit et vingt-quatre livres sur des pirogues, afin de les positionner sur leurs nouvelles plages, braqués vers l'océan. Très rapidement, tous prirent conscience que cette microsociété aurait besoin d'organisation. La moindre question, toutes les permissions étaient jusque-là demandées au capitaine Misson ou à son second, Caraccioli, qui tous deux proposèrent de fonder une république. Plébiscitée par tous et autorisée par la princesse Rahena, elle fut appelée Libertalia. Et son peuple, les Libéri.

Le doux vent d'Anjouan souffla de nouveau sur Misson, Baldo et leurs hommes. Et ils entreprirent de rebâtir ici, ce qu'ils avaient perdu là-bas. Leur constitution fut une sorte de copie du Code de la piraterie, jadis rédigé par le capitaine et gouverneur Henry Morgan.

Avec plus de quinze kilomètres de longueur de plages et un bon kilomètre de largeur à marée basse, les rivages d'Andovobazaha, où ils établirent le cœur de leur république, étaient splendides. Couverts d'un sable blanc, si fin qu'il reflétait la lumière du soleil comme celle de la lune. Quant aux lagons, sur des centaines de mètres, l'eau, transparente, y passait sans cesse du blanc au turquoise. Dans cet endroit magique, chacun fut libre de construire son habitat où il l'entendait et d'y vivre seul ou accompagné. Le sable était à tout le monde et tout était à portée de voix, de main, de cœur. Colère et agressivité devenues inutiles s'estompèrent en douceur tant tous étaient conscients de la chance qu'ils avaient d'être là. Déserteurs plus que pirates, les premiers Libéri se considéraient surtout comme des hommes de paix. Si leur pavillon arborait effectivement la tête de mort des Jolly Roger, c'était avant tout un crâne noir sur fond blanc. Et la devise inscrite au bas de ces fanions devint « Générosité, Reconnaissance, Justice & Fidélité ».

Personne ne les attendait où que ce soit. Ni sur le vieux continent, ni dans le Nouveau Monde. Leur vie, c'était ici. Derrière la plage, une jungle luxuriante, à la fois riche et menaçante, recélait un gibier auquel ils eurent rapidement accès. Gage de bonne entente, les Anteva octroyèrent aux Libéri un droit de chasse dans certaines zones des terres intérieures, à la condition que pour deux bêtes capturées, une troisième leur soit offerte. La règle était la même pour le poisson et un autre consensus se fit sur les plantations de zamal, que tous les clans appréciaient particulièrement. Nombre de Libéri se portant volontaires pour aider à sa culture, les surfaces dévolues au zamal se multiplièrent. L'essentiel des nouvelles plantations se trouvant sur le pourtour Sud-Est de la baie, les vents marins ramenaient en permanence des effluves de zamal sur les plages libéri. De sorte que, même s'ils ne la consommaient pas directement dans une pipe, les colons étaient perpétuellement imbibés de cette odeur euphorisante, qui garantissait aussi leur quiétude.

A quelques centaines de mètres se dressait, impérieuse, une montagne de roches volcaniques depuis longtemps recouverte par la végétation. D'une beauté sans égale, ce haut lieu, point haut stratégique vite baptisé Pain de Sucre, cachait une grotte immense où se rejoignaient deux bassins d'eaux salées.

Face au Pain de Sucre, une petite falaise abritait aussi une caverne où des chutes d'eau déboulant de la montagne d'Ambre - plus au centre des terres - alimentaient six cuves d'eau, douce cette fois.

Rapidement, les immigrés destinèrent les deux plus grandes piscines aux jeux et à la détente, une fois la cascade d'entrée consacrée, elle, à l'alimentation de la colonie. En quelques secondes, on pouvait y remplir un seau d'une eau cristalline. Bien plus reculées, les quatre autres cuves battues par les chutes d'eau, étaient successivement attribués à la toilette puis, pour celle du fond, aux toilettes. Et quinze mètres au dessus des têtes, l'antre creuse était dominée par une voûte rocailleuse parsemée de trous. On pouvait voir, en s'y baignant, le ciel et les nuages. La nuit, la lumière de la lune venait se refléter dans les larges baignoires de la falaise et du Pain de Sucre. Eblouis, les Libéri appelèrent l'endroit Eaux de Lune.

Misson et Baldo s'étaient d'office installés juste devant le chenal menant aux Eaux de Lune, point de passage obligé de tous les habitants. Ainsi, ils vivaient à quelques brasses des lieux où l'on s'abreuve, où l'on rêve mais pas trop loin des lieux d'aisances. De là, ils gardaient un œil sur leurs gens qui, comme tout village, se structurèrent progressivement. Les hommes organisaient des groupes de chasseurs et de traqueurs, pour poser et relever des pièges. Ils formèrent de petites troupes affectées à la sécurité, chargées de patrouiller sur les rivages. Les moins forts ou les plus jeunes devaient aider les femmes dans les tâches difficiles, comme la pêche à marée haute ou le ménage des Eaux de Lune et des zones de cuisine. C'est ici que les femmes apprêtaient les feux, afin de recevoir les carcasses embrochées. S'ils se réunissaient très régulièrement, les Libéri appréciaient aussi la solitude du couple ou du noyau familial. Les grands feux du soir, qui comme partout sur Antseranana servaient à faire rôtir leurs mets, étaient aussi l'occasion de retrouvailles se poursuivant jusque tard dans la nuit.

Quand les Libéri eurent fini d'agrandir leurs logis, ils commencèrent à étoffer leur flotte, construisant de nouvelles embarcations pour la pêche ainsi que des pontons. Beaucoup aimaient s'y asseoir au ras de l'eau pour manger, digérer ou profiter du soleil rasant, juste avant qu'il ne se noie dans l'océan. Alors, ils rejoignaient les autres autour des feux du soir, le brasier allumé à chaque fin de journée devant les maisons de Misson et Baldo. Ils vécurent ainsi, cachés du monde et incroyablement heureux.

Après plusieurs mois d'une vie idyllique, ils furent rejoints par un équipage pirate, qui s'échoua dans la baie opposée. Ces étrangers n'étaient qu'une poignée, épuisés par les batailles et les tempêtes. Libertalia leur parut une chance inestimable, que

Misson accepta de leur offrir. Mais pour valider leur présence, il fallait obtenir le consentement de la princesse Rahena. Elle accorda un droit d'asile à ces nouveaux envahisseurs, à la condition qu'ils demeurent armés et jurent de protéger les Anteva.

Bien après, c'est un négrier qui s'échoua tout au Nord de l'île, sans les remarquer. Dans les terres, les Libéri surprirent quelques marrons qui s'étaient fait la belle. Craignant que la forêt ne les tue, ils proposèrent à la princesse d'accueillir ces pauvres malheureux. Personne n'y trouva rien à redire.

A la même période et afin de ne pas laisser *La Victoire* s'envaser dans Rantabe, Misson et Caraccioli la remirent à la mer, tâchant de la manœuvrer autant que possible. Le hasard voulut qu'ils croisent la route d'un vaisseau corsaire, l'*Amitié*. Sur son pavillon noir un bras légèrement replié armé d'un cimeterre. Sans la moindre animosité, l'*Amitié* entama une manœuvre d'accostage. Pensant l'y aider, Olivier Misson voulut déporter son bâtiment, mais les drisses s'emmêlèrent et l'inévitable catastrophe se produisit, laissant l'étrave et le mât de beaupré du corsaire s'encastrer dans le flanc de *La Victoire*. Ce type d'accident étant rarissime, le capitaine corsaire ne put croire à une erreur de navigation. Il ignorait à quelle équipe de bras cassés il avait affaire. Ce grand capitaine maigrelet, au petit nez et aux longs cheveux fins se nommait Thomas Adam Tew. Ses vêtements étaient soignés, tout comme sa longue pipe dont il tenait précautionneusement le fourneau et ses grandes boucles d'oreilles d'or, destinées à lui assurer une sépulture décente. C'était un pleutre, peureux de tout, surtout de l'au-delà. Protestant pratiquant, le capitaine Tew craignait qu'une fois mort, il ne se retrouve prisonnier à jamais des limbes qui le terrorisaient. Ce qui, oubliant de facto la question de l'enfer, exprimait assez clairement l'opinion qu'il avait de lui-même.

Issu d'un milieu modeste, Tew s'était engagé dans la Navy pour fuir les tâches ménagères imposées par sa mère, qui tenait une taverne en Caroline du Nord. Le *Marygold*, son premier vaisseau d'embarquement, faisait des escortes et des chasses sous lettres de marque, dans le golfe de Guinée. C'est là qu'il fut capturé par des pirates français. Ces bougres prirent le bâtiment anglais avec une telle barbarie, que Thomas Tew se dépêcha de leur dévoiler sa vraie nature : fort heureusement plus affable qu'audacieuse. Monsieur Tew se vit donc offrir l'occasion d'entamer une nouvelle vie, sous le drapeau noir. Jusqu'à ce que cette compagnie s'associe à un autre bandit. L'équipée sauvage des deux frégates de flibustiers tourna court, quand Thomas Tew trouva le moyen de détourner l'un des deux navires, pour s'enfuir avec un équipage restreint. Ne le suivirent dans sa folie que quelques fuyards, qui ne s'étaient engagés en piraterie que contraints et forcés, et quelques rêveurs espérant trouver un peu plus de liberté. Tew rebaptisa son bâtiment l'*Amitié* et choisit de faire voile vers l'Emyrne, où on lui avait dit que d'autres pirates avaient trouvé asile.

Entendant cela, Olivier Misson crut s'étouffer. Lui qui se croyait à l'abri dans cette colonie fondée dans la clandestinité, se voyait découvert. Pis, il comprit que leur havre de paix devenait un mythe qui ne manquerait pas d'attirer, comme un irrésistible aimant, tous les parias de la société. « Que la princesse Rahena vienne à l'apprendre, pensa-t-il et nous seront tous rejetés. » Il eut donc l'idée toute bête de se comporter comme elle l'avait fait :

– Combien d'hommes ? demanda Misson.
– Trente, à peu près.
– Combien de temps ?
– Aussi longtemps que nous le pourrons.
– Etes-vous prêts à servir les sujets de la princesse Rahena ?
– Je vous demande pardon ?
– Nous ne sommes pas chez nous, ici. Nous formons une colonie, une république. Nous avons nos lois. Mais nous obéissons aussi à celles de la princesse Rahena.
– Je ne la connais pas, répondit le capitaine Tew.
– Vous la rencontrerez. Tout le monde ici doit s'agenouiller devant elle.

– Je ne m'agenouille pas devant les femmes, monsieur.
– Pour celle-ci, vous ferez exception ; ou vous vous en irez.
– Qui vous dit que je ne vais pas rester par la force ?
– Regardez devant vous, regardez autour de vous. Voyez-vous des garnisons françaises ? Des navires de guerre anglais ? Des forts, comme au Sud de l'île ?
– Non...
– Attaquez ! Et vous saurez pourquoi. Mais très franchement, à quoi bon, avec un navire portant un tel nom.

Les hommes de l'*Amitié* explosèrent de rire. Epuisés par de longues semaines en mer, ils tombèrent dans les bras des Libéri, forçant leur capitaine à faire de même. C'est ainsi qu'Olivier Misson et Baldo Caraccioli présentèrent Thomas Tew à la princesse Rahena, alors en âge de devenir reine. Et, contre toute attente, un éclair transperça leurs cœurs, les faisant instantanément fondre. La future souveraine s'enticha de l'ancien corsaire qui, dès sa première nuit libéri, dormit dans son lit.

De fil en aiguille, la colonie grossit aussi lentement que prudemment. En 1685, elle comptait déjà plus de huit cents Liberi, dont une quarantaine « de naissances ». Sa capacité de riposte crût aussi avec le temps. Mais certains nouveaux arrivants, qui n'avaient jamais connu les délices d'Anjouan, interprétèrent ses libertés à leurs manières. Rapidement, il fut question de règles, de lois et d'ordre, donc d'anarchie. La vraie, pas ce désordre dont le vrai nom est, en fait, l'anomie et qui intervient lorsque les normes qui règlent les comportements sociaux se sont désintégrées. Certes, les monarchies européennes se sont très tôt employées à confondre les deux termes. Mais contrairement à l'anomie qui appelle au désordre social et politique, ainsi qu'à la déstructuration d'un Etat, l'anarchie réclame un ordre. L'anarchie n'appelle donc pas aux sanglants désordres, comme on a trop souvent voulu le faire croire : c'est un vibrant plaidoyer pour une démocratie parfaitement transparente. C'est donc naturellement, que la république libéri devint anarchiste, afin de mieux structurer son organisation sociétale[26].

Chaque jour, autour du feu du soir, ceux qui le souhaitaient pouvaient proposer des idées, en débattre et les mettre aux votes. Les deux premières lois interdirent l'esclavage et abolirent, d'emblée, la peine de mort. Libertalia ne disposant pas de prisons, les sanctions infligées se résumaient aux bannissements temporaires. Selon la gravité des faits, le perturbateur était exilé un temps, hors de la colonie à laquelle il continuait d'appartenir. L'idée étant qu'une punition totale n'a jamais l'effet escompté ; tandis qu'une peine éducative facilite le désir de réinsertion. Plutôt que de se défausser devant les responsabilités juridiques, les Libéri choisirent d'exister, de juger et de l'assumer. Seule une forme de crime s'élevait au-dessus de tous les autres : le meurtre, passible du bannissement à vie. Cette réorganisation rassura les Anteva, du moins leur reine, qui décida de confier aux Libéri les échanges commerciaux du royaume. Décision qui confortait son union officieuse avec Thomas Tew, faisant de ce dernier un plausible prince consort partageant donc, comme son nom l'indique, le destin de sa reine.

En 1686, Misson proposa des élections qui désigneraient un commandant de la colonie pour une durée de trois ans... le libérant du même coup d'une fonction qu'il remplissait sans l'avoir jamais désirée. Suivant les préceptes démocratiques du Code, et en tant que chef, anarchiste qui plus est, sa voix compterait double, mais son avis n'était que consultatif.

Cette fois, Manuel Bourdon fut désigné et François Philippe Chirrer devint son second. Olivier Misson obtint le titre de Lord conservateur, chargé des affaires intérieures, tandis que

---

26 Soixante-dix ans plus tard, Jean-Jacques Rousseau publierait *Les discours sur l'origine et les fondements de l'inégalité parmi les hommes*.

Baldo Caraccioli fut nommé secrétaire d'Etat aux affaires extérieures. « Si ma mère savait » pouffa-t-il de rire.

Sa position près de la reine fit de l'ancien corsaire Thomas Tew un personnage emblématique de la colonie, chargé des relations avec les Anteva. Il reçut donc le grade d'amiral. Une distinction accompagnée du commandement de la flotte libéri, qui comptait à présent quatre navires.

Charger un homme de telles responsabilités, c'est lui témoigner sa confiance. Et pour l'en assurer - et le rassurer -, messieurs Bourdon et Chirrer prirent sur eux de lui confier le plus grand secret de Libertalia : son trésor n'était pas un mythe. Quelque part sous des feuillages et par six pieds sous terre, dormaient l'Acte, les centaines de millions et les souvenirs d'une sultane. L'information se ficha dans l'âme de l'ancien corsaire sans que la moindre émotion ne trahisse ses pensées. Si bien que l'on passa immédiatement à la suite de sa mission : l'entretien et l'usage des cent-soixante canons qui bordaient à présent la baie.

Bourdon, Chirrer, Misson et Baldo savaient, pour en avoir longuement discuté aux grands feux du soir, qu'ils étaient tous d'accord sur un point : que Libertalia accepte, non sans prendre à chaque fois les précautions garantissant sa tranquillité, de s'ouvrir à tous ceux qui, à travers le monde, souhaiteraient les rejoindre. Bien que cachés, ils n'ignoraient rien du monde auquel ils se dérobaient. De l'exode des trois cent mille protestants français - après la révocation de l'édit de Nantes - aux guerres de Louis XIV, en passant par la ligue d'Augsbourg, les nouvelles circulaient. L'acuité des crises financières, comme l'incapacité des monarques à les juguler dans un système économique lézardé, donnait peu envie. Le système de dette publique, qui permet de s'affranchir de la dure loi de la monnaie a toujours, à travers les âges, mené aux mêmes catastrophes. Et les Etats, qui d'une manière ou d'une autre y ont eu recours de manière inconsidérée, s'y sont enlisés. Les « banksters » et les ministres continuaient à racler les fonds de tiroirs du contribuable pour financer le train de vie qu'ils s'étaient choisis, mais la dette grossissait toujours[27]... Pour tenter de sortir de telles situations, le nombre de solutions proposées par l'histoire est restreint : dévaluations, circulation de fausse monnaie ou révolutions. Toutes sont dramatiques et leurs premières victimes en sont toujours les plus fragiles.

Même s'ils n'avaient pas absolument envie de convaincre le vieux monde de la valeur de leurs idées, les Libéris se sentaient solidaires de tous ceux qui, comme eux ne supportaient plus l'arrogance des puissants n'hésitant jamais à écraser les petits. Ils n'étaient pas fâchés non plus, eux, éternels fuyards, de prouver que leurs répulsions étaient raisonnables et qu'une autre vie était possible, plus juste, plus généreuse, plus belle.

En attendant la révolution... qui interviendrait effectivement un siècle plus tard en France, l'amiral Tew fut chargé d'une étrange mission de relations publiques qui l'envoya par le vaste monde. Navigant du Mozambique à Bristol en passant par Singapour et la Tortue, il renforça ce qui devint la légende des Libéri. Dosant les effets en fonction de l'auditoire, partout il disait, laissait dire ou induisait tout ce qui pouvait contribuer à donner naissance au mythe d'une terrible colonie où un dernier carré de forbans continuait à défier toutes les majestés du vieux monde. Bien sûr, il mentait. Sur leur nombre, leurs forces et leur férocité. Mais l'amiral devenu griot donna corps au mythe de Libertalia, s'assurant qu'aucune force militaire n'oserait les visiter, en même temps qu'il faisait naître un étrange espoir dans le cœur de pauvres fous prêts, s'ils y étaient acculés par le sort ou les caprices de la mer, à rejoindre une terre de liberté. D'autres membres de la colonie, comme Tew, reprirent un temps la mer pour propager la bonne parole. Tous aussi vantaient à bon escient et selon l'auditoire son caractère irréductible pour décourager les intrus, ou libertaire pour encourager ceux qui leur ressemblaient à les rejoindre. En

---

27 A la fin du XVIIe siècle, la dette publique française atteignit 80% du produit intérieur brut (PIB). Cette dette creva le plafond des 100% en 1750, soit 39 ans avant la prise de la Bastille. En 2013, cette même dette publique a dépassé 93% du PIB.

quelques années, Libertalia était devenu le phare d'une foule hétéroclite. Le mythe parlait aussi bien aux équipages en perdition, qu'aux esclaves en cavale ou libérés, aux marins capturés, aux soldats déserteurs, aux prostituées, aux alcooliques, aux fainéants, aux crasseux, aux drogués, aux pédés, aux femmes, aux parasites, aux jeunes, aux vieux, aux cons, aux artistes, aux taulards, aux gouines, aux apprentis, aux chiens, aux moines défroqués, aux nihilistes, aux dégénérés, aux savants, aux fous, aux politiques en exil et même aux seigneurs déchus.

Tous ceux que la société avait ou allait rejeter savaient qu'ils y seraient les bienvenus !

MOZAMBIQUE
MADAGASCAR
Sultanat d'Anjouan
Rantabe
Inhambane
250 km

– Chapitre VI –

Libertalia

Sur les hauteurs du Pain de Sucre, un gosse de six ou sept ans crapahutait comme un margouillat, les doigts agrippés aux moindre interstices de la roche, les pieds collés aux plus petites excroissances. Il grimpait aussi vite qu'il le pouvait, avant que sa « maman donnée » ne lui tombe dessus pour le ramener à la maison par l'oreille. Enfant turbulent, Woodes avait toutes les audaces, la vie l'avait déjà sauvé de tant de drames qu'il ne craignait plus rien. Le croup qui avait contraint sa mère à le mettre au monde en catastrophe, seule, loin de tout, aurait dû l'emporter. C'est elle qui mourut. Confié à des nourrices désargentées, l'enfant survécut et passa ses premières années dans la ville de Poole, à attendre le retour à terre de son père, le capitaine Woodes Rogers Senior. Officiellement, le capitaine courait le monde avec une flotte de quelques navires pour exporter du poisson, importer du vin et de l'huile d'olive. Si, sur le papier, il importait plus qu'il n'exportait - ce qui n'est jamais bon signe - c'est qu'il avait un truc. Un « ami », le gouverneur de Bombay Charles Zizan, s'était proposé pour blanchir un trafic négrier clandestin. Rogers, sans l'autorisation de la compagnie des Indes, pouvait donc s'adonner à la traite d'esclaves, si rentable. « Mister Charlie » se chargeant de réceptionner les galères pleines et d'en écouler la cargaison, oubliant simplement de payer le capitaine. Lorsque Woodes Rogers Senior comprit qu'il s'était fait avoir, il se tourna vers un autre ami (un vrai, cette fois) : Sir William Whetstone, légende vivante de la Navy dont, bien des années plus tard, le fils Rogers épousera sa fille. Whetstone avait les moyens de faire rendre gorge au gouverneur, tout en remettant Rogers en selle. Le père reprit donc la mer, direction Bombay. Mais cette fois, avec son fils. En route, le navire essuya une terrible tempête. Voiles arrachées, mâts sectionnés, le bâtiment s'ouvrit comme une pastèque trop mûre. Terré dans la cabine, l'enfant vit une énorme vague exploser les parois, emporter son père avant d'engloutir le reste de l'équipage et lui avec. Terrorisé mais conscient, il resta toute une nuit accroché à une planche. Harcelé par les vagues et le vent, il ne lâcha rien, ni ne ferma les yeux, jusqu'à l'aube. Il allait enfin capituler, lorsqu'un sloop s'approcha, commandé par des flibustiers, complètements éméchés. Ces Libéri avaient suivi de leur côte l'effrayante tempête, ils venaient en reconnaissance. Ils le retrouvèrent, glacé, grelottant, mais toujours accroché à sa planche. Ils ramenèrent les deux d'un coup, l'enfant et la planche, et les remirent à Sara Jeggin's, une jeune Irlandaise dont l'époux, un forban, avait trouvé la mort dans un accident de chasse. Sara, belle fille aux cheveux rouge vif, alliait une taille fine à de larges épaules de combattante. Le prenant doucement dans ses bras, elle murmura à l'oreille du petit « tu seras mon enfant donné ». Comme frappé par la foudre qui venait de l'épargner, le gosse se tendit brutalement, lui sifflant avec une force tout à fait incongrue en ces circonstances :

– C'est toi la donnée, moi je m'appelle Woodes ! Woodes Rogers, comme papa.

Sara rit longuement ; épuisé, Woodes se blottit contre elle. Il venait de tracer les règles de leur vie commune. Elle serait sa « maman donnée » et lui serait son petit Woodes, souvent dans ses jupons, ce qui promettait déjà de l'action, mais n'hésitant jamais à lui fausser adroitement compagnie pour vivre sa vie, à lui.

Sara prétendait être quarteronne chinoise mais, très objectivement, ce n'était pas flagrant. Ses taches de rousseur répondaient au soleil et ses yeux verts éblouissaient les hommes. Elle avait une petite fossette au menton, les quelques rides autour de ses émeraudes et de sa magnifique bouche la rendaient plus belle d'année en année. Sara était de ces femmes qui, au lieu de redouter l'âge, l'attendent avec une exquise conscience de ce qu'apporte le temps en assurance, en maturité, en simplicité. Quand le temps presse, tout devient plus simple. Malgré son minois d'enfant, elle était femme, célibataire déterminée, chieuse émancipée et garçon manqué ! Son goût pour la boisson en faisait une camarade de charme, dont tous avaient été, un jour ou l'autre, amoureux.

Résolue à élever le petit orphelin, Sara le plaça sous son toit. La colonie existant depuis moins de sept années et Woodes étant le premier « enfant importé », il devint une sorte de fils aîné des Libéri. Une vitalité hors du commun et un sens de la répartie dont il avait vite découvert les avantages, l'autorisaient à s'immiscer dans toutes les conversations. Il avait donc un avis sur tout, souvent pertinent, toujours drôle. Les livres n'étaient pas courants à Libertalia, mais on en trouvait, rescapés de naufrages ou précieusement conservés comme des vestiges d'époques révolues. Le petit Woodes leur voua rapidement un véritable culte, surtout ceux qui parlaient des caravelles et de ces étranges terres qu'elles avaient abordé un siècle et demi plus tôt : le Nouveau Monde. Sa mémoire retenait toutes les images et tous les récits. Sur les plages de Libertalia, avec sa maman donnée et tous les Libéri, il expérimentait l'école de la vie, dans les livres, il en découvrait les règles.

Et si, aujourd'hui, il caracolait dangereusement sur le rocher de la baie, c'était pour voir avant tout le monde, mieux que tout le monde, les nouveaux arrivants qu'il attendait. Son expérience personnelle lui avait appris que les tempêtes, comme celle que tous venaient de suivre, se terminaient de temps en temps sur le sable libéri.

D'abord, il avisa le bateau, un rafiot plus qu'un navire qui, dans la panique, avait jeté l'ancre au large d'Antseranana : le *Pearl of India.* Le tas de bois, dont on se demandait comment il avait pu traverser les océans, largua un esquif pour rencontrer les colons. L'entretien diplomatique se fit en pleine baie, face aux dix pirogues menées par monsieur Bourdon.

Sur l'embarcation des étrangers, Woodes ne distingua que deux hommes : le capitaine, Edward Seegar, et son commandant en second, John Taylor. Voyant le grand nombre d'hommes en armes venant à leur rencontre - ainsi que les canons sur le rivage -, les forbans décidèrent de se mettre en panne, au beau milieu des eaux.

– Lourdement armés pour des gens qu'on prétend pacifistes, moqua Taylor.

Chirrer et Bourdon s'amenèrent au plus près, afin de se présenter et surtout, de prévenir :

– Ici, nous sommes complets !
– Ça n'est pas ce que nous espérions entendre, dit Seegar.
– Capitaine, prévint Bourdon, notre colonie dépassera prochainement le millier d'hommes et commence à s'étendre, d'une baie à une autre.
– Peut-être pourrions-nous vous aider à vous réorganiser ? proposa Taylor.
– Navré messieurs...
– Nous venons des Indes occidentales, prévint cependant le capitaine. Avec des blessés, par dizaines. Nous avons eu des morts.
– Et notre quartier-maître les rejoindra, s'il ne peut pas dormir au sec rapidement, ajouta John.
– Bourbon n'est qu'à quelques encablures, mes amis...

Du sommet du Pain de sucre, le jeune Woodes toujours agrippé à son rocher vit un John Taylor qui perdait patience. Jamais encore il n'avait croisé le visage d'un homme, aussi rayé par la vie. Le Balafré s'avança vers la proue de sa chaloupe et pencha la tête, pour dévisager Chirrer et Bourdon, comme s'ils étaient aussi fous que lui :

– Bourbon est une terre de flibustiers soumis aux questeurs du roi de France.
– Gentilshommes, je vous prie de me croire...

Incapable de rester diplomate et sentant l'agacement monter, Taylor déposa une main qu'il souhaitait ferme mais perçue comme menaçante, sur l'épaule de monsieur Bourdon qui flageola un moment. Sur les neuf pirogues libéri, toute l'escorte s'inquiéta du geste brusque, armant pistolets et fusils. Mais John n'y prêta pas la moindre attention et dit :

– En toute sympathie, camarade : si mon *bosseman* passe l'arme à gauche, c'est toi qui régale. Une poignée de naufragés, contre le courroux d'un balafré... C'est pas si cher payé, l'ami ?

C'est en pareille situation que s'exprimait l'intelligence de monsieur Bourdon, qui ne craignait pas de paraître pleutre. Plus qu'elle ne l'effrayait, la menace lui semblait sérieuse.

– La vie de votre bosco semble vous tenir à cœur...
– Je l'aime, répondit sans détour John Taylor.

Frappé par la révélation, le capitaine Seegar se retourna, interdit, vers son second. Ce dernier continua de dévisager monsieur Bourdon, suspendu à ses lèvres. Dans un moment de doute, les chefs libéri décidèrent d'offrir une chance à ces vagabonds, en les prenant à l'essai. S'ils ne respectaient pas la plus petite règle de la colonie, ils en seraient bannis. Ce à quoi Taylor assura qu'ils seraient les plus sages de tous les gens vivant ici. Les Libéri n'en crurent pas un mot, rebroussant chemin vers le rivage, afin de prévenir leurs semblables de cette nouvelle arrivée. Et seuls sur leurs canots, Seegar et Taylor rejoignirent un vieux *Pearl* plus que jamais prêt à couler.

Hululant de joie, Woodes dévala la falaise à bride abattue. Il était si avide de tout voir, de tout connaître, qu'il recevait toute nouvelle rencontre comme un cadeau sans prix : elle lui apportait le monde au bout des mots.

Dans la chaloupe, John ramait comme un forcené sous l'œil du capitaine qui l'observait, perplexe, ne sachant que penser. Brusquement, le Balafré s'arrêta, immobilisant la chaloupe à une lieue de leur vaisseau. Il rangea ses rames et déboutonna lentement sa redingote.

– C'est donc vrai, marmonna Seegar.

– Capitaine, vous n'êtes absolument rien sans moi. Et jusqu'ici, j'ai encore besoin de vous. Sommes-nous d'accord sur ce point ?
– Absolument pas !

Comme il était certain de cette réponse, John le Balafré sourit, dégainant son mousquet. Secoué, le capitaine Seegar se recula :

– John, beugla-t-il. Que fais-tu ?
– Pas d'inquiétude prématurée, rit le fou en armant la pierre de son pistolet.

Puis, le pirate amoureux plaça le canon de son arme contre sa propre tempe. Il planta son regard dans celui de son pacha et, d'une voix très calme, demanda :

– Avez-vous plus besoin de moi, que je n'ai besoin de vous, capitaine ?

Seegar devint blême, terrorisé à l'idée que son second se tue là, devant lui. Depuis qu'il l'avait racheté en esclavage, il avait eu le temps de réaliser à quel point son homme de main était fou à lier. Se tirer une balle dans le lobe temporal afin de prouver, une bonne fois pour toutes, qu'il était irremplaçable ? John en était absolument capable. Doucement, en détachant les mots, Seegar admit :

– Oui, John. J'ai besoin de toi. Plus que toi, tu n'as besoin de moi.

Ravi, le pirate déposa son mousquet sur un banc du canot, juste entre eux deux. Et il conclut :

– Ne l'oubliez pas, capitaine. Jamais !

Atterré, Edward Seegar se précipita sur l'arme pour la décharger. Et tandis que John reprenait ses avirons en souriant, il découvrait avec stupeur qu'aucune balle n'était engagée dans le canon. Secrètement, le pacha maudit le nom de son premier officier. Mais il retint la leçon : l'orientation sexuelle de son commandant relevait de sa putain de vie privée.

Louis Labous, que l'on ne désignerait plus dorénavant que sous le nom d'Olivier Levasseur, débarqua sur le sable libéri allongé dans un drap. Des premières écumes de liberté, il ne sentit que les vents salés et trois caresses, l'effleurer. Il vit le petit minois de Woodes, blotti dans les bras d'une rouquine à l'éblouissant sourire, coiffée d'une fleur d'hibiscus. Près d'eux, John Taylor soutenait un regard rassurant, l'air de penser que tout irait bien à présent. La femme aux cheveux rouges dit :

– Votre ami et vous pourrez dormir chez moi, le temps qu'il faudra.

Avant même que John n'eût le temps de répondre, le petit Woodes fit un bond de côté pour, comme s'il en avait la force, aider à porter le corps de Levasseur. Le commandant en second pouffa de rire et sourit à la belle, pour accepter l'offre. Entendant cela, Olivier Levasseur laissa retomber sa tête en arrière, totalement épuisé. John se retourna vers son capitaine, qui suivait déjà monsieur Bourdon et un autre Libéri. Sur le rivage, Thomas Tew se présenta en ces termes :

– Tew, amiral de la flotte libéri, prince consort et tout ce qui s'ensuit.
– Je pensais que c'était une république.
– C'est aussi une utopie ! Votre nom, pirate ?
– John Taylor, lança-t-il en tendant sa main vers l'officier qui l'observa sans vraiment l'envisager.

L'amiral cracha dans le sable plutôt que de la lui serrer. De prince consort à pirates, Tew ne pouvait que les mépriser. D'autant que le carré des officiers du *Pearl of India* n'était composé que d'estropiés : un capitaine vieux avant l'âge ; un commandant en second au visage dévoré par une balafre ; un maître de manœuvre borgne et un quartier-maître à demi mort. C'était à se demander comment le capitaine avait pu éviter la mutinerie. L'amiral fit demi-tour, sans le moindre signe de respect. Taylor comprit immédiatement que cette provocation était destinée à le déstabiliser, à révéler ce que Tew prenait pour sa cruauté mais qui n'était qu'une des expressions de sa folie. L'Irlandais se contenta de sourire.

*

En 1689, Libertalia pouvait se targuer d'avoir réussi son pari. La colonie, bien que discrète, était parvenue à dépasser le millier de personnes, sans qu'aucune armée ne vienne les défier. Tous ses habitants semblaient avoir surmonté le jeu des équilibres précaires, entre les principes féodaux des Anteva et leurs propres instances républicaines. Les colons œuvrant dans les champs, les carrières et les rizières, ne revendiquèrent jamais quelques droits de propriétés que ce soit. Au fil du temps, de plus en plus apprenaient les dialectes d'Emyrne. Et une grande bâtisse, un parlement, fut construite dans les terres, à mi-chemin entre la baie d'Antseranana et la baie d'Antongil. Les Libéri, qui vivaient dans la première, regagnaient régulièrement la seconde, afin de commercer avec le monde sur Rantabe ou l'île Boraha. Véritable cœur démocratique, la case du parlement fut prévue pour accueillir une fois par an, au moins cent personnes, parmi les représentants libéri et anteva.

A la veille d'une nouvelle session représentative, l'amiral Tew fumait sa pipe, étendu sur le lit de sa reine, Rahena. Radieuse dans sa robe blanche, Rahena arrangeait sa tenue de cérémonie. Son prince semblait se délecter du spectacle de ses formes... qui lui évoquaient une autre sirène, tout aussi flamboyante : Sara Jeggin's. Voici bientôt un an que les hommes du *Pearl of India* avaient été mis à l'épreuve par la communauté. Et le conseil entérinerait très vraisemblablement leur accueil officiel dans la colonie. Pour autant, l'amiral Tew n'y était pas favorable. Dès le premier jour, dès le premier regard, il avait eu le sentiment que ces gens pourraient contrarier ses plans. Il est certain que Thomas Tew aimait Rahena, probablement plus qu'elle ne l'avait aimé en retour. Ce qui n'empêchait sa nature cupide de le tarauder, le laissant des journées entières ressasser ce qu'il croyait savoir du fameux trésor libéri, caché quelque part, là, quasiment chez lui !

Reclus dans leur case sur pilotis, Sara Jeggin's, le jeune Woodes et leurs invités, Olivier Levasseur et John Taylor formaient un clan à part. Si d'aucuns pouvaient douter de l'engagement des forbans, un tiers des Libéri connaissait déjà la détermination et le charisme de Sara. C'est justement lors d'une session parlementaire, qu'elle s'était illustrée pour la première fois. Assise dans le fond de la salle, elle écoutait le ronron diplomatique des émissaires anteva et des représentants libéri. Lorsque le porte-parole demanda si quelqu'un voulait évoquer une affaire le concernant, elle prit la parole. S'avançant jusqu'aux pupitres des chefs, parmi lesquels se trouvait la reine, Sara s'agenouilla, se présenta humblement et dit :

– Je demande un moratoire sur l'impôt du poisson !

Beaucoup sourirent. Mais pas la reine, qui détourna le menton vers son ambassadeur, afin qu'il incite la jeune irlandaise à développer :

– Pour deux poissons pêchés, reprit-elle alors courageusement ; vous en exigez un troisième.
– Ce sont là nos coutumes, madame, lança le porte-parole anteva.
– Je le sais bien. Mais tandis que les hommes peuvent chasser plusieurs gibiers en une journée et ainsi, aisément vous honorer ; nous autres, femmes de la colonie, devons pêcher seules. Or nous ne sommes pas toutes égales à ce jeu-là. Les bons endroits sont difficiles d'accès, nécessitent un canot, il y a des courants et nous comptons nos mortes.

Sans qu'elle ne s'en aperçoive, derrière elle, ses compagnes libéri étaient médusées. Si ce problème avait nombre de fois été soulevé par les colons, jamais personne n'avait pensé à l'exposer aussi clairement aux Anteva, de peur de les fâcher.

– Femme ! cria le porte-parole avec perversité. Comment espères-tu nous honorer si la taxe sur les poissons est levée ?
– D'aucune façon qui me répugne, répondit aimablement Sara.

La fougueuse répartie de la jeune femme surprit tout l'auditoire. A l'exception du représentant anteva, tous hurlèrent de rire. La reine, elle-même, se mit à sourire. Bien qu'échaudé, le porte-parole, toujours aussi hautain, frappa le pupitre de son bracelet pour faire taire la foule :

– Si je comprends bien, ce problème concerne toutes les femmes libéri ?
– Exact.
– Alors comment se fait-il que tu sois la seule à exiger une exonération.
– Je n'exige rien. Je vous le demande pour tous. Mes frères et mes sœurs ont peur de vous blesser. Tous recherchent l'harmonie entre nos deux cultures.
– Vous êtes donc la seule Libéri à avoir eu le courage de cette proposition ?
– Je l'assume.

Voyant messieurs Bourdon et Chirrer au premier rang, le porte-parole demanda si Olivier Misson et Baldo Caraccioli étaient également présents dans la salle. Ce jour-là, Misson était déjà malade. Malheureusement, personne ne s'en inquiéta. Thomas Tew voulut prendre les devants, mais Rahena le foudroya du regard, afin qu'il reste à sa place d'amiral. Baldo, qui prisait son zamal sur le perron de la pagode parlementaire, leva une main molle et s'avança devant Sa Majesté. Il portait une nouvelle toge, brune, sale et déchirée, cachant à peine son ventre devenu gargantuesque, et sur lequel dansait toujours sa petite croix. Fendant la pièce dans un silence religieux, il put s'apercevoir que tout le monde n'avait plus d'yeux que pour Sara, éblouissante de bravoure. Avant que le porte-parole de la souveraine n'interroge Baldo, la reine se pencha à son oreille, lui soufflant sa prochaine question. Masquant mal son irritation, il reprit :

- Monsieur Caraccioli, est-ce bien la fille qui a recueilli le petit orphelin ?
- Oui, dit sobrement Baldo.
- Confirmez-vous ses propos ?
- Les femmes ont parfois du mal à pêcher mais...

Soudain, la reine se leva, surprenant tout le monde. Elle contourna le pupitre, se présenta devant Sara et Baldo qui, immédiatement, se prosternèrent. Rahena négligea le moine pour relever la belle Irlandaise aux cheveux rouges. Là, sans un mot, elle l'embrassa sur le front puis s'en alla, laissant tout le monde coi. Une petite escorte s'empressa d'encadrer la souveraine. Et son porte-parole, pressé d'en finir, frappa de nouveau sur son pupitre pour entériner la proposition :

- Sa Majesté Andriamasinavalona accepte que la république soit exonérée de la dîme sur le poisson. La séance est levée.

Sara Jeggin's resta immobile, vaguement sonnée par ce qui venait de se produire. Contrairement à Tew, écœuré, elle n'en saisit pas immédiatement le symbole. Mais bientôt, elle comprit que par son geste, la reine qui ne touchait quasiment personne, venait de lui marquer un respect rarement exprimé d'aussi vibrante manière.

Rahena tenait par-dessus tout à ce que son royaume reste uni. Une seule bannière sous laquelle plusieurs ethnies acceptent de se ranger, lui apparaissait comme la plus sérieuse garantie pour le seul bien qui vaille : la paix.

Pour assurer sa paix, elle préparait sa guerre. Ou du moins, son armée de mulâtres. Par ce simple baiser silencieux, douce attention qu'une Andri ne pouvait donner qu'à une Andri, Sara Jeggin's était devenue sans qu'elle y ait pensé, ne serait-ce qu'une seconde, un des éléments essentiels de la stratégie royale. Dans les jours qui suivirent, la rumeur enfla. Des quelque mille cent Libéri qui peuplaient ces baies, bientôt tous connaîtraient le visage de Sara, vantant sa répartie et son courage. Si nombre d'hommes succombèrent à ses charmes, aucun ne fut aussi épris que ses deux invités, John Taylor et Olivier Levasseur. Des deux, aucun n'édifia jamais sa propre maison, ils se contentèrent d'agrandir celle de Sara. Personne au départ, ne soupçonna leur ménage à trois. Olivier vivait caché, dans l'intérieur de cette grande case sur pilotis, où il poursuivait sa convalescence. Et tandis que Sara vaquait à ses occupations, John demeurait à son chevet, ne s'éloignant jamais plus loin que le pas de la porte. La comédie dura sept mois, aux termes desquels les colons commencèrent à voir apparaître le visage d'Olivier. Bien que faiblard et dormant la moitié du jour, « l'étranger au cœur blessé » commença à ressusciter. Mais aux yeux des Libéri, le nouveau compagnon de Sara demeurait le Balafré, qui ne quittait pas le seuil de son logis.

Un soir, l'amiral Tew vint à sa rencontre. Ils ne s'étaient pas reparlé seul à seul depuis leur arrivée. John était assis sur la plate-forme sur pilotis, préparant des feuilles de zamal tout en étudiant un livre sur la magie noire. Pareille à de nombreuses maisons libéri, celle de Sara ressemblait à une grande case posée sur une berge flottante. Elle comprenait deux entrées, en forme de larges terrasses, prolongées par des pontons maintenus sur les flots. Tout l'intérieur était ouvert, de sorte à ce que si vous empruntiez l'une de ces berges pour la visiter au crépuscule, vous pouviez profiter, à travers toutes ces ouvertures, du soleil couchant. Quelques ombres, au travers de la lumière, témoignaient d'une vie présente.

Les Libéri ne construisaient pas leurs maisons sur pilotis et de façon aérée uniquement par esthétisme. C'était également une marque de prudence. Ces colons, dont la première génération était presque exclusivement d'origine européenne, avaient une grande habitude des lampes à huile, dont ils faisaient encore beaucoup commerce depuis Antongil. Les Anteva étaient très inquiets à l'idée que ces illuminés puissent un jour et par mégarde, embraser une case et ainsi, déclencher de gigantesques incendies. Sur la mer au moins, les accidents seraient circonscrits. Cela permit aussi aux Libéri de s'organiser de façon représentative, comme les Andri le leur avaient enseigné. Trois à cinq personnes formaient un clan, vivant ensemble ou près, les uns des autres. Une dizaine de colons composait un groupe. Les groupes étant faits de différents clans, chacun devait élire un représentant, capable de communiquer avec les autres et, le cas échéant, de régler les problèmes au parlement.

A peine avait-il quitté le sable pour s'avancer sur le ponton, que Thomas Tew put deviner la silhouette John Taylor dans le soleil.

- Bien le bonjour, ami anglais, lança l'Irlandais.
- Les guerres de l'ancien monde ne concernent pas le nouveau, prévint Tew.

John ne s'inquiéta pas un instant de cette désagréable visite et, sans relever le nez de son ouvrage, maugréa :

- Que me vaut l'honneur ?
- Votre compagnon, j'aimerais le voir.
- Bientôt.
- Non, j'aimerais le voir maintenant.
- Il n'est pas en état. Il dort.
- Sornettes ! Je vous ai vu l'aider à marcher sur la plage, avant-hier.
- C'était avant-hier. Là, il dort.
- Et bien réveillez-le, il faut que je sache qui il est.
- Je ne réveille pas les gens qui dorment, siffla sobrement Taylor sans quitter ses pages du regard. Ma spécialité serait même plutôt inverse, amiral...
- Ça nous fait déjà un point commun, sourit Tew.

Amusé, John consentit enfin à refermer son bouquin. Il le jeta sur les lattes de bois et en se relevant, remonta ses manches pour laisser apparaître son bracelet de forces, orné d'épines. Il s'approcha de l'amiral, jusqu'à pouvoir renifler la peur qui transpirait par tous ses pores. Frémissant, Thomas Tew ne parvint pas à dissimuler l'effroi qui l'envahit.

– Vous voulez forcer la maison d'une dame que votre reine a embrassée ? demanda John, amusé. Mais après vous, amiral.

Se décalant, John l'invita à entrer, malgré l'absence de Sara. Ce qui, Tew ne pouvait l'ignorer, constituait une injure grave au nom des Andri. L'ancien capitaine de l'*Amitié* se mordit les lèvres pour ne pas rugir. Il tourna les talons pour s'enfuir, furibond, grognant la plus surprenante des réponses :

– Je vois que vous apprenez vite les coutumes nègres !

John Taylor demeura pantois.

Plus tard, Tew eut l'occasion de rencontrer Olivier Levasseur. Ce qui confirma ses soupçons. Sara, Woodes, John et le Français formaient un clan potentiellement séparatiste. Comme d'autres colons, ils supportaient mal d'appartenir à un groupe, ce qui ne dérangeait évidemment personne. D'autant que ce clan silencieux se montrait à la fois disponible et discret. La popularité de Sara les amenait à converser avec tous et à se rendre utiles au plus grand nombre. Le chef de famille était une femme ; et par la grâce d'une attention royale, elle était devenue une Andri. Ils n'étaient donc plus des immigrés comme les autres ; qu'ils se rendent ou non aux conseils des feux du soir, comme à la session parlementaire annuelle, n'avait aucune importance. Car là où se trouvait Sara, se trouvait le roi.

Quoi qu'il advienne, Tew l'avait compris, ces nouveaux immigrés incarneraient, tôt ou tard, l'avenir de la colonie. A ce titre, une vision d'horreur obsédait l'amiral. Une question qu'il ne put jamais partager mais qui lui rongeait les entrailles : et si c'était à eux, que devait revenir le trésor libéri ?

Dans la chambre où s'habillait la reine, Thomas Tew finit par se relever, afin de lui aussi, se préparer pour la session parlementaire. Il tenta, à plusieurs reprises, de convaincre Rahena de ne pas valider l'admission des hommes du *Pearl*. En vain :

– Ils ont passé leur année de mise à l'épreuve, assura la souveraine.
– Mais on ne sait rien de celui qu'ils protègent comme une momie sacrée, Olivier Levasseur. Son temps de mise à l'épreuve, il l'a passé allongé dans un lit, à panser ses plaies. Pas étonnant, dans ces conditions, que tout se soit bien passé. Qu'arrivera-t-il, ma reine, lorsque leur capitaine, monsieur Seegar, ou le borgne nommé Benjamin, croiseront la route d'Olivier Levasseur sur les sentiers libéri ?
– Ils se salueront ? dit-elle en plaisantant.
– Tu sais ce que l'on raconte ? C'est à cause de lui, si Benjamin a perdu son œil.
– Je cherche à constituer une armée afin que ma descendance puisse régner pour un millier d'années, s'agaça la reine. Que certains d'entre eux se crèvent les yeux me paraît la moindre des choses, pour de valeureux guerriers...

A ces mots, Thomas Tew resta figé, comme pétrifié. Bien qu'il fût certain de ceux qui allaient suivre, il ferma les yeux un court moment, priant secrètement qu'ils ne fussent pas prononcés. Mais la reine coupa court à ses fantasmes et, d'une voix suffisamment forte pour que ses gardes l'entendent depuis l'extérieur de la maison, elle dit en souriant :

– Je suis enceinte.

A l'issue du conseil sénatorial, différents clans furent entendus par la reine et les Andri qui l'accompagnaient. Tous furent réaffirmés comme Libéri. Parmi eux, Sara Jeggin's représenta le foyer d'Olivier.

Au même moment, ce dernier se déracinait de son lit pour rejoindre John, sur le ponton :

– Alors ? lui lança John avec un sourire accusateur. Qu'en dit le cachottier ?

– Ça m' plaît bien, palsambleu !
– A la bonne heure.

Olivier, Edward, John et Benjamin s'intégrèrent presque immédiatement, s'impliquant dans la pêche, la chasse et les respectueux échanges avec les voisins Anteva. Ils passaient désormais tout leur temps dans les piscines des Eaux de Lune à jouer, boire et s'amuser, comme pour laver les souvenirs pleins de sang qui encombraient déjà leurs mémoires. Ils se rendaient aussi régulièrement sur l'îlot du Pain de Sucre, moins fréquenté par les autres Libéri et qui, certaines nuits, était le théâtre de grandes messes noires. Ils en visitaient les cavernes, dont des murs étaient recouverts de signes étranges et de très anciennes peintures d'animaux. Mystérieux et sauvage, avec sa montagne couleur émeraude, ses dizaines de grottes cachées et ses conduites volcaniques, le lieu que les natifs appelaient aussi *Nosy Lonjo* (l'île brûlante) les envoûta complètement.

Pour la première fois depuis bien longtemps, leurs visages, marqués bien au-delà des cicatrices par les stigmates d'une vie d'horreurs, de violences et de fracas, retrouvèrent une fraicheur qu'à leur âge, ils n'auraient jamais dû perdre. Ils se remirent à sourire et leurs yeux, durcis au point d'en sembler fous, s'adoucirent. Parfois même y dansaient, comme si une porte dérobée s'entrouvrait sur leur âme d'enfant, quelques étincelles fugitives. Mais on n'efface pas si rapidement un passé de traque et de sang. Dieu soit loué, la chasse était là pour calmer leurs ardeurs et, sous couvert de nourrir la colonie, chacun essayait comme il le pouvait de calmer la bête qui dormait en lui. Tous les jours, John et Benjamin, avec d'autres hommes de la plage, relevaient les pièges, en posaient de nouveaux et coursaient un gibier auquel ils réservaient leurs ruses les plus sophistiquées. Certes, ils n'agissaient que dans les zones autorisées par les Andri. Si au terme d'une poursuite, il arrivait qu'ils tuent un animal dans des périmètres interdits, ils offraient leur prise au village le plus proche.

Olivier, quant à lui, se trouva vite à l'écart : au ban du ban. Plus il se rétablissait, plus ses anciens compagnons s'éloignaient du clan de Sara. Avec son œil, Benjamin Hornigold avait perdu une partie de sa joie de vivre et toute sa confiance en ses Frères. Edward Seegar considérait toujours le Français comme un traître, rebelle et manipulateur. Plus que tout, l'ancien capitaine ne lui pardonnait pas d'avoir, par légèreté, contribué à la fuite de sa trésorerie. Sans capacité de redistribution pour protéger ses hommes des coups du sort, comme il l'avait fait avec l'assurance santé, Seegar avait perdu toute crédibilité. Et même si sa ruine devait beaucoup à sa mauvaise gestion, il préférait en attribuer la responsabilité à la négligence d'Olivier.

Par contre, le jeune Levasseur tissa des liens d'amitié avec monsieur Misson, qui l'admirait. Rares étaient les pirates sachant lire, écrire, compter et dire des poèmes. Levasseur parlait bien. Il aimait lire, aussi, mais comme il n'avait pas grand chose à se mettre sous la dent, il passait du temps à reprendre les histoires dont il se souvenait sur d'étranges calepins. Il s'y fabriquait des sortes de codes mystiques, reprenant non sans nostalgie, l'alphabet templier légué par Alessandro Cajal, comme un ultime message de l'au-delà.

Quand il commença à se porter réellement mieux, Olivier installa sa routine. Chaque matin, il se laissait glisser du ponton de sa maison, pour pêcher au harpon. Avant de frapper, il passait des heures, étendu dans l'eau, concentré sur un faible rythme cardiaque, pour regarder les poissons multicolores danser autour de lui. Respirant à travers des tiges de bambou, il se laissait dériver vers les coraux, contemplant l'extraordinaire ballet aquatique qui se jouait autour de lui. Le soleil sur ses épaules et le vent caressant son dos, il avait ce sentiment jubilatoire de vivre l'expérience du bonheur. Il profitait de chaque seconde de solitude. Jusqu'à ce que l'enfant, réveillé à son tour, saute en bombe aussi près de lui que possible ! Alors avec Woodes commençaient d'autres jeux, d'autres poursuites, dans l'enchantement ondoyant des fleurs sous-marines et des poissons.

John Taylor n'avait pas la fibre paternelle. Il entendait jouir de la vie en chaque instant, sans s'interroger sur l'avenir des autres, ni sur le sien. A ses yeux, Woodes ne représentait rien d'autre que ce futur incertain. S'il devait arriver malheur à l'enfant, John eut sans doute été le premier à le secourir. Non pas qu'en partageant la couche de Sara, il s'estimât responsable des membres du clan, mais comme ça, par instinct. Au-delà des coquineries proposées par l'Irlandaise, John n'avait de véritable amour que pour son compagnon français, ce qui lui donnait une sorte de préscience : les éternels silences d'Olivier Levasseur n'empêchaient pas le Balafré de lire en lui comme dans un livre ouvert. Lui, qui se tenait toujours au bord des sentiments, prenant bien garde de ne pas s'y laisser aller, ressentait la profondeur du lien qui liait Levasseur à Sara. Tous trois évoluaient dans les brumes de cette étrange carte du tendre dont John avait naturellement évalué les points essentiels, autorisant chacun à y trouver sa place. A mesure qu'il se rétablit, le quartier-maître devint une sorte de chef de famille, tandis que John demeura l'amant fougueux, que Sara appréciait. Olivier Levasseur, elle l'aimait ! Dans ce triptyque amoureux, la seule issue pour le Balafré fut de s'inscrire comme une sorte de second mari, de second père, de second chef. Comme un commandant en second.

Il suffisait de longer les plages libéri, pour réaliser qu'elles étaient sans danger et jonchées de rêveurs, certains diraient d'utopistes, tous persuadés que la paix était un idéal parfaitement accessible. Qu'ils soient chasseurs, pêcheurs, musiciens, qu'ils aient jadis été pirates ou corsaires, tous avaient rejeté la colère du monde pour adopter une vie oisive et festive, qui leur convenait à merveille. Il fallait bien cela pour que ces gobes-la-mer, nomades par nature, se fassent sédentaires. Heureux d'être en vie au milieu de ces paysages, acceptés – pourvu qu'ils obéissent à quelques règles simples – par une population bienveillante, et joyeusement stimulés par le khat, ils avaient enfin l'impression d'être arrivés là où ils devaient être, au meilleur d'eux-mêmes. Etrangement, les longues heures passées à brouter le khat avaient contribué à pacifier la colonie, rappelant sûrement à certains le zamal et les arômes perdus d'Anjouan.

Ces années pastel au rythme des soleils couchants avaient l'indescriptible goût de la tendresse, comme une nuit étoilée dans les bras d'une fiancée. Plus de dix ans après l'arrivée de Misson et Baldo, la colonie comptait à peu près autant de femmes que d'hommes. Des putains de Babylone - traquées aux quatre coins du monde par les soldats ou les maquereaux - aux filles humiliées du cuisant souvenir de la fleur de lys, en passant par des compagnes, des anciennes amies ou des esclaves, sans oublier, bien entendu, celles qui avaient tout perdu ; amis, maris, âmes et enfants... Presque aussi naturellement que les hommes, des femmes échouaient sur ces rivages avec l'incroyable certitude d'y retrouver l'espoir ; d'y retrouver la vie. Les rares disputes que connurent ces républicains furent, presque toujours, liées aux femmes et à la jalousie. Les Libéri s'autorisaient toutes formes d'amours et de sexualités, sans jugements. Entre hommes, entre femmes, à deux, à trois ou à trente, absolument rien n'était interdit. La seule recommandation était de ne pas exposer ses passions sur le sable ou à la vue de tous, avant que la lune n'ait dépassé son zénith ; avant que tous les enfants soient complètement endormis. Soucieux de vivre heureux, ces anarchistes faisaient leur possible pour tenir la jalousie en respect. Absolument toujours. Et ce n'était pas simple. Ils privilégiaient le dialogue aux disputes. Par honnêteté disaient les hommes, par égoïsme chuchotaient certaines femmes, ils prônaient la polygamie, censée éliminer les faux-semblants.

Conquis, Olivier Levasseur appartenait à Sara Jeggin's, corps et âme. Mais lorsqu'il entendait parler de sentiments entre elle et John Taylor, il était instantanément envahi par une vague de jalousie juvénile, inutile, certes, mais irrépressible. Il savait que Sara était la seule capable d'interpréter, et surtout de gérer, ces sentiments croisés faits d'amour, de désir mais aussi de très profondes amitiés. Elle y parvenait, prête à tout pour garder, ensemble, près d'elle, ceux qu'elle considérait comme les deux hommes de sa vie. Pour en assurer Olivier, alors bien incapable de la même logique, Sara en vint à régulièrement le préférer, une fois la nuit tombée. John papillonnait alors, d'une nouvelle rencontre à une autre. Et Sara se blottissait contre son Français, lui répétant tendrement à quel point, elle aussi, lui appartenait. Olivier Levasseur devint l'amant, l'aimant, le confident et le cœur bouillonnant de cette femme au caractère de volcan.

Sara était étrange. Peut-être un héritage parental ? Elle n'en savait rien et s'en fichait totalement. Le plus souvent, elle était passive : elle s'asseyait sur la plage, passant de longues heures à tirer doucement sur sa pipe en buvant des infusions de thé. N'importe qui pouvait alors l'accompagner, à condition de ne pas la déranger. Si une présence lui semblait lourde, elle se levait pour, de nouveau, aller s'isoler. Pour Sara, la parole était un don superflu. Les arbres, les plantes, les bêtes n'en ont pas besoin pour se comprendre ; tout ce qui nous entoure prouve qu'un peu d'écoute et d'attention suffisent à ressentir son prochain.

Lorsqu'elle n'était pas dans sa bulle léthargique, elle courait. Partout ! A droite, à gauche, elle s'activait. Aux champs comme au linge ou à la cuisine, elle offrit une énergie folle à la république. Elle était capable d'une incontrôlable suractivité, dix heures durant. Un temps pendant lequel elle ne supportait aucune contrariété. A l'issue de ces crises de nerfs, elle s'effondrait complètement. Si les Libéri appréciaient ses qualités, Olivier Levasseur aimait ses défauts. Lorsqu'il était allongé près d'elle, sa main dans la sienne, plus rien au monde n'avait de sens. Une fin du monde eût été imminente, que les amoureux n'auraient probablement pas bronché, ne profitant que d'un verre de rhum et de leur formidable et commune ataraxie. Dans tout ce qu'elle faisait, dans tout ce qu'elle était, Sara transpirait la sérénité. Et c'était bien la plus belle leçon de vie qu'un être puisse offrir à un autre : le simple fait de la côtoyer vous enseignait le bonheur. Se méfiant de la passion, qui s'effiloche avec le temps, Olivier Levasseur lui préférait largement les amours au long cours, même tièdes. Avec Sara, il découvrit la profondeur de ces embrasements. Un mélange de béatitudes, alimenté par la complicité. Dieu lui-même les aurait envié.

Sara et Olivier n'avaient pas besoin de rester collés l'un à l'autre, comme deux adolescents, pour se sentir bien. Se savoir dans la même colonie, se quitter pour se retrouver et même s'apercevoir de loin, suffisait à les combler. Un apaisement qui mena Olivier à accepter les règles libertines de la république. Cela faisait partie des forces de Libertalia, que d'admettre l'inconditionnelle liberté de ses habitants. Et même s'il avait parfois du mal à le supporter, Olivier parvint à rester heureux. Chaque matin, chaque journée et chaque soir diffusaient le parfum enivrant d'un émerveillement renouvelé. Lorsqu'il regardait la femme de sa vie rire avec son meilleur ami, voire se blottir contre lui, il avait le cœur serré, en même temps que la vision de son foyer l'apaisait. Il savait, lorsqu'il refermait ses doigts sur une poignée de sable dont il regardait les grains s'échapper, qu'il s'était ancré dans la seule patrie qu'il voudrait jamais protéger.

Tous trois s'étendaient, nus, les uns près des autres, s'entremêlaient durant des heures avant de se rallonger, sur le sable ou dans d'idylliques cascades, se nourrissant des paysages, s'abreuvant de rhum et prisant leurs douces herbes. Ils s'aimaient et se le montraient. Une nuit, la tête dans les étoiles, Olivier eut le déclic qu'il voulait éviter. Tout à coup, devant ces évidences de béatitudes, il comprit qu'il vivait sans doute là les plus beaux moments de sa vie. En prendre conscience le tordit de douleur. Il ferma les yeux, alors qu'ils somnolaient ensemble, dans ses bras. Il ferma les yeux très fort, implorant le ciel de chasser loin de lui cette idée d'un monde forcément périssable. Le secret de la vie, son sel, n'est-il pas justement qu'elle s'arrête ? Incapable d'échapper à cette angoissante fin programmée, il rouvrit les paupières en souriant. Il scruta de nouveau les étoiles et se fit la simple promesse de ne jamais oublier ces doux moments. Ceux où, sans se soucier de son nom, de son âge ou de son passé, une femme et un ami qu'il aima profondément, apaisèrent son âme et son cœur d'un amour indéfectible. Et se surprenant à sourire face aux plaisirs de la vie, il leur dit :

- Il y a une théorie sur l'eau, pour Rome...
- De quoi ? marmonna John, déjà très loin sur la route des épices.
- Ils avaient des aqueducs et un système de traitement des eaux très évolué. L'hygiène était vitale à leurs yeux. Ils pouvaient se laver jusqu'à quatre fois dans la journée... Pas comme toi, John !
- Oui mais il doit faire chaud en Italie ? plaisanta l'intéressé.
- Ah parce qu'ici on se pèle les grelots sous les cocotiers, peut-être ? éclata de rire leur belle amie.
- Qu'ont fait les barbares quand ils ont assiégé Rome ? reprit le Français. Ils ont coupé l'eau. Les aqueducs, les égouts, les citernes, ils ont tout cassé. Sans hygiène, la maladie a ravagé Rome. L'empire est tombé.
- Tu vois ? s'exclama John. J'ai raison : les bains, c'est pour les cons !
- Vous êtes aussi bêtes l'un que l'autre, rit Sara. C'est une crise financière. L'empire a cessé de s'étendre, donc de piller les territoires conquis, dès l'an 3 ou l'an 4. Rome a essayé de compenser ses pertes avec une pression fiscale plus forte. Sauf que les taxes étaient déjà trop élevées. Des milliers de gens sont devenus pauvres. Les inégalités se sont creusées. Et pour éviter la guerre civile, l'empire a multiplié les jeux avec distribution gratuite de pains, ce qui a fini d'assécher ses caisses.

John et Olivier se turent, impressionnés.

- Là-dessus, reprit-elle avec superbe, les premières invasions barbares sont apparues. Elles ont fait des ravages, c'est sûr. Mais l'empire a aussi perdu énormément de métaux précieux pour frapper sa monnaie. Inflations, crises à répétitions. Les citoyens se sont simplement désagrégés, sous l'écrasante charge des contributions : il était là le poison, une expansion fiscale pour corriger quelques erreurs. Voilà tout.

Les deux hommes se redressèrent mollement, abasourdis.

– Tu savais ça, toi ? demanda l'un.
– Bah non, répondit lourdement l'autre.

Autarcique par la force des choses, la république égalitaire se mua en véritable micro Etat[28]. Coupée du monde, avec une heureuse conscience de sa trajectoire déviante, Libertalia espérait surtout en profiter le plus longtemps possible. Elle connut une longue période de stabilité. De belles années, marquées par des fêtes princières, par des comportements imbéciles mais aussi, comme partout, par des deuils...

Pendant que certains immigrés multipliaient les sorties, et donc les prises, qu'ils revendaient sur Boraha pour, selon le Code, répartir équitablement les gains entre Libéri, d'autres, arrivés plus récemment, bousculèrent les coutumes. Des hommes dont plus tard les noms noirciront les pages des récits consacrés à l'âge d'or de la piraterie. Parmi eux, quelques transfuges de la Caraïbe, normal chez ces coureurs des mers. Nathaniel North et John Bowen - dit Jean Bouin, à la française - longtemps compagnons de l'Anglais Georges Booth, venaient des Bermudes. Tout comme William Masson, James Culliford et William Kidd censément chasseur de flibustiers ayant viré pirate qui, en 1689, en pleine guerre de la ligue d'Augsbourg, ne trouvèrent rien de mieux que d'appareiller sur la *Sainte Rose,* vaisseau servi par un équipage français. Les colonies épousant les conflits de leurs maîtres, le trio, très remonté contre Louis XIV qui guerroyait alors contre les trois-quarts de l'Europe, Angleterre en tête, s'en prit aux Français du bord. S'en suivit une mutinerie, qui tourna mal. La *Sainte Rose,* rebaptisée *Blessed Willing,* envoya par le fond les cadavres de

---

28 En 1997, dans un essai libre de droits, Hakim Bey définira Libertalia comme une TAZ (zone d'autonomie temporaire).

quarante-neuf malheureux mangeurs de grenouilles avant que Masson et Culliford - Kidd les ayant quittés entre temps - échouent sur le sable libéri.

Comme bien d'autres, loin de l'idéal pacifique des premiers immigrés, ils voulaient avant tout se refaire, tout en profitant, puisque l'occasion leur en était donnée, d'un système des plus permissifs. Parmi ces derniers immigrés, il fallait aussi compter avec des abrutis, comme le trio Peeters, Vander Berg et Dussens qui joua un rôle dramatique dans la fin de la mythique colonie.

Les querelles entre Libéri et Anteva se multipliaient. Des délégations de natifs étaient régulièrement contraintes d'investir une plage, pour réclamer son dû. Il s'agissait le plus souvent de viandes, que les Libéri avaient chassé sur leurs terres. La question des vierges revint aussi régulièrement. Après les quelques heurts vite résolus des premiers débuts, sur les baies, les fillettes aux sangs mêlés étaient protégées par les groupes et les clans. Les nouveaux arrivants, ne voyant dans les tribus natives qui les entouraient que des sauvages, se comportaient comme les forbans incultes qu'ils étaient. Les griefs s'accumulaient quand brutalement, les Anteva prirent le coup de sang, suite à quelques expéditions particulièrement lamentables, improvisées sur leurs terres. Ils accusaient les Blancs d'être venus en hordes pour « voler » disaient certains, « violer » affirmaient d'autres, leurs filles. Conscients du danger mais dépassés, Bourdon et Chirrer rappelèrent rapidement Misson et Baldo au commandement de la baie des Forbans.

Pour conforter sa position chez les Anteva, Misson réclama un soutien ferme de la part de Thomas Tew. Mais, depuis quelques mois, l'amiral faisait bande à part. La sulfureuse légende du trésor lui grignotait chaque jour un peu plus le foie, le cœur et le cerveau.

Il avait, comme tant d'autres, pris l'aventure libéri en route. Il n'avait jamais vu la Sultane ; il ne faisait pas partie de l'équipage de *La Victoire* qu'en cette merveilleuse année 1680, la grande souveraine avait accueilli avec tant d'attentions. On peut donc dire, à sa décharge, qu'il n'avait pu être, comme les autres, touché par la grâce. Peut-être amoral de nature, l'amiral Tew, qui s'apprêtait à devenir père malgré lui, ressemblait chaque jour un peu plus aux nouveaux colons et donc un peu moins à ses anciens camarades républicains. Il refusa donc de plaider la cause des Libéri auprès de sa reine. Autant dire que l'autorité morale dont aurait pu se réclamer Olivier Misson ne pesait plus bien lourd.

A bout de patience, les Anteva exigèrent des Blancs qu'ils règlent le problème ou qu'ils partent. Les lois des forbans interdisant la condamnation à mort, les coupables de forfaits savaient qu'ils risquaient, tout au plus, un hypothétique bannissement ; au pire, ils iraient voir ailleurs, le temps que les esprits se calment. Sans poids auprès des Anteva, sans réelle autorité sur ce ramassis de sac et de corde, ni Misson ni Baldo ne purent ramener l'ordre. Les exactions continuèrent, chacun s'attendant au pire.

Et en 1690, la reine Rahena donna à Thomas Tew un fils : Ratsimilaho. C'était un métis, comme beaucoup d'autres bébés libéri ; un *malata* (mulâtre). L'amiral, dont la sensibilité n'était pourtant pas une vertu cardinale, fondit littéralement d'émotion en découvrant son fils. Le nez, les yeux, les oreilles, il inspecta de longues minutes tout ce qui pouvait lui ressembler sur ce petit être fragile. Mis brutalement à nu, son cœur de corsaire se brisa, lorsqu'il voulut emporter un moment l'enfant avec lui sur la baie des Forbans. Epuisée, la reine leva juste un bras. Sa garde comprit : elle s'y opposait. Aussitôt, son escorte s'empara de l'enfant, interdisant à son conjoint de l'emmener. Et monsieur Tew dut rentrer dans sa colonie, seul, annonçant la bonne nouvelle sans pouvoir présenter son fils.

La semaine suivante, un groupe de forbans composé de Peeters, Vander Berg et Dussens s'invita, de nuit, dans le village de Rahena. Leur mobile était flou. Après leur forfait, ils prétendirent avoir voulu venger les parents libéri des actes qu'auraient commis sur leurs enfants des sorciers anteva. Etait-ce un faux prétexte inventé a posteriori ou n'avaient-ils rien compris à ce que des parents avaient pu leur dire, toujours est-il que l'argument ne pouvait tenir un instant. Jamais aucun sorcier, même vaudou, n'avait jusqu'alors fait le moindre mal à quelque enfant que ce soit. De toute façon, les raisons avancées ne pouvaient expliquer leur terrible comportement. S'étant introduits dans le fief de Rahena, les trois forbans avaient d'abord tenté de voler trois femmes, ne réussissant qu'à réveiller tous les villageois tant elles se débattaient. La garde de la reine approchant, Peeters, Vander Berg et Dussens avaient précipitamment rebroussé chemin, parvenant cependant à en emporter l'une d'elles. Fanihy Bedo, des Antavaratra et des Anteva, avait quatorze ans.

Ivres ? Téléguidés par quelques extrémistes, comme cela fut dit par la suite ? Ou juste totalement abrutis, les trois agresseurs déclenchèrent un séisme que dans leurs pires cauchemars, le millier de parents que comptait la colonie n'avaient osé imaginer.

Fanihy Bedo n'était pas une Andri, au sens strict du terme. Mais avec trois autres jeunes femmes, elle avait été choisie par la reine pour s'occuper du bébé royal, le petit Ratsimilaho. A l'instar de Sara Jeggin's, Fanihy était sans doute promise à la reconnaissance honorifique qui lui donnerait le titre d'Andri. Surtout, elle venait de la même ethnie que la souveraine Rahena ; les Antavaratra.

Le lendemain à l'aube, le corps de la jeune fille fut retrouvé par des républicains sur la pointe Est d'Antseranana, ballotté par les vagues entre les rochers. En dépit des stigmates laissés par la nuit passée dans l'eau, les traces de coups sur tout son corps indiquaient clairement l'horreur de ses derniers instants. Sa boîte crânienne avait été défoncée à coups de pierres, ses seins, ses épaules, ses bras et ses jambes ravagés. Evidemment, la jeune fille avait aussi été violée.

La dépouille fut menée au parlement libéri, afin d'être officiellement remise aux Anteva. Jamais jusque-là, la colonie n'avait été confrontée à un tel assassinat. Sonnés, honteux et surtout incroyablement inquiets, les colons se lancèrent dans une chasse à l'homme sans pareil. Le soir même, ils retrouvèrent les coupables sur les rivages de la baie de Loky. En route pour Boraha, les trois abrutis se laissèrent arrêter sans faire d'histoire, convaincus qu'ils étaient de devoir supporter, au pire, un retour chaînes aux pieds, avant d'être jugés puis bannis.

Mais l'affaire avait suscité une telle répulsion, toutes générations confondues, et tant d'émotion qu'ils ne pouvaient en réchapper aussi facilement. Les trois vermines furent d'abord attachées à un piquet, au sommet du Pain de Sucre où messieurs Misson et Tew les interrogèrent longuement, les incitant à tout avouer pour avoir une chance d'être pardonnés.

Peeters craqua le premier, confessant être l'auteur des coups de pierre sur le visage de la jeune femme « pour qu'elle cesse d'hurler ». Vander Berg admit qu'il l'avait ligotée puis menacée, un couteau sous la gorge. Dussens, lui, niait tout, se repentant seulement d'avoir bousculé son ami Vander Berg, durant le coït : « c'est là que la lame lui est rentrée dans le cou ! »

Ce n'est qu'après le viol collectif, auquel tous trois reconnurent enfin avoir participé, qu'ils auraient eu l'idée de lui ouvrir le crâne à coups de pierres et de la jeter du haut d'une falaise, afin de faire croire à un accident. L'auditoire était atterré. Tant par l'horreur du crime que par l'arrogance qu'affichaient les coupables. Au-delà de toute possibilité de solidarité ethnique, les colons se retournèrent immédiatement vers leurs voisins, qui leurs interdirent sur le champ de faire justice à leur place.

Durant la nuit, la reine Rahena se rendit dans la baie des Forbans. Au centre d'une escorte d'au moins cent guerriers, elle envahit la plage en portant son bébé dans ses bras. Interdit, son concubin - qui s'acoquinait alors avec de belles Libéri - s'empressa de la rejoindre. Mais, comble de l'humiliation, il fut tenu à distance par les gardes que l'on devinait prêts à l'embrocher sur le champ. La reine ordonna alors qu'on lui amène les trois criminels. Les attendant, elle fit allumer un immense feu et creuser une fosse de dix pieds de long et d'une profondeur de vingt pieds. Les Libéri, de plus en plus nombreux, se massèrent autour d'eux. Messieurs Peeters, Vander Berg et Dussens finirent par arriver en chaloupe, sous bonne escorte eux aussi. Ils n'eurent pas le temps de s'expliquer devant la souveraine. A peine furent-ils bousculés à ses pieds, que des guerriers noirs se jetèrent sur eux, leur brisant les jambes. Sans même ôter leurs chaînes, les soldats de la reine balancèrent les trois coupables au fond du trou dont ils ne pourraient, à l'évidence, s'enfuir. Le tout, sous d'épouvantables hurlements, qui recouvraient les imprécations du prêtre anteva :

– Vous, qui êtes accusés d'avoir volé notre enfant ; d'avoir saccagé nos valeurs, trahi notre confiance et d'avoir importé le vice dans notre pays ; nous vous condamnons à expier vos *fadys* (fautes) par l'eau. Puisse-t-elle vous laver, pour mieux vous pardonner. Nous, nous ne le ferons point.

Les trois prévenus hurlaient, menaçaient... Plus personne ne les écoutait. La reine se retourna vers le grand brasier dont d'un geste du bras et sans un mot, elle désigna les flammes. Ses soldats apportèrent d'immenses marmites, qu'ils placèrent devant les trépieds qui surplombaient le feu. Du fond de leur trou, les trois forbans ne voyaient rien de ce qui se tramait. Mais ils comprirent bien vite quand le prêtre reprit sa lecture :

– Tous les Libéri présents ce jour devront descendre jusqu'à la mer avec ces récipients pour les remplir avant de les soutenir, à l'aide des sagaies, sur le boucan. Quand l'eau lâchera sa fureur, que monteront les nuages de vapeur, vous renverserez les cuves sur les condamnés. Et vous recommencerez ainsi, jusqu'à ce qu'ils ne puissent plus crier. Ainsi a parlé la reine Rahena.

Les Libéri s'épièrent les uns les autres, stupéfaits et curieux de savoir qui se désignerait comme volontaires. La garde de la souveraine ne leur laissa pas le temps de s'interroger, pressant, armes en main, une trentaine d'entre eux. Edward Seegar, Benjamin Hornigold, John Taylor, Thomas Tew, le jeune Woodes, Olivier Misson, Baldo Caraccioli et Olivier Levasseur assistaient à la scène. Ils supplièrent la reine de laisser s'éloigner les enfants. L'amiral se prosterna humblement devant elle, lui demandant de faire emporter leur fils, jurant que de si petits yeux ne pouvaient voir de si grandes atrocités. Mais Rahena demeura de marbre, le regard froid et fixe, rivé sur la tombe où, les trois pirates, grelottant de peur, s'étaient tus. Sous la menace des armes et devant le regard terrorisé d'une cinquantaine d'enfants mulâtres, des Libéris remplirent les marmites. Puis, ils les mirent à bouillir. Ces hommes étaient ceux du *Pearl*, de *La Victoire*, de l'*Amitié*, de tant d'autres...

Quand la première bassine fut à ébullition, la garde poussa les colons de ses lances, pour qu'ils en saisissent les anses et déversent eux-mêmes ces flots de feu. Vingt pieds plus bas, éclata une effrayante clameur. Tous rugirent en cœur, se tordant dans d'invraisemblables spasmes, tandis que leurs peaux déchirées se détachaient lentement de leurs chairs. Des nuages de vapeur s'élevaient en crépitant à chaque nouvelle marmite, les cris se faisaient plus stridents, l'air au-dessus vibrait de leurs souffrances. Ils se débâtirent ainsi presque une heure durant, un récipient après l'autre, dans une boue de sang, de peaux, de graisses et de chairs. Avant de périr noyés sous ces trombes d'eaux bouillantes, ils avaient fini par se taire.

L'assistance alors se figea, médusée. Un silence de ténèbre enveloppa la scène. Seule la reine et ses hommes étaient restés immobiles. La plupart des enfants pleuraient, blottis contre leurs parents hébétés. C'est ainsi, à la lune d'octobre 1691 qu'expirèrent sur la baie des Forbans, trois vermines connues sous les noms de Peeters, Vander Berg et de Dussens.

Avant de prendre congé, la reine s'adressa une dernière fois aux colons. Un étonnant sourire de fierté flottait sur son visage, trahissant ses pensées secrètes. Rien ne fédère mieux un peuple et sa descendance immédiate qu'un traumatisme collectif de cette taille. A présent, elle jouait l'avenir de sa nation. Portant son fils à bouts de bras, la reine le présenta aux Libéri, proclamant d'une voix d'outre tombe :

« Voyez votre roi, Ratsimilaho.

Voyez-le pour la première fois, craignez-le pour l'éternité.

Voyez votre roi, Ratsimilaho.

Et prosternez-vous ! »

A peine eut-elle achevé sa phrase sous le regard d'un Thomas Tew étourdi par ce qu'il venait de voir, que tous entendirent une vague de cliquetis métalliques monter de la jungle vers les plages. Partout autour d'eux, les Libéri devinèrent des centaines d'Anteva, armés de pistolets, d'épées, de sagaies... prêts à les annihiler. Dans un pétrifiant silence, tous s'agenouillèrent, têtes basses, conscients que le rêve de liberté qu'ils pensaient avoir mis au monde venait de disparaître, irrémédiablement.

Les neuf années qui suivirent furent les dernières de cette république libertaire et, de moins en moins, égalitaire. En 1691, lors d'une fête digne des temps mythologiques, monsieur Bourdon se retrouva dans un état qu'il n'avait jamais atteint jusque là, éprouvé par différentes drogues, aux puissances décuplées par l'alcool. Ses compagnons de défonce n'étant pas en meilleur état, tous plaisantèrent à nouveau sur sa petite taille. C'est alors qu'ils eurent l'ingénieuse idée de le placer dans un canon, qu'ils disposeraient à la verticale et sans munition, histoire de vérifier scientifiquement si, au même titre qu'un boulet, l'engin était capable de propulser un nain. Des étoiles plein les yeux et du rhum plein la tête, Bourdon parvint à y glisser ses deux courtes guiboles, jusqu'aux genoux. En équilibre, il attendit qu'on allume la mèche. Aucun de cette bande de savants en herbes, n'eut la présence d'esprit d'arrêter la machine, avant le drame. Excepté le principal intéressé que la vue de la mèche en flamme sembla ramener à la raison. Il tenta de descendre, mais son soulier se coinça dans la pièce d'artillerie. La conclusion s'imposa d'elle-même : toute personne de petite taille coincée dans un canon de vingt-quatre livres ne décolle pas lors de la mise à feu ; elle explose !

En 1692, les Anteva durent affronter des ethnies du centre et de l'Est. Pour la première fois, ils puisèrent dans les ressources Libéri pour compléter leur armée. Les batailles rangées entre forêts, plaines et vallées, coûtèrent la vie à près de cent cinquante républicains, parmi lesquels beaucoup d'hommes du *Pearl* et de l'*Amitié*. Mais en rentrant sur leurs baies, les pirates devenus soldats réalisèrent que la reine ne les avait pas abandonnés. Au contraire, elle avait fait encadrer la colonie, comme ses propres villages, par des guerriers discrets mais surarmés, chargés de protéger en premier lieu les enfants. Bien entendu, cette attention n'avait rien de gratuit.

L'année suivante, la reine Rahena proclama un édit interdisant aux Libéri d'accepter de nouveaux colons sans l'aval des Anteva. Dans le même temps, les invasions terrestres (toutes repoussées) s'étant calmées, elle retira son armée des baies. L'arrêté tenait donc entre les mains de messieurs Chirrer, Misson, Tew et Caraccioli. A cette période, François Philippe Chirrer décida de quitter la république pour s'installer chez les Anteva, qui l'accueillirent à bras ouverts. Personne ne s'en serait soucié si, à la même époque, un autre Libéri n'était pas devenu, lui aussi, sujet d'inquiétude pour la colonie : à quarante-quatre ans, Olivier Misson perdit brutalement la santé. En quelques mois, il avait pris l'apparence d'un vieillard blafard, incapable de quitter sa couche. Attaqué par un mal inconnu, le père de la république - son Lord conservateur - trouva le repos éternel, au début de l'été 1694. Il fut mit en terre dans un immense caveau prenant la forme d'une maison. Dépassant les dix mètres de diamètres, la demeure ronde fut scellée après que sa dépouille y eut été déposée. Les Anteva consentirent à laisser l'inconsolable Baldo Caraccioli célébrer une messe en son honneur, avant de coiffer la dernière demeure d'une grosse croix en pierre blanche.

Les Libéri changèrent. A commencer par Baldo, qui sombra dans une sorte de démence, teintée d'amnésies. Un mois à peine après que son ami l'eut quitté, le moine défroqué errait sur les rivages, à sa recherche. « Avez-vous vu Olivier ? » demandait-il naïvement partout.

N'osant écorcher son cœur déjà en friches, ses compagnons évitaient de répondre. Mais où qu'il aille, Caraccioli semait son désespoir, échouant le plus souvent sur le ponton de Sara Jeggin's, chaque fois que pour s'en défaire quelqu'un évoquait la présence, bien réelle, d'un autre Olivier. Levasseur ne savait que faire, ni comment répondre. Il se contentait de raccompagner le pauvre homme jusqu'à son foyer, près des Eaux de Lune. Durant le trajet, le petit Brestois se montrait rassurant et prévenant, mais jamais trompeur : il saisissait la moindre occasion pour rappeler qu'il n'était pas Misson. Ce manège de vieillard avant l'âge, Baldo le répétait trois à cinq fois par semaine. Il finit par intégrer l'information mais ne cessa pas pour autant. Sournoisement, il allait chercher l'ancien quartier-maître en laissant paraître un trouble, qui se dissipait lors de la balade. Et bien qu'Olivier l'eût très tôt compris, ils continuèrent à partager ces petits instants de fragilité, conscients que dans leurs angoisses respectives, parler n'était pas un si mauvais remède.

Car la plus improbable - mais non moins inquiétante - transformation fut celle de l'amiral. En 1695, dans les cris et la fureur, Thomas Tew et la reine Rahena se disputèrent la garde de l'enfant. Bien qu'héritier andri et de sang-mêlé, le mulâtre Ratsimilaho régnerait. La reine l'avait décidé ! Elle refusait toujours obstinément que son fils de cinq ans se promène sous la seule surveillance de son père, un ancien corsaire. Depuis qu'ils s'étaient unis, l'improbable « couple royal » dictait l'humeur de la colonie. Et alors qu'un millier de Libéri se mirent à craindre une rupture aux périlleuses conséquences diplomatiques, Thomas Tew surprit son monde en annonçant ses fiançailles ! Avant l'automne, le petit Anglais qui jadis vola l'*Amitié*, se retrouva très officiellement prince régent des Libéri. Seul aux commandes, il entoura de mille prévenances lourdes de menaces un Baldo Caraccioli aussi brisé qu'épuisé. Un beau jour, sûr de son emprise sur le pauvre homme, le prince Tew exigea qu'on le mène au trésor d'Anjouan. Dans sa clairvoyante folie, Baldo ne lui indiqua que le tombeau d'Olivier Misson. Tew enragea. Mais il dut encore prendre son mal en patience. Car en mai 1696, la colonie fut de nouveau envahie !

Des hordes de barbares venus d'Orient s'emparèrent de Boraha, d'où elles lancèrent des raids dévastateurs sur la baie des Forbans. Ces peuples, partis du golfe Persique et du golfe d'Oman, répondaient aux ordres d'un sultan.

Pris par surprises, les Libéri de Rantabe durent fuir leurs habitations et se précipiter vers Antseranana, au Nord. Là, les cent-soixante canons furent disposés en étoiles. Certains braquèrent le détroit de la mer d'Emeraude, prêts à couler l'ennemi. D'autres furent pointés sur la jungle, que les Anteva quadrillaient déjà. Sous l'impulsion d'Olivier Levasseur, le capitaine Seegar parvint à convaincre l'amiral d'en disposer le plus possible vers le Sud-Est. Afin d'être entendu, le pacha du *Pearl* se présenta avec Levasseur devant l'amiral avec ses hommes, ainsi que Sara et le jeune Woodes.

- Nous sommes encerclés ! prévint l'ancien élève officier, qui avait conservé quelques notions tactiques en dépit de ses heures de somnolences académiques.
- Levasseur, grogna Tew, j'écoute votre ancien capitaine. Pas vous.
- L'idée est de lui, dit aimablement Seegar avant qu'Olivier ne poursuive.
- Ils ne peuvent pas passer par les terres, les hommes de votre épouse les y attendent. Ils ne peuvent pas passer par le Sud, à cause des Antanosy de fort Dauphin. L'accès Nord est trop escarpé, trop compliqué. Ils vont passer par Sakalava, pour nous affronter sur Andovobazaha !

Depuis sa case, Thomas Tew observa sur une carte le passage évoqué. C'était certes un large chemin de terre bordé de collines abruptes, mais il devenait bien plus compliqué à emprunter avec une armée de cinq cents hommes ou plus.

- Comment pouvez-vous en être certain ? demanda-t-il. C'est un passage étroit, ils débarqueraient par la terre mais obligatoirement en colonnes ; ce qui les mettrait en défaut.
- Ils comptent sur l'effet de surprise, jura Levasseur. Ils ont pris Boraha en une journée. Rantabe en une autre. Ils sont organisés, structurés de façon militaire. Ils ont traversé les mers. Personne ne traverse les mers sans avoir un plan.

Voyant le scepticisme de l'amiral et malgré ses vieilles rancœurs envers Olivier, monsieur Seegar défendit son quartier-maître :

- Mon bosco n'est pas un monstre de diplomatie, amiral, je vous l'accorde. Mais pour ce qui est de la chose militaire, il a toute ma confiance.

« J'aurais tout entendu ! », ricana la voix de Louis Labous dans l'esprit d'Olivier.

Les cinquante derniers canons furent donc braqués vers Andovobazaha. C'est sur ces plages que devait se jouer le sort du royaume d'Emyrne. C'est ici, qu'à l'image des peuples d'Andriamasinavalona, toutes les ethnies se réunifieraient pour repousser les terribles mais téméraires conquérants d'Orient.

Juste avant que cette épouvantable bataille de mai 1696 ne commence, l'amiral ordonna que l'on mène les femmes dans la baie opposée d'Ambavanibe, au Nord-Ouest. Elles furent conduites par Sara Jeggin's, tandis que les hommes affûtaient leurs lames et préparaient les silex de leurs armes.

Les navigateurs venus du golfe Arabique évitèrent de trop s'enfoncer dans les jungles hostiles, prêtes à les avaler. Ils contournèrent les côtes en s'appuyant sur l'île Boraha, pour toucher le dernier foyer des forbans. Lorsqu'ils arrivèrent à l'embouchure de la baie d'Antseranana, sur la mer d'Emeraude, ils déposèrent sept cents fantassins dans la baie de Sakalava. Ces guerriers ne pourraient toucher Libertalia qu'en coupant par une parcelle de terre peuplée d'Anteva et d'animaux sauvages, avant de trouver les fameuses brèches menant à Andovobazaha. Là où, selon les conseils d'Olivier, l'armée de Libertalia s'impatientait.

Lorsque ces fous s'engouffrèrent dans le piège, les premiers coups de canons tonnèrent. Tirés par d'anciens moucheurs, les boulets sifflèrent dans le passage avec une glaçante précision, décimant les premières lignes de cette infernale cohorte. Plus loin sur les rivages, les forbans se tenaient prêts, déchargeant fusils et mousquets pour couvrir leurs frères, qui rechargeaient les canons.

L'assaut arabe dura moins de trois minutes. Rapidement, leur commandement comprit son erreur et organisa sa retraite. Les Maures reculèrent, avançant sur un tapis de cadavres démembrés, dans ce passage où pleuvaient, à jets continus, des flots d'aciers. Ce fut la première fois qu'ils se trouvèrent ainsi repoussés, ce qui donna aux Anteva le courage qui leur manquait pour charger. Ils se précipitèrent alors depuis les jungles encerclant l'adversaire, lui tombant dessus de toute part. Les forbans abandonnèrent leurs armes à feux pour se jeter, eux aussi, dans la bataille.

Au milieu du tumulte, John Taylor et Olivier Levasseur se retrouvèrent comme ils s'étaient rencontrés : une lame dans chaque main, la rage aux cœurs et le sang aux lèvres. Un quart d'heure à peine après que les Arabes eurent entamé la grande invasion, la colonie se transforma en un désert fantôme. Tous les colons s'élançaient à présent aux trousses des envahisseurs, courant dans la baie d'Andovobazaha. Personne ne vit la flotte arabe et ses trois navires de guerre passer prudemment le détroit de la mer d'Emeraude, pour dangereusement approcher les rivages d'Antseranana : l'assaut terrestre n'était qu'une diversion !

Une diversion imprévisible, dans la mesure où même les Libéri évitaient soigneusement d'engager des frégates dans leurs baies rocailleuses. Quand sept cents Arabes s'éparpillaient sur les rivages de Sakalava assiégés de toute part dans une guérilla sans merci, d'autres mettaient à l'eau les premiers canots. Libéri et Anteva ne comprirent la manœuvre qu'aux premiers coups tirés, pensaient-ils, par les Arabes à partir de leurs propres canons.

Immédiatement, les flibustiers se retournèrent vers les rivages. Les pieds dans une boue écarlate, ils firent volte-face, abandonnant l'ennemi aux impitoyables Anteva. Ces derniers virent les Blancs battre en retraite, sans les suivre. Et lorsque les Libéri retrouvèrent leurs plages, le souffle court, ils découvrirent un spectacle ahurissant. Coincés entre les hauts fonds et les récifs, les trois vaisseaux d'Orient débarquaient leurs chaloupes en catastrophe, sous le feu libéri. Sur les côtes, des centaines de femmes s'activaient autour des canons. Et depuis un flanc du Pain de Sucre, Sara Jeggin's se tenait seule, trois grands draps en main. L'un était entièrement vert ; l'autre vert et noir ; le dernier, vert et blanc. Ces trois fanions correspondaient aux couleurs des bâtiments de guerre arabes, sur lesquels Sara ordonnait de tirer, selon un ordre et un rythme bien définis.

Estomaqués, les guerriers libéri la virent brandir un quatrième drapeau, rouge celui-là. Et portant l'artillerie presque jusque sur l'écume pour ajuster leurs tirs, des femmes de tous les âges répondirent à ses ordres en réajustant leurs visées sur les chaloupes adverses. A peine les combattants venaient-ils d'abandonner les fantassins de Sakalava sans les achever, qu'ils trouvèrent leurs épouses à pied d'œuvre, qui exterminaient la menace. Grâce à elles, aucun envahisseur ne foula véritablement le sable d'Antseranana ce jour-là.

A l'issue de cette première bataille et malgré les inimitiés entre Libéri et Anteva - créées par la retraite prématurée des premiers sur les rivages Sakalava -, tous marchèrent sur Rantabe et Boraha, afin de les reconquérir. A la fin de la semaine et dans un hallucinant bain de sang, ce fut chose faite.

A l'issue de cette boucherie, l'autorité du prince régent Tew se trouva renforcée. Avide de richesses et de pouvoir, l'amiral n'avait qu'à redouter la popularité, toujours grandissante, d'une Sara Jeggin's d'autant plus menaçante qu'elle était difficile à manier. Plutôt que de guider les femmes en lieu sûr comme elle l'avait promis, Sara avait conduit ses sœurs au combat, mais elle avait aussi sauvé la république.

Même si son mariage avec la reine Rahena assurait son pouvoir à la tête des Libéri, Thomas Tew redoutait l'arrivée des prochaines élections. La colonie demeurait démocratique, suivant les principes libertaires du Code. Tew ne pouvait donc ignorer que tôt ou tard, l'influence que lui conférait son mariage s'effriterait sous le poids des urnes. Dans cette optique, il distingua d'office, l'adversaire politique à abattre : Sara Jeggin's. Mais il faut être deux pour faire une guerre. Or cette dernière ne s'estimant pas en conflit ni en campagne, Tew ne pouvait lui chercher querelle sans abîmer sa propre image. D'autant que derrière Sara, se trouvaient le dangereux visage d'Olivier Levasseur et le sourire écorché de John Taylor. Tew devait encore attendre.

Les deux compagnons du *Pearl* avaient, jusqu'à la fin, participé aux raids vengeurs sur Rantabe et Boraha. Après quatre jours et trois nuits d'épouvantables combats et de traques, afin de repousser jusqu'au fond de l'océan les derniers chiens d'Orient, ils rentrèrent chez eux. Ce soir-là, les compères avaient le regard sombre, épuisés par les affrontements.

Mais quand ils pénétrèrent dans la belle maison sur pilotis, Sara les accueillit avec une folle joie. Bien qu'elle eût passé les derniers jours à soigner ses compatriotes, elle-même n'ayant pas été blessée, Sara s'était tenue à l'écart de la fin de cette guerre. Elle avait acheté des caisses de rhum et des litres d'arack et préparé un *akoho voanio* (poulet au coco), un plat festif. Et lorsque ses deux hommes, fourbus, s'étonnèrent devant les victuailles et l'air de fête qu'avait pris la case tapissée de bougies, elle se jeta dans leurs bras, ronronnant : « Le sorcier m'a dit que ce serait un garçon. »

– Chapitre VII –

Mort d'une utopie

Si Sara avait eu recours à la sorcellerie pour déchiffrer son proche avenir, c'est parce que rien d'essentiel sur l'île rouge ne se concevait hors de la magie, blanche ou noire. Les porte-parole de la souveraine, ses prêtres et ses ensorceleurs, étaient souvent appelés *bòkòs* ou *houngans*, en références aux sorciers vaudous. Pour certains, comme Ògou, ça n'était pas qu'une référence. Ces hommes et ces femmes, vénérés ou craints étaient le plus court chemin pour échanger avec l'au-delà. Personne n'aurait osé mettre leur pouvoir en doute. Des cavernes de la Tortue aux caches de l'océan Indien, tous les savaient aussi capables d'assassiner que de protéger à distance, affranchis qu'ils étaient de l'espace et du temps.

Louis Labous les avait vus danser autour des corps enlacés d'une orgie démoniaque. Déambulant entre les membres de cette partouze à ciel ouvert, les *bòkòs,* coiffés de têtes animales, versaient du sang sur les peaux excitées. Avant cela, dans un cimetière de Saint-Domingue, Edward Seegar en avait croisé qui invoquaient la puissance maléfique de Baron Samedi. Cette icône, sorte d'antéchrist, était censée combattre les esclavagistes de l'île. Mort de peur et soigneusement caché, le capitaine avait vu de ses yeux vu un jeune Noir décapité par ses frères à l'aide d'un couteau, grand comme une cuillère à café. L'abominable exécution avait bien duré dix minutes, dont cinq dans d'effroyables cris. Le crâne du sacrifié avait ensuite été porté sur un feu pour que les flammes le purifient. Puis différentes personnes de l'assistance avaient goûté quelques phalanges découpées à même le corps qui avait été cérémonieusement allongé sur une tombe.

A peine avait-il appris la nouvelle qui réjouissait tant le clan Jeggin's, que le comploteur Thomas Tew exigea de sa reine d'être reçu par Ògou. Traditionnellement, la reine Rahena n'avait pas le pouvoir de soumettre un *bòkò*. De même que ceux-ci ne pouvaient en aucun cas remettre en question l'autorité d'un souverain. Ceux de sa garde rapprochée - parmi lesquels son porte-parole - avaient un statut à part, puisqu'ils vivaient à son service (et à ses crochets). Ògou, en revanche, était un ermite.

Comme beaucoup de *houngans*, il faisait de sa solitude la base de son pouvoir spirituel. Tout le monde pouvait venir à lui et solliciter une aide, qu'il n'était pas tenu d'apporter. Tout le monde sauf les membres de la cour, qui devaient d'abord avoir la permission de la reine. Thomas Tew, n'eut aucun mal à l'obtenir. Rahena avait un vrai dessein politique et visait le long terme : les enfants libéri et anteva formeraient le royaume de Ratsimilaho ; une alliance assez puissante pour asseoir sa dynastie. Tew avait des ambitions financières et pensait à court terme : récupérer le trésor libéri, afin de financer une grande armée qui asservirait toutes les baies du Nord. A la suite de quoi, toujours selon lui, Rahena serait entre ses mains : pour réaliser son rêve d'union, elle devrait le laissait régner et éduquer leur enfant. L'amiral deviendrait roi des deux tribus réunifiées, à la tête d'une colossale armée. Lorsqu'il se surprenait à rêver d'avenir, Thomas Tew envisageait même des expéditions militaires dans le centre et le Sud de l'île rouge. La paix signée jadis, il la briserait. Les fiers guerriers de fort Dauphin - et leurs ports prospères -, il les assujettirait. Cette île toute entière, il la posséderait !

Mais d'abord, il devait en passer par cet obsédant trésor et venir à bout de ceux qui le protégeaient. Le temps et les aléas de la colonie l'y avaient bien aidé. Olivier Misson : fauché par la maladie. Les hommes de *La Victoire* : tombés au champ d'honneur, pour la plupart. Baldo Caraccioli : quelque part entre les vapeurs de l'alcool et la fumée des herbes. Ne restaient que le clan Jeggin's, la furie rouge et ses deux dangereux amants. Il avait beau garder ses ambitions secrètes, Thomas Tew était l'époux d'une bête politique. Jusque dans la profondeur de ses silences, Rahena devinait son désir de puissance, sans toutefois soupçonner sa cupidité. Espérant que cela pourrait l'apaiser, elle l'autorisa à rencontrer Ògou, afin de procéder aux rites vaudous...

Celui qu'ils appelaient Ògou était un homme d'une taille gigantesque. Son crâne lisse était surmonté d'un grand chapeau fait de plumes, de feuilles et de lianes tressées. Son visage noir, grossièrement maquillé de peintures blanches, était calme et froid, sans ride ni aucune expression. Il avait des yeux jaunes, qui semblaient scintiller lorsqu'il regardait la lune ou le soleil. Ògou arborait une chemise en soie, blanche, ouverte pour laisser admirer les amulettes autour de son cou, il portait aussi une ample robe blanche nouée à la taille. S'il acceptait parfois les cadeaux de reconnaissance, il refusait toujours les offrandes d'entrée. Mais celles de l'amiral avaient su le convaincre ; par leur beauté, leur taille et leur nature, exclusivement en or. Il accepta donc de le conduire au Pain de Sucre en toute discrétion, ce qui n'était pas simple. Le rocher volcanique planté dans la baie des Forbans était visible de tous. Pour y accéder de nuit sans que quiconque ne les remarque, comme Tew le souhaitait, il fallait passer par le Nord ; une équipée d'au moins cinq heures, dans des conditions difficiles, contre une vingtaine de minutes par la voie normale. Le tout chargé des indispensables ingrédients : les poudres et les liqueurs ainsi qu'un bouc noir, trois poules, un coq et un sac de serpents, tous vivants.

Tew et Ògou n'accostèrent sur l'îlot du Pain de Sucre que quelques heures avant l'aube. Le *bòkò* emmena l'amiral sur le versant Est du petit volcan, par des sentiers escarpés que dévorait une végétation luxuriante, obligeant à des périlleuses acrobaties sur des rochers à vif. Ils croisèrent des dizaines de grottes que l'Anglais n'avait encore jamais vues. Le sorcier s'arrêta devant l'une d'elles. Un souffle glacial s'en échappait. Il la lui présenta comme étant le cimetière de ses ancêtres. Tew n'en crut pas un mot mais ne dit rien, craignant d'offenser le magicien. Ils s'aventurèrent dans l'antre des ombres, à la lumière des flambeaux. L'amiral découvrit une immense caverne verdoyante au plafond criblé de trous. Semblable à celle des Eaux de Lune, la fosse était battue par les vents et percée par les reflets de l'astre. Au centre, une cuve de trente mètres de diamètre retenait l'eau de pluie et celle des vagues, lorsque la mer déchaînée parvenait à se rabattre jusqu'à cette hauteur. Et tout autour de ce bassin, vingt tombes au moins. De travers et parfaitement illisibles, les vagues croix qui les surmontaient étaient tachées de sang et de cire. Les restes d'un millier de bougies allumées ici recouvraient à jamais les noms qui auraient pu y figurer.

Ògou s'approcha de trois d'entre elles. Après quelques incantations silencieuses, il disposa à son tour une trentaine de bougies, dans une sorte de grand cercle. Avant de les allumer, il invita l'amiral à s'asseoir au milieu, bien en face de lui. Entre eux deux, se trouvaient les traces d'un feu. Ògou le ralluma pendant que sur son ordre, Tew plaçait près d'eux les sacs et les animaux qu'ils avaient apportés. Brutalement, Ògou se dressa, brandissant une courte lame qu'il planta d'un coup sec dans la gorge du bouc. La séance avait démarré. L'amiral sursauta, craignant de devoir se défendre. Mais déjà, le *bòkò* semblait ignorer sa présence. Tétanisé, il entrait dans un état de transe à mesure qu'il arrachait - plus qu'il ne découpait - la tête de l'animal. Des gerbes de sang giclèrent de sa carotide jusqu'au visage de l'amiral. Lorsque la gueule du bouc noir fut enfin séparée du corps, Ògou la brandit puis la déposa dans le feu. Le buste sanguinolent tressaillit de plus en plus faiblement. Puis, les yeux révulsés, le *bòkò* redressa son immense carcasse secouée de tremblements, se mettant à danser autour des flammes. L'amiral faisait son possible pour demeurer calme. Mais déjà, l'inquiétude le gagnait.

Après avoir vibré autour du feu un long moment, tout en marmonnant d'étranges prières, Ògou se rassit en tailleur, respirant de plus en plus bruyamment. Et, les paupières closes, il se saisit du sac à serpents, en attrapant un, puis deux, à l'aveugle. Bien qu'il fût prévenu que les vaudous employaient des serpents non venimeux, Tew commença à réellement s'alarmer. Langoureusement, les bêtes se mirent à ramper sur le corps du sorcier aux yeux toujours fermés. Sans y prêter attention, le *bòkò* prit le coq, lui rompit le cou et le jeta près des flammes où se calcinait la tête du bouc. Toujours caressé, des hanches jusqu'aux cheveux, par les deux reptiles, Ògou empoigna fermement les trois poules et leur fit subir le même sort. Après quoi, il se sépara des deux serpents. Il plaça consciencieusement la tête de l'un dans les mains de l'amiral, peu rassuré. Puis il se concentra sur la tête de l'autre, la transperçant de part en part avec son petit couteau. Tandis que sa tête se vidait de son sang, la queue du serpent se débattit longuement, jusqu'à plonger dans le brasier. Là, le sorcier cessa de trembler. Et, comme s'il venait de sortir de son état second, il rouvrit enfin ses yeux, devenus entièrement blancs, sans pupilles, absolument terrifiants. Il se mit alors à parler d'une voix inhumaine, comme venue d'outre-tombe :

– Ils refusent que tu saches !
– Quoi ? s'agaça l'amiral, qui tenait toujours le reptile entre ses mains. Qui refuse que je sache quoi, exactement ?
– Tu ne dois pas connaître ton avenir.

A peine Tew avait-il posé sa question, que le sorcier était de nouveau pris de violentes convulsions. Ses paupières s'affolèrent sur ses yeux, toujours blancs et son corps sembla devenir incontrôlable. Il se leva d'un bond, attrapant la tête de bouc calcinée, il reprit une sorte de danse endiablée.

De rage et à mains nues, Thomas Tew décapita le serpent à son tour et balança sa tête dans le petit étang. Sans le regarder, Ògou s'arrêta et lâcha la gueule du bouc, comme s'il avait ressentit la mort du reptile. Le sorcier ne bougea plus, mais son corps tout entier était toujours la proie des spasmes. Il se pencha sur l'un de ses sacs, en sortit différents pots tout en frémissant et les vida au-dessus du feu. Souffre, cyanure, arack, ammoniaque, excréments d'animaux, khat, pattes de rats bouillies, champignons, fleurs d'hibiscus, sang de bœuf, zamal et encens nourrissaient les flammes. Un nuage de fumée grise s'empara de leurs sens.

Subitement, le magicien empoigna la nuque de l'amiral et la plaqua contre la pierre tombale juste derrière lui. Ògou avait du sang, coulant de sa bouche. Ses yeux, bien qu'atrocement vides, semblaient dévorer Thomas Tew. Et d'une main, il le força à boire le vin que contenait une flasque. Bloqué, n'osant répliquer, l'amiral avala la liqueur au goût de sang arrangé au rhum. Déjà, le Libéri sentait son esprit s'envoler.

Enfin, le sorcier s'apaisa. Il se rassit en face de lui, prit les trois poules ainsi que le coq, morts, puis les plaça hors du cercle des bougies. Désarticulés, les quatre animaux avaient tous une partie du corps brûlée. Avec sa voix de mort vivant, Ògou prononça les paroles que l'amiral attendait :

- Choisis un nom pour ces poules.
- Sara Jeggin's, Olivier Levasseur et John Taylor, lança Tew sans hésitation.
- Choisis un nom pour ce coq.
- Thomas Adam Tew, amiral de la flotte libéri, époux de la reine Rahena, prince consort et père du futur roi, Ratsimilaho.

Ògou bascula la tête en arrière, éclatant de rire. S'insurgeant devant ce manque de respect, Thomas Tew plongea sa main sous sa veste, prêt à dégainer un mousquet. Mais un mouvement attira son attention : l'une des poules se réveilla ! Médusé devant l'impossible, l'Anglais se pencha, yeux écarquillés, prêt à ramper pour s'approcher. D'une main, le sorcier l'empêcha d'aller plus loin. Tew vit alors la poule se relever sur ses pattes, pendant qu'une autre l'imitait. La troisième fit de même, puis vint le tour du coq. Quelques secondes plus tard, les quatre bêtes, manifestement en bonne santé, sautillaient avant de gambader autour du petit lac. Elles se tournaient autour, s'entrechoquaient comme si elles ne pouvaient se voir et tout à coup, l'une des poules s'effondra. Les autres l'ignorèrent, allant et venant dans tous les sens. Deux poules se mirent à courir, fonçant vers la sortie de la grotte. Tew voulu les rattraper mais une force invisible le paralysa. C'est alors qu'il vit le coq tourner sur lui-même. Devenu fou, après quelques petits pas en cercle, il se mit à courir, lui aussi. Venant vers eux, il enjamba les bougies et plongea dans le feu. Tout son plumage s'embrasa tandis qu'il poussait un énorme cri. Alors Tew, sidéré, vit l'animal revenu à la vie se secouer, lancer un premier cocorico avant de commencer à vibrionner en remuant ses ailes carbonisées, puis à coqueriquer de plus en plus fort. Quand enfin, l'animal ne ressembla plus qu'à un poulet rôti, il sauta hors des flammes pour s'échapper. Il courut encore, tombant dans le bassin au fond duquel il coula comme une pierre. Effaré, tremblant lui aussi et le visage recouvert de sueur, Thomas Tew ne parvint qu'à relever une main pour désigner l'animal disparu sous les eaux :

– Ce... Que... Que s'est-il passé ?
– Ce que tu as demandé, murmura le sorcier.

Et aussitôt, l'amiral sentit l'épaisse fumée le plaquer de nouveau contre la stèle mortuaire. Incapable du moindre mouvement et la poitrine comprimée, il suffoqua lentement en voyant le *bòkò* aux yeux révulsés se relever. Tew voulu crier, implorer de l'aide. Il perdit connaissance et ne se réveilla que sept heures plus tard, en pleine journée. Ògou n'était plus là. Le feu comme les bougies, tout était toujours en ordre. Il trouva le cadavre de la première poule, à quelques pas de lui. Ainsi que les corps des deux serpents. Il rampa douloureusement jusqu'à la petite pièce d'eau, n'y voyant rien d'autre que la noirceur de son âme. Et, dans son reflet, un visage maculé de sang.

Quand l'amiral voulut quitter le Pain de Sucre, il découvrit avec étonnement qu'Ògou n'avait pas repris la barque qu'ils avaient empruntée à l'aller. Il sauta à son bord, saisit les rames et rentra sur son rivage, aussi vite que possible. Arrivé sur la plage, il se précipita vers les terres anteva, à la recherche de ce mage d'opérette. Aux quelques badauds qui lui demandèrent où il était passé, il ne répondit rien. Thomas Tew dépassa le village de sa reine pour trouver le baobab à l'intérieur duquel vivait l'ensorceleur. Ògou était là, assis en tailleur, devant le grand trou d'écorce servant d'entrée à sa maison : « Qu'as-tu fais, vieux fou ? hurla l'Anglais. Pourquoi m'avoir abandonné ? »

Relevant les yeux, Ògou ne cacha pas sa déception. Il ne lâcha qu'un long soupir, avant de retourner dans son antre. Furieux, l'amiral s'élança derrière lui, prêt à l'étriper pour obtenir une réponse. Mais le *bòkò* tendit une main, dressant un rempart invisible contre lequel s'écrasa Thomas Tew. L'amiral, bloqué au pied de l'arbre, s'égosillait, menaçant le sorcier. Alors, dans sa pénombre végétale, Ògou ferma les yeux en embrasant son baobab. En une poignée de secondes, des flammes surgirent des racines et engloutirent l'immense arbre à palabres, le consumant presque spontanément. Après quoi, plus personne sur l'île rouge ne revit le grand *bòkò* des Anteva : Thomas Tew n'avait pas reconnu Baron Samedi.

Les semaines qui suivirent cet envoûtement qui ne disait pas son nom, l'amiral s'isola encore d'avantage. On ne le trouvait plus sur les rivages de la république, ni même dans le village de sa reine. Il partait, seul le plus souvent, sur Rantabe ou l'île Boraha. De là, il empruntait un petit sloop, s'en allait naviguer, rêver et méditer.

Avec le temps, il reconstitua un petit équipage, avec lequel il vogua jusqu'à l'île Bourbon, Mayotte, l'Isle de France et les Comores...

Chaque soirée étant prétexte à une fête, lorsque Sara Jeggin's attendit un enfant, tous célébrèrent l'événement sans trop s'interroger. Mais les républicains savaient que dans les faits, il était impossible d'identifier le père. La question ne fut pas abordée durant les neuf mois de grossesse.

Socialement, cette période fut étrangement calme dans la colonie. Anteva et Libéri cohabitèrent sans histoire, aucune invasion tonitruante, aucun abus, aucun excès. Tous savaient que la peur de finir ébouillanté était un argument beaucoup plus convaincant que le simple désir de vivre en paix. Levasseur et Taylor se souciaient peu des équilibres, de plus en plus précaires, de la république. Ils occupaient tout leur temps ou presque à soigner une future mère souvent malade, affaiblie par une grossesse éprouvante et qui maigrissait à vue d'œil. L'ogre dans son ventre la dévorait, aspirant littéralement son sang. Parfois, quand elle allait mieux, il lui arrivait de s'empiffrer des jours entiers, sans parvenir à reprendre de forces. Lentement, ce bébé la suicidait. Plus le terme approchait et plus Sara déclinait. Au point que le clan Jeggin's déménagea, pour rapprocher la souffrante des Eaux de Lune. Toutes les naissances périlleuses que connut la république s'étaient réalisées aux portes de ces grandes piscines, où des dizaines de personnes pouvaient aider à transporter les linges ainsi que les bassines d'eau et de sang. Et une nuit de janvier 1697, avec presque un mois d'avance, Sara Jeggin's perdit les eaux.

Dans les cris, l'effroi et la douleur, le bébé se présenta par le siège. Sept heures durant, le rivage vécut au rythme des hurlements. Sara avait la tête entre les mains d'Olivier. De chaudes larmes se mêlaient aux encouragements et aux promesses que tous faisaient pour tenter de masquer leur détresse. Femmes et hommes se relayaient pour apporter toujours plus de seaux d'eau, depuis les Eaux de Lune, ces mêmes camarades rejetant ensuite des litres de sang à la mer. Deux médecins - dont une sorcière anteva - firent leur possible pour sauver l'enfant et sa mère. Dans chaque main, Sara agrippait les poignets des hommes qu'elle aimait. John et Olivier restèrent près d'elle, pétrifiés par le plus important moment d'une vie : la mort. Peu avant l'aube, la belle Irlandaise perdit connaissance une dernière fois, les mains toujours solidement accrochées aux hommes de sa vie. Juste avant de basculer, Sara lâcha celle du Balafré, pour caresser le visage humide d'Olivier. Dans un dernier souffle, elle lui dit seulement qu'elle l'aimait. Sara Jeggin's mourut en couche, sans jamais voir les billes - d'un clair azur - de sa merveilleuse petite fille, ni entendre son premier cri de guerre.

Assise entre John et Olivier, la sorcière accoucheuse des Anteva s'empara du nourrisson. Elle observa de longues secondes les visages ravagés par la douleur des deux hommes. En larmes, Olivier Levasseur continuait de serrer son adorée, la joue collée contre la sienne, l'implorant de ne pas l'abandonner. Il priait, tenait contre lui le corps d'où toute vie s'était échappée. Du fond de ses entrailles, monta une sorte de grognement éclatant en un cri qui laissa échapper toute sa colère d'avoir survécu. Puis il s'affaissa, effondré, liquéfié, prêt, lui aussi, à se laisser aller.

En face, John, livide, vidé de toute essence, demeurait stoïque. Son étonnant visage, figé, semblait déboussolé, expression que personne ne lui avait vue jusque-là. Seule une personne d'une sensibilité hors du commun aux vibrations de l'invisible (comme la sorcière anteva) pouvait comprendre que le Balafré, incapable de ressentir une telle peine, essayait de s'imaginer la souffrance de son ami pour tenter de l'accompagner. L'empathie est un sentiment interdit aux fous, aux assassins de sa trempe, incapables de discerner le mal du bien. Les êtres comme John Taylor, exclus d'immenses joies comme des peines incommensurables, peuvent tout juste apprendre à les interpréter, à les comprendre, en tentant d'analyser certains comportements, ce qui les conduit parfois à tuer d'avantage. John Taylor était là, hébété, interdit, muet mais certain d'une seule chose : tout s'achevait ici. Maintenant.

Sans plus attendre, la sorcière qui serrait la petite contre sa poitrine, attrapa de sa main libre Olivier Levasseur pour lui confier l'enfant. Le Français, revenu à lui, la recueillit amoureusement, toujours aussi dévasté mais déjà protecteur. John les regarda, laissant d'inexplicables larmes dévaler ses joues. Puis il se retira, raccompagnant et rétribuant l'accoucheuse. Il ne pensait déjà plus qu'à préparer des funérailles dignes de ce nom. D'autres mères libéri avaient perdu la vie en la donnant. Mais ce fut la première fois que la défunte était si connue, la première fois aussi que le bébé était confié aux mains d'un père aussi mystérieux. Lequel était-ce ? L'énigme sur la filiation autant que le drame qu'ils avaient sincèrement partagé leur étaient allés droit au cœur. Toute la colonie se sentit concernée par le sort de l'enfant.

Ils choisirent de baptiser le bébé Anne, comme la princesse d'Angleterre, plus populaire que ses aînés. Celle aussi qui, par le passé, s'était opposée à son père, le roi Jacques II et qui referait bientôt parler d'elle.

Olivier, qui n'était déjà pas d'un naturel très bavard, se renferma complètement : Anne avait les yeux et les cheveux de son vrai père, ou de sa mère. La paternité lui donna l'assurance, le charisme et l'autorité naturelle qui lui manquaient jusque là. Exactement comme Thomas Tew le craignait.

Tard dans la nuit, lorsque l'enfant était endormie, Olivier se laissait aller à pleurer, serrant les dents à s'en écraser les mâchoires, il avançait à grandes enjambées, frappant le sable à coups de pieds, ou filait dans la jungle, abattre sa colère sur des arbres à coups de machettes. Benjamin et John l'observaient, une flasque de rhum à la main. Pour venir à bout de son malheur, il aurait voulu tout exploser autour de lui. Eux, préféraient se saouler, espérant sous doute se noyer dans l'alcool. La désolation qui accompagna le décès de Sara n'épargna personne. Olivier frappait les lianes de la jungle, encore et encore, à en abattre la forêt toute entière. John buvait, encore et encore, à en mourir sur pied. Aucun cependant ne réalisa qu'à travers ces douleurs, ils pleuraient plus qu'une femme, ils pleuraient une terre dans laquelle, pour la première fois de leur vie, ils s'étaient profondément enracinés. Une terre dont ils ne connaissaient finalement pas grand-chose, où ils avaient toujours été considérés comme des immigrés, mais où ils s'étaient sentis chez eux, comme jamais. Une terre où était enterré tout ce qu'ils savaient de l'amour.

Woodes, qui se remettait difficilement lui aussi, atteignit ses vingt-et-un ans. Rappelant ainsi aux forbans du *Pearl* qu'ils étaient là depuis quinze ans. Anne et lui étaient devenus inséparables. Il s'occupait d'elle comme d'une sœur. Elle l'observait comme un grand frère.

Libertalia n'étant finalement pas un endroit où élever une enfant, Olivier Levasseur envisageait le départ. Seegar et Benjamin, qui espéraient bien ne plus avoir à affronter ce foutu Nouveau Monde, ne le suivaient pas dans ce projet. Le Français estimait qu'il fallait au moins offrir à cette enfant la possibilité de choisir. Anne devait voir le monde, apprendre sa brutalité et comprendre qu'il ne se limitait pas à une plage paradisiaque, perdue ou oubliée. Elle devait apprendre à lire, à écrire et à compter. Elle devait apprendre à tenir une fourchette comme à charmer car ce monde l'attendait.

Olivier fit connaître ses intentions à Baldo Caraccioli, qui promit de prendre des dispositions afin de l'y aider. Mais l'affaire traînait. Et un an après le décès de Sara, tous durent assister à son *Famadihana* : le fameux retournement des morts.

Les Anteva menés par leur reine se présentèrent devant la tombe de Sara Jeggin's. Jusqu'alors, les Libéri n'avaient pas eu à respecter ces traditions auxquels ils n'entendaient rien. Si les natifs voyaient dans ce culte la manifestation du respect qu'ils devaient aux ancêtres, pour les Blancs et leurs enfants mulâtres, plus ou moins éduqués dans les traditions catholique, juive ou protestante, cette fête macabre parsemée de danses et de prières, n'était que profanations. Pour eux, déterrer ses morts ne pouvait que raviver une douleur au moment où le temps commençait à en avoir raison. Ils comptaient sur l'oubli pour se tirer d'affaire, comme si la mort n'était qu'un stupide accident de parcours qu'il faut veiller à tenir éloigné autant que faire se peut. Les Malgaches en revanche, la célébraient avec allégresse, comme la dernière - mais aussi la première - étape d'un cycle, éternellement vivant, flamboyant et, évidemment, animiste.

La fastueuse célébration mortuaire éprouva les Libéri. Anne, qui commençait à peine à faire ses premiers pas, Olivier, John et Woodes durent se placer au premier rang lors de l'exhumation de Sara Jeggin's. Puis, toujours aux premières loges, ils virent les Andri commémorer à leur manière la vie et la mort de celle qu'ils considéraient comme une des leurs. Au plus fort de ces jours d'occultes folies, sorciers et villageois se saisirent d'Anne, alors âgée d'un an, afin de la préparer aux rites initiatiques qui l'attendaient dans une petite dizaine d'années. Contraint et forcé, Olivier dut les laisser faire, les yeux rivés sur son bébé et la pointe des sagaies qui chatouillaient sa gorge. Devant lui, les *bòkò* buvaient le rhum et crachaient du feu, promettant d'en faire la plus grande guerrière de tous les temps. Le départ devenait urgent.

Un matin qu'Olivier se promenait sur la plage avec Anne dans les bras et Woodes à ses côtés, deux pirates lui barrèrent la route. Pas totalement dessaoulés de la veille, ils s'étaient mis en tête de revendre l'enfant aux Mérinas du Centre. Olivier essaya vainement de les en dissuader. Woodes, qui était devenu un adulte aussi charmant que beau parleur, s'y risqua lui aussi. Mais la main sur le fourreau, les gredins ne voulaient rien entendre. Selon eux, les tribus voisines étaient prêtes à payer très cher ce bébé, naturellement doté de pouvoirs précieux, surtout maintenant qu'il avait été béni par les sorciers lors du *Famadihana* de sa mère ! Ils avaient reçu une avance. La mission était claire : leur ramener la *Menavolozazavy* (la fille aux cheveux rouges). Ils la voulaient intacte, pour l'offrir en sacrifice à une de leurs divinités. Olivier rit de bon cœur. Eux pas. L'un des pirates sortit un mousquet et s'avança. Posant une main rigolarde et ferme sur l'épaule du père protecteur, la fripouille insista :

– Allez, donne-la nous. C'est pas vraiment ta fille, si ?

Interloqué, Olivier Levasseur serra les dents, baissa les yeux et ravala sa salive. L'homme qui laissait sa main sur son épaule, était légèrement tordu, penché du côté opposé à l'inclinaison de la plage, comme si sa jambe avait une faiblesse. Olivier jeta un coup d'œil furtif à l'autre forban, qui se tenait derrière. Lui se tenait négligemment, mains posées sur la garde de son épée, le buste en partie avachi sur ses hanches. Olivier sentait peser sur son épaule cette main sale, qui tenait fermement un pistolet. Il fit un petit geste en direction de Woodes, qui prit le bébé dans ses bras. Les deux forbans rirent de bon cœur :

- Qu'est-ce que tu vas faire ? plaisanta le premier. Te battre ?
- Et risquer le bannissement, dit l'autre en ricanant...
- Retire ta main de mon épaule ou je la garde, dit froidement Olivier.
- J'aimerais voir ça !

À peine avait-il terminé sa phrase qu'Olivier Levasseur dégaina sa machette. Et dans un éclair foudroyant, il lui sectionna l'avant-bras. Surpris, déstabilisé, le pirate recula de quelques pas sans comprendre. Son ami, qui allait réagir, réalisa qu'il avait déjà été transpercé en plein cœur par la même lame. La faisant virevolter dans un même mouvement, Olivier revint au premier forban devenu manchot. Il était tombé à genoux, cherchant son bras pour en attraper le mousquet. Olivier se plaça derrière lui, tira violemment son crâne en arrière en l'agrippant par les cheveux et dans un mouvement dénué de toute humanité, lui trancha la gorge.

Inanimés, les deux hommes s'écroulèrent sur le sable, dans une mare de sang. Olivier se pencha alors sur le sol et récupéra l'avant-bras sectionné. Il retira des doigts encore chauds le pistolet, pour le mettre à sa ceinture. Puis il jeta ce bras coupé à la mer. La scène n'avait pas duré plus de quelques secondes. Benjamin et John, qui avaient tout vu, n'arrivèrent qu'après. Tous prirent la dimension de la peine qui rongeait encore Levasseur, le menant aux portes de la folie...

Le soir même, Olivier fut convié par Caraccioli, afin d'envisager son départ définitif. Il pénétra seul dans la maison de Baldo. A l'intérieur, l'ancien moine avait le nez plongé dans ses infusions, déjà dans un état second. L'amiral en revanche, l'attendait de pied ferme. Le décès de Sara comme le meurtre des deux nigauds qui s'étaient improvisés ravisseurs d'enfants, Thomas Tew n'en avait que faire. L'éloignement d'Olivier Levasseur, en revanche...

– Bien le bonjour, monsieur le Français, toussa Baldo entre quelques bouffées stimulantes.
– Monsieur le secrétaire d'Etat, reprit Olivier avec révérence. Monsieur l'amiral.
– Pas de salamalecs, nous sommes entre amis, voyons.
– Je pensais que c'était une convocation officielle, pour entériner notre bannissement. Et à ce titre, j'eusse aimé solliciter vos indulgences vis-à-vis des autres membres du clan Jeggin's.

Olivier vivait à présent dans la colère, nourrissant une crainte paranoïaque que quelque chose n'arrive à l'enfant. Dans cette folle croisade - et parce qu'il était un combattant habile, aussi rapide que dangereux -, il menaçait toutes les lois de Libertalia. Pour ce double homicide volontaire, il ne pouvait qu'accepter l'unique condamnation possible : l'exil à perpétuité. La mort dans l'âme mais certain que c'était aussi la meilleure solution pour Anne, il acquiesça en silence.

Stupéfait par le courage de Levasseur, le secrétaire d'Etat invita ses deux convives pour une promenade à cheval. Les trois hommes chevauchèrent des montures que les Anteva leur prêtaient régulièrement. Avec, ils quittèrent Antseranana pour gagner Rantabe. Durant le trajet, l'amiral réalisa progressivement que Baldo Caraccioli était dans l'un de ces jours où son cerveau tournait à vide, l'esprit étourdi par son passé. Arrivés devant l'immense baie, Baldo leur présenta l'âme libérie, non sans nostalgie :

– C'est ici que nous mouillâmes pour la première fois. Nous arrivions tout droit d'Anjouan.
– Tout ce chemin pour nous montrer notre foyer ? s'étonna l'amiral.

- Non, Olivier, cria Baldo. Tout ce chemin pour revoir notre passé !

Ce n'est qu'ici, les sabots dans le sable d'Antongil, qu'Olivier Levasseur et Thomas Tew comprirent que leur guide était en fait, totalement perdu dans ses rêveries. Ce jour-là, Baldo Caraccioli prit l'autorité condescendante de l'amiral pour le charme charismatique de son compagnon d'antan ; Olivier Misson. Quant à Levasseur, exceptionnellement, il l'identifiait pleinement. Sans doute le double meurtre avait-il été assez choquant pour marquer sa mémoire. Constatant le trouble du moine, Levasseur suggéra de rebrousser chemin et de revenir le lendemain. Mais Thomas Tew avait compris que, pour la première fois, il pourrait profiter de ces amnésies. Il l'encouragea donc doucement. Et sous le regard ahuri d'Olivier, le vieux Baldo répéta la légende qui le faisait tant rêver : l'histoire de *La Victoire*, débarquant vers la fin du règne de Manaou Binti Mwé Fani, fille de Mogné Fani et d'Echati Binti Omar, souveraine du sultanat d'Anjouan. Après d'interminables digressions sur les douceurs comoriennes, Baldo en vint au plus important : la salle des souvenirs de la reine.

- Le plus fabuleux magot que vous puissiez imaginer, dit-il en se retournant vers l'amiral avec une familiarité qu'il n'offrait qu'à Misson. Pas vrai, camarade ?
- Absolument, dit Thomas Tew en souriant.
- Deux cent quarante millions de livres.
- Combien ? s'étrangla Levasseur tandis que l'amiral avait les yeux en étoiles.
- Peut-être même plus, poursuivit Baldo. Et ça n'est même pas l'argent, le plus important. Mais les titres de souveraineté d'Anjouan, qui accompagnent son or, ses diamants, ses...
- Monsieur Caraccioli, essaya de prévenir Levasseur...

Voyant que le pirate tentait de ramener Baldo vers la réalité, l'amiral lui coupa la parole en évoquant l'ébène du Mozambique et les étoffes des Indes orientales...

– Exactement ! s'exclama Baldo. Toute l'histoire d'Anjouan est celle d'une position stratégique dans l'économie du Nouveau Monde : posséder ces actes revient à tenir le monde. C'est précisément pourquoi, en plus de n'avoir aucune légitimité à le détenir, nous devons le cacher. C'est ce que la sultane nous a demandé. Hein, camarade ?
– C'est ce qu'elle a dit, feint de savoir Tew.

De plus en plus gêné, Levasseur ne descendit pas de monture. Il demanda simplement s'il pouvait s'en aller.

– Levasseur, reprit Baldo, vous possédez au plus haut point le sens du sacrifice.

« Pas vraiment », moqua Louis Labous intérieurement.

– Monsieur Caraccioli, bégaya-t-il en répondant...
– Je souhaite votre retour, aussitôt que votre fille sera en sécurité.

Thomas Tew crut s'étouffer. Olivier se redressa d'un coup, interloqué :

– Je vous demande pardon ?
– Libertalia ne nous survivra pas, reprit Baldo en désignant l'amiral Tew. Ni à Olivier ni à moi ! Le trésor doit être déplacé.

Stupéfait, Olivier dévisagea l'amiral, au sourire de plus en plus béat.

– Monsieur Caraccioli, Olivier Misson est mort.
– Que dites-vous, mon ami ? Allons...
– Mais enfin, protesta le pirate. Vous le confondez avec monsieur Tew !

Baldo secoua la tête, comme s'il moquait ces remarques. Et se retournant vers l'amiral, toujours très attentif, le vieux prêtre indiqua, d'une main, l'emplacement du butin. Face à l'extase manifeste de l'ancien corsaire, Olivier Levasseur s'impatienta :

– C'est là-bas, dit encore Baldo, dans le petit bois. Sur la colline que les Anteva appellent le Mont Hara, vous trouverez les restes d'une table divine, brisée en quatre morceaux. Le plus grand est couché sur une pente ; suivez l'axe central, à trois pieds de la déesse.

– Allons-y, insista Thomas Tew.

– Monsieur Caraccioli, s'agaça Levasseur. Misson est mort et enterré !

Soudain, Baldo ferma longuement les yeux, comme marqué par ce haussement de voix. Lorsqu'il les rouvrit, il se retourna vers Thomas Tew avec étonnement :

– Amiral ?

Comprenant que Baldo revenait à lui, le prince régent soupira en pestant. Et sans qu'on ne s'y attende, l'animal dégaina un pistolet, le plaça sur la tempe du moine et pressa la détente. Dans un épouvantable fracas éparpillant des milliers d'oiseaux sur la baie, Baldo Caraccioli tomba à la renverse, la cervelle éclatée. Olivier, des éclats de sang plein le visage, se jeta de côté tandis que le cheval sans cavalier s'enfuyait au galop. A peine le forban réalisa-t-il l'exécution, que l'épouvantable prince régent se dépêcha d'attraper un second pistolet. Dans un réflexe de survie, Levasseur releva sa botte, frappant l'amiral sur sa hanche, le poussant à terre. Aussitôt, le Français attrapa la crinière de son cheval et fit demi-tour, à toute vitesse. Disparaissant comme la foudre, le quartier-maître du *Pearl* n'eut qu'un regard par-dessus l'épaule, devinant la dépouille de Baldo, froidement assassiné, et son meurtrier, prêt à récidiver. Olivier s'évanouit dans la jungle.

Il ne cessa de galoper, tête basse, craignant que l'amiral ne le rattrape pour le tuer. Intérieurement, la voix juvénile de Louis Labous ne cessait de le taquiner, répétant à tue-tête qu'il n'avait pas beaucoup évolué, depuis son arrivée dans le Nouveau Monde. Mais dans sa précipitation, Olivier ne pensait plus qu'à son enfant. Finies les politesses, les autorisations, les rapports diplomatiques et les honneurs réservés aux Andri. Finies les exécutions à l'eau bouillante, les danses macabres avec des enfants et des cadavres en putréfactions, les rivalités perpétuelles entre Blancs, Noirs et mulâtres. Sur sa joue, les taches de sang séchèrent au vent, comme la marque d'une histoire qui ne le quitterait jamais. Il galopa ainsi jusque sur la plage libéri. Arrivé devant la maison sur pilotis de Sara Jeggin's, il sauta avant même d'avoir arrêté sa monture. Et il se mit à courir, espérant trouver Anne et John en même temps.

Dans la pièce principale de la maison, le Balafré somnolait à seulement deux mètres du bébé. Olivier déboula en trombe, se jetant sur la petite et sur une malle d'armes en même temps.

– Wow, grogna John en émergeant... Qu'est-ce qui te prend ?
– Il a tué Baldo ! Il l'a tué ! Là, sous mes yeux.
– Hein ? Quoi ? Qui ?
– Il a tué Baldo, répéta-t-il en s'équipant le plus lourdement possible. Faut qu'on s'en aille. Faut qu'on parte.
– Oui, oui, on va partir, mais...
– Maintenant ! hurla Olivier en se retournant.

John découvrit alors son visage, maculé de taches écarlates et ses yeux enragés. Ce même regard qu'il avait pu lui voir, par le passé, prêt à tout affronter. Olivier prit quelques secondes pour se calmer afin de mieux respirer.

– Baldo confondait Tew avec Misson. Il voulait nous montrer un...
– L'amiral ?
– Peu importe. Quand il a réalisé sa méprise, Baldo s'est arrêté. Tew l'a tué.
– Nom de Dieu de bordel de merde...
– Il faut qu'on parte sur le champ ! C'est sa parole contre la mienne. S'il convainc les Anteva, je suis mort.
– Mais c'est lui qui...
– Il est marié à la reine, idiot. On n'a plus de temps !

Après avoir entendu cela, John sauta du lit. Avec calme, l'Irlandais se saisit de son bracelet de force hérissé d'épines, qu'il agrafa à son avant-bras gauche. Dans le barda, tous deux s'équipèrent de deux sabres d'abordages, de quatre mousquets et de six grenades. Puis, prenant la petite dans un bras, ils abandonnèrent la maison de Sara au pas de course. Sur le rivage, ils coururent pour essayer de trouver Seegar. Ils ne débusquèrent que Benjamin, batifolant dans les Eaux de Lunes avec de belles amies. John lui expliqua toute l'affaire, sans que le jeune homme ne se sente concerné. Ils lui firent promettre de tout répéter à leur ancien capitaine, avant de chercher Woodes, dans la maison qu'il essayait alors de se bâtir. A lui, les deux hommes n'eurent qu'une phrase à dire : « Toujours curieux du Nouveau Monde ? »

Assis entre ses lattes de bois et ses feuilles d'arbres du voyageur, le jeune Anglais bondit de joie. Et sans poser la moindre question sur les raisons de leur précipitation, il les suivit. La petite troupe se mit donc en route pour Boraha, en tâchant de contourner la baie d'Antongil. Chemin faisant, ils rencontrèrent nombre d'Anteva, qui les questionnèrent : où allaient-ils ainsi sans sacs de vivre ? Ouvrant ses sacs de livres, Woodes répondit qu'il souhaitait échanger des ouvrages déjà lus avec d'autres, que des négociants lettrés auraient pu amener. Les natifs trouvèrent l'idée désopilante et c'est en riant tout leur saoul qu'il les laissèrent passer. Et avant que les ombres de la nuit n'aient recouvert les rivages libéri, les quatre voyageurs avaient embarqué sur le *Black Bird*, la frégate d'un pirate nommé Avery. En voyant l'état de ses nouveaux passagers - qui n'avaient pas pris le temps de se laver -, le capitaine Avery comprit qu'il ne pouvait leur refuser son aide. Le *Bird* devait appareiller le lendemain, à l'aube. Mais entendant la récompense promise par Levasseur s'ils arrivaient dans le port de Charles Town, le capitaine décida de lever l'ancre dans la nuit. Sans un adieu, n'éprouvant d'autre émotion qu'une épouvantable trouille, Anne, John, Woodes et Olivier abandonnèrent le sable et les étoiles, qu'ils avaient tant chéris. Le *Bird* utilisant la partie Sud des courants du Gulf Stream qu'ils récupérèrent au large du Golfe de Guinée, huit semaines suffirent à aborder les Amériques. Pour épargner au bébé une traversée trop rude, Avery imposa une cadence d'enfer à bord. L'équipage se relayait, nuit et jour, pour garder le cap. Ils se seraient crus sur un vrai navire de guerre, où la discipline aurait cependant laissé place à une franche camaraderie.

Au bout du périple, les forbans jugèrent plus prudent de toucher par la baie de Beaufort, plus au Sud de Charles Town, afin de ne pas attirer l'attention des militaires. Avery descendit à terre avec ses invités, afin de les accompagner jusqu'à la demeure de monsieur Cormac ; celui qui le payerait. En une demi-journée à peine, ils trouvèrent la grande ville portuaire et dans les hauteurs, sa plus grande plantation. La maison avait incroyablement changé, prenant des allures de palais secret. Les hauts murs qui l'encerclaient avaient été fortifiés, toujours pour protéger l'intérieur de l'extérieur et non l'inverse. Ils s'approchèrent, sans entendre le moindre cri ou claquement de fouet.

Olivier se présenta aux grilles le premier. Il tira sur la cloche, découvrant Tafa, l'homme de confiance de William Cormac, pour la première fois. Le Noir qui dirigeait tous ces Noirs avait maintenant trente et un ans. Une année de plus qu'Olivier. Trois de moins que John. Mais plus de pistolets à sa ceinture que les deux réunis.

– Nous n'embauchons pas ! pesta Tafa.
– Nous ne postulons pas ! beugla Olivier.

Certain qu'il n'oublierait pas ses cicatrices, John Taylor quitta sa monture pour se présenter à son tour, devant les grilles. Et souriant poliment au maître d'ébène, il dit :

– Te souviens-tu de mon beau sourire, homme libre ?

Aussitôt, Tafa écarquilla les yeux et se pressa de déverrouiller la grille. Tout en se concentrant sur les verrous, il leur souhaita la bienvenue, ajoutant que monsieur Cormac parlait régulièrement d'eux. A peine avaient-ils fini de se saluer, que Tafa les mena jusqu'à l'immense demeure, maintenant construite sur deux étages. La bâtisse et ses champs pouvaient à présent rivaliser avec la plantation Beaumont. Alors qu'ils suivaient Tafa, Olivier s'inquiéta :

- Monsieur Cormac est-il seul ?
- Depuis le décès de madame, malheureusement oui.
- Madame ?
- Madame venait de Cork, en Irlande. Une ancienne maîtresse de monsieur Cormac ou quelque chose comme cela... Elle prenait soin de la maison. Et de lui.
- Il ne va pas bien ?
- Il est malade.

Les pirates, brutalement devenus muets, poursuivirent le chemin jusqu'à la demeure. Et William Cormac apparut sur le perron, métamorphosé, lui aussi. Bien qu'à peine plus vieux qu'Olivier, il avait le teint gris, les cheveux blancs et le dos voûté. Pour avancer, William s'appuyait sur une canne. Mais cela ne l'empêcha pas de dévaler les marches de sa maison, quatre à quatre en s'accrochant à la rampe, pour étreindre ses amis. Epuisé, Olivier le prit dans ses bras et lui présenta son bébé. Entre deux silences heureux, ils s'observèrent, un sourire de nostalgie aux lèvres.

- William, je te présente le capitaine Avery.
- Monsieur.
- Enchanté.
- Pardonne ma goujaterie, reprit Olivier, mais te serait-il possible de...?

Immédiatement, William comprit et offrit trois bourses d'argent au capitaine du *Black Bird*. Ce dernier estima la somme trop élevée mais se garda bien de la refuser. Le soir même, ses hommes et lui repartiraient pour les Bahamas, vers Nassau ou d'autres paradis perdus ; là où ils pourraient dépenser au mieux tous ces écus.

William invita ses quatre belles surprises à découvrir son nouveau foyer, construit après la crise du coton de 1692, qui avait fait monter les prix vers des sommets inespérés. C'est aussi à cette époque, apprendraient-ils plus tard, que William avait fait venir de Cork, une amie d'enfance : Marie Brennan. La maison portait encore son empreinte.

- Rassure-moi, rit William en servant un scotch au jeune Woodes. Tu es trop jeune pour être le fils de l'un d'eux ?
- Woodes Rogers, monsieur. J'ai été élevé par ces messieurs. Avec leur fille.
- Tu es donc ? demanda William au bébé endormi.
- Anne, reprit Levasseur. Anne Cormac...

Le planteur se raidit, comme tétanisé. Détournant le regard vers Olivier, il ne put cacher un sourire de bonheur. Lui, qui n'avait jamais eu d'enfant, mesura l'immense joie d'un tel présent : une héritière. Radieux, il répéta ce nom : « Anne Cormac. »

Quand, au cœur de la nuit, toutes les âmes libéris furent enfin endormies, Olivier s'installa sur le perron de la maison, volant une pipe et un verre de bourbon. Quelques minutes plus tard, William Cormac vint le rejoindre, aussi heureux qu'anxieux :

- Cela va si mal ? demanda-t-il.
- Je l'ignore. Il fallait protéger l'enfant.
- Sois sans crainte.
- Et toi ?
- Tu te souviens de cette cave ?
- Rue Galilée ? rit Olivier. Un vrai cloaque, oui...
- T'avais raison ; elle m'a rendu malade.
- C'est grave ?
- Mains tremblantes. Quintes de toux. Un peu de sang...
- Combien de temps ?
- On ne sait jamais vraiment avec les médecins, tu sais...
- Peut-être devrais-tu visiter l'endroit d'où nous venons. C'est ironique, je sais. Mais ils avaient de bons magiciens, de vrais sorciers et...
- Olivier !
- Quoi ?

– Je vais mourir. Et ce n'est pas grave.

Les deux hommes se turent. Après quelques secondes, Olivier se permit de demander :

– Elle te manque à ce point ?
– Si tu savais, souffla William en lui empruntant sa pipe de zamal.
– Oh, je le sais bien.
– Comment était-elle ? Sa mère, je veux dire...
– Parfaite serait un mensonge. Magique, un euphémisme.
– Ah, ça... S'il y avait seulement des mots pour les décrire.
– Je l'aime encore, putain !
– Moi aussi.

Après quelques jours, William plaça Anne Cormac et Woodes Rogers entre les mains d'un des meilleurs précepteurs. Rapidement, le manoir Cormac se transforma en une joyeuse maisonnée, pleine de rires. Le planteur et maître des lieux prenait sa mission à cœur, considérant ce service comme un don du ciel.

Libéré de la partie la plus précieuse de sa mission, Olivier ressassait en boucle sa dernière journée sur Libertalia, entre l'amiral et Baldo, devant les rivages d'Antongil. Ce n'est qu'une fois oublié le traumatisme de cette exécution, qu'il parvint à se rappeler les mots du secrétaire d'Etat : « Libertalia ne nous survivra pas. Le trésor doit être déplacé. »

Il y repensait, encore et encore, mêlant la légende à la réalité ; l'histoire d'Anjouan à celle, plus vivante, de la république. L'amour d'une sultane et celui, immortel, d'une Irlandaise. Il se frappait la tête contre les murs, à en égratigner tous ses souvenirs. Mais rien ne s'effaçait. Oublier. Olivier devait tout oublier. Y compris celle qu'il oublierait toujours d'oublier !

Mais deux mois après leur arrivée, un sloop accosta à la hâte, en rade de Charles Town. A son bord : deux hommes cherchèrent comme des diables la maison Cormac, dont ils prétendaient avoir oublié le chemin. On la leur indiqua et ils tambourinèrent à la grille, haletants. Tafa, l'esclave intendant, vint leur ouvrir et un autre prévint William de sa visite. Devant le perron du manoir, on fit attendre les deux hommes, sales, sombres et mal en point. Harassé, Edward Seegar se laissa tomber à genoux en voyant John et Olivier sortir. Benjamin Hornigold quant à lui, se contenta de gravir les quelques marches pour aller s'asseoir sous le patio, où il avait repéré une bouteille de rhum. Ils ne dirent pas un mot. Leurs souffles courts, leurs allures et leurs regards parlaient d'eux-mêmes.

Le spectacle était si terrifiant, qu'Olivier pensa immédiatement aux enfants, en ville avec le précepteur. William comprit bien qu'il se passait quelque chose de grave, alors il fit amener de l'eau et du pain. Olivier et John s'avancèrent lentement vers Benjamin, qui tétait le rhum comme du petit-lait à s'en laisser couler des litres sous le menton. Edward se releva péniblement et vint s'asseoir sur les marches du perron. Olivier et John le suivaient, mendiant en silence ces mots qui ne sortaient pas. Leurs cœurs, brutalement durs avaient chuté comme des pierres au fond de leurs entrailles. Seegar respirait fort mais ne parvenait toujours pas à sortir un seul mot. Olivier Levasseur baissa la tête, le regard perdu sur le sol, l'esprit dévasté, puis il la releva, cherchant John du regard. De fines larmes commencèrent à couler. Et dans ce vacarme de rien, ils songèrent à ces années d'heureuses ivresses, perdues au gré des marées ; aux sourires et aux rires ; aux femmes aimées ; et au Diable qui, même tapis au fin fond d'une baie, ne les avait jamais quittés.

Comme Olivier s'en doutait, l'amiral Tew l'avait ouvertement accusé du meurtre de Baldo Caraccioli, mais l'inattendu est que, dans la semaine, il avait quitté Rantabe. A tous, il avait dit partir en chasse, à la poursuite des évadés. Mais il revint bientôt et lourdement escorté !

C'était par une nuit sans lune. L'opération fut exécutée sur le modèle des invasions arabes : sept navires de guerre s'enfoncèrent dans la baie d'Antseranana. Trois autres, dans celle d'Antongil. Quand retentirent les premiers coups de canons, des Libéri faisaient l'amour ou rêvassaient dans les Eaux de Lune, les plages et le Pain de Sucre, observant les étoiles. Certains dansaient, d'autres buvaient. Sous les détonations, tous se précipitèrent aux rivages, prêts à armer leurs artilleries pour répliquer. C'est là qu'ils réalisèrent que les cent soixante (vieux) canons avaient été sabotés : plus aucun n'avait de mèche. Quant aux malles de poudres, jalousement gardées derrière chaque canon, elles avaient été inondées. Sans défense, les colons cédèrent à la panique. Tous se précipitèrent dans la jungle, emportant leurs enfants sous le bras et pleurant pour que les Anteva leurs viennent en aide. Mais c'est lorsqu'ils les trouvèrent enfin, que le combat commença.

Emmenés par la reine, les fiers guerriers d'Emyrne repoussèrent les Blancs jusque dans la mer, n'épargnant que les enfants mulâtres de moins de vingt ans. Témoignage d'une trahison mûrement préparée ; d'autres soldats de la souveraine arrachèrent ces *malatas* à leurs parents, pour les exfiltrer rapidement. Désarmés et repoussés par les sagaies jusqu'aux bulles d'écumes déjà rouges de sang, les Libéri couraient dans tous les sens. Sur les rivages et tous les fronts, des centaines de soldats à peau brune débarquèrent, déchargeant fusils et mousquets. Ils criaient et hurlaient, dans la langue d'Anjouan. Les républicains, éparpillés dans un champ de cadavres, reconnurent rapidement le meneur de cette effroyable expédition. Mais ils n'eurent pas le temps de l'affronter, se faisant décimer les uns après les autres, par l'envahisseur. La force anteva finit de repousser les derniers fuyards, jusqu'aux plages. Et ces guerriers malgaches rejoignirent les troupes comoriennes sur les rivages. Avec une abominable méticulosité, ils massacrèrent le millier d'hommes et de femmes qu'abritait la colonie, ne laissant s'échapper que les rares rescapés qui étaient parvenus à fuir par la forêt. Le capitaine Edward Seegar était de ceux-là, courant comme pas possible pour sauver sa vie et celle du borgne qui l'accompagnait dans cette nuit d'horreur. Tout aussi terrorisé, Benjamin Hornigold le suivit sur les hauteurs du pourtour Nord, espérant s'y terrer.

De là-haut, ils reconnurent la fureur d'autres ethnies dans le tumulte : Baras, Tsikoas, Varimo et les Mérinas prenaient part au carnage, épaulant leurs frères dans ce qui ressemblait à la reconquête du royaume. Cette nuit-là, tétanisés, Seegar et Hornigold contemplèrent le spectacle de l'apocalypse. Au milieu de la baie, plus d'un millier de leurs frères et sœurs s'écroulèrent dans un marécage de sang, parsemé de têtes, de bustes et de membres charriés par la marée. Malgaches et Comoriens brûlèrent les maisons, qu'elles fussent encore occupées ou non. De pauvres gens tentèrent de fuir à la nage. Les soldats s'entraînaient en riant à éclater leurs têtes. Des hommes que l'on n'avait jamais vu se battre s'élancèrent avec bravoure vers une mort assurée. Tous s'effondrèrent sur le sable. Pour s'assurer qu'ils étaient bien morts, des guerriers transperçaient les corps à coups de lances, d'épées et de haches. Sur la rive, les flots rejetaient des cadavres par centaines. A la lumière des torches et des feux de nuit, le sable blanc se teinta de rouge.

Au cœur de cette hécatombe, trois hommes se tenaient fièrement. Trois gradés, qui distillaient leurs ordres. Deux étaient sultans ; sultans de Mohéli ! Quant au dernier, qui se tenait face à l'écume ensanglantée, Benjamin et Edward le reconnurent immédiatement. Il riait et tirait, lui aussi, sur les Libéri qui tentaient de s'échapper. Une femme jaillit du chaos, pour se prosterner à ses pieds. Elle ne semblait pas blessée et l'implora de l'épargner. L'homme se pencha sur elle, lui caressant lentement les cheveux comme pour la rassurer. Puis d'un geste interminable, il l'égorgea en la regardant droit dans les yeux. Il souriait et prenait un plaisir inouï à entendre sa victime gémir, à mesure que ses cordes vocales se noyaient dans son propre sang. Lorsque l'amiral Tew se releva, afin de nettoyer sa dague, plus aucun doute n'était permis.

Edward et Benjamin avaient assisté aux derniers instants de vie d'un paradis. En moins d'une heure et dans une panique générale, tous les Libéri qui vivaient ici avaient péri dans un cataclysme qu'ils n'avaient su prévenir. Tew et ses deux amis rirent alors très fort en se tapant dans le dos, comme pour se féliciter. Après quoi, ils s'éloignèrent de la plage principale pour longer le pourtour Nord. Solidement escortés, les saigneurs gravirent le flanc de la falaise où les deux rescapés s'étaient cachés. C'est ainsi, sans craindre d'oreilles indiscrètes, que Thomas Tew présenta aux sultans les restes de Libertalia. Au sommet, d'où ils dominaient la baie, ils furent rejoints par d'autres guerriers Anteva. Et à la stupéfaction d'Edward Seegar et Benjamin Hornigold, toujours soigneusement tapis dans des buissons, ces soldats apportèrent deux prisonniers : la reine Rahena et leur fils, Ratsimilaho, enchaînés de la tête aux pieds.

Digne même devant la mort, la souveraine trahie garda la tête et le regard hauts. Elle ne dit pas un mot, tâchant seulement de sauver son unique héritier. Les deux forbans cachés virent le sourire amusé de son époux d'amiral, qui se précipita pour l'embrasser. Il fit ensuite détacher l'enfant de six ans et demanda aux hommes des Comores de le mener sur son vaisseau. Deux soldats de Mohéli s'en chargèrent, laissant les sept Anteva et leur reine aux mains de Tew et d'une quinzaine d'autres guerriers, venus d'Anjouan. Avec la bestialité des faibles qui s'en prennent aux femmes, l'amiral brandit une dague et la planta dans le cœur de sa reine. Rahena reçut le poignard sans tressaillir, laissant échapper une fine larme avant de s'effondrer sur ses genoux. Puis, il se retourna en claquant des doigts. Et les soldats d'Anjouan relevèrent immédiatement leurs fusils, passant les hommes Anteva par les armes. Le corps de la souveraine fut balancé à la mer, avec les dépouilles des traîtres et des suppliciés, tous unis dans la même mort. L'un des sultans de Mohéli se retourna alors, pointant sa longue vue vers le large. Et pressant le pas vers l'amiral Tew, il lança :

– Les Portugais nous ont repérés !

Thomas Tew s'étira brusquement, un effroyable sourire aux lèvres. Et d'une voix douce, il répondit :

– Faisons vite, alors.

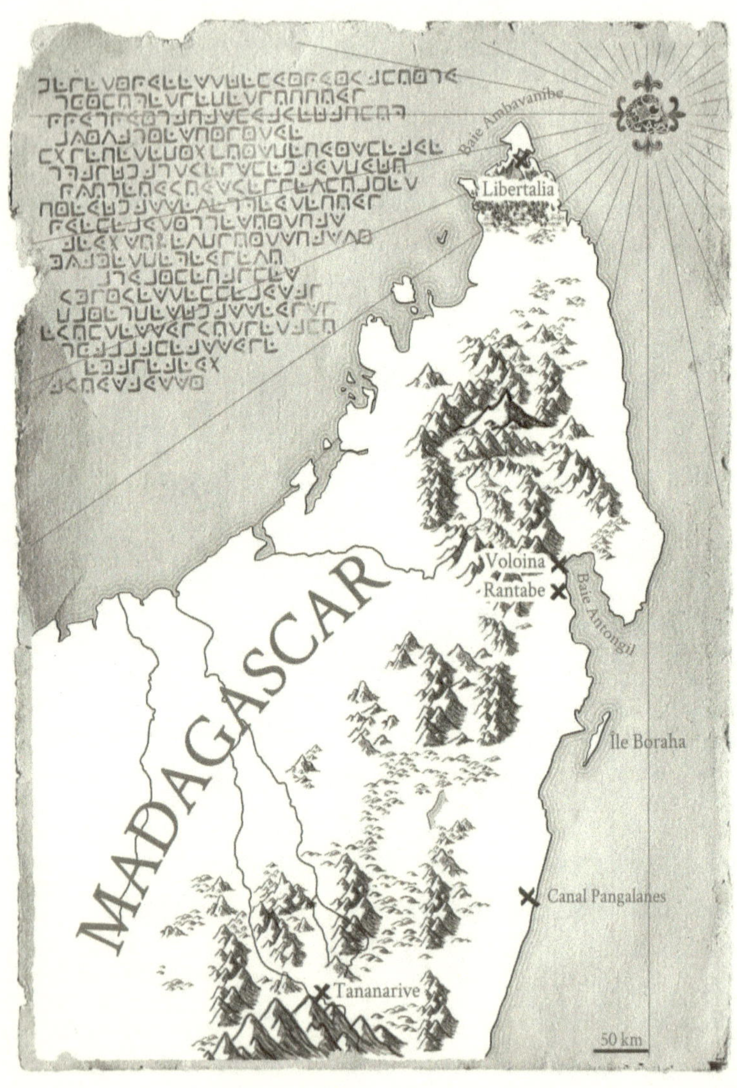
Baie Ambavanibe
Libertalia
Voloina
Rantabe
Baie Antongil
MADAGASCAR
Île Boraha
Canal Pangalanes
Tananarive
50 km

– Chapitre VIII –

Frères de la côte

Portsmouth. Ses marins qui chantent, rêvent et meurent. Sa brume permanente, ses marchands pressés, ses rues embouteillées, ses prostituées périmées, ses tavernes bondées, ses traîtres terrés. Pour quiconque a connu les saveurs caribéennes ou africaines, certains pays d'Europe ne sont qu'amas de terres sombres, sales et humides. Un conglomérat d'administrateurs y brasse un vent, destiné avant tout à gonfler leur ego. Les principes l'emportent sur le pragmatisme, figeant ainsi toute vie dans une morosité immobile. Piqués par le froid des villes, les gens s'y serrent. Tout le monde court. Pour aller où ? Tous cherchent du temps dont ils ne sauront que faire, puisqu'ici tout s'achète et qu'un quotidien de plus en plus vorace ne leur laisse quasiment rien. Une liberté surveillée qui ne leur laisse finalement rien d'autre que du pain et des jeux fournis par les puissants.

Portsmouth la côtière, regarde sa sœur d'en face, française, Le Havre de Paix. Son port, tour à tour objet des convoitises normandes, romaines, néerlandaises et françaises, n'en demeure pas moins anglais. Passant par Portsmouth à son retour de captivité, le roi Richard - Cœur de Lion - comprit que, comme Douvres, la ville était l'une des portes d'entrée du royaume, donc celle que tout envahisseur fracturerait en premier. Il commença par la doter d'une structure juridique indépendante, d'une organisation fiscale claire pour tous les commerçants, avec d'éventuelles exonérations d'impôts... Il voulait avant tout caresser les habitants dans le sens du poil pour, qu'en confiance, ils acceptent les garnisons à venir.

Portsmouth fut fait port naval militaire permanent de la marine anglaise.

Située au cœur de toutes les guerres, donc de tous les négoces, la ville explosa. Régulièrement ravagée par les Français, les Néerlandais et la peste, elle ressuscitait sans cesse. Tomber six fois ; se relever sept. Elle devint le berceau de la royal Navy, recevant bientôt son arsenal ; le plus grand de l'histoire.

Portsmouth est restée le coin humide, froid et venteux, où les marins se surveillent entre eux. Sans se regarder, côte à côte, le regard droit devant, les antennes à l'affût du moindre geste. La dague, toujours à portée de main. Le paradis, pour un petit amiral en cavale. D'autant que si les gens du Nouveau Monde avaient l'âme libre et rebelle, la population européenne était plus obéissante. Plus corrompue aussi. Tout du moins, c'est ce qu'espérait Thomas Tew en entrant dans la résidence de Sir Gibson. Après six mois d'attente, douze missives et trois pots de vins à des intermédiaires véreux, il fut enfin introduit auprès du colonel et lieutenant-gouverneur de Portsmouth. A mesure qu'encadré par une escorte de la Navy, il pénétrait l'enceinte de ce châtelet, Thomas Tew peinait à contenir sa joie. Enfin, il allait pouvoir évoquer son avenir et celui de son fils avec un personnage à sa hauteur !

Membre du parlement de Portsmouth, homme de loi, de lettres et d'armes, fondateur d'un des plus redoutables régiments de l'infanterie anglaise, le colonel John Gibson était la personne la plus influente de la ville, avec Lord Aylmer. Mais ce dernier, bien qu'également parlementaire, était d'abord un homme de guerres et de renseignements, toujours parti sur les océans. Aylmer avait la réputation d'être un entêté, difficile à convaincre. A côté de lui, monsieur Gibson passait pour un tendre. Un lot de préjugés ignorant les dimensions politiques de tous ces bruits : depuis qu'il avait mené les troupes du français Guillaume d'Orange-Nassau jusqu'au trône anglais, John Gibson refusait d'admettre qu'il était un homme d'Etat. Tout juste se définissait-il comme un comploteur, craignant que dans son dos, on ne le surnomme : « le traître ». Ce qui mena Tew à considérer qu'un infidèle et un renégat ne pourraient que s'entendre. D'autant que le monde s'était incroyablement métamorphosé ces vingt dernières années, et toutes les espérances soulevées par la mondialisation triomphante s'étaient noyées dans la boue et le sang des conflits.

Pendant que leurs gazettes rapportaient à des lecteurs avides d'aventures les voyages d'explorateurs plus ou moins pirates, comme William Dampier découvreur du catamaran dans le golfe du Bengale, l'Angleterre s'était dotée d'une monarchie parlementaire. Une révolution. Dans le même temps, la grande guerre de Louis XIV - contre la ligue d'Augsbourg - s'était, à travers le commerce, exportée jusque dans le Nouveau Monde. L'Europe était (re)devenue un vaste champ de bataille où s'opposaient Hollandais, Anglais, Suédois, Russes, Polonais, Danois et Norvégiens, dans des ordres différents, selon les humeurs. Enfin, en abdiquant, Charles II, roi d'Espagne, avait offert sa couronne à la France, en l'occurrence au petit-fils de Louis XIV, qui deviendra Philippe V... Un capharnaüm qui rassurait Thomas Tew : pas une seconde il ne s'était interrogé sur sa destination après que les sultans de Mohéli et lui se furent séparés.

A l'issue du carnage opéré sur Libertalia, les armées comoriennes et anteva avaient dû, poussées par Thomas Tew, déterrer le trésor. Le geste de Baldo et son explication étaient suffisamment flous pour qu'ils y passent la nuit. Les premiers rayons de soleil effleuraient leurs corps brûlants de fatigue lorsqu'ils le mirent à jour. Abrutis par les cris et les cadences infernales imposées par les Comoriens, personne ne réagit. Leurs âmes étaient mortes, en même temps que ces cadavres qu'en un spectacle épouvantable l'océan fracassait par centaines. Une certaine confusion régnait dans les rangs anteva, Thomas Tew, leur prince consort, affirmait que ses ordres étaient ceux de leur souveraine. Mais tous avaient remarqué qu'au milieu de la nuit, Rahena avait disparu. Et déjà, des murmures évoquaient une trahison au sein du couple royal. Bien que nerveux, les gardiens d'Emyrne ne s'alarmèrent pas : personne n'avait vu la reine se faire assassiner et beaucoup avaient aperçu l'unique héritier, Ratsimilaho, escorté sur le vaisseau de son père. Les Comoriens menaçants mirent tout le monde d'accord. Des vaisseaux battant pavillon portugais avaient été repérés, quelques heures plus tôt, du haut de la falaise. Inquiets à l'idée de devoir les affronter, les deux sultans voulaient faire au plus vite. Quand le trésor fut extrait de sa cache, les commandants chargèrent les grands sacs sur leurs propres bâtiments. Tew, qui ne devait être rémunéré qu'à la livraison, exigea sa part immédiatement. Les deux camps se dévisagèrent, au milieu de ce champ de morts. La puissance comorienne n'était plus à mettre en doute. Mais au combat, l'ivresse anteva, alliée à leur maîtrise du territoire, découragea les esprits les plus cupides : les Sultans honorèrent leur accord. Et l'amiral Thomas Tew put rejoindre l'île Boraha afin d'embarquer sur l'*Amitié*. Sur son pont, quinze traîtres Anteva. Dans sa cabine, Ratsimilaho l'enfant roi. Et en soute, ce qu'à ses yeux valait une reine : quatre millions de livres tournois[29].

Un trésor colossal pour les poches d'un amiral. Une brindille, sur un magot de deux cents quarante millions de livres.

Les guerriers qui l'avaient suivi étaient des dissidents, réfractaires aux idées progressistes de Rahena. Comme nombre de leurs frères, ils s'étaient toujours opposés à l'immigration libéri, sans que leurs voix ne portent jusqu'au parlement. Tew n'eut aucun mal à convaincre ces renégats :

– Nous serons riches, avait-il promis. Nous quitterons l'Emyrne, le temps que notre souverain à tous, mon fils, connaisse le monde. Il rencontrera les rois d'Angleterre, de France et même le roi d'Espagne. Il sera un grand parmi les grands. Puis nous reviendrons, dans cinq ans tout au plus, quand les choses se seront calmées. Vous le placerez sur son trône. Et alors, Il vous vouera une reconnaissance éternelle !

Les Anteva obéirent, une fois encore. A bord de l'*Amitié*, ils exigèrent de voir leur prince. Ce que Tew refusa. Il sentit bien

---

[29] 79 millions d'euros.

le vent de la colère gronder dans les rangs de ses quinze guerriers. Mais il devait d'abord trouver un moyen d'échapper aux griffes portugaises qui s'approchaient dangereusement de Boraha, d'où les vaisseaux de Mohéli s'échappaient déjà.

Soudain, en regardant les sultans fuir dans la direction opposée, l'amiral eut une idée. A la surprise générale, il fit hisser l'étendard anglais au sommet de son grand mât et ordonna à ses compagnons d'ébène de se comporter comme des esclaves. Choqués, les Anteva grognèrent encore. Mais si Tew ne pouvait assurément pas manœuvrer l'*Amitié* tout seul, ces gens-là n'entendaient rien au fonctionnement d'un si grand bâtiment. La pression grandissant à mesure que s'amenaient les navires portugais, les Noirs ne dirent finalement rien. Et l'amiral prit son cap, droit sur la menace. Peu avant que les deux navires ne se retrouvent côte à côte, Tew fit amener ses couleurs en signe de paix. Sur leurs ponts et leur gaillard d'avant, fusils en mains, les soldats portugais étaient prêts à faire feu. L'amiral et ses guerriers apparurent désarmés. Il se présenta sur son parapet, sous le nom de Thomas White : négrier reconverti dans le commerce d'épices. Les Portugais freinèrent leur allure sans s'arrêter, le temps de demander à qui appartenaient ces vaisseaux de Bohara qui, à leur vue, fuyaient vers le Nord-Ouest.

– Des Arabes, lança Tew. Ils ont mené un raid, cette nuit.
– C'est donc cela, qui nous fut rapporté ? s'inquiéta le commandant portugais.
– Je l'ignore, messieurs. Mais je puis vous affirmer qu'ils ne sont pas repartis les mains vides...

A ces mots, le Portugais se mit à sourire. Et en un éclair, il fit regonfler toutes ses voiles pour se lancer à la poursuite des sultans de Mohéli. Reprenant sa barre sous l'admiration de ses quinze soldats, Thomas Tew salua les Portugais et fila lentement, vers l'Afrique. Ses hommes vouaient à présent un respect sans pareil à ce prince consort qui semblait n'avoir qu'à claquer des doigts pour que le monde lui obéisse.

Bien entendu, tous ignoraient ce que Tew savait : depuis le traité de Whitehall, Anglais et Portugais se devaient assistance en toutes circonstances.

Afin que ces quinze Anteva n'oublient jamais cet instant, l'amiral ordonna qu'on amène son fils sur le pont. Alors, l'équipage se prosterna devant le futur souverain.

Un souvenir de bon augure qu'aimait se remémorer Thomas Tew, depuis qu'il s'était installé à Portsmouth, dans l'ancienne résidence de maître Lock, un Lord mystérieusement assassiné. Tew avait racheté la bâtisse, en plein cœur de la ville, pour une bouchée de pain. Ratsimilaho fut présenté à différents professeurs et au bout d'à peine vingt mois, ce sauvageon savait presque lire et compter. On tâcha de lui enseigner l'art de la négociation, l'histoire de l'Europe et du Nouveau Monde, ainsi que la place qu'il occuperait dans celui-ci. L'enfant café au lait aux yeux clairs se montra plus vif, plus curieux et plus intelligent que Thomas Tew ne l'eût espéré. Peut-être même trop. Avant son neuvième anniversaire, Ratsimilaho surprit deux gardes Anteva en pleine discussion, dans la cuisine de son petit palais anglais. Les deux hommes évoquaient la mort de Rahena, s'interrogeant sur la façon dont Tew avait pu s'y prendre... Terrifié, le gamin en fit tomber un guéridon. La soldatesque le ramena immédiatement dans sa chambre et n'en dit rien à l'employeur. Mais Thomas Tew ne pouvait ignorer les doutes qui taraudaient l'enfant. Depuis qu'il l'avait quittée, il n'évoquait jamais sa terre natale, ni ne parlait de sa mère. On avait eu beau rapidement l'emporter en espérant lui épargner l'abominable spectacle des cadavres de Libéri amoncelés, comment aurait-il pu ne rien remarquer ? Si l'amiral n'avait jamais eu suffisamment d'empathie pour se sentir coupable, il avait conscience du danger que représentaient les silences accusateurs de son fils. Pendant près de deux ans, l'amiral se contenta d'envoyer lettre sur lettre au lieutenant-gouverneur Gibson. Mais dès 1700, monsieur Tew ne put plus ignorer certaines réalités : Ratsimilaho, âgé d'une dizaine d'années, avait l'œil sombre et triste. Il se traînait, de livres en cartes, apprenant sans relâche avec une curiosité presque malsaine, l'histoire des tyrans ; comment ils vécurent ; comment ils moururent...

Le ramener en son royaume était devenu une impérieuse nécessité. Tew en était convaincu. Il y pensait sans cesse, jusque dans l'antichambre de Sir Gibson, où les soldats de la Navy lui demandèrent d'attendre. Derrière une lourde porte, il pouvait deviner le bureau du colonel, d'où une voix puissante l'appellerait par son nouveau nom d'emprunt :

– Faites entrer monsieur White, je vous prie !

Thomas Tew se raidit en souriant, prêt à suivre la garde dans le grand bureau du colonel. Cintré dans une veste pourpre, l'homme fort de Portsmouth lui tournait déjà le dos. Il se tenait face à une grande fenêtre, admirant le port de sa ville, tandis que trois soldats faisaient entrer l'invité.

– Votre Excellence, lança l'amiral en s'agrippant au dossier d'une chaise.
– Colonel ! grogna Sir Gibson. Nous sommes entre hommes de marine, n'est-ce pas ?
– Oui, colonel.

Le gouverneur se retourna, faisant signe à ses hommes de quitter son bureau. Il contourna son fauteuil et s'assit. Pas de salutations ni de politesses. Surpris, Thomas Tew parut soudainement gêné. A peine avaient-ils entamé l'entretien que Sir Gibson plongeait déjà son nez dans quelques papiers à parapher :

– Alors, qu'est-ce que c'est que cette affaire d'Emyrne ?
– Puis-je m'asseoir, colonel ?
– Non.
– C'est que... Mon fils...
– « Ra-tsi-mi-la-ho » ? C'est bien cela ?
– Oui, colonel.
– Imprononçable, ce machin-là.

– Ratsimilaho est mon fils, colonel. Et également le digne héritier de la princesse Rahena, reine des...
– On peut être princesse et reine, en Emyrne ?
– Leurs traditions sont très différentes des nôtres, colonel.
– Continuez, grogna le gouverneur en rangeant ses dossiers.

L'amiral sembla déstabilisé. Dans un léger sourire, Sir Gibson lui laissa entendre que c'était bien tout ce qu'il souhaitait. Certain qu'il n'aurait pas tout le temps nécessaire pour dérouler son exposé, Tew comprit qu'il devrait aller au plus simple :

– Colonel, je suis venu vous offrir le monde.
– Le monde ? sourit Gibson.
– Le monde, insista l'amiral en se dirigeant vers une carte des colonies, fixée au mur.

Thomas Tew pointa du doigt le canal du Mozambique, entre l'Afrique et Madagascar, puis précisa :

– Tout du moins, sa moitié.
– Développez !
– La moitié de la traite négrière passe par là. Or vous savez comme moi combien notre développement économique est tributaire des esclaves. Qui possède ce canal, contrôle la moitié de la main-d'œuvre nécessaire à la croissance ! Pour s'y implanter, il faut s'emparer de l'Emyrne. Chose maintes fois tentée par les Français, les Arabes, les Hollandais et nous...

A mesure que l'amiral développait ses desseins, le colonel s'enfonçait dans son siège, perplexe, l'œil sévère et de plus en plus attentif.

– Ce que j'ai à vous offrir, poursuivit Tew... C'est une histoire !
– Une histoire ?
– La mienne, colonel.

– Sous le nom de White ou sous le nom de Tew ? s'amusa le gouverneur.

L'amiral en eut le sang glacé. Il demeura figé un instant, comme changé en statue. Toutes ses missives, son acte de propriété et ses comptes bancaires signés du nom de « White »... Tout ce travail acharné pour rendre crédible sa nouvelle identité, réduit en cendres par une simple phrase. Apparemment pressé, le colonel se releva et sourit encore :

– Je suis lieutenant gouverneur de Portsmouth. Avez-vous une petite idée de ce que cela veut dire, « amiral » ?
– Vous êtes le maître de cette ville ? bafouilla Tew, tandis que le colonel s'approchait doucement avec un air menaçant.
– Négatif. Cela fait néanmoins de moi l'homme le mieux informé de cette ville. Et comme ce port est directement relié à la Couronne, j'en deviens de facto, l'un des hommes les mieux renseignés de ce pays. Est-ce que vous me comprenez bien, « amiral » ?
– Pourquoi prononcez-vous mon grade ainsi ?
– Quand je traite avec des corsaires, j'attends d'eux qu'ils aient le courage de signer leurs lettres de leur vrai nom !
– Je suis prince consort du royaume d'...
– Vous êtes un idiot, un lâche et un faible !
– Je ne vous permets pas, colonel...
– J'espère bien, rit Sir Gibson en l'éloignant de la carte. Il vous reste au moins quelques miettes d'honneur. Mais quand on vit dans un paradis perdu et au crochet d'une reine qui plus est... La tuer n'est pas ce qui fait de vous un homme.
– Colonel ! hurla l'amiral. Je ne suis pas...
– Silence quand je parle, ou je vous fais asseoir sur un lit de baïonnettes avant d'en avoir terminé.

Prenant la menace au sérieux, Tew se ravisa, le visage décomposé.

- Merci, reprit le colonel. Quinze nègres, bavards comme des pies, chargés d'escorter quotidiennement un roi mulâtre d'à peine dix ans pendant que vous m'envoyiez des tonnes de courriers... Et vous pensiez sérieusement que mes services n'allaient pas enquêter ?
- Colonel, je...
- Je n'ai pas terminé.

Tew se tut une nouvelle fois. Sir Gibson arracha la carte du mur, retourna lentement à son bureau et l'étala devant lui, l'air songeur. Toujours pétrifié, l'ancien Libéri n'osait bouger.

- L'Emyrne, poursuivit le gouverneur d'une voix plus douce... Oui, l'Emyrne. Voyez-vous, ce qui manque dans votre stratégie, ce sont les états d'âmes.
- Je vous demande pardon ?
- Eh bien oui, les états d'âmes. Gouverner, c'est prévoir. Vous, vous rêvez de gouverner. Et si je comprends bien, votre plan revient à ramener votre rejeton sur son trône, avec la Navy pour force militaire, au cas où là-bas, quelques sauvages se souviendraient de votre visage et auraient comme une petite envie de venger leur reine. C'est bien cela ?
- Et bien, c'est à dire que...
- Mais que se passera-t-il quand votre fils lui-même envisagera la vengeance ?
- Colonel, le roi est mon fils : je suis le roi.
- Non, non, non, non... Ca n'est pas exactement comme cela que les choses se passent, jeune homme. Les princes peuvent avoir du cœur. Pas les souverains. Ce que vous me proposez, c'est de vous financer une guerre à moyen terme. Une campagne ruineuse, dans laquelle les Français, les Espagnols, les Hollandais et les Portugais ne manqueront pas de venir nous affronter. Or nous menons déjà une guerre, ici. Une

guerre bien plus importante que votre propre ambition, « amiral ».

- Je ne comprends pas, colonel...
- Oh, que tout cela vous échappe ne fait aucun doute. Je le sais bien. Mais soyons francs : Guillaume d'Orange est monté sur le trône de Jacques II. Et ce, grâce à la fille de ce dernier, Anne. Un sceptre vaut bien une petite trahison, ne croyez-vous pas ?
- Vous planifiez de renverser le roi pour installer Anne à sa place ?
- Moi ? Je ne planifie rien du tout ; j'aide ! Ce que j'essaye de faire rentrer dans votre petit crâne de régicide heureux, c'est l'image d'un château de cartes ; vous savez ce que c'est ?
- Oui, colonel.
- Que se passe-t-il, lorsque l'on retire une carte ?
- Tout dépend de l'adresse, colonel.
- Parfaitement. Si vous êtes très adroit, l'ensemble peut s'en trouver renforcé. A la moindre erreur, tout peut s'effondrer. Absolument tout. Or vous êtes une erreur, monsieur Tew. Une erreur de la nature. Rentrez chez vous, embrassez votre fils et envisagez une autre vie, plus simple, plus sereine et mieux dissimulée.
- Vous me menacez ?
- Je n'écrase pas les insectes. Je m'en amuse un peu, quand j'ai le temps, et que leur espérance de vie ne compte déjà plus...

Sans guère plus de ménagement, les soldats de la Navy mirent à la porte celui qui avait été amiral et prince consort de Libertalia. Il traîna de taverne en bouge, jusqu'à la nuit tombée, battant le pavé et emportant quelques pichets, à moitié éméché. Malgré la doublure en fourrure d'agneau, le froid traversait son manteau en cuir tanné, frigorifiant ses os. Le nez caché dans une écharpe, un tricorne vissé sur la tête et les joues rougies par le mauvais rhum, Thomas Tew croisa sa silhouette dans la vitrine d'un marchand de bois. Sombre et sinistre avec son allure longiligne et son regard de fou perdu au bout du monde, il crut entendre la voix de sa reine en même temps qu'il se dévisageait lui-même : elle l'appelait à l'aide.

Et dans la pénombre, une lueur traversa son visage. Se retournant vers l'ancienne résidence de maître Lock, monsieur Tew se mit à courir. Ces vieilles demeures étaient souvent équipées d'un système d'alarme, reliant le salon à un clocher, situé sur le toit. Système que le moindre des passe-murailles avait vite fait de neutraliser, en définitive. Quand Tew arriva dans sa rue, il ne put s'empêcher de remarquer quatre chevaux, parqués en face de sa maison. Ses hommes ne montaient pas à cheval ! L'amiral redoubla d'effort et ouvrit ses grilles à la hâte. Dans la petite cour, personne. Aux fenêtres du premier étage, pas une lueur. Tandis qu'il portait la main à son fourreau, Thomas Tew se souvint avec horreur qu'il s'était exceptionnellement désarmé en sortant de chez lui : on ne se présente pas armé devant un gouverneur. Il se précipita vers la porte principale, la fracassant presque avec son épaule. Et c'est alors qu'il vit le marbre de sa grande entrée maculé de sang.

La mare d'hémoglobine ruisselait depuis le grand escalier et semblait recouvrir chaque mètre carré de la maison. Pétrifié, l'amiral fit quelques pas, marquant ainsi les flots écarlates de son empreinte. Il retira lentement son écharpe, découvrant tout autour de lui, sortant de la pénombre, des cadavres. Un grand tas de cadavres. Au fond de l'entrée, allongés l'un sur l'autre, deux gardiens Anteva dormaient paisiblement, la bouche ouverte et les viscères à l'air. Un autre avait eu la gorge arrachée. Dans le corridor menant au grand salon, un quatrième était assis par terre, tête penchée, une machette encore plantée dans le ventre. Sur le premier palier de l'escalier, Tew aperçut un autre corps désarticulé, colonne vertébrale à l'air... A côté se trouvait la tête d'un de ses hommes, tranchée net. Elle avait dû dévaler les marches avant de s'immobiliser. Juste après le dernier palier, effondrés les uns sur les autres à même le tapis du premier niveau, quatre autres soldats d'ébène. Tous avaient été éventrés. Et de leurs tripes arrachées, s'échappaient les torrents qui avaient rougi la maison. Terrorisé, l'amiral continua d'avancer dans l'obscurité, bras tendus, implorant le ciel qu'ils n'aient pas emporté l'enfant. Une voix, surgissant du passé, l'arracha aux brumes de son cauchemar :

– Bonsoir amiral, murmura Olivier Levasseur.

*

Lorsqu'ils débarquèrent en Angleterre depuis un navire marchand, Olivier Levasseur, Edward Seegar, John Taylor et Benjamin Hornigold ressentirent un haut le cœur. Comme un chiffon malodorant brutalement plaqué sur leur visage, le brouillard et le vent glacé les ramenaient vers un passé si lointain qu'ils en avaient oublié leur dégoût pour cette permanente odeur de poisson avarié ; celle du temps qui s'égrène sans que jamais on puisse en jouir.

Après des semaines à arpenter les rues sales, ils trouvèrent enfin la gargote pour laquelle ils avaient voyagé. Une taverne à moitié enfouie d'une quinzaine de tables, à moitié pleines passé neuf heures du soir. Elle puait la mauvaise bière, la graisse et les tabourets collants. Des dizaines de lampes à huile nourrissaient des flammèches qui éclairaient à peine l'antre de brigands, faisant seulement briller l'or des jeux d'argent. Pas de femmes à l'horizon. Au milieu circulaient deux serveurs, dont un se présentait comme le taulier... Six mois. Il leur aura fallu six mois pour trouver cette cave moisie, vomissant du corsaire sur le retour et un public en mal d'histoires. Dans un coin, adossé contre un mur de pierres, Olivier contemplait silencieusement ce pathétique spectacle, tout en fumant sa pipe et en faisant tourner une pièce entre ses doigts. Durant l'attente, il repensait à cette longue traque silencieuse. Elle ressemblait à ces vents tièdes et constants qui tendent les cordages d'un navire juste avant la tempête. Un calme plat annonçant la plus terrible des mers. Un déchaînement que les Hollandais surnommaient le *kraken* ; le calamar géant, monstre marin, responsable d'effroyables naufrages. Durant tout ce temps, ils avaient été ce *kraken* : sournois et vengeur, prêt à se sacrifier pour couler l'adversaire.

Tout démarra dans le port de Charles Town, depuis peu devenue Charleston. Vibrante, cette ville ne dormait jamais. Nuit et jour, par tous les temps, des marins y débarquaient. Depuis le perron de la plantation Cormac, on pouvait les voir accoster, les entendre crier, rire et chanter. Les hommes écumaient les tavernes, racontant d'incroyables histoires, récits d'aventures qu'ils tentaient d'échanger contre un ragoût ou un peu de vin. Devenus griots de mer, c'étaient de vrais artistes : ils savaient mettre en scène, captiver l'audience et en vivre, souvent mal. Marins, soldats et pirates ont toujours été de vraies commères. Ragots, mensonges, histoires vraies, tout faisait ventre, pourvu qu'il y eût des héros, fussent-ils traîtres. L'épopée de Libertalia, revenait régulièrement dans ces aventures, certains en parlaient comme d'un mythe, d'une colonie pirate fantasque dont tous auraient rêvé. Les malheurs du royaume d'Emyrne étaient traités avec plus de précision. On parlait d'une guerre civile, dont le massacre libéri n'avait été qu'un prologue.

Souvent, Woodes, John ou Benjamin avaient envie de réagir aux âneries colportées sur Libertalia. Mais tenter de partager, même en l'effleurant, une réalité dont tous avaient une épouvantable nostalgie, les aurait mis en grand danger. Sans compter que personne n'aurait sûrement eu envie de les croire. Les outres à bière qui formaient l'auditoire étaient avides de trésors, de batailles navales, de mises à sac et de filles culbutées, pas de ce qui avait fait le quotidien de l'utopie républicaine qu'ils avaient vécue : le droit de vote, un système d'assurance santé, le respect des autres, l'obligation de palabres, l'entraide... Tout ce qui faisait le Code de la piraterie, appliqué à un micro-Etat ! Mais même si dans les faits, la plage tenait plus d'un havre de paix que d'une colonie de pirates, s'en réclamer revenait à signer pour le gibet. Alors, les dents serrées, ils laissaient des inconnus bavasser.

A l'aube du dix-huitième siècle, la multiplication des récits de leurs aventures avait fait des pirates des héros romanesques. Réfractaires à tous les pouvoirs, ils faisaient rêver. Au point que les royaumes se sentant menacés contre-attaquèrent sur deux fronts, ouvertement et secrètement, pour les faire rentrer dans le rang. Ils firent savoir haut et fort que tout acte de résistance à l'autorité serait immédiatement passible de la peine de mort, tandis qu'en parallèle, ils multipliaient les offres de pardons. Ratifiés par les rois, ces édits proposaient aux forbans prêts à se rendre et à restituer leurs rapines de recouvrer la liberté sans risquer d'être inquiétés. Avec, en bonus, un lopin de terre. Dans ces conditions, se vanter d'avoir foulé le sable libéri sans envie d'abjurer pour jouer les repentis revenait à signer son arrêt de mort. Alors John, Edward et les autres se turent. Impuissants, ils laissèrent l'image de leur paradis s'enfoncer chaque jour un peu plus sous le flot de ces misérables rodomontades et sombrer, dans l'indifférence générale, d'une légende frelatée au plus profond oubli.

Tout ce qui comptait pour eux désormais tenait en un nom : Thomas Tew. Ils écoutèrent et abreuvèrent des marins du monde entier avec lesquels, feignant l'ivresse, ils plaisantèrent de longues soirées en espérant qu'un jour, ce nom jaillirait d'outre-tombe. Et un midi, leur patience paya - elle seule, paye toujours. Tous virent, stupéfaits, Edward revenir à la plantation au galop, éructant qu'il l'avait retrouvé. Des marins anglais racontaient avoir payé à boire à un amiral sur le retour, qui prétendait avoir maté une république pirate. Ils disaient que ce pauvre fou était censé vivre à Portsmouth, avec une escouade de dix ou vingt soldats noirs. Cette fois, ils en étaient sûrs, ils le tenaient.

Dans un coin de la taverne, où Benjamin essayait d'obtenir l'adresse de l'amiral, Olivier tirait sur sa pipe, suivant des yeux les élégantes volutes qui s'en échappaient. Elles s'élevaient dans l'espace, se mêlant à celles des autres fumeurs, dansant jusqu'à rejoindre l'épais brouillard qui tapissait le plafond. Alors, la tête baissée, toujours replié sur lui-même, il faisait de nouveau crépiter le tabac. De son impressionnante carcasse devenue masse noire on distinguait trois points : les braises, régulièrement attisées, et ses yeux rougeoyants. Il rêvait d'Anne, qui la veille de son départ avait passé un bref moment sur ses genoux. Elle lui avait, comme souvent, raconté sa journée, mélangeant ce qu'elle avait appris des mathématiques et des lettres aux bonnes manières que ses maîtres essayaient aussi de lui inculquer. C'était une adorable enfant ; douée, intelligente, curieuse... Puis il l'avait serrée très fort, l'embrassant sur le front avant de lui dire qu'il allait partir. Quand reviendrait-il ? Il n'en savait rien, bien sûr, mais il n'avait surtout aucune réponse à lui offrir. Alors, comme elle l'avait rarement fait jusque-là, elle se retourna vers le passé, demandant s'ils reverraient bientôt ce qu'elle appelait « la plage ». Le cœur serré, tous se taisaient. Sans un regard, elle alla se coucher.

Le regard fixé sur Hornigold, accoudé au comptoir, Levasseur soupirait encore. Il vit son complice quitter le bar en tapant sur l'épaule d'un ivrogne, comme pour le remercier du renseignement. Benjamin fendit la pièce sans un mot. Discrètement, Levasseur lui emboîta le pas. Quelques minutes plus tard et peu avant la nuit, les quatre gentilshommes de fortune se retrouvèrent devant la résidence de maître Lock, le nez en l'air. Tous apprécièrent les acrobaties du jeune Woodes. Passant d'un arbre à un autre, le garçon sauta doucement sur un des toits du petit palais pour saboter la cloche d'alarme. Quand ce fut fait, il leva un bras, avant de disparaître dans l'un des clochetons. Alors, les pirates se présentèrent aux grilles et sonnèrent. Un gardien anteva s'approcha, patibulaire. Derrière les barreaux du portail, le vieil Edward, Olivier, John et Benjamin n'avaient pas l'air plus joyeux. Les regards froids et déterminés, incertains du nombre d'hommes qu'ils allaient trouver, ils le laissèrent traverser la cour dans un silence de mort.

– Que veulent-ils ? demanda le gardien.
– Voir ton maître, dit Olivier.
– Il n'est pas là.
– Le petit, précisa Edward.

– Il ne reçoit pas, ajouta le soldat en s'approchant un peu trop près.

A cet instant, John Taylor jeta son bras au travers de la grille, comme pour frapper le sternum du garde. Au poignet, l'Irlandais portait son bracelet de force aux épines. En le relevant à peine, il planta l'une de ses lames de rasoir sous le menton du pauvre Noir. Ce dernier ne parvint qu'à écarquiller les yeux, en même temps qu'un épouvantable filet de bave s'échappait de sa bouche. Il fut pris de quelques spasmes et se serait effondré si son corps n'était resté suspendu au bout du bras du Balafré. Le temps que, discrètement, Benjamin plonge ses mains au travers du portail. Un petit tour de passe-passe plus tard, les clefs étaient subtilisées et le portail déverrouillé. D'un pas lent et assuré, les quatre pirates gagnèrent la cour. Arrivés devant la grande porte d'entrée, ils dégainèrent leurs cimeterres. Avec la garde de son épée, Olivier frappa trois coups, comme au théâtre. Un soldat anteva se précipita pour ouvrir :

– Que se passe-t-il ?

Olivier pencha la tête et sourit, prêt pour la représentation. Il lui planta directement sa lame dans le ventre. Aussitôt, la bande infernale s'engouffra dans l'entrée, face à l'immense escalier. Déjà, cinq autres soldats anteva accouraient, sabres en mains, prêts à répliquer. Le carnage pouvait commencer. A peine les pirates avaient-ils fait deux tours sur eux-mêmes, pour se protéger les uns les autres, qu'ils en avaient déjà découpé quatre. Les coups étaient aussi violents que précis, croisant l'acier et les entrailles, taillant dans la chair et tapissant le marbre de sang. Au dernier, réfugié en haut des escaliers, John promit la vie sauve s'il abandonnait. Épouvanté, l'homme lâcha sa rapière et se mit à genoux, tandis que le Balafré le rejoignait. Arrivé à l'étage, John Taylor tourna autour de lui en le félicitant pour sa sagesse, lui promettant qu'il n'avait plus rien à craindre. Mais au milieu de sa phrase, il abattit sa lame sur sa nuque ! Sa tête dégringola les marches, les unes après les autres, comme une grosse pierre.

Quelques instants de répit avant qu'une seconde colonne de guerriers anteva, sortie de nulle part, ne déboule à son tour. Sept hommes armés de pistolets, de lances et d'épées, qui se jetèrent sur les pirates depuis l'étage. Seul, Taylor dut croiser le fer avec quatre d'entre eux. Tandis que Benjamin et Edward réglaient leurs comptes aux trois autres dans l'entrée, Woodes et Olivier, médusés, suivaient l'éblouissant spectacle qu'offrait l'Irlandais : deux guerriers s'étaient élancés sur lui, avec une furie sans pareille. John n'avait pas bougé un cil, alors qu'il ne pouvait ignorer les deux autres, arrivant dans son dos. Au dernier millième de seconde, il se pencha en avant, saisissant la pointe d'une lance qu'il plaqua contre son propre flanc en tournant. Celui qui la portait ne pouvant éviter la balustrade, tomba à la renverse. Et avant que son crâne ne se fracture sur le marbre de l'entrée, John avait déjà repoussé deux autres agresseurs à coups d'épées et bloqué le dernier, à grands coups de pieds. Il virevolta encore, semblant danser avec le diable. Les larges cicatrices sur son visage laissaient l'impression d'une joie intense, au moins aussi forte que son assurance. En tournoyant, il planta la pointe d'une lame dans le ventre de l'un d'eux, vola le mousquet à sa ceinture, arma le percuteur en plaçant le canon sous la gorge du malheureux et pressa la détente. Dans le même temps, les deux derniers tentaient de le frapper, l'un s'abîmant sur son bracelet de force tandis que l'autre touchait son compagnon, qui venait de se faire brûler la cervelle. John Taylor repris sa danse, rejetant un autre cadavre, lui volant cette fois une petite hache de guerre qu'il planta dans la cuisse d'un garde. Cette fois, c'était certain : ce combat, apparemment perdu d'avance, ne lui procurait que jouissance ! A genoux, le grand Noir qui avait pris la hache dans la cuisse laissa échapper un effroyable cri. L'autre, comprenant qu'il n'avait plus aucune chance, tenta de fuir. John arracha la hache de son supplicié - qui beugla de plus belle - et la jeta dans le dos du lâche, qui s'effondra raide mort. Puis, Taylor revint au blessé, à genoux, chancelant, terrifié. D'un coup de botte, il l'obligea à s'allonger. Et alors que l'intégralité de son combat n'avait pas dépassé les vingt secondes, le Balafré prit lentement le temps de dégrafer les boutons de son pantalon pour, avec un impénétrable sourire, se soulager sur lui en le regardant droit dans les yeux. Quand il eut terminé, l'Irlandais rangea son braquemart, remercia les morts pour l'exercice et se saisit d'une des lances que tenaient les Anteva. A cet homme, qu'il venait d'humilier il dit simplement :

- Toi qui aimes voyager, tu connais l'Irlande ?
- Monsieur, balbutia le condamné... Non.
- Tu ne sais donc rien de nos traditions culinaires ?
- John ? grogna Edward depuis l'entrée...
- Quoi ? J'ai un échange culturel, là !
- Tue-le ! pesta Benjamin... Arrête de le faire souffrir.
- Mais que dira-t-il au royaume d'Hadès, s'il ne sait pour quoi il est mort ?
- Pitié... Pitié...
- Nous autres, les « sales Irlandais »... On adore le mouton. On fait de tout avec du mouton. Des rognons crus. Des intestins cuits. Des salades de foie...
- Je vous en supplie...
- Mais il y a quelque chose qui cloche avec la cuisine irlandaise, dit-il en riant... Tu sais ce que c'est ?
- Je vous en supplie, mon seigneur...
- Ce qu'on trouve dans le mouton... 'Paraîtrait que c'est meilleur dans le corps humain !

A peine eut-il terminé sa phrase, que John Taylor planta sa lance dans le ventre du soldat, lequel se tordit dans d'abominables cris de douleurs. John gesticula dans tous les sens, tournant autour de sa victime pour l'ouvrir du mieux possible alors qu'elle s'obstinait à vivre. Et plus le garde gueulait, plus l'Irlandais semblait y prendre du plaisir. Méticuleusement, il tournait et retournait sa lance. A un moment, comme les plaintes se faisaient de moins en moins fortes, il retira son arme. D'un coup sec. Au bout de la pointe, il tenait le foie. Autour, des boyaux, des tripes ou quelques indescriptibles viscères, toutes miraculeusement rattachées au corps de l'Anteva.

– Les abrutis tuent le mouton, l'ouvrent, puis le découpent, prévint John avec l'aisance d'un grand chef cuisinier. Alors qu'il faut d'abord l'ouvrir et découper soigneusement les morceaux choisis... Si on le tue avant, la viande, elle n'est pas tendre !

Dans un dernier râle, le guerrier expira avec, sous les yeux, ses propres intestins.

– Merde, rit Olivier. Il n'a pas eu le temps de goûter.

Au trait d'humour noir de son ami français, John répondit par un simple clin d'œil avant d'enfourner la pointe de sa lance appétissante dans le gosier du macchabée. Tandis que le rez-de-chaussée commençait à être inondé de sang, les pirates s'avancèrent dans l'escalier, leurs armes affûtées. Ils se séparèrent en deux groupes, afin de fouiller la maison. Une porte fracturée après l'autre, ils pénétrèrent dans toutes les pièces avant de trouver celle de l'enfant. Il était là, assis dans le recoin d'une chambre, fièrement protégé par le dernier Anteva. Quand Edward Seegar enfonça la porte à coup de botte, le soldat eut l'intelligence de ne pas décharger les deux mousquets qu'il pointait vers eux. Il voulait être sûr de ne pas les rater et manifestement, espérait négocier. Son regard fou, jurait terriblement avec celui du petit mulâtre, presque paisible.

– N'avancez pas ! hurla le soldat.
– Oh là, p'tit gars, lança Edward. Te blesse pas avec tes jouets.
– N'avancez pas ou je tire !!!

Olivier et Edward restèrent immobiles sur le palier. Ils furent discrètement rejoints par leurs camarades de chasse. Derrière le soldat, l'enfant dévisageait les pirates avec un regard de pierre. Olivier, pourtant très sensible à ces choses-là, ne parvenait pas à comprendre quel camp ce petit roi avait déjà choisi. Car malgré son jeune âge, il était bien évident que ses yeux, d'un noir intense, étaient pleins de certitudes.

– On n'avance pas, dit Edward. Regarde. On est là.

– Ecartez-vous ! Je veux que vous vous écartiez. On va partir !
– On s'écarte, on s'écarte.
– Altesse, lança le garde. Derrière moi !

Le jeune prince obtempéra, suivant son garde du corps, pas à pas. Les pirates reculèrent en groupe, jusqu'à l'escalier d'honneur. A mesure que le soldat avançait, il découvrait ses frères, égorgés, décapité ou éventrés. De fait, il perdait lentement en assurance. Lorsqu'ils arrivèrent à l'escalier, le garde descendit les marches à reculons tout en continuant de tenir les pirates en respect. Il fit dévaler l'enfant en premier, lui tournant toujours le dos. Arrivé en bas, Ratsimilaho attendit son protecteur, les deux pieds ancrés dans une marée de sang. Soudain, une détonation se fit entendre. Les forbans, qui n'osaient bouger de peur que le prince fût blessé, tressaillirent. Mais c'est le soldat qui les menaçait tant, qui fut le plus surpris. Il s'effondra en avant, yeux grands ouverts, une balle flanquée dans l'omoplate gauche, en plein cœur. Derrière lui, Ratsimilaho tenait maladroitement le mousquet encore fumant, qu'il venait de ramasser.

– Et bah ! souffla John. Moi qui avais peur de tomber sur un gosse...

*

Horribles douleurs aux cervicales. Le sang qui ne circule plus dans les extrémités. Le corps attaché à un tronc. Un mât ? Sur les genoux, quelques gouttes rougeoyantes. Du bois craquant. Des voiles gonflées. Quelques murmures. Et de fines stries de lumières transperçant le plafond ; de minuscules rayons de soleil, éblouissants. Des remous. Des vagues. Une cale. Un bateau. En relevant sa lourde tête, l'amiral Tew comprit qu'il était dans le ventre d'un vaisseau, assis par terre, attaché au grand mât. Il avait beau secouer les chaînes qui entravaient ses poignets, il ne pouvait rien faire. Sur ses genoux, il trouva un mouchoir taché de sang qui sentait l'alcool. Ils avaient essayé de le soigner ou de le garder endormi. Il pouvait donc encore espérer s'en tirer vivant. Mais quand, derrière lui, il entendit quelqu'un descendre les marches, Tew fut pris d'un doute.

Les bottes d'Olivier Levasseur résonnaient lourdement sur le plancher, laissant de longues pauses entre chaque pas. Cela ressemblait à la funeste marche d'un bourreau, allant au boulot. Olivier pénétra dans la cale, un pistolet à la main. Et d'une voix neutre, il dit :

– Lève-toi.

Tew obéit sans répondre. Il fut débarrassé de ses chaînes puis, sous la menace, contraint de monter sur le pont. Livide, Thomas Tew essayait de maintenir ses cuisses, flageolantes. Ses rides s'étaient soudain creusées, comme s'il avait pris une dizaine d'années d'un coup. Olivier passa derrière lui, pressant son arme dans son dos : Tew déglutit en sentant l'acier du canon lui caresser l'échine.

Dehors, le contraste avec la pénombre de la cale l'éblouit. Mais sur le pont, il parvint à reconnaître ses ravisseurs. D'abord, leurs silhouettes. Ensuite, leurs visages. Et enfin, leurs regards : toujours froids, presque sans animosité car sans non plus d'humanité à son égard. Woodes était assis sur le bastingage séparant le gaillard d'avant du pont principal. Encadrant le grand mât, John et Edward semblaient attendre. Derrière Olivier, qui braquait toujours le prisonnier, Benjamin était à la barre. Et tout autour, l'océan étincelant reflétant un soleil brûlant.

Thomas Tew n'avait pas la moindre idée du lieu où ils se trouvaient. Mais étant donné la chaleur, ils étaient déjà loin. Lorsque Levasseur le pressa un peu plus, pour de nouveau le ficeler aux vergues, l'amiral se retourna. C'est là qu'il aperçut un tas d'armes et de tuniques rouges, entassés sur bâbord. Il y avait des canons. Cinq sur chaque flanc. Et du sang, aussi. Sur les vestes et les pantalons. Sur les planches et les cordages. Partout. Tew se mit à rire. Un petit rire saccadé :

– Vous êtes des grands malades...
– Tais-toi !

John et Edward levèrent une planche de bois, longue de deux mètres. De chaque côté pendaient des anneaux métalliques auxquelles étaient nouées des drisses. Ils passèrent les poignets du traître dans chacune d'elles et resserrèrent les liens autant que possible. Tout en grimaçant, l'amiral continua de se moquer :

– Vous avez volé un navire de la Navy ? A Portsmouth ?
– La ferme, on t'a dit !
– Qu'est-ce que... Qu'est-ce que vous avez fait des corps ? s'inquiéta subitement l'amiral.

Le prisonnier étant bien arrimé, John et Edward passèrent trois écoutes autour de la planche. Ils tendirent les bouts à Woodes, qui s'élança sur les haubans, pour atteindre la vergue de la grand' voile. Il passa les bouts par-dessus, avant de les rendre à ses amis. En bas, Edward glissa le tout dans les poulies du mât de beaupré.

De plus en plus paniqué, l'amiral répéta sa question. Le vieux pirate ramena le câble vers l'arrière du bâtiment, hissant sans effort la croix du supplicié. Ses pieds se soulevèrent à seulement quelques centimètres du sol. C'était largement assez pour l'asphyxier lentement, tout en continuant de lui parler. Se retrouvant attaché comme un crucifié, Thomas Tew hurla de plus belle. Mais sans relâche, il interrogeait encore :

– Les corps, bon Dieu de merde ! Qu'en avez-vous fait ?
– Par-dessus bord, dirent-ils.

L'amiral déglutit puis grogna en intégrant l'information. Au moins, son corps serait-il rejeté à la mer, comme le font les Frères de la côte.

– Ils vont vous donner la chasse, reprit-il avec espoir... Vous pensiez pouvoir voler un bâtiment de guerre de Sa Majesté peinards, dans le plus grand arsenal du globe ?

A ces mots, les pirates se mirent à rire tous en cœur. Olivier se retourna vers Benjamin Hornigold. Toujours derrière sa barre, le borgne mâchouillait sa pipe sans dire un mot.

– Ben ? demanda Levasseur avec bonheur...
– Quarante-deux degrés Nord, répondit le navigateur. Vingt-sept Ouest !

L'amiral écarquilla les yeux, comprenant qu'ils se trouvaient en plein Atlantique, entre Boston et le Portugal : absolument nulle part. Olivier sourit pour lui répondre :

– On n'y a pas pensé ; on l'a simplement fait !
– Où... Où m'emmenez-vous ?
– Près de Corvo, répondit Edward Seegar en abandonnant le supplicié à son sort.

Thomas Tew gesticula encore, tentant vainement de se libérer. Woodes, John et Olivier suivirent le vieux capitaine vers le gaillard d'arrière, rejoignant Benjamin. Tous étaient éreintés par ces jours et ces nuits en mer, à un rythme effréné. Le rapt de l'amiral n'avait pas été si compliqué. Quant à la frégate « empruntée », elle était sur un mouillage isolé, non loin de Portsmouth ; ils l'avaient soigneusement repérée, bien avant d'aller récupérer leurs paquets. Ils avaient assommé et drogué l'amiral, afin d'éviter de trimballer un colis hurlant. Et de son réveil à l'échafaud, pas une seule fois Tew ne s'inquiéta pour son fils. Il ne prononça pas même son nom. Pourtant, l'enfant avait bien été la première préoccupation de ses kidnappeurs.

A peine avaient-ils hissé les voiles pour quitter l'Angleterre, qu'Edward Seegar s'entretint seul avec Ratsimilaho, dans sa cabine de capitaine. Plus stoïque que ne le fut jamais son père, le gamin était d'un calme impressionnant. Sur le bureau du capitaine, il étudiait sagement les cartes. Et quand le vieil homme entra dans la pièce, l'air un peu embarrassé, l'enfant ne sembla pas le moins du monde inquiet :

– Votre Altesse, je suis le capitaine Edward Seegar.

Pas de réponse. Le chef de bande vint s'asseoir en face du bureau, à la place qu'aurait occupée un commandant en second, laissant le fauteuil de pacha à son jeune invité.

– Je suis désolé, reprit-il, de ce que nous vous avons imposé.
– Il est mort ?
– Heu...
– Mon père.
– Non... Non... Mais...
– Prévenez-moi quand ce sera fait.

N'ayant rien à ajouter, Edward se contenta d'hocher la tête dans un long silence. Après quoi, le prince se pencha de nouveau sur les cartes :

– Mon père croyait pouvoir revenir en abordant directement l'île Boraha, mais je pense que c'est une bêtise.
– Alors vous êtes d'accord pour que nous vous ramenions là-bas, Majesté ?
– Je ne suis pas encore roi. Cessez de m'appeler comme ça.
– Entendu.
– Des Anteva ont trahi d'autres Anteva. On ne peut pas se fier à eux. Rentrer par Boraha est trop risqué. Il faut passer par Tananarive, la capitale. C'est le centre de tout.
– Vous y affronterez d'autres ethnies ; d'autres rois...
– Ma mère vient des Zafindramisoa, de Foulpointe. Ils contrôlent un fleuve, devenu une voie commerciale, qui m'ouvrira la grande ville.
– Ce sont là des responsabilités d'adulte. Vous êtes...

– Je ne suis plus un enfant depuis que ma mère est morte. Je serai roi d'une terre unifiée ou de rien !

Stupéfait face à la maturité du petit garçon, Edward Seegar s'adossa complètement au fauteuil et l'admira, un sourire aux lèvres.

– Qu'y a-t-il ?
– Rien, dit le capitaine. Et tout à la fois.

Quand les pirates se retrouvèrent à la barre, auprès d'Hornigold, tous observèrent sa carte, sa boussole, sa montre de gousset et son compas. Corvo était un confetti inhabité, perdu au milieu de l'Atlantique. Un sublime monticule de terres verdâtres où culminaient des montagnes, semblant défier les nuages. Un paysage idyllique déjà en vue et auquel le crucifié tournait le dos.

Le capitaine Seegar saisit la montre et pesta contre leur retard.

– Nous ne sommes pas en retard, grommela Benjamin.
– Ah non ? s'emporta Seegar. Alors pourquoi n'est-il pas là ?
– Il va venir, temporisa Olivier.
– J'ai surestimé la route, sourit le borgne : on est simplement en avance.

Tous voulurent soupirer. Mais tant qu'ils demeuraient à bord d'un bâtiment de la Navy, le danger serait présent. Entre le paradis et eux, sous un soleil de plomb, Thomas Tew respirait de plus en plus bruyamment. Les pirates feignaient de l'ignorer.

– Il peut tenir longtemps, comme ça ?
– Une heure, dit Edward. Ou dix. Ça dépend des muscles. J'avais jamais crucifié personne, avant.
– Dans la bible, ils mettent des clous, non ?

Soudain, Woodes aperçut une voile, glissant lentement derrière l'île. Il grimpa au nid de pie à la hâte, de peur qu'il ne s'agisse d'une mauvaise rencontre. Mais à peine eut-il jeté un œil à la longue-vue, que tous furent immédiatement rassurés. Sans la moindre appréhension, le nouvel arrivant hissa un pavillon blanc, orné d'une tête de mort en son centre : l'étendard libéri.

– C'est lui ! beugla John Taylor, ravi.

Les hommes amenèrent leur petite frégate vers le sloop libéri, qui portait le nom portugais de la *Véga*. Quand tous deux furent suffisamment proches, ils amenèrent les voiles et stoppèrent l'allure pour un bord à bord calme. Et ce n'est que là qu'ils furent enfin rassurés. Le capitaine de la *Véga* était bien leur homme de confiance ; le seul mis dans la confidence de cette expédition ; l'ex-commandant en second de Manuel Bourdon, lorsqu'il avait été nommé capitaine de la république ; monsieur François Philippe Chirrer.

Retrouvant ses compatriotes républicains, l'ancien compagnon de Misson et Baldo laissa exploser sa joie en multipliant les accolades.

– J' te retiens toi, dit-il en riant au capitaine Seegar. Avec tes idées folles : voler et manœuvrer c' t'engin tout seul depuis Lisbonne, ça a été l'enfer !
– Mais tu es là.
– Mais je suis là, rit encore le vieux forban.

Tout en se félicitant de ce succès, monsieur Chirrer observa la carcasse époumonée de l'amiral, toujours crucifié.

– Vous m'en avez gardé un bout ? demanda-t-il.
– On ne va pas s'éterniser, prévint Olivier. Faut transférer l'enfant et faire disparaître les preuves par le fond.

Aussitôt dit, les hommes de Seegar se présentèrent devant sa cabine, afin d'inviter le jeune prince à les suivre. Ils lui proposèrent de lui bander les yeux, le prévenant que son père était attaché au milieu du pont et dans un sale état. Mais toujours inflexible, Ratsimilaho leur fit comprendre qu'il ne se souciait guère de son sort. Quand il sortit sur le pont, il marqua cependant un temps d'arrêt en dévisageant ce corps qui lui avait transmis la vie. Entre eux, les pirates se jetèrent des regards gênés. Rien de tout cela n'était bien glorieux. Mais puisqu'il fallait punir le mal...

Le prince descendit les petits escaliers menant au pont principal. Il croisa le grand mât sans quitter Thomas Tew du regard. Celui-ci, luttant de toutes ses forces contre ses crampes, l'appela au secours une bonne trentaine de fois. Et dans un silence glaçant, Ratsimilaho démontra qu'il était bien plus doué au jeu des cruautés. Quand il fut à bord de la *Véga*, monsieur Chirrer le plaça en sécurité dans la cabine du capitaine, la lui présentant comme la sienne. Juste avant qu'il ne referme la porte, celui qui avait été maître de manœuvre de *La Victoire* indiqua une grosse boîte à l'enfant.

– C'est une boîte à musique, dit-il. Si jamais vous entendez des cris ou...
– J'ai compris.

Monsieur Chirrer opina du chef. Face au flegme de ce si grand petit homme, il était aussi sidéré que l'avait été son ami Seegar. Lorsqu'il retourna sur le pont, il vit ses compagnons autour du condamné, occupés à faire redescendre sa croix. Thomas Tew gigotait dans tous les sens, grognant et pleurant en même temps. Quelques filets de bave et de sang aux lèvres, il avait la respiration lente et rauque.

– C'est l'heure, amiral ! prévint Woodes.
– Atten... Attendez...

Comme l'amiral ne pouvait tenir sur ses deux jambes, les pirates retirèrent un peu sur les drisses, afin de l'aider à trouver l'équilibre nécessaire pour reprendre son souffle.

– J'ai... J'ai de l'argent, balbutia-t-il. C'est ça... que vous... voulez...

Les forbans se regardèrent entre eux, un peu hagards. Hornigold dégaina une flasque de whisky, dont il arracha le bouchon avec les dents. Il but deux rasades avant d'en donner trois au condamné, tout en lui demandant sèchement :

– Pourquoi avoir pactisé avec des sultans arabes ?

Tew ferma les yeux, comme pour le remercier. Rongé par la culpabilité, ou la peur du jugement dernier, il se remit à pleurer tout en marmonnant qu'il les avait rencontrés en croisant les Comores, alors qu'il recrutait pour la colonie.

– C'était leur argent, jura-t-il... Ils ne voulaient que reprendre leur argent !

Les pirates se dévisagèrent encore, sans comprendre. Sur le pont de la *Véga*, François Philippe Chirrer fronça les sourcils : le maudit trésor d'Anjouan revenait dans sa mémoire. Ignorant la façon dont Baldo était mort - il avait quitté la colonie avant - il pensa que seuls l'amiral Tew et lui connaissaient l'existence du butin. Aussi, quand l'animal se mit à parler d'argent, monsieur Chirrer crut plus urgent de préparer l'appareillage de son bâtiment.

– Quel argent ? demanda naïvement Benjamin.

A cette question, Chirrer justement, se dit qu'il avait bien raison. Resté muet, Olivier inspira profondément.

– Pourquoi y avait-il des sauvages avec vous ? demanda Seegar en crachant.

Certain à présent de ne jamais revoir la terre ferme, l'amiral fut pris d'un fou rire nerveux. Il méprisait ces hommes, aujourd'hui autant qu'hier :

– Combien de temps ? souffla-t-il... Combien de temps pensiez-vous qu'ils allaient tolérer votre espèce de baisodrome à ciel ouvert ?

Furieux, John s'avança et prit la tête du supplicié entre ses mains. Il l'agrippa par les cheveux, tirant aussi fort que possible et grogna :

– Pourquoi ?

Du coin de l'œil, l'amiral devina le désarroi d'Olivier Levasseur. Il comprit enfin et rit tellement. Soudain, il découvrit que, jamais, rien dans sa vie pourtant mouvementée ne l'avait autant amusé que cette situation, pathétiquement représentative des Frères de la côte et de leurs paradoxes :

« Vous serez tous frères et tous égaux, dans la confrérie. »

« Vous vous protégerez et ne vous trahirez jamais. »

« Vous ne vous mentirez pas entre frères. »

« Vous vous respecterez... »

Certain d'y laisser sa peau, Thomas Tew se délectait du spectacle offert par ces cinq illuminés, qui pourfendaient un ordre social hypocrite au nom d'un autre, confondant justice et vengeance.

- Ça suffit, lança Seegar. Qu'on en finisse.
- Fer, feu ou eau ? demanda Benjamin.
- Non, cracha l'amiral. Non ! Attendez...

Les pirates préparèrent leurs armes.

- Il vous l'a caché, pas vrai ? dit Tew en plantant ses yeux fourbes dans ceux d'Olivier. Il... Il ne vous a pas dit la vérité ?

Tous se retournèrent vers Olivier, qui ne put qu'affronter ses compagnons en face, n'ayant d'autre choix que d'admettre l'existence du trésor :

- Baldo voulait me le montrer lorsque ce fou l'a tué, confessa Olivier.

Edward Seegar ne sembla pas réagir. La fureur se lisait sur son visage et ses mâchoires serrées laissèrent entendre qu'il n'était nullement surpris. Après la débâcle du *Diligent*, quoi de plus normal pour un traître que de trahir encore ? Benjamin également, ne fut pas étonné. Il secoua la tête de droite à gauche, songeant que les silences du jeune Français étaient décidemment plus dangereux que ses mots. Quant à Woodes et John, ils furent simplement brisés. Ensemble, ils avaient traversé le monde pour retrouver l'incarnation du mal et le pendre à une vergue. Sur les conseils d'Olivier, ils s'étaient entendus pour enlever l'amiral et l'emporter loin, afin de l'exécuter en lieu sûr. Prisonniers de leur colère, ils avaient suivi celui qu'ils prenaient pour un compagnon écrasé de douleur, déchiré d'avoir perdu la femme qu'il aimait et qui n'était qu'un menteur, le plus ignoble des manipulateurs.

Woodes retint ses larmes. Pas John.

- Et tu comptais nous en parler quand ? hurla Benjamin.
- Mais qu'est-ce que ça change ? cria Olivier de plus belle.
- Qu'on soit bien clairs, grogna Edward : tu es ici pour lui ou pour ce fric ?
- Mais je n'en ai rien à faire, promit le Français.

Sur quoi, l'amiral explosa encore de rire. Un rire en saccade, presque insoutenable.

- « Rien à faire » ? parvint-il à prononcer entre quelques éclats.

Babines retroussées, Olivier Levasseur le foudroya du regard, prêt à l'achever. Et avec un talent inné pour la provocation, Thomas Tew redressa fièrement la tête vers lui, ajoutant dans un sourire narquois :

- Alors tue-moi, maintenant. Sans me demander où il est.

Levasseur ne bougea pas. Les autres non plus. Las de tout ce cirque, John Taylor brandit son sabre sous la gorge de l'amiral, prêt à faire ce qui devait l'être. Mais Edward l'en empêcha :

- Je veux le voir faire ! dit-il en désignant Olivier.

A la stupéfaction générale, Levasseur demeura impassible.

- Non de Dieu, s'écria Taylor. Alors c'est vrai ?
- John, se défendit Olivier... Ça n'est pas ce que tu crois...

– C'est quoi, alors ? gueula Benjamin...
– Des milliards, marmonna l'amiral. Des milliards de rubis, de diamants et d'or. Des centaines de millions de livres, comme vous n'en avez jamais vu.
– Il est sérieux ?
– Des millions ?
– On n'en sait rien, jura Olivier.
– Tu étais avec Baldo et moi sur cette plage, avant que je ne l'abatte. Et tu ne l'as pas entendu parler de ces millions ? Moi, je les ai même vus.
– Putain, Olivier... Il avoue le meurtre de Baldo et il nous mentirait sur ça ?
– D'accord, confessa l'intéressé... Il a parlé de millions, c'est vrai...
– Donc tu nous as menti ? murmura John.

Incapable de se défendre, Olivier Levasseur sembla subitement perdu. Ce qui, bien entendu, ne fit qu'aggraver son cas.

– C'est assez, beugla Seegar. Fer, feu ou eau, amiral ?
– Faites comme avec ces soldats, rendez-moi à la mer.
– Eux étaient de vrais marins, grogna Hornigold. Tu mériterais les flammes !

Une fine bruine commença à s'abattre sur eux. Tew ne lâchait plus les yeux d'Olivier Levasseur, les dévorant littéralement du regard. Il souriait toujours, avec mépris. Dans sa tête, l'amiral croyait revoir le visage du *bòkò* aux allures de diable : Ògou l'accompagnait jusque dans sa dernière demeure. Et celui à qui l'on avait justement prédit une mort atroce, par le feu et par les eaux, rappela les paroles de Baldo Caraccioli. Elles l'avaient habité jusqu'ici. Elles continueraient d'en hanter un autre :

– « Le plus fabuleux magot que vous puissiez imaginer », cita l'amiral. « Les titres de souveraineté d'Anjouan et son or... Tout son or ! » « Levasseur, vous avez le sens du sacrifice... »

Thomas Tew en devint hilare, au point de ne pas pouvoir continuer. Autour, Woodes, Benjamin et les autres n'avaient d'yeux que pour Olivier, qui concentrait à présent tous les doutes, tous les dégoûts.

Revenant à l'essentiel, Benjamin se retourna vers Tew. D'un geste vif, il plaça sa dague sous la gorge du condamné :

- Où est-il, ce trésor ?
- J'ai gardé le meilleur pour la fin, hurla-t-il de rire. J'ai envoyé les Portugais chasser les sultans de Mohéli, juste après le raid...

Levasseur et les autres écarquillèrent les yeux, suspendus à ses lèvres.

- Et les Arabes ont perdu, sourit simplement l'amiral.

Alors qu'il luttait de plus en plus, l'ironie rendit Thomas Tew plus euphorique que s'il avait ingurgité tout le khat de Libertalia. Un souvenir mélancolique des Eaux de Lune envahit l'esprit de Woodes, puis brutalement s'imposa l'image de Sara, la seule mère dont il ait le souvenir. Sara lui caressant doucement la base du cou. Sara, dans les bras d'Olivier, qui les avait trahis. Tous. Elle encore plus que les autres. Edward Seegar pensa à Baldo, chantant ivre, près du feu de nuit. Benjamin se remémora furtivement un festin mémorable, assis entre Libéri, sur le sable où ils avaient tant ri. Et avec tristesse, Olivier jeta un œil vers John : qu'aurait fait Sara à leur place ?

D'une simple vie débordant de bonheurs, ne restait plus qu'un grand mensonge et trop de trahisons.

- Nous étions trois, là bas, reprit péniblement Thomas Tew. Le *bòkò* m'a maudit, Olivier. Il m'a maudit comme le trésor maudit tantôt ce cher Baldo. Et aujourd'hui, je te maudis à mon tour ! Je te maudis, Levasseur ! Je te maudis...

La pluie s'intensifia. Dans un silence assourdissant, on n'entendait que la respiration, difficile, de l'amiral. Les pirates restèrent là, un peu sonnés. Même si physiquement, Thomas

Tew se trouvait au beau milieu, l'attention de tous était rivée sur Olivier.

Comme personne ne se bousculait pour donner le coup de grâce, le plus jeune brandit un pistolet en écartant ses frères. Et cette fois, personne n'eut le temps de l'arrêter. Woodes Rogers porta son canon derrière la boîte crânienne de monsieur Tew. Et en un éclair, il pressa la détente. Dans une épouvantable explosion, la balle emporta une partie du cerveau de l'amiral.

Le traître était mort ; pas sa malédiction.

La pluie continua de s'abattre dans la baie de l'île Corvo. Inanimé et retenu par ses liens, le crâne - explosé - de Thomas Tew s'emplissait lentement d'eau. Les quatre pirates autour demeurèrent cois. Devant eux, Woodes Rogers tenait encore fermement son mousquet. Au point que son canon tremblait. D'un geste, John lui arracha le pistolet des mains, prétextant qu'il allait finir par blesser quelqu'un. Tous perçurent l'émoi d'un premier meurtre chez le jeune homme. Le premier mort ; c'est celui qu'on n'oublie pas. Les autres, ils s'effacent d'eux-mêmes...

Face aux regards accusateurs de ses compagnons, Olivier voulut reprendre l'ascendant. Il traversa donc le pont afin de saisir trois lampes à huile et un briquet à amadou. Il releva la trappe menant à l'entrepont. Puis, il jeta dedans ses trois lampes, qui se brisèrent sur les marches. Le voyant faire, Seegar s'interposa.

– Quartier-maître, s'écria-t-il ! L'amiral a...
– Ça n'est pas mon amiral. Et tu n'es plus mon capitaine.
– Il a demandé par le fond ! insista Seegar.

Olivier gratta plusieurs fois la pierre de silex. La troisième fut la bonne, embrasant la mèche d'amadou qu'il lâcha immédiatement. Personne ne put l'en empêcher. Et les flammes se répandirent dans la cale, à la vitesse d'un courant d'air. Olivier Levasseur s'en alla rejoindre la *Véga* et, croisant ses compagnons sans oser les regarder en face, il bredouilla :

– J' l'ai pas entendu.

Levasseur rejoignit monsieur Chirrer sur son bord, l'aidant à larguer toutes les amarres. Quant aux autres, ils ne restèrent pas bien longtemps sur le bateau de la Navy, déjà la proie des flammes. La pluie, devenue torrentielle, ne calma pas la force de l'incendie, qui aurait bientôt raison de toute la structure du bâtiment. En très peu de temps, les hommes de la *Véga* virent Thomas Tew disparaître dans un grand brasier, avant de sombrer.

Après quoi, ils longèrent Corvo en conservant leur cap au Sud. Malgré l'ambiance pesante, tous espéraient honorer leur parole envers François Philippe Chirrer. Il était convenu qu'il les retrouverait ici, afin d'ainsi brouiller les pistes. En échange de sa fidélité silencieuse, les Libéri l'aideraient à regagner l'île rouge.

Durant les semaines qui suivirent, Levasseur, Seegar, Taylor, Rogers et Hornigold se chargèrent des manœuvres, tout en parlant le moins possible. On dit qu'à bord d'un bateau, la peur et la mauvaise humeur sont contagieuses et qu'il faut donc se débarrasser de ceux qui les génèrent. En revanche, on ne dit rien pour les vaisseaux dont seul le capitaine est de bonne humeur. Consterné, François Philippe Chirrer ne prit pas parti. Tout juste s'isola-t-il le plus souvent avec son invité ; celui qu'il était chargé de ramener. Lorsqu'ils arrivèrent au large de la Côte des Dents[30], le vieux Libéri et son très jeune prince avaient eu le temps de devenir amis. Aussi, c'est avec le consentement du futur roi que l'équipage se sépara. Ne pouvant plus conserver ces cinq hommes sur un même bâtiment plus longtemps sans risquer de nouvelles effusions de sang, monsieur Chirrer proposa d'en libérer trois :

– Si deux restent avec moi pour protéger le Prince, nous pouvons y parvenir en embauchant deux ou trois Noirs, dans les lagunes.

---

30 Côte d'Ivoire.

Olivier et John échangèrent un dernier regard presque tendre, certains qu'ils ne se reverraient jamais. Et Levasseur leva la main en premier :

– Ma fille m'attend.

En signe de désapprobation, Benjamin cracha au sol.

– Je veux revoir Londres, dit Woodes.
– Monsieur Taylor ? demanda Chirrer.
– Cap'tain ? demanda John.
– Faut passer par l'Emyrne, pour aller en Asie, dit Edward.
– L'Asie ?
– Personne ne nous cherche, en Asie, ajouta Edward.
– Ben ?
– Moi j' m'en branle. A un point que t'imagines même pas, Olivier.
– Alors c'est entendu, conclut le capitaine Chirrer. Levasseur et Rogers descendent à terre. Seegar et Taylor, vous irez dans les lagunes, recruter des gens. Hornigold restera à bord pour surveiller l'enfant ; et il nous quittera plus tard, quand il le voudra.

Sur ces mots et dans un silence dramatique, sans un adieu ni même une accolade, les cinq pirates se séparèrent. Olivier Levasseur parvint à trouver un négociant, près de Ouidah, qui les ramènerait, Woodes et lui vers Charleston.

John Taylor et Edward Seegar continuèrent de faire équipe, au moins jusqu'aux portes de l'Emyrne. Après, leurs routes respectives devinrent beaucoup plus complexes et sinueuses.

Benjamin Hornigold faussa compagnie au reste de l'équipage, peu avant de toucher l'île rouge. Il ne laissa pas un mot mais emporta l'unique canot de secours, ainsi que le reste des rations de rhum et de biscuits secs.

Monsieur François Philippe Chirrer mena le petit à Foulpointe où les cartes politiques avaient déjà été redistribuées. Malgré l'assassinat de Rahena et le rapt de son unique héritier, Anteva et Zafindramisoa s'étaient réconciliés pour affronter un nouvel ennemi : les ethnies Varimo et Tsikoas qui, dorénavant, faisaient front uni.

Dans ce cadre, l'arrivée de Ratsimilaho fut perçue comme un heureux présage. Et avec sa prestance naturelle, il n'eut qu'à se montrer pour s'imposer. En quatre mois à peine, le Prince gravit les marches de son trône. Il n'écrasa pas les envahisseurs Varimo et Tsikoa : il les engloutit !

Il donna à ces peuples la dénomination de « Betsimisarakas », s'autoproclamant *filohabe* - « grand chef » - et Ramaromanompo : « le roi servi par tous ». Pour l'histoire de son île, ce monarque devint finalement aussi important que le fut avant lui, l'illustre Andriamasinavalona. Il fit détruire tous les textes de lois faisant référence à l'utopie républicaine, ordonnant qu'on ne négocie plus avec les pirates sans son consentement - un ordre qui serait plus que mal interprété. Durant les cinquante-quatre années de son règne, Ratsimilaho devint l'un des plus grands rois de l'Histoire et, très vraisemblablement, le plus grand protecteur des Frères de la côte.

– Chapitre IX –

Brumes amères

Deux cent trente-six millions. Moins la commission de quatre millions de livres attribuée à l'amiral Tew, le trésor emporté par les Portugais s'élevait à deux cent trente-six millions et près de deux cent mille livres[31].

Les pieds sur la rambarde du perron de Charleston, Olivier fumait sa pipe en regardant le soleil se lever. Il avait beau refaire les calculs cent fois dans sa tête, en attribuer plus à l'amiral, cela faisait toujours un gros magot. L'argent c'est comme les femmes ; plus il y en a, plus ça sent les emmerdes, mais moins on y résiste.

Levasseur ne se sentait pas l'âme d'un traître, dans le sens définissant Thomas Tew. Certes, il avait toujours menti, un peu manipulé ses proches et transformé les vérités pour parvenir à ses fins. C'était sa nature. Rousselet, le marquis de Châteaurenault, avait été l'une de ses victimes préférées ; de celles qui perdent en pensant avoir gagné. Car ce n'était qu'un jeu. Malgré son air de flic autoritaire, Laurens de Graff n'était qu'un corsaire. Il avait le sens du jeu, mais pas au point de suivre monsieur d'Hermitte, à bord du *Diligent*. Il avait trop de responsabilités pour s'amuser. Quant à Hornigold, pas sûr que son œil mort n'ait goûté la plaisanterie de Petit-Goâve, pas plus d'ailleurs les derniers survivants du *Pearl*...

John avait gardé sa rancœur muette. C'était l'amour qui le rongeait de l'intérieur. Un amour tranchant, comme un rasoir.

---

31 4,7 milliards d'euros.

Il n'avait rien à en dire. Des courbes partagées de Sara Jeggin's à l'attachement déraisonné que l'Irlandais vouait à Olivier, il n'y avait aucune amitié, même virile entre eux. Il n'y avait que de l'amour ! Du vrai. De l'incompréhensible. Du coup de foudre. A s'en arracher les tripes au premier regard, un soir d'automne, sur un rivage de Petit-Goâve. A en risquer sa vie cent fois sur le pont d'une frégate française. A en pardonner les folies et les excès. A en aimer la même femme pour toujours être un peu plus près. Ce n'était pas le genre d'amour à embraser le corps, les sens et l'esprit. Ce n'était pas un amour rationnel non plus. C'était simplement de l'amour. Simple, sincère et véritable, bercé par la folie d'un « balafré ». Et tout aussi entretenu par la tendre lâcheté du Français qui, quoi qu'on en dise, fuyait aussi la solitude. Un amour qui s'arrange de la jalousie, mais qui ne sait comment effacer la tromperie.

John n'avait rien dit. Il n'y avait rien à dire. Il n'avait qu'une envie : reprendre sa vie, comme avant. Avant Saint-Domingue. Avant Olivier. Recommencer à arpenter les mers sous le commandement d'Edward Seegar. Croiser le fer, chercher querelle et espérer quelques rapines avant de se retrouver, de nouveau, prêt à aimer comme il était : jusqu'à la folie. Une folie tendre qui se grimait en un visage terrifiant, rayé par la vie. John n'avait rien dit. Il était simplement parti.

La rupture s'imposait avec évidence. Sans confiance, on ne peut naviguer ensemble. Edward Seegar n'en voulait pas à Olivier d'avoir menti sur son passé militaire ou au sujet du trésor. Il considéra simplement que les cachotteries peuvent coûter la vie. Or la seule chose à laquelle tenait ce vieux loup de mer, c'était sa vie. C'est pourquoi, pour tenter de la conserver un peu plus longtemps, il finit, comme tant d'autres pirates, par changer de nom pour devenir : Edward England. Woodes et Olivier l'apprirent de la bouche de Benjamin Hornigold qui avait fini, lui aussi, par revenir en Caroline. Fier, Hornigold n'avait ni domicile ni destination fixes - en dépit des propositions de William Cormac.

Le borgne entretenait une relation ambiguë avec Olivier Levasseur, entre crainte, mépris et respect. Tous deux étaient d'excellents navigateurs, capables de coups de génies. Mais leurs méthodes n'avaient rien à voir. Hornigold pouvait feindre d'avoir un cœur, c'est sa tête qui commandait son âme. Tandis que toute sa vie, Olivier Levasseur n'obéirait qu'à son formidable instinct d'anticipation.

Tous les matins, Olivier se réveillait avant l'aube pour admirer le ciel couleur vanille. Souvent avant les esclaves eux-mêmes. Seul, il s'installait sur le perron de la maison. La nuit, il dormait peu. Du supplice de l'amiral, il n'avait retenu que les rires. Une cascade de rires saccadés, railleurs et accusateurs : une malédiction. Une malédiction à quelques millions. Dur de ne pas y penser. Alors, Olivier se concentrait sur d'autres questions, plus théoriques :

Sans Thomas Tew, la république serait-elle encore debout ?

Les lois libertaires de Libertalia ne creusaient-elles la tombe de la colonie ?

Et surtout, deux cent trente-six millions, ça fait combien d'hectares en plantations de coton ?

Levasseur n'était pas assez sot pour oublier la véritable valeur de ce trésor : son parchemin paraphé par toutes les têtes couronnées. Il y pensait en triturant le sien, le cryptogramme d'Alessandro Cajal ; ses hiéroglyphes et ses messages cachés, derniers conseils transcrits en un mauvais français...

Entre 1680 et 1710, la traite des Noirs asservit près d'un demi million d'hommes et de femmes. Leur revente rapportait en moyenne mille à mille deux cents livres par tête[32]. Un négrier pouvait en transporter six cents. Mais le risque était bien réel, chacun de ces bâtiments valant déjà, hors chargement, plus de deux cent milles livres. Cette main-d'œuvre, qui ne coûtait plus que le gîte et le couvert une fois l'achat réalisé, était prioritairement destinée aux plantations de sucre, de tabac, de

---

32 20 000 euros, environs.

coton... Des économies de fer et de sang dont dépendaient des royaumes endettés qui tentaient d'imposer des monopoles, plus ou moins respectés. Consolidés, ces échanges - importations et exportations - représentaient des millions de livres...

Et comme le canal du Mozambique était une des grandes plaques tournantes de la traite négrière, celui qui tenait cette route commerciale pouvait se prévaloir de tenir le monde dans sa main. Le véritable trésor des Comores était ce vieux bout de parchemin.

C'était sans doute pourquoi la vieille sultane, qui en avait été l'ultime dépositaire légitime, l'avait soigneusement dissimulé.

C'était sans doute pourquoi, ses héritiers s'étaient entre-déchirés.

C'était sans doute pourquoi, les Libéri avaient été massacrés.

C'était sans doute pourquoi, craignant des réactions diplomatiques en chaîne, les Portugais avaient pris soin de toujours cacher qu'avec les monceaux d'or libéris, ils l'avaient récupéré.

Louis XIV venait de mettre un terme au conflit l'opposant à la ligue d'Augsbourg. Obligé de reconnaître Guillaume d'Orange-Nassau comme roi d'Angleterre, il l'avait fait... juste avant de lui déclarer la guerre ! En conséquence, le Portugal avait renforcé son alliance avec l'Angleterre - et les Pays-Bas - pour s'opposer au nouveau roi d'Espagne, qui n'était autre que le petit-fils de Louis XIV... Dans cette guerre totale et pour contrer les exportations de vins français en aidant celles du Portugal, Londres offrait aux navires marchands portugais la protection de la Royal Navy. Au-delà du porto, Lisbonne en profitait pour faire escorter ses tonnes d'or importées depuis le Brésil, manœuvre connue mais tolérée d'un petit allié utile. Difficile pour les Portugais de poser sur la table des négociations une carte à deux cent quarante millions de livres et, surtout, un parchemin capable d'assurer ou de menacer le fragile équilibre économique mondial. Olivier Levasseur en était persuadé : pour conserver ce trésor, Lisbonne n'aurait de cesse de le faire transiter d'un lieu à un autre, en secret. Jusqu'au jour où les Comores, épuisées par leurs luttes intestines, ne seraient plus que cendres ; jusqu'au jour où l'Europe, déchirée par ses guerres, s'assoupirait, exsangue.

Et en attendant, s'interrogeait-il pour ne pas avoir à regarder le pétrin dans lequel il se trouvait, qu'en était-il de la dernière requête de Baldo, protéger le secret de ce magot ? Valait-elle toujours ? Cette mission avait-elle une fin ? Et si oui, quand ? Et la malédiction ? Qu'un condamné maudisse son bourreau, c'est classique. Mais le fait que l'imprécation émane d'un *bòkò* la rend-elle éternelle pour autant ? Et puis surtout, deux cent quarante millions : que diable peut-on acheter avec deux cent quarante millions de livres ?

Tandis que les premières lueurs de l'aube repoussaient les brumes nocturnes, Olivier aspirait de grandes bouffées de sa pipe en plaçant son pouce sur le fourneau pour réduire l'appel d'air. Devant le gribouillis d'Alessandro Cajal, il souriait, puis recrachait toute la fumée en maugréant. Avant de récupérer ce graal destructeur, il lui faudrait attendre, courir, couler, tuer, voler... Et après ? Que ferait-il après ? Que choisirait-il ? Le rendre au sultanat d'Anjouan reviendrait à financer ses guerres pendant que sa population mourrait de faim. Le garder ? En bon comptable qu'il était, monsieur England (Seegar) avait dû y songer en premier : qui se risquerait à receler une somme défiant le trésor de Babylone?

Sur le plan diplomatique, c'était entendu, le Portugal ne pouvait pas le déclarer. Et les autres puissances, alliées ou ennemies, feignaient de n'en rien savoir. Mais si un jour, le Portugal perdait son « secret », qu'adviendrait-il du voleur ?

Immédiatement, sans lui laisser le temps de se transformer en symbole pour des générations d'insoumis, il serait devenu l'ennemi mondial numéro un. Celui que traqueraient toutes les marines du monde. Contre lequel les ennemis d'hier s'uniraient, faisant front commun, dépensant des fortunes pour que meure dans l'œuf la légende qui les menaçait. Celui qu'ils finiraient évidemment par débusquer. Une nuit, un groupe d'hommes viendrait le surprendre dans son sommeil ; au moindre geste à peine esquissé, ils lui flanqueraient une balle dans la tête. Puis, sa dépouille d'ennemi mondial serait sans doute transportée sur un navire de guerre, avant d'être rejetée à la mer pour qu'enfin les puissants se remettent à respirer...

Emporté par la puissance du mythe, le pirate, un petit sourire narquois aux lèvres, se dit que pareille fin ne lui irait pas si mal. Lui revinrent alors très nettement ses premiers échanges avec le Balafré. Lorsque après le lamentable épisode de la plage de Petit-Goâve, John Taylor avait proposé au Français d'intégrer l'équipage du *Pearl*, il n'avait eu qu'un mot pour décrire ce qu'étaient vraiment les pirates : des marchands. « Ils ne prennent, avait-il ajouté, que ce qui se revend, s'entretient ou se recèle sous le manteau ». La leçon valait toujours. Un bâtiment de guerre estampillé « Royal Navy » de la coque aux mâts, ça n'est vraiment pas facile à refourguer. Pareil pour les biens de la compagnie des Indes.

Qu'Olivier l'offre, le cache, le coule ou vogue à ses côtés, le trésor d'Anjouan aurait raison de lui. Il en rit dans son for intérieur. Fuir toute sa vie future, comme il avait fui toute sa vie passée. Quoi de plus normal !

De toute son existence, il ne s'était jamais senti responsable que de deux êtres : Sara et Anne. La simple évocation de leurs prénoms le plongeait dans un état de bonheur instantané. Où qu'il soit, quoi qu'il fasse, seule l'image de leurs visages était capable de ramener la sérénité dans son esprit. Une enfant et un souvenir, encore vivant, qu'il rattachait inconsciemment à sa malédiction. Courir après les souvenirs de la reine ? Pure folie. Courir après les souvenirs libéri ? C'était presque toute sa vie.

Le soleil se leva enfin sur la plantation, séchant d'un coup les larmes de la rosée matinale. Olivier fut rejoint par Tafa. Ce grand Peul au visage marqué, avait un corps de baobab et des doigts de dentellière. Il avait gagné la confiance de William Cormac, au point de pouvoir se promener dans les champs comme dans Charleston, un flingue à la ceinture. L'habitude n'était pas du genre à passer inaperçu. Pas vraiment non plus du goût de l'aristocratie locale. Premier affranchi de la plantation, Tafa avait bien compris que la réhabilitation d'un Noir, même officielle, ne valait rien dans le Nouveau Monde. Les esclaves de William touchaient une solde de dix livres à la fin du mois, qu'ils dépensaient à leur guise ou économisaient pour racheter une liberté que le maître leur cédait à perte, dès neuf cents livres. Mais une fois loin de Cormac, il ne leur restait plus qu'une seule perspective : la fuite. Fuir vers les terres reculées du continent, fuir vers des colonies d'anciens esclaves, toujours fuir car s'ils étaient repris, l'horreur recommençait. Pour beaucoup, un Noir sans maître (même affranchi) n'était qu'un marron. On le traquait, on le punissait et s'il survivait, on le revendait...

Olivier se demandait parfois si, sous ses dehors bienveillants, son ami de jeunesse avait cédé aux sirènes économiques de l'esclavage. A cela, William répondait froidement qu'un chien doit, s'il veut vivre parmi les loups, se déguiser en loup.

Pendant sept années, Tafa avait encadré le sombre cortège des cueilleurs de coton, surveillant les troupes, veillant au sacro-saint rendement. Il aurait, bien évidemment, pu laisser faire ou induire une foule de désordres, jusqu'à retourner les centaines d'esclaves contre le maître. Au lieu de cela, au risque de passer pour un lâche - ce qu'il n'était pas - Tafa fit toujours son possible pour harmoniser les esprits et éclairer les recrues, les incitant à mesurer leur chance de vivre ici alors qu'ils auraient pu mourir ailleurs. En sept ans, la plantation eut son lot de disputes, d'évasions et de marrons rattrapés par le procureur Mayler, pendus hauts et courts sans que William ne puisse les sauver. L'absence de chaînes ne suffisait pas à ces forçats d'ébène, ils percevaient les murs de cette prison dorée. Certains se seraient damnés pour mourir ailleurs. Parfois, ils y allaient.

Tafa choisit d'économiser pour racheter sa liberté. Nourri, logé, blanchi, il l'obtint en sept ans. Le temps de comprendre qu'il n'avait nulle part où aller. Une fois libre, il choisit de rester : dehors, le monde avait des crocs trop acérés. Avec l'acte d'affranchissement, en remerciement pour sa loyauté, William lui offrit les pistolets. Et de tout cela, il alla lui-même informer le procureur Mayler, qui crut s'étouffer.

L'homme de loi rêvait toujours de mettre en défaut l'Irlandais pour peut-être, un jour, s'accaparer ses biens, si rentables. Le vieux gouverneur Sayle avait fini par passer l'arme à gauche. Mais tous ceux qui lui succédèrent surent mesurer avec exactitude les bénéfices colossaux du coton de William Cormac, ce qui le rendait intouchable. Sans allié à la chancellerie, le petit procureur ne pouvait qu'attendre.

Lorsque Tafa rejoignait Olivier sur le perron, c'était sensiblement l'heure à laquelle toute la résidence allait sortir du sommeil, dans la bonne odeur du café. Les deux hommes n'avaient jamais beaucoup de temps, seuls. Ils se parlaient peu mais aimaient écouter ensemble « l'éveil de la vie ». Souvent, c'était le moment où Olivier délaissait sa pipe pour se masser les pieds. Aux questions étonnées du Peul, le Français répondait que c'était bien la seule chose intelligente qu'il ait retenu de l'armée : ne jamais négliger ses péniches si on tient à aller loin.

Le troisième à les rejoindre c'était le patron. De son perron, il suivait l'animation qui, selon les travaux, gagnait les parcelles de la plantation. Les mains tremblantes, William faisait de moins en moins illusion. Les jambes lourdes, les crachats de sang et son teint grisâtre le trahissaient. Des années plus tard, le petit locataire de la rue Galilée payait au prix fort les nuits passées dans l'humidité glacée de son taudis. Sans pour autant inquiéter les charlatans autoproclamés médecins. En 1696, ils lui avaient diagnostiqué un problème pulmonaire, lié à une mauvaise circulation sanguine. A l'époque, ils lui donnèrent encore quinze ans, s'il suivait les bons traitements, saignées, sangsues...

Cinq ans plus tard, son état avait sérieusement empiré. Légèrement plus âgé qu'Olivier (William avait trente-cinq ans), la perspective de calancher si tôt dans un Nouveau Monde où l'espérance de vie dépassait de loin celle des Européens ne le réjouissait pas particulièrement. Avec Olivier, ils avaient décidé d'accompagner le mouvement au whisky et au tabac, pas moins fiables estimaient-ils que les lavements et autres pratiques barbares. Très croyant, William craignait de rencontrer Dieu prématurément. Aucun n'en parlait mais tous deux savaient. Quand le malade le rejoignait sur le perron, les deux amis, broyés par la douleur, ne pouvaient qu'échanger futilement sur la politique économique des colonies. Sur l'insécurité aussi, les exploitations familiales installées près des côtes étaient régulièrement la cible de pillages flibustiers. Les grandes plantations, autrement plus rentables avec leurs productions industrielles, échappaient aux razzias... Devant l'imminence du drame, comme s'ils espéraient ainsi le tenir à distance, le planteur et le pirate se chamaillaient avec tendresse sur l'avenir de leur société. Jeunes gens, ils rêvaient, comme tout le monde, de révolutionner le système. Adultes, ils participaient à son implacable marche en avant, comme tout le monde.

Depuis sa découverte, le Nouveau Monde n'avait jamais été une terre de tout repos. Souvent, il arrivait que les appétits conjugués des colons et de leurs Etats respectifs transforment des îles aux allures d'Eden en véritable enfer. Tout particulièrement lorsqu'une puissance réalisait brusquement, comme venait de le faire la France, qu'au jeu des terres conquises elle s'était fait doubler. Et ce, au moment où il lui fallait impérativement renflouer des caisses que les guerres avaient dévastées. Olivier suivait d'un œil amusé cette danse des squales entre lesquels glissaient les Portugais, décidemment bien discrets.

D'autant qu'en ce début d'année 1701, le jeu s'était durci. Le 23 mai, la pendaison ratée du malheureux capitaine Kidd, à l'issue d'un procès ubuesque, visait directement le métier de pirate. Pour que nul n'en ignore, la potence avait été dressée sur la Tamise. La première fois, fait rarissime, la corde céda sous son poids. Contrairement à ce qui avait cours en pareille circonstance, le condamné ne fut pas gracié. Le bourreau fut prié de faire un second nœud et de veiller cette fois à ce que le malheureux expire, très lentement. Puis sa dépouille, installée dans une cage de fer, se balança longuement au dessus du fleuve. Tous ceux qui s'étaient intéressés à l'affaire (et qui savaient lire) comprirent que le pauvre William Kidd n'avait que peu à voir avec la piraterie. Encore moins avec les corsaires. Tout au plus, un petit escroc rêvant d'aventures qui, deux ans durant, avait pu sillonner les mers aux frais de quelques Lords particulièrement crédules. De ses plus grands exploits, l'Histoire ne retiendrait qu'un meurtre, dans une bagarre puérile et à l'aide... d'un seau d'eau ! Un malheur n'arrivant jamais seul, il avait alors trouvé le moyen d'attaquer, par inadvertance, un navire allié. Affolé, pour tenter de se refaire une virginité, il n'avait rien trouvé de mieux que de brûler son bateau. Kidd était un jean-foutre, plus qu'un pirate assoiffé de sang. Les gens des mers prirent cette exécution comme elle devait l'être, pour un signal que le temps se couvrait.

Les découvertes, en repoussant sans cesse les limites des mondes connus, avaient donné à ceux que l'empilement des lois et des petits arrangements entre puissants fatiguaient, une irrépressible envie de détaler, encore et toujours. Passer sa vie à fuir, toujours plus loin, devenait une perspective. Mais son essor économique ramenait le Nouveau Monde dans l'enclos des Etats dont ils n'étaient que des colonies, soumises aux aléas de leurs métropoles.

1701 toujours, mais au mois de septembre, l'ancien roi en exil Jacques II mourait d'une attaque cérébrale en France, dans son refuge de Saint-Germain-en-Laye. L'année d'après c'était le tour de l'usurpateur, Guillaume III d'Orange-Nassau, emporté par une pneumonie en mars. Il laissa ainsi son trône à sa « belle-sœur », Anne : la fille de Jacques II.

Tandis que les Indes subissaient une effroyable famine doublée de guerres fratricides (plus de deux millions de morts), les côtes de l'Afrique se peuplaient de comptoirs d'où les négriers chargeaient leurs cargaisons d'esclaves et déchargeaient leurs pacotilles. La France venait d'ailleurs d'y installer sa compagnie des Indes, notamment à Saint Louis, l'embouchure du fleuve Sénégal et sur l'îlot de Gorée. À l'Est de ce continent, des ethnies se rebellaient contre leurs frères, chasseurs d'esclaves.

Plus au Sud, l'Emyrne de Ratsimilaho était passée sous la surveillance des Anglais et des Français qui croisaient du Mozambique à l'île Bourbon...

A la mort d'Henry Morgan, Port-Royal sombra dans l'insécurité la plus totale. Et le séisme du 7 juin 1692, qui engloutit ce qui restait de ce temple de la dépravation, fut considéré par les colonies voisines comme une punition divine. Non content de dicter les lois et de choisir les rois du vieux continent, Dieu s'invitait aussi dans les Caraïbes. Et, manifestement, Dieu ne voulait pas pardonner aux pirates - même réinsérés dans la vie civile.

Quelques décennies avaient suffi pour qu'un immense espace de liberté devienne le terrain de jeu d'armées entières, financées par les contribuables.

Même si Olivier la savait sans fin, la course restait la seule issue. Une fois de plus, la mer l'appelait.

Un matin sur trois - ceux où, la veille, il avait bu plus que d'habitude - Benjamin Hornigold le rejoignait. Ensemble, depuis la plantation, ils admiraient l'océan étincelant, auquel ils se savaient incapables de résister. Ils lui appartenaient, corps et âme. Olivier voulait attendre qu'Anne soit prête à le laisser partir. Attendre que William retrouve une meilleure forme. Il attendait aussi que le jeu de cartes géopolitiques du monde s'apaise.

Ce monde, le jeune Woodes en rêvait à présent jour et nuit. Plus instruit, grâce aux maîtres que finançait William, le jeune homme s'était cultivé et il ambitionnait d'en faire une bonne fois le tour. Initié aux codes que maîtrisait Levasseur, Woodes avait même développé une passion pour l'histoire des Templiers. Particulièrement celle de Jacques de Molay. Bien qu'assez hermétique aux religions, il trouvait l'esprit français fascinant : « Une armée de curetons, c'était quand même l'idée du siècle ! »

Pourtant, Olivier ne consentit jamais à lui traduire le parchemin d'Alessandro Cajal. Il se contenta d'en transmettre les clefs de décryptage à sa fille. Anne était devenue aussi râleuse que lui. « Perdre » six heures par jour à étudier la faisait enrager. Elle qui ne rêvait que de liberté, de grands espaces... et d'amis. La denrée la plus rare pour une jeune fille surprotégée, évoluant dans un univers d'hommes particuliers ; née chez les pirates ; élevée chez un esclavagiste pieux ; éduquée par un précepteur athée ; entourée d'esclaves... Seul son père, sa culture, sa curiosité et ses passions pouvaient la sortir de ce tourbillon de folie. Pourtant, Olivier lui interdisait ce dont elle rêvait follement : la mer.

William était de plus en plus malade. Tafa et les autres esclaves croulaient sous le travail.

Dès 1703, Woodes s'engagea sur le *Yeaman's*, afin de parfaire sa formation maritime en rejoignant régulièrement Terre-Neuve. Un cursus qui s'acheva en novembre de l'année suivante, à Bristol, où il rencontra monsieur William Dampier : l'explorateur du golfe du Bengale. Woodes épousa alors la fille du contre-amiral Whetstone, fidèle ami de feu Woodes Rogers Senior. Ce qui lui permit, d'une pérégrination à une autre, de devenir corsaire. Mais ses projets étant démesurément plus grands, il ne le resta pas bien longtemps...

Quant à Benjamin Hornigold, il passait ses journées à apprendre des cartes de navigation, à écumer les tavernes et les bordels, tout en espérant entendre parler d'England et Taylor. Nul ne sait bien où il vécut ni dans quelles conditions. Mais sa précarité devait être extrême, pour qu'il finisse par s'engager sur le *King's Lynn* de la Navy, en tant que manœuvrier. Il perfectionna cet art jusqu'à être nommé pilote du bâtiment.

Anne était désespérément seule.

Le plus souvent cloîtrée dans le manoir, elle finit par développer une méfiance à l'égard des étrangers. Dans la ville, du port aux étables, on disait pis que pendre sur la plantation

Cormac. Ses « esclaves libres », son propriétaire malade, ses amis pirates... On parlait, on critiquait, on racontait des histoires. Et au milieu de tout cela, avec sa chevelure rouge vif et ses taches de rousseur, Anne devenue « la fille aux cheveux rouges » ou « la fille du diable » hantait les esprits.

Un diable qui s'occupait pourtant bien d'elle au quotidien, tout en étudiant lui aussi les nouvelles cartes de récifs, régulièrement publiées. Il arrivait qu'Olivier aille voir les filles de joies. Mais leurs sourires et leurs airs festifs lui rappelaient douloureusement le parfum de Sara. Il pensait à elle. Sans arrêt. Mais il oubliait d'en parler. Même lorsque sa fille le lui demandait. Les années passèrent comme une interminable insomnie. Et le Français continua de l'aimer. Une après-midi sur deux, il emmenait sa fille sur le port et lui enseignait ce qu'il savait des bateaux. Les noms, comment ils étaient équipés, et pourquoi. Les avantages et les inconvénients de chacun. Il arrivait qu'ils croisent un capitaine sympathique qui accepte de laisser la petite monter à bord. Alors elle pouvait toucher la barre, tandis qu'Olivier goûtait à nouveau au plaisir de sentir un plancher tanguer sous ses pieds. Ils s'attablaient quelques minutes pour discuter autour d'un verre. Olivier taisait son passé et se prétendait simple amateur, ancien élève officier dans la marine, devenu aide planteur. Et souvent, tombait la même réponse :

– Ah, que vous avez bien fait de quitter ces salopards de l'armée !

Olivier écoutait alors le capitaine ressasser ses histoires, ses gloires, ses conquêtes ou ses mensonges... Infatigablement, la mer portait les mêmes rêves universels. Puis, le cœur serré, il abandonnait ce bois qu'il aimait tant toucher et ramenait Anne sur le quai, rallongeant comme il le pouvait ces quelques instants privilégiés. En partageant avec sa fille cette passion qui les consumait tous deux, Olivier avait l'impression de l'accompagner sur le chemin de la vie de la seule manière qui vaille, par l'émerveillement.

Que ce fût ou non une bonne chose ne le tourmentait point. Il prenait un plaisir inouï à la voir s'épanouir ainsi. Il lui révélait le nombre d'hommes minimum nécessaire pour faire avancer chaque vaisseau. La vie à bord, les codes, les usages et les traditions. Les différentes « races » de marins, des commerçants aux soldats en passant par les corsaires et les pirates. Avec elle, Olivier ne feignait pas d'être un autre. Il était honnête ; sur son nom ; sur ses parents ; sur ses études ; sur ses femmes comme au sujet de ses plus belles utopies : la république et un unique amour.

Quand Anne fut en âge de comprendre, il lui révéla l'histoire entière du royaume d'Emyrne. Des hommes de *La Victoire* au capitaine de l'*Amitié*, qui finit crucifié. Sans oublier une poignée de millions, qui s'était imposée entre eux.

A sa fille, il expliqua que ce n'était pas tant envers la république, qu'il s'estimait redevable, qu'envers Sara et la reine, Rahena. Sans ces femmes-là, jamais les autres Libéri et lui n'auraient pu connaître une telle paix, cette profonde quiétude qu'il appelait ataraxie. Là-bas, il avait découvert ce qu'il subodorait sans s'être jamais attardé : le bonheur peut passer, mais il est exigeant ; si on ne le cultive pas, il s'en va. Rahena avait montré la voie. Sara l'avait cultivé, avec délice, pour John, Anne et lui. Cette quasi-décennie passée dans la baie marquerait toute sa vie.

Jour et nuit, Olivier était hanté par l'odeur de la plage. Dans son esprit embrumé se mêlaient le silence de John Taylor et les rires en saccades de l'amiral. Maudit, Olivier l'était-il réellement ?

– A ton avis ? semblait répondre le *bòkò* dans sa tête.

Car Levasseur ne pouvait se mentir à lui-même : Libertalia n'existait plus. Et tout ce qui avait pu le rendre profondément heureux découlait de cette république. De ce fait, courir après les deux cent quarante millions ; poursuivre les vestiges d'un idéal réduit en cendres avait-il encore seulement un sens ?

Mais comme pour se déculpabiliser de trop y penser, à sa fille il ajoutait :

- Cette plage avait promis des rêves et de l'espoir à des hommes comme moi. Des hommes sans avenir. Des hommes à qui personne ne promettait jamais rien.

Un jour - ou peut-être une nuit - Olivier Levasseur devrait partir comme on part en guerre. Il le savait. Et, plus grave, il savait qu'Anne le savait.

En plus d'être curieuse, l'enfant était attentive à tout ce qui passait à sa portée. Elle écoutait tout et se passionnait pour un rien. Fascinée par ce que des mains habiles pouvaient faire avec un ressort et trois bouts de métal, elle aimait particulièrement bricoler. Elle picorait les objets les plus incongrus, éventrait des horloges ou d'antiques arbalètes, puis s'essayait à des inventions farfelues.

Chacun était heureux et amusé de la voir grandir avec autant de malice, sans s'inquiéter de tout ce que ses recherches pourraient lui apporter. De plus en plus mal, William Cormac suivait ses progrès avec avidité, persuadé que seule la curiosité maintient en vie : quand on est jeune, on cherche sa vérité, parfois même on la trouve, ou on veut le croire. Arrivé à l'âge mûr, on cherche à ne surtout rien déranger de ce sur quoi on est assis. On ne bouge plus, on ne cherche plus. Et un beau jour, on ne comprend plus ; c'est fait, ce jour-là on le sait, on est déjà mort de l'intérieur.

Dès 1705, Anne commença à prendre plus assidûment des cours de fleuret, de tir et de combat rapproché avec le maître d'armes le plus réputé de la ville, Monsieur Whishbird, qui enseignait d'ailleurs ces mêmes disciplines au gouverneur d'alors, Nathaniel Johnson. Elle découvrit l'univers militaire avec fascination et, très vite, commença à réfléchir aux moyens de perfectionner des armes avec ses ressorts. Elle demanda même à Monsieur Whishbird de l'aider à breveter un système audacieux de « couteaux dynamiques ». Au repos, l'objet se présentait comme un bracelet de force, les lames, enfermées dans une sorte d'armature, étaient retenues par des lacets. D'un simple mais brusque mouvement de la main, les ressorts se libéraient, projetant les dagues qui en se redressant encerclaient le poignet ; transformant en un éclair une main pacifique en un bras vengeur.

A son étonnement et malgré les trois prototypes qu'elle lui proposa, Whishbird lui rit au nez. William et Olivier entreprirent alors de lui apprendre tout ce qu'ils savaient sur les armes médiévales en lui présentant Lord Foster, un notable de Charleston, collectionneur d'armures. Lord Foster répétait à qui voulait l'entendre que pour avancer dans le bon sens, le progrès technologique devait s'inspirer du passé. Les cottes de mailles, les différents métaux d'épées, les premiers fusils et les mousquets n'avaient aucun secret pour lui. Mais ce qu'il aimait par-dessus tout, c'était les armures de chevaliers - dont il possédait dix exemplaires. Pour son neuvième anniversaire, Anne se vit offrir le buste d'une de ces armures.

Déjà, son caractère se dessinait clairement : l'influence de son père avait encouragé son côté garçon manqué mais elle était aussi tout à la fois râleuse, cynique, ironique, débordante d'énergie et d'envies. Sans avoir besoin de parler, Olivier et elle n'avaient plus de secret l'un pour l'autre. Elle lisait toutes ses cartes, ses codes et ses projets, des colonies portugaises au sultanat d'Anjouan.

Anne passait le plus de temps possible accrochée à l'homme de sa vie, écoutant ses histoires et marchant avec lui sur les quais. Un jour qu'ils longeaient la jetée, il lui tendit la main, comme d'habitude. Mais en la prenant, il eut une sensation étrange et s'arrêta. Anne se retourna. Il la dévisagea. Sa mâchoire s'était élargie, son menton, volontaire, était plus marqué. Son regard bleu tendre n'avait plus ce côté confiant et incertain des enfants. Ses taches de rousseur s'étaient éparpillées sur ses fossettes comme sur le bout de son petit nez. Sous ses longs cheveux rouge-orangé, toujours aussi mal coiffés, pointaient d'étonnants petits seins. Elle avait pris de larges épaules mais aussi des fesses, rebondies, et une petite taille qui faisait se retourner les malotrus.

Olivier prit tout cela d'un coup, en plein cœur. La veille encore, elle fuyait ses devoirs, se cachant en gloussant derrière les lataniers, accrochant ses petites robes aux ronces qui bordaient les jardins. Aujourd'hui, elle était là, élancée, devant lui, la taille prise dans un pantalon d'homme et lui parlait presque à égal. Elle avait seize ans. Elle devenait femme.

Anne lui sourit, lui demandant ce qui n'allait pas. Olivier sentit une soudaine douleur dans la poitrine en réalisant combien le temps était passé vite. Une poignée de sable, serrée dans le creux de la main. Un rêve incertain de famille qui se dérobait sous ses pieds.

Elle fit quelques pas vers lui et l'embrassa sur la joue :

– Tu devrais y retourner un jour, dit-elle. Si c'est ce que tu veux.

Instantanément, l'immense joie de cette permission engloutit la peine encore fraîche. Troublé, entre douleur et soulagement, Olivier lâcha délicatement la main de celle qui serait toujours sa petite fille.

*

L'aube se levant sur Charleston éclaboussait le ciel. Olivier, fidèle à ces instants précieux, observait les premiers rayons du soleil en écoutant la ville s'éveiller doucement. Ce matin de 1713, Tafa l'abandonna pour ouvrir les grilles de la plantation à Benjamin Hornigold. Après une nuit d'excès, il avait un besoin urgent de café - en énormes quantités. En outre, il avait manqué de terminer sa nuit en cellule après une petite joute verbale qui l'avait opposé au procureur Mayler :

– Il veut la plantation, cracha Benjamin !
– Qui ça ? demanda Olivier.
– Mayler, reprit-il alors que William les rejoignait. Le procureur Mayler veut la plantation.
– Je sais, dit le planteur. Il peut s'accrocher : je l'ai mise au nom d'Anne. Terres, récoltes, esclaves et tout le reste.

L'attention toucha Olivier, qui lui lança un clin d'œil appuyé d'un sourire fraternel. William s'assit péniblement. Une mauvaise toux l'avait supplicié toute la nuit. Pourtant, son premier réflexe fut d'allumer sa pipe.

– Tu devrais pas fumer ça, dit Ben. C'est pas bon pour c' que t'as.
– Tu crois ?
– Mayler était bourré comme un coin hier soir, reprit Benjamin.
– Et toi pas ?
– Si. Bah si, évidemment, pourquoi ? Il m'a dit qu'une plantation qui payait ses esclaves n'était pas digne de la reine Anne ni du royaume de Grande-Bretagne !

William et Olivier explosèrent de rire. Soumettant (ou prétendant soumettre) l'Ecosse et l'Irlande en 1707, la reine Anne avait transformé le royaume d'Angleterre en royaume de Grande-Bretagne. Ce nouveau nom était sur toutes les lèvres et dans toutes les discussions. La grande blague d'Olivier était qu'il aurait bien aimé voir si John Taylor, devenu sujet britannique de Sa Majesté la reine Anne, était toujours aussi souriant.

– Un Irlandais, disait-il, ça reste une saloperie d'Irlandais : sauvage, indomptable et insoumis.
– Amen ! conclut William. J'espère que la reine y a pensé.
– Je suis sérieux, messieurs, insista Benjamin. Mayler veut la propriété et les esclaves.

– Il n'a aucun droit légal sur ces terres, rassura William. Seule la petite sera en mesure d'exhiber les titres de propriétés. De ça comme de ma fortune. Tout est en banque et au cadastre, enregistré dans les colonies et en Europe, hors de sa juridiction. Il ne peut rien faire.
– Je suis ravi de l'apprendre, dit sobrement Olivier. Maintenant, peut-on réellement réduire à l'impuissance un procureur retors et son ami gouverneur par la seule force du droit ? Qu'en dis-tu, toi, l'homme de loi ?
– Ils ne peuvent rien, grogna William.
– Tout ce que je dis, reprit Olivier, c'est que je n'y connais rien en droit. Mais par expérience, je sais que la loi, c'est le roi. Et par ici, le roi, c'est le gouverneur.
– La Grande-Bretagne est une nation civilisée, tempéra le planteur. Avec un parlement. Nos rois ne condamnent pas à la prison à vie un ministre des finances, aussi fat qu'imprudent, au prétexte que ses fêtes dépassent en magnificence celles de son monarque.
– Ajoute quand même, précisa Levasseur, que le Nicolas auquel tu penses refusait de plus en plus souvent à son roi un accès à des caisses, certes vides, mais dans lesquelles il avait, personnellement, pris l'habitude de taper. Ça peut énerver.
– La taule à vie pour une fiesta ? répéta Benjamin, ahuri.
– Mayler peut-il vraiment te piquer ta plantation ? reprit Olivier... Honnêtement, je l'ignore. Ça ne l'empêchera pas d'essayer. Mets-toi à sa place...
– Mais qu'est-ce que tu veux que je fasse ? Que j'accorde la liberté à soixante-neuf esclaves et que je ravage mes hectares de coton pour rester chez moi ?
– Si tu fais ça, c'est la taule. Soit la plantation subit un incident naturel, soit elle continue de tourner. C'est un des poumons de la colonie.
– Mais c'est chez moi, merde !
– Dis-le à Mayler, rit Olivier...

Les hommes rirent ensemble, sans se douter qu'Anne, descendue en catimini dans le salon, entendait la conversation. Troublée, elle n'osa bouger. C'est donc tapie dans l'ombre, qu'elle reçut de plein fouet l'information qu'elle redoutait :

– Bon, moi, je crois que je vais y aller, lâcha Hornigold. Et toi Olivier, c'est pour quand ?
– Anne est encore petite...
– La Navy ne te paye pas assez bien ? s'amusa William.
– Ça n'a rien à voir, « l'ancien ». Et tu le sais bien.

Manifestement vexé, Benjamin fouilla dans sa poche intérieure et jeta un livre, sur la table du porche : le *Muqaddima* d'Ibn Khaldoun.

– Qu'est-ce ? demanda Olivier.
– Un texte du quatorzième siècle. Ça parle des relations entre la politique, la religion, les sociétés et les civilisations...
– J'ignorais que tu pouvais lire ça.
– On me l'a lu, rit Benjamin. J'ai pensé que ça t'intéresserait.

Olivier se pencha pour prendre le bouquin :

– Je le lirai, dit-il. Mais pas tout de suite.

Anne tressaillit.

Les hommes ne l'avaient toujours pas remarquée. Mais elle savait, d'ores et déjà, que le jour qu'elle redoutait depuis tant d'années était enfin arrivé. Benjamin Hornigold ne revint plus jamais dans la résidence de William Cormac. Il déserta les rangs de la Navy, non sans avoir emporté douze livres de pain, quatre tonneaux de rhum, une équipe de seize mutins et trois canots de sauvetage. Avec ses nouveaux compagnons, Hornigold arraisonna des pirogues à voiles, afin de renouer une nouvelle fois - mais quelle fois ! - avec le métier de pirate.

A cette époque, les exportations de sucre des colonies atteignirent des sommets, frisant les cinquante mille tonnes par an. Le fossé séparant les plus riches des crève-la-faim se creusa vertigineusement. Tout en continuant ses guerres, l'orgueilleuse Europe réduisait tous ses budgets, coupant les robinets un peu partout, y compris pour ses armées. Très clairement, les rois n'étaient plus « apporteurs d'affaires ». Et jusque dans les rangs des militaires, il devint évident que la fortune ne sourirait plus qu'aux audacieux... indépendants. A l'instar d'Hornigold, que rejoindrait bientôt un autre soldat, lui-même victime d'un licenciement économique : Edward Teach...

Ensemble, Hornigold & Teach allaient faire des étincelles. Mais, quelques années plus tard, c'est en solo qu'Edward Teach graverait, à coups de rapières, son surnom dans l'Histoire. Ainsi devait démarrer ce que les livres appelleraient « l'âge d'or de la piraterie » mais qui, dans les faits, fut son chant du cygne.

Le petit pirate de Brest mit un temps infini à lire l'ouvrage d'Ibn Khaldoun. Mais lorsqu'il le referma, tout avait changé. Olivier Levasseur ne verrait plus jamais le monde de la même façon. Comme si l'esprit de ce Machiavel oriental s'était installé dans son cœur, déjà prérévolutionnaire. Pour le philosophe arabe, le pouvoir n'est qu'une chimère ; un mot. Lorsqu'ils se regroupent, les hommes réclament un chef. Celui qui se hisse à ce poste draine alors toutes les ressources, pour les distribuer selon un ordre. Ce chef n'opère jamais seul. Il a besoin d'aides de camps, de fidèles lieutenants. Lorsqu'ils ont la chance de signer leur Histoire eux-mêmes, ce sont des héros. Lorsqu'ils sont racontés par d'autres, ce sont au mieux, des escrocs opérants en bande organisée. Et au pire, des barbares...

C'est une affaire de clan - de tribu ou de mafia - dans laquelle la religion joue un rôle fédérateur essentiel. Pour transcender les clivages socio-politiques et déjouer les risques de guerres civiles toujours présents, les peuples cherchent à construire des « unions sacrées » ; et dans ce cadre là, Dieu, ou « le ciel » est imbattable. Au point que, sous toutes les latitudes, rois et empereurs affirment détenir leur pouvoir de l'une ou l'autre de ces entités. Dieu pour les monarques européens, sacrés dans leurs cathédrales, le ciel pour les asiatiques, attentifs à ne pas perdre leur mandat céleste.

Tous instaurent des monarchies et des empires, qu'à chaque fois, ils imaginent durer mille ans mais qui, dans les faits, vacillent après deux ou trois siècles. Sous le poids des dettes, des taxes ou de la corruption, sur l'autel des religions, des conquêtes ou des défaites, l'Etat finit toujours par s'écrouler.

Lorsque Levasseur referma ce livre, tout en lui s'était transformé. Il en conclut, de manière encore plus radicale, qu'appartenir à une société, c'était déjà perdre sa liberté car, d'une manière ou d'une autre, il fallait toujours payer son tribut. La liberté, la vraie, est ailleurs. Mais pour atteindre l'autonomie, qui permet d'édicter ses propres règles, il faut pouvoir vivre en autarcie. Cela, il connaissait : s'organiser en bande pour saisir les ressources, mettre la main le temps qu'il faut sur les points stratégiques et s'arranger des lois, n'est-ce pas le quotidien des Frères de la côte ?

Lorsque Levasseur referma ce livre, son corps même s'était transformé : la liberté, il la touchait du doigt.

L'arrivée d'un nouveau gouverneur estompa la menace que faisait planer le procureur Mayler sur la plantation. Olivier pensa la plupart de ses soucis réglés et Anne flirtant dorénavant avec l'âge adulte, il trouva le courage nécessaire à sa fuite. Plus Anne grandissait et plus elle l'emplissait d'une insoutenable tendresse. Hormis ses cheveux, qu'elle avait d'un rouge aussi vif que sa mère et qu'elle avait décidé de couper courts, très courts, le reste - tout le reste - de sa démarche à ses regards, ravivait peu à peu le spectre de Sara. A peine Levasseur était-il parvenu à adoucir son souvenir, que sa fille en ressuscitait l'image.

Entre eux deux s'installa un malaise, dont aucun ne parla.

Dans le même temps, Olivier reçut enfin les nouvelles qu'il attendait depuis tant d'années : un chargement secret et lourdement escorté avait quitté des comptoirs d'or portugais pour gagner l'Afrique de l'Ouest. Un chargement qui ne ressemblait en rien aux importations habituelles vers Lisbonne. Malgré l'escorte, son cœur s'allégea à l'idée de savoir les souvenirs de la reine en mouvements. L'Afrique était une destination rassurante, plus vaste et moins militarisée. Sa patience avait fini par payer : sans doute était-il temps d'aller retrouver Benjamin, afin de lui rapporter son incroyable bouquin !

Une nuit, incapable de dire adieu ou même au revoir à ceux qui lui restaient, Olivier Levasseur quitta Charleston. A son réveil, Anne ne trouva qu'une enveloppe, posée sur son petit bureau. Dedans, deux feuillets pliés l'attendaient.

Le premier était un mot de tendresse, comme une maxime :

« La décision la plus importante de ta vie : c'est de rester en vie. »

La seconde feuille n'était autre que le petit parchemin qu'Olivier portait toujours sur lui ; le cryptogramme templier légué par Alessandro Cajal :

Elle pleura, énormément, sans jamais songer à renier son consentement. Olivier ne dit rien de sa destination ni de ses desseins. C'était inutile : à peine avait-elle, dans un merveilleux sourire, relut une seconde fois le message crypté, qu'elle se promettait à son tour de bientôt s'en aller.

Définitivement seule, Anne parfit sa connaissance du combat et de la navigation, tout en essayant de prendre soin d'un William Cormac de plus en plus malade. Le nouveau gouverneur,

Charles Craven, trouva le courage qui lui manquait pour rejoindre la croisade du procureur Mayler. Devenu le confident de la jeune héritière, Tafa envisagea de crever la menace que faisait planer Mayler, en le transperçant d'un coup d'épée. Vu la peine encourue, Anne lui demanda fermement de ne pas s'en mêler. Bien que William le lui ait défendu, elle s'était pleinement émancipée et sortait de plus en plus souvent, le soir. Elle traînait dans les tavernes et autres rades, où il était possible de s'enivrer pour pas un rond. Bien trop souvent, elle rentrait à l'aube, des éraflures et des bleus tout le long du corps. Lorsque Tafa s'en inquiétait, elle prétendait s'être cognée contre une porte. Et quand William commençait à râler, elle riait très fort :

– Tu devrais voir l'état de la porte !

Certains hommes, qui la croisaient pour la première fois, risquaient une main baladeuse ou quelque geste déplacé. Sachant William sur la corde raide, vis-à-vis du gouverneur et du procureur, Anne évitait soigneusement de sortir ses armes. Elle se contentait de mettre en pratique tout ce qu'elle avait pu apprendre à mains nues.

Un homme eut la main broyée, un autre, le bras brisé. Un pêcheur mit plusieurs mois avant de pouvoir remarcher convenablement et retrouver sa virilité. Un dernier perdit sept dents et ne prononça jamais plus que des voyelles. Les exemples s'accumulaient et le sale caractère d'Anne était devenu célèbre.

Un soir d'été 1715, Anne rentra chez elle après une leçon de navigation dans le port, qui lui avait pris toute la journée. Tout excitée, enchantée et impatiente de conter sa journée à William, elle courait vers la maison à toute vitesse. Si vite que Tafa eut toutes les peines du monde à la rattraper. Au milieu de l'escalier, il parvint enfin à la plaquer sur les marches. Anne, rouge de fureur, allait se mettre à hurler quand elle vit ses yeux pleins de larmes. Son sang se figea, son corps se mit à trembler tandis qu'un froid glacial lui enveloppait la poitrine. Terrifiée, elle s'abattit contre Tafa. Aucun d'eux ne pouvait prononcer un seul mot. Leurs larmes coulaient, sans bruit. Des mélopées montant de plusieurs points de la plantation enveloppaient le perron sur lequel, agrippés l'un à l'autre, ils n'étaient que douleur. Une salve de hurlements stridents déchira la peine devenue insupportable. Anne hurla à son tour, longuement, libérant son cœur, son ventre et son âme. Ce jour-là, les cloches de la ville sonnèrent la fin d'une drôle d'enfance, déchirée mais si dense.

Tafa confirma que tout était allé très vite. Sur les coups de midi, William s'était senti faible et avait souhaité s'allonger dans sa chambre. Désespéré, « le Noir de maison » fit appeler les médecins. Mais William ne les autorisa pas à entrer pour effectuer la petite saignée qu'une fois de plus ils préconisaient. Tout ce qu'il demandait, c'était un verre et une pipe. Même s'il n'était pas d'accord, Tafa fit ce qu'Anne aurait ordonné si elle avait été présente. William Cormac eut son verre et son tabac. Il parvint à finir le premier. Pas la pipe.

Anne se blottit alors contre l'ancien esclave, aussi fort que possible. Puis, elle trouva le courage de monter les escaliers. Elle passa devant la chambre où jadis, dormait son père, en repensant à ses mots : « rester en vie. »

Elle longea le long couloir et le trouva là, endormi, paisible, les mains jointes sur sa poitrine. Dans son désarroi, elle le remercia pour la bonté dont il l'avait toujours entourée et ne put s'empêcher de s'excuser : il lui avait tout donné et elle l'avait laissé traverser seul ses derniers instants, avec un verre d'alcool et une pipe. Peut-être, sourit-elle, était-ce ainsi et pas autrement qu'une vie d'homme devait s'achever ?

Aveuglée par sa soif d'océans, Anne s'était absentée un jour de trop. Elle se pencha sur le corps du défunt afin de le serrer dans ses bras. Pressant sa poitrine contre la sienne, elle sentit un crucifix que Tafa avait jugé bon d'arracher au mur pour le placer entre ses doigts. Une boule de rage la traversa, comme une minuscule flamme qui embrase toute la longueur d'un canon, le temps d'une explosion. Elle attrapa le crucifix et le jeta par la fenêtre, brisant le carreau au passage.

S'il fallait remercier Dieu, pour la générosité sans limite de cet homme, que faudrait-il Lui dire au sujet du reste ? Le carnage Libéri ; la détresse de son père après la mort de sa mère ; la disparition de l'Irlandais qui la bordait lorsqu'elle était bébé ; le trouble - pour ne pas dire l'émoi - d'Olivier sur ce sujet particulier ; l'évaporation nocturne de son père et unique ami, qui n'avait - il est vrai - jamais promis de rester ; et aujourd'hui, le rappel devant l'Eternel du seul être à l'avoir, attentivement, fidèlement, totalement protégée. S'il fallait remercier Dieu pour sa clémence, elle n'oublierait jamais qu'il faudrait aussi sacrément L'engueuler !

Le soir même, Anne se posa l'unique question à laquelle répondent les pères :

– Que fait-on, en pareille souffrance ?
– On picole, mon enfant. On accélère le processus et on picole !

Le cœur lourd, l'âme en peine et la tête en friche, Anne se rendit dans un bouge de la ville, à l'ombre des nouvelles tours de gardes qui quadrillaient les quais. Comment pouvait-on avoir autant d'hommes dans sa vie et demeurer aussi seule ? À l'heure où, celui qu'elle considérait comme son « demi-frère », traversait et racontait les mers, que devenaient Benjamin et Olivier ? Où se terraient John et England ? Qu'allaient devenir Tafa et les autres ?

Perdue, sans plus aucune autre certitude, elle entra dans la taverne. Personne ne la remarqua. Une cinquantaine d'hommes et de femmes chantaient autour d'un violoneux. Des éclats de rires aux godets qui s'entrechoquent, chaque bruit lui déchirait les tympans : le monde continue de tourner, de vivre et de chanter, même quand un amour vous est arraché.

Elle s'avança vers le bar et jeta quelques shillings sur le bois, tout en tapant deux fois du poing. Un rhum ; un double. Le taulier s'empressa d'encaisser l'argent et de servir la liqueur qu'elle avala cul sec, avant de recommander. Le barman laissa la bouteille sur le bar. Au quatrième verre, Anne lui demanda si personne n'avait du zamal.

– La Caroline n'est pas une colonie de voyous, mademoiselle Cormac, dit une sombre voix derrière elle.

Anne se retourna et vit la silhouette maigrelette et mal fagotée du procureur Mayler, entourée par deux gardes. Les yeux hagards, l'air faussement décontracté, monsieur Mayler semblait perdu dans un tel lieu de débauche. Nerveux, il essayait de ne pas regarder tout autour de lui pour ne pas montrer sa frayeur manifeste. Peur des ivrognes, des pirates et des fous. Anne songea que ce sont pourtant les fous dominés par leurs peurs, qui dirigent ce monde. Des fous qui proposent, édictent ou imposent des lois qu'ils ne sont pas capables de respecter eux-mêmes. Des fous inquiets à l'idée que le moindre vent, le moindre bruissement d'aile puisse les faire valser loin de leurs positions acquises. Des fous capables de transformer une simple humiliation en la plus effroyable des guerres.

En le regardant, avec son air sinistre qui se voulait faussement autoritaire, Anne s'interrogea :

« Combien d'hommes a-t-il envoyés à l'échafaud sans les regarder dans les yeux ? »

« Combien d'affaires instruites à l'aveuglette, par manque de temps ou de convictions ? »

« Combien de verdicts rendus dans son propre intérêt, dénués de tout lien véritable avec la justice ou la bonne marche de la société ? »

Anne savait qu'au travers de sa pensée, s'exprimaient les mots de son père. Mais sans même envisager les mœurs ni les vices du procureur, elle avait su en un regard combien cet homme était dénué d'humanité. Et il allait encore le prouver.

Elle lui tourna le dos, revenant à ses verres. Mayler fit deux pas et lui montra un petit cahier avec une couverture de cuir. Il le fit glisser vers elle. Des papiers couverts d'encre en dépassaient.

– Je souhaitais vous exprimer ma sympathie, dit-il. Et vous faire part des condoléances officielles du gouverneur Craven, qui vous témoigne tout son respect.

Que ce soit à l'échelle d'une nation ou d'une colonie comme la Caroline du Sud, la politique se fait toujours sur deux niveaux. Il y a le rôle, très officiel et rassurant pour l'opinion, du leader ; le roi, l'empereur, le gouverneur - celui qui se couche tous les soirs dans les appartements de la chancellerie. Et il y a le rôle, très officieux, de ceux qui restent par-delà les mandats et les régimes : ceux qui, en réalité, tiennent les rênes.

Observant la toile sous cet angle, Anne savait qu'après seulement trois années de gouvernance, Charles Craven devait allégeance à des hommes comme Mayler qui, entre les prétoires et la chancellerie, affichait vingt-sept ans à la barre de la même colonie. Inévitablement, Mayler avait fini par accumuler autant de pouvoir que tout émissaire de Sa Majesté. Impossible donc pour un gouverneur, de ne pas s'en faire un fidèle allié. Séparément, un gouverneur et un procureur peuvent tous deux accomplir de grandes choses. Alors ensemble...

Anne soupira, certaine que le piège venait de se refermer sur elle.

– On peut pas dire que vous soyez lent, proc' !

Mayler pris un instant de réflexion, hésitant à revenir à la charge plus directement. Un verre se brisa dans la salle, le faisant sursauter. Et, alors que ses hommes n'avaient pas bougé, le procureur constata qu'Anne avait immédiatement empoigné son mousquet, percuteur relevé ! Il la dévisagea une seconde, réalisant qu'elle n'avait cependant pas changé de position et conservait un visage neutre, triste et solitaire. Il la salua avec un respect affiché mais le regard fixement perdu au fond de son verre, elle ne bougea pas.

A peine le procureur et son escorte avaient-ils quitté la taverne, qu'elle ouvrit le carnet. Passé les pages de formalités, les faire-part de décès et de condoléances, Anne trouva l'essentiel : l'acte dévolution successoral, dressé par monsieur Mayler lui-même, se désignant comme l'héritier légitime de la plantation Cormac, au même titre qu'Anne, par ordre du gouverneur Craven. Anne lut l'attestation sans surprise et rentra au domaine.

La maison brillait de mille feux. Du perron où s'étaient réunies les femmes esclaves aux étages, partout, des bougies avaient été allumées. Tafa et quelques hommes avaient réorganisé la demeure, de sorte à ce qu'Anne n'ait pas à le faire. Elle ne dit pas un mot, mais fut troublée de voir à quel point ces âmes silencieuses semblaient émues par cette disparition. A l'heure de l'homélie, William Cormac n'était plus un planteur, un ex procureur ou un esclavagiste : ce n'était qu'un homme, regretté par les siens.

Certains priaient tandis que d'autres chantaient des cantiques à tue-tête. Sur la table du salon, l'une des esclaves préparait pour Anne son met préféré : un pain renfermant des lamelles de tomates et d'oignons, arrosées d'huile d'olive. Mais pressée, elle n'y toucha pas et fila s'installer au bureau de William. Elle vida tous les tiroirs nerveusement, les renversant par terre. Elle fouilla les papiers et les éparpilla dans la pièce. Tafa entra pour lui demander si elle se sentait bien.

Certes, elle avait bu. Mais l'urgence avait effacé d'un seul coup tout début d'ivresse potentiel. Anne se sentait parfaitement bien. Elle bousculait seulement toutes les affaires du défunt dans l'espoir de trouver des actes d'affranchissement. N'était-ce pas la raison de ce luxe d'attentions ?

Lorsqu'elle mit enfin la main dessus, Tafa s'avança encore pour lui dire qu'un prêtre de la ville et ses deux assistants s'étaient présentés dans la soirée, afin de mesurer la dépouille. Anne serra les dents sans répondre. Quelle que soit la richesse et la grandeur d'un homme, il finit toujours par ressembler à une carcasse que l'on range dans une boîte à sa taille.

Tafa répéta qu'il était navré, sans comprendre ce qu'Anne griffonnait avec tant d'empressement et de nervosité. Illettré, l'affranchi ne pouvait même pas essayer de deviner. Lorsqu'elle eut fini, elle lui demanda de faire venir le notaire de William dès le lendemain, à la première heure. Puis, sans un mot, elle alla se coucher.

Sous l'oreiller, elle plaça son mousquet.

Et près du lit, une bouteille de rhum, bien corsé.

Maître Stern était arrivé dans la plantation sur un grand cheval blanc. Comble du mauvais goût, il avait tout de suite cherché à détendre l'atmosphère en faisant de l'humour. Personne n'esquissa l'ombre d'un sourire et le nez dans son café noir, Anne esquiva les règles de politesse. Tafa demanda au notaire s'il souhaitait boire quelque chose. Ce dernier désigna vulgairement le godet d'Anne :

– Comme elle, dit-il avec condescendance.

Anne ne dit rien. Habitué depuis longtemps à être ainsi traité, Tafa alla chercher le nécessaire. Sur la table du salon, il amena une tasse de café dans laquelle il versa une louche de whisky. Maître Stern fit un bond de sa chaise, choqué :

– C'est du whisky que vous avez mis là-dedans ?
– Oui, dit-elle.
– Mais... Il est huit heures du matin, mademoiselle !
– C'est un café irlandais, maître, précisa-t-elle.
– Mais... Quel âge avez-vous, mademoiselle ?
– Dix-huit ans.
– Vous avez dit « comme elle », monsieur, se justifia Tafa.
– Il faudrait tenir vos nègres, mademoiselle. Vous...
– Museau ! l'interrompit sobrement Anne.

Maître Stern eut le souffle coupé par l'insolence de la jeune femme. Mais il ravala sa salive. La succession Cormac représentait une trop grosse somme pour oser s'indigner. Anne sortit des papiers de sa poche intérieure. Elle les posa sur la table et se pencha en avant pour les tendre à son invité :

– Eléments testamentaires de William Cormac : il me lègue son nom, son domaine, sa plantation et ses esclaves.
– Alors justement, reprit le notaire. Concernant la plantation et les esclaves...
– Conformément à ses dernières volontés, insista Anne, les soixante-neuf esclaves de la plantation seront affranchis par ma signature et disposeront d'un acte de liberté avec votre cachet.

Maître Stern fut estomaqué par la nouvelle. En entendant cela, Tafa laissa échapper la bouilloire en terre cuite qui contenait le café. Elle se brisa au sol. Ni lui ni les autres esclaves présents ne pensèrent à ramasser ni éponger. Tous étaient pétrifiés par la nouvelle. Seul, un Noir libre n'avait que peu de chances de s'en sortir. En groupe, c'était déjà autre chose...

– Vous... Les affranchir ? répéta le notaire. Vous avez conscience du coût d'un tel équipage d'esclaves ?
– Actuellement ? Quatre-vingt mille livres[33], environ.
– Attendez, attendez, insista Stern. Vous êtes sérieuse ?
– Il va de soi que tous ne pourront hériter du nom Cormac, comme c'est la coutume. Charge à vous de leur fournir un état civil convenable. Et...
– Non mais pardonnez-moi, mais vous délirez mademoiselle ? Vous êtes sous le choc ?

Epuisée par l'arrogance de monsieur Stern, Anne brandit son mousquet. Elle le posa sur la table. Plongeant ses yeux dans ceux du notaire, elle inclina lentement sa tête et reprit :

– Ne m'interrompez plus. Les soixante-neuf actes sont, de toute façon, déjà signés. Ils n'attendent que votre cachet, maître.
– Vous êtes sous le coup de l'émotion, mademoiselle Cormac. Je ne peux pas...

---

[33] 211 000 euros.

- Vous avez l'intention de négocier avec une femme émotive qui tient un pistolet ?
- Mais monsieur le procureur Mayler refusera de...
- Puisque monsieur Mayler s'est montré convaincant, le montant total de l'héritage ne prend pas en compte la valeur de la plantation. Mais jetez-y tout de même un œil, maître.

Perplexe, monsieur Stern se pencha sur les papiers et trouva la somme dont il était question. Quant il l'eut lu, il devint pâle :

- Cent... Cent vingt millions de livres[34] ?

Un chiffre pharaonique. Au point qu'il ne prit pas la peine de calculer sa commission. A cet instant, un café irlandais entre les mains et un mousquet braqué sur lui, le notaire comprit qu'il venait de devenir riche. Il blêmit encore. Anne sourit.

- Parfait, conclut-elle en rangeant son arme. Alors c'est entendu !
- Il est de mon devoir de vous prévenir, néanmoins. En apprenant cela, le procureur risque d'outrepasser les lois de successions et de réclamer un droit de...

Anne sortit un autre papier de sa veste et le donna au notaire en ajoutant :

- J'aimerais que la moitié des fonds de William Cormac soient déplacés sur ce compte, au nom d'Anne Cormac, à la compagnie des mers du sud[35]. L'autre moitié, répartie sur différents comptes et dans différentes banques. Je vous ai tout noté.

Le notaire resta pantois en voyant le papier, comprenant que toutes les dispositions avaient été prises. Anne reprit :

---

[34] 317 millions d'euros.

[35] L'une des nombreuses banques déjà en exercice dans le nouveau monde au début du XVIIIe.

– Vous aurez vos habituels huit pour cent sur l'ensemble de la valeur de succession, hors foncier mais esclaves inclus. Soit un peu plus de neuf millions de livres. Si vous parvenez à déplacer les sommes sur mon compte avant la fin de la semaine, vous aurez douze pour cent : un peu moins de quatorze millions. Quant au procureur, je m'en charge. A moins que vous ne souhaitiez le prévenir. Mais je suis sûre qu'un homme tel que vous a au moins une femme et quelques maîtresses qui sauront lui faire comprendre que rien ne vaut l'argent, surtout gagné honnêtement comme vous venez de le faire.

Hypnotisé par un mirage cousu d'or, maître Stern replia immédiatement tous les papiers qu'il avait sous le nez. Et sans même se recueillir devant la dépouille de William, il décida de quitter le domaine précipitamment, craignant qu'Anne ne change d'avis.

Lorsqu'il grimpa sur son cheval, Anne apparut sur le perron, ajoutant deux dernières conditions : la première était une totale discrétion, jusqu'à ce que l'affaire soit close. La seconde se résumait à un simple nom sur un morceau de papier. Le notaire s'en étonna. Anne demanda à savoir tout ce qu'il pourrait trouver à son sujet. Stern hocha la tête avant de s'échapper, ravi et rêvant déjà de sa fortune.

Anne ne lui précisa même pas que l'inhumation de William aurait lieu dans la plantation, ce soir. Quand elle regagna le salon, trois femmes Noires et Tafa l'attendaient, visages inondés. L'une d'elle serra Anne dans ses bras, ne sachant comment la remercier. Anne ne dit rien et remonta les escaliers pour essayer de se reposer. Mais Tafa la rejoignit aussitôt, inquiet.

– Ils ne te laisseront pas faire, maîtresse.
– Tant que les actes ne sont pas là, vous ne sortez pas de la plantation. Et tant que vous êtes là, ils ne pourront rien contre vous : il faut bien quelqu'un pour se casser le dos à tout récolter.

– Et le procureur ? C'est un *saï-saï* (voyou) !
– J'en fais mon affaire de celui-là ; il ne sera pas venu pour rien.

Le service funéraire fut expéditif. Dans son testament, William avait insisté pour être enterré sur sa propriété. Les hommes du domaine avaient donc creusé une tombe au pied d'un arbre. Ils érigèrent une petite croix en attendant qu'un artisan ne vienne déposer une stèle gravée à son nom. Dans un linceul mais sans cercueil, on y déposa la dépouille. Et devant un prêtre et ses assistants hébétés, chacun s'agenouilla pour rejeter la terre à mains nues - comme William l'avait réclamé. Voyant qu'Anne n'entamait aucun prêche, le curé entonna une prière. Aussitôt, elle sortit une flasque de whisky, qu'elle but au goulot. Etonné, le prêtre s'arrêta en la fusillant du regard. Sans même relever la tête, Anne le remercia aussi sec :

– Merci mon Père. C'était très bien.

L'homme d'église allait insister mais Anne but de nouveau quelques gorgées, avant de jeter sa fiole ouverte dans le trou. Le liquide commença à se répandre dans la terre, l'humidifiant lentement. Puis, elle tourna les talons, sans adresser un seul regard compatissant à qui que ce soit. Elle regagna la maison, sombre, triste et seule.

Les deux jours qui suivirent furent des journées d'attente, où elle espérait voir venir monsieur Stern en chaque instant. Elle dormait peu, noyait son chagrin dans le whisky et n'arrêtait pas de songer à son père, se demandant constamment où il était. Ce qu'il faisait.

Vendredi matin, le notaire arriva enfin devant les grilles du domaine. Il fallut une vingtaine de minutes aux esclaves pour débarricader l'entrée. Ils l'avaient surprotégée après que le procureur Mayler se fut présenté par deux fois, sommant Anne de descendre lui parler. Sans quoi, il promettait de revenir avec l'armée. Il ne l'avait pas encore fait. Mais tous l'attendaient.

Le notaire s'entretint avec Anne en privé, dans le bureau de William. Il lui rendit tous les actes d'affranchissements, ainsi que les accords financiers qu'Anne n'avait plus qu'à signer. Si elle apposait son nom sur chaque document, son compte à la compagnie des mers du sud serait rempli avant la nuit. Il en irait de même pour la fortune personnelle de monsieur Stern. Après relecture, elle parapha l'ensemble en quelques minutes. Au fil des signatures, le visage du notaire qui se voyait déjà entamer une nouvelle vie, se détendait irrépressiblement. Il ne put cependant renoncer à mettre de nouveau sa cliente en garde contre une éventuelle action conjointe du procureur et du gouverneur.

– Dès ce soir, ils sauront pour vos Noirs. Le procureur Mayler risque de faire intervenir l'armée pour vous déloger.
– Merci, maître, dit-elle sobrement.

Elle termina de tout signer et lui demanda ce qu'il en était du nom qu'elle lui avait transmis. Le notaire sourit, comme si cette requête avait été la plus simple. Et sans avoir besoin de notes, il lui raconta le merveilleux destin que s'était forgé le jeune Woodes Rogers :

Après la mort du contre-amiral Whetstone - son beau-père - Woodes Rogers hérita d'une petite escadrille de sloops et d'un négrier, le *Whetstone Galley*. Il décida alors de quitter l'Europe, en proie à la guerre de succession d'Espagne. A bord du navire, le capitaine Rogers tenta de gagner l'Afrique, sans doute dans l'espoir de transporter des esclaves mais, croisant la route de pirates français, il n'y parvint jamais. Dans son malheur, Woodes eut la chance d'être épargné par ces forbans - ce qui ne fut pas le cas de tout son équipage. Après cette malheureuse équipée, il tenta de rebondir en devenant corsaire. Sans plus de succès. En 1708, il recroisa la route de l'explorateur William Dampier, qui en fit son aide de camp, afin de repartir en course contre les Espagnols. L'aventurier, auteur de plusieurs tours du monde, s'était bien gardé de lui révéler tous ses malheurs. Après trois mutineries, Dampier n'était plus que l'ombre de lui-même, probablement malade et en quête d'un successeur. Il confia donc à Woodes le commandement du *Duke* et de la *Duchesse*. Et à l'issue d'une traversée catastrophique, couronnée par une mutinerie qui les poussa à débarquer plus de quarante membres du bord, ce qui restait de l'équipage manqua de découvrir l'Antarctique...

Dans l'océan Pacifique, Woodes captura plusieurs navires ennemis jusqu'à croiser l'île Mas-a-Tierra, dans l'archipel Juan Fernandez. Très loin, au large du Chili, cette île était perdue au milieu de nulle part. Un îlot désert où, quatre ans plus tôt, sur ordre du capitaine Strandling, un corsaire du nom d'Alexander Selkirk, écossais de son état, avait été maronné.

Alexander Selkirk avait le chic pour se mettre en mauvaise posture. Un matin qu'il était encore bourré de la veille, il commit une erreur fatale. Confondant son pauvre logis avec une chapelle, il en poussa la porte, sans remarquer les fidèles en prière. Eux-mêmes absorbés par leurs patenôtres, ne firent pas attention à lui jusqu'à ce qu'un grognement et d'étranges bruits d'eau ne les alertent. Selkirk, se croyant chez lui, s'était dévêtu en silence. Lorsque, intrigués, ils se retournèrent comme un seul homme, ils le découvrirent nu, accroché au bénitier dans lequel il tentait visiblement de se rafraîchir. Selkirk fut immédiatement arrêté puis, faute de place, remis en liberté en attendant son procès. Juste le temps pour lui de partir vite et loin, embrassant au pied levé la carrière de corsaire.

Jamais, le capitaine Strandling ne supporta Selkirk qui, jamais, ne put l'encadrer. La mésaventure religieuse n'ayant pas entamé sa passion pour la boisson, Selkirk picolait sec. Et chaque fois qu'il était bien alcoolisé, il voulait se mutiner. Seulement, une mutinerie, on ne la mène pas tout seul... Strandling était à bout. Contraint, après une mauvaise bataille de faire réparer son bateau avant de passer le cap Horn, il se prit violemment le bec avec un Selkirk encore plus teigneux que d'habitude. C'est là qu'il décida de le débarquer sur l'île Mas-a-Tierra, avec un mousquet, un couteau, une bible et des cordages. Seul être humain sur cet îlot désert, Selkirk y vécut quatre ans et quatre mois. Une aventure qui restera gravée dans les mémoires, mais dont il sera quasiment le seul à ne pas tirer profit.

Les premières semaines furent terrifiantes. Après avoir touché le fond du désespoir, il parvint, petit à petit, à apprivoiser sa solitude, allant jusqu'à s'en faire une alliée. Il construisit de vastes cabanes pour s'abriter, manger, dormir et prier lorsqu'il n'était pas en train de chasser ou de pêcher.

Tous deux l'ignoraient, mais en l'abandonnant ainsi, Strandling lui avait sauvé la vie. Quelques jours après, son navire coulait dans les tourbillons du cap Horn.

Le 2 février 1709, Woodes Rogers et William Dampier étaient au plus mal. Les tempêtes qu'ils venaient d'essuyer dans ces eaux difficiles faisaient souffrir les hommes autant que le bateau. L'équipage, mal nourri depuis trop longtemps, tombait sous les attaques du scorbut. C'est alors qu'ils repérèrent une fumée au dessus de Mas-a-Tierra. Avisant une crique, ils y découvrirent cet homme étrange, hirsute mais bien bâti qu'était devenu Selkirk. L'ancien ivrogne n'était plus l'être désespéré des débuts. Abandonné dans une jungle hostile, il s'était installé et prétendait « ressentir l'île ». Il s'y déplaçait effectivement avec une agilité étonnante, capable de disparaître en un clin d'œil dans la végétation. Il savait aussi se montrer d'une effroyable bestialité lorsqu'après une courte traque il capturait puis égorgeait des chèvres sauvages, vestiges d'une présence humaine antérieure dont il ignorait tout.

Mais le cruel Selkirk, mi-bête mi-homme lorsqu'il pistait ses proies, avait cultivé le goût de la langue en lisant régulièrement sa bible. Assurément, il avait toujours une case en moins - voire deux. Mais en trois jours à peine, Selkirk fournit à Woodes plus de dix carcasses de chèvres pour requinquer ses troupes. Ses qualités de chasseurs égalaient ses compétences de marin. Lorsque navire et équipage furent requinqués, Alexander

Selkirk repartit avec eux, quittant définitivement une île[36] qui le marquera à jamais.

Deux ans et demi plus tard, il revenait à Londres. Au regard de ce que devint sa vie, peut-être Selkirk aurait-il dû reconsidérer sa bonne fortune, lorsque s'ouvrit à lui l'espoir de retrouver la société des hommes. Pas une seconde Alexander n'imagina qu'entre son départ d'Angleterre en 1703 et son retour en Grande-Bretagne en 1711, le monde avait pu changer à ce point. Les événements n'avaient pas manqué, dont certains, même s'il ne s'en doutait pas, le concernaient directement. Comme la mise en cessation de paiement de l'Ecosse, par exemple. Ou encore le traité de Methuen, qui officialisa une entente commerciale entre le Portugal et l'Angleterre. Sans compter les guerres du Nord de l'Europe ; les insurrections russes ; la mort de Léopold Ier, empereur romain germanique et cet autre pacte, entre l'Angleterre, Gêne et la Catalogne, pour achever le roi d'Espagne dans la guerre de succession menée par Louis XIV. Accord qui permit à Charles III, fils de Léopold Ier, de s'emparer du trône de Madrid... Alexander avait aussi manqué la prise d'Ostende, la construction de Saint-Pétersbourg, la découverte du cycle des comètes par Edmond Halley, l'accession du roi Jean V au trône portugais et la crise du grain britannique de 1708, doublée d'un hiver si terrible que la famine avait fait un retour en force. Perdu sur son ilot lorsque « l'Union Act » avait donné naissance à la Grande-Bretagne, il n'avait même pas entendu parler de « l'Alien Act » qui obligeait les Ecossais à s'incliner devant l'Union Jack. D'abord, il ne put y croire, mais ce qui lui mina sérieusement le moral, fut l'attitude de son pays qui avait, selon lui, accepté de brader son honneur et son indépendance contre des arrangements fiscaux et... soixante et un sièges au parlement britannique. Tous des jean-foutre, prêts à tuer père et mère pour le fric et les honneurs.

---

[36] En 1719, l'histoire de Selkirk inspirera le romancier Daniel Defoe. En 1966, hommage fut rendu à Selkirk en rebaptisant l'île Mas-a-Tierra du pseudonyme inventé par Defoe : l'île de Robinson Crusoé.

Un temps, il tenta de comprendre les ambitions britanniques, l'incessante expansion de ses prétentions commerciales alors que, refermée sur son marché, elle multipliait les règlements protectionnistes. Il faut bien vivre avec son temps. Mais l'urbanisation galopante eut rapidement raison des résolutions d'Alexander. Le contact de la foule grouillante lui était insupportable après ses années de solitude. Echoué sur les rivages du temps, il était redevenu un naufragé, de la civilisation cette fois. Avant que Defoe ne s'en inspire, il conta son aventure à un certain Richard Steele. Une belle plume cet irlandais, ancien soldat devenu homme politique et journaliste, qui en fit un récit populaire. Surfant sur cette petite notoriété, Selkirk tenta de se ranger en s'établissant en Ecosse. Même dans la demeure de son enfance - qu'il retrouva à la mort de son père - il ne put oublier Mas-a-Tierra. Incapable de tenir entre quatre murs, il campera dans le jardin avant de reprendre la mer, dix ans plus tard[37].

Woodes Rogers était rentré de ce tour du monde plus riche de mille six cents livres sterlings[38]. Soit, à peu de choses près, l'équivalent des dettes contractées par son épouse en son absence. Les Britanniques se passionnant pour leurs aventures maritimes, il eut l'idée d'écrire ses récits de voyages, sans rien omettre du fascinant Alexander Selkirk. Le succès fut immédiat. Woodes y gagna un nom, une belle image et quelques centaines de livres qui ne le sauvèrent pas de la faillite. Las d'une vie conjugale dispendieuse, endeuillée par la mort de son plus jeune fils, il divorça.

---

37 Une légende prétendit longtemps que le véritable Robinson Crusoé reprit la mer depuis un radeau et mourut en ermite, comme il le souhaitait. Mais le journal de bord d'un négrier prouve la présence d'Alexander Selkirk comme membre d'équipage, en 1721. Il décède la même année aux abords du fleuve Sénégal, des suites d'une forte fièvre.

38 196 700 euros.

Seul, ruiné, il joua son va-tout et, profitant de sa notoriété, il parvint à convaincre la Couronne de lui confier une expédition hors du commun au cœur de l'océan Indien : la conquête de Libertalia. La légende, née quelques années plus tôt dans les bas-fonds de Londres, alimentée par les démarches menées en son temps par Thomas Tew, était devenue un mythe. La cour s'en était délectée, puis l'avait oubliée. La reine Anne n'avait pas la moindre idée de sa réalité, son intérêt était ailleurs. Que l'île aux pirates ait véritablement existé ou non, Sa Majesté espérait ainsi mettre la main sur les flibustiers qui perturbaient l'économie britannique au large du Mozambique. Woodes avait toute latitude pour les attaquer !

Lorsque maître Stern en vint à cette partie de l'histoire, sa cliente comprit immédiatement que Woodes n'avait pas choisi cette mission par hasard.

Le notaire poursuivit en racontant que Woodes, sillonnant le royaume d'Emyrne à la recherche de pirates, avait pris un énorme risque : à tous ceux qu'il croisa, il avait de son propre chef promis le pardon royal. La reine Anne n'aurait, bien évidemment, jamais fait preuve d'une telle mansuétude. Avec les pirates, Sa Majesté préférait la force à la diplomatie. Mais Woodes avait décidément de la chance : lorsqu'en 1714 il rentra à Londres, la reine Anne, qui venait de mourir, avait cédé la place au roi George. L'initiative des édits de pardons, rejetée par les Lords, fut plébiscitée par le nouveau roi, qui vit en Woodes l'homme capable d'éradiquer la piraterie. Il l'envoya alors aux Bahamas. Infestée de pirates, cette zone britannique n'avait plus aucune forme de gouvernance. Et les forbans avaient fait de Nassau leur nouvel Eldorado. Rogers avait pour mission d'y ramener l'ordre britannique, de n'importe quelle manière. S'il parvenait à soumettre les rebelles, il en serait fait roi ! Plus exactement, il deviendrait le premier gouverneur des Bahamas. C'était en 1715 : Woodes Rogers n'avait alors que trente-sept ans.

Entendant cela, Anne fut transcendée par la joie et l'excitation. Elle remercia chaleureusement le notaire et le congédia prestement.

Ses affaires étaient prêtes. Elles tenaient dans un simple sac de toile. Deux pantalons de gentilhomme, trois chemises blanches et quelques souvenirs, dont un bout de cuirasse encombrant et un cryptogramme entêtant.

Autour de sa taille, elle avait nouée deux longs foulards qui cachaient deux mousquets et une épée. Astuce bien connue des pirates, qu'elle tenait de son père. Tranquille, elle confia son crâne à une esclave de maison chargée de couper ses cheveux au plus court. Tafa avait eut ordre de prévenir ses compagnons, tous devaient se tenir prêts. Personne n'avait travaillé dans les champs depuis le décès du patron. Seuls le procureur Mayler et le gouverneur Craven auraient pu s'en soucier, mais comme ils n'avaient pu faire un seul pas sur la propriété depuis bientôt cinq jours, ils l'ignoraient. Aux derniers coups de ciseaux, Anne vissa sur sa tête un tricorne improbable et finit d'inspecter les lieux. Elle se recueillit un instant devant la tombe de William, s'excusant par avance et essayant de ne pas pleurer. Elle lui jura qu'elle n'avait aucune autre solution et qu'elle était certaine qu'en pareille situation, Olivier et lui auraient pris la même décision.

Après quoi, elle fit sortir de la cave deux grands sacs de jute, semblables à ceux qui contenaient le grain, qu'elle déposa sur le perron. Seul Tafa était resté près d'elle. Lorsqu'elle éventra le premier, il lui jeta un regard qui, en un instant, passa de l'inquiétude à la détermination. Anne n'avait eu qu'à hocher tout doucement la tête comme pour dire « on y va ? », il s'en emparait déjà. Tous deux marchèrent d'un bon pas dans l'allée, puis vers les différentes parcelles au point où toutes se rencontraient, laissant s'échapper derrière eux une mince traînée poussiéreuse. Puis ils revinrent vers la maison pour monter l'autre sac, intact, à l'étage, dans la chambre qu'occupait Olivier.

Le soleil peu à peu baissa, allongeant indéfiniment les ombres. Elle était prête à partir. Calme, elle sirotait un verre de rhum, attendant un signal. A ses côtés, Tafa repris par l'inquiétude, lui demanda « Et nous ? ». Souriant doucement, Anne lui tendit les fameux papiers ajoutant « par la petite porte, d'accord ? ».

Tafa avait compris. Plus étroite, la porte arrière du domaine donnait vers une clairière puis sur un lac, elle ne serait certainement pas gardée par l'armée. C'est par là que Tafa et ses camarades s'enfuiraient. Elle ralluma sa pipe et poursuivit :

– Dans la chambre de William, il y a un secrétaire. Le dernier tiroir a un double fond. Dedans, tu trouveras de l'argent. Prenez aussi des chevaux. Vous irez dans les terres, en longeant le Mississippi. N'empruntez surtout pas le fleuve. C'est surveillé. Et vous ne savez pas tous nager. Vous devrez trouver des Indiens. Ils vous indiqueront les routes sûres, afin de rejoindre les confédérations d'esclaves. Avec eux, vous serez en sécurité.

Tafa la regarda longuement, comme figé. Anne sourit à nouveau puis, tapant du talon, elle lui lança un « alors ? » qu'ils reconnurent tous deux : un instant, la petite fille autoritaire qu'elle avait longtemps été revivait.

Tafa se releva, entre sourire et larmes. Au loin, un bruit sourd se fit entendre. Anne regarda longuement Tafa dans les yeux et lui dit adieu. En deux secondes, il était à l'étage, s'emparant du pécule avant de rejoindre ses compagnons. Les chevaux avaient été détachés. Enfourchant le plus grand il donna l'ordre à tous de le suivre. Déstabilisés, certains hésitèrent. D'autres voulurent rebrousser chemin vers le perron sur lequel se tenait Anne. Tafa les houspilla et les bruits du portail s'amplifiant, tous s'enfuirent en une poignée de minutes, laissant la plantation entièrement déserte et Anne, éternellement seule.

Le calme revint, comme si le départ précipité mais silencieux des esclaves avait assommé les furieux qui tambourinaient au portail. Anne ralluma plusieurs fois sa pipe et termina son troisième verre, sereine. Elle avait le sourire aux lèvres. Une voix la sortit de ses rêveries ; celle du procureur Mayler qui, depuis le portail, demandait à lui parler. Anne ne bougea pas, répondant en hurlant qu'elle était là et prête à négocier. Rassuré par cet aveu de faiblesse, Mayler rit en pensant que la petite rouquine n'était peut-être pas si têtue qu'elle en avait l'air. Il demanda néanmoins que des gens viennent retirer les barricades.

– C'est chez vous ici, si j'ai bien compris, hurla Anne. Alors cassez le portail. Vous le réparerez à vos frais !

Le procureur hésita de longues minutes, il avait un sens aigu de la sécurité. Brisé, le portail devenait une brèche par laquelle des esclaves pourraient s'échapper. Il fit donc le tour de la garnison qui l'accompagnait et demanda au commandant combien d'hommes il pourrait lui prêter pour la nuit. Autant que de besoin... puisque le procureur payait ! Mayler avait pour principe de ne jamais regarder à la dépense avec l'argent des autres. Il fit donc venir un petit canon devant le portail, puis reprit la conversation :

– Vous m'en aurez fait voir de belles, mademoiselle Cormac ! On va tirer sur le portail. Tâchez de vous mettre à l'abri. Ne vous faites pas mal.

« Pauvre con », pensa Anne en avalant ses dernières gouttes cul sec.

Elle se redressa, son baluchon sur le dos, prête à partir. Depuis la rue, Mayler donna l'ordre au commandant. Un coup de feu résonna dans tout le port de Charleston, faisant s'enfuir les oiseaux et affolant quelques badauds. Et le portail vola en éclats, emportant de part et d'autre les quelques morceaux de meubles et de chaises qui l'obstruaient un instant auparavant.

Nerveux, Mayler devança le commandant et tous les hommes armés pour pénétrer dans la propriété. Il s'avança d'un pas pressé, intimant à sa suite de rester derrière lui. En réalité, il craignait qu'Anne ne se suicide, le gouverneur l'ayant expressément mis en garde contre cette éventualité.

Lorsqu'il arriva devant le perron, Mayler croisa enfin les yeux d'Anne. Il eut un moment d'hésitation. Comme tous les lâches, il redoutait les regards fermes. Mais pris par l'excitation d'un heureux dénouement, il entreprit de gravir les quelques marches pour serrer la main de l'héritière, ce qu'elle refusa.

– Vos gorilles restent à l'écart ? demanda-t-elle.
– Ils attendent, mademoiselle. Que nous ayons signé.
– Signé quoi ?
– Mais l'acte, parbleu ! L'acte qui vous laisse jouir de l'héritage que vous a légué feu monsieur Cormac, sous condition de me faire don de la plantation et de tous ses...

Le procureur s'interrompit subitement, regardant tout autour de lui en se grattant la tête. Anne reprit une grande bouffée de tabac.

– Où sont tous les esclaves ?
– En pause.
– « En pause » ? répéta Mayler en explosant de rire. En pause ? Très drôle. Ah, ils dînent, c'est cela ? Ecoutez, mademoiselle... Je n'aime pas trop les mauvaises surprises.
– Eviter les mauvaises surprises, monsieur Mayler, c'est être sûr qu'on n'aura pas les bonnes !

Plus minable que jamais, le procureur, interloqué, perdit toute assurance.

– Ecoutez, proc', reprit-elle. Il n'y a plus rien. Plus d'argent. Plus d'esclaves. Plus de plantation.
– Comment... Comment cela, « plus rien » ? Je...

Mayler se retourna sur lui-même, encore et encore, dans le vain espoir d'apercevoir au loin un Noir qui traînerait ses guêtres dans les champs. Il vit le commandant de la compagnie, vingt mètres plus bas, qui le dévisageait en attendant un ordre éventuel. Quand il se retourna face à l'héritière, elle avait discrètement dégainé un mousquet qu'elle tenait fermement au niveau de sa taille. Sans que les soldats ne puissent le voir, elle gardait Mayler en joue. Celui-ci n'osa bouger et une grosse goutte de sueur se mit à dévaler le long de son front.

– Mademoiselle Cormac, ne soyez pas stupide.
– Je vais devoir vous laisser à présent.

– Mais… Mais…

Le procureur ne savait pas comment protester sans risquer qu'elle ne tire. Alors il répéta ses interjections, laissant Anne faire quelques pas à reculons, pour rentrer dans la maison. Lui resta immobile, sans comprendre.

Puis Anne reprit une grande bouffée de tabac, inspirant à pleins poumons avant de jeter sa pipe au sol. Le tabac rougeoyant tomba pile sur les lignes de poussière grise que Tafa et elle avaient répandues depuis les sacs. Elles s'embrasèrent instantanément. Mayler comprit trop tard que les trainées sombres qu'il avait aperçues tantôt étaient en réalité des traits de poudre à canon ! Alors, il se retourna pour voir jusqu'où elles menaient. Et voyant le sac au bord du champ de coton, il se précipita en hurlant pour que quelqu'un intervienne.

Anne se retourna et traversa la maison à toute vitesse pour en gagner l'arrière. Là, elle sortit par une fenêtre et sauta dans le jardin, poursuivant sa course vers la petite porte ; celle qu'avaient empruntée Tafa et les siens. Ni Mayler ni les soldats n'eurent le temps d'arrêter la rivière de feu qui coulait depuis la maison. Et lorsqu'elle atteint le champ, ils ne purent que se mettre à l'abri.

Le sac de poudre explosa, jetant des hectares de cotons dans les flammes.

L'incendie se propagea d'un champ à l'autre. Les soldats hurlaient au feu et se ruaient hors de la plantation, pour former une chaîne humaine vers un puits, dans une rue adjacente.

Brusquement, Mayler se souvint avoir vu deux traînées identiques sur le perron. Terrifié, il releva la tête vers la demeure. Une seconde explosion, beaucoup plus violente, souffla la bâtisse. Anne passait justement la porte de derrière, elle se retourna. Les flammes dévoraient ce qui restait du rêve de William, léchant les murs, glissant d'une fenêtre à une autre, ravageant la toiture. La plantation n'était plus qu'un immense brasier dont les flammes s'élevaient à des mètres du sol. Anne n'adressa qu'un coup d'œil, furtif et sans émotion, au déluge de feu qu'elle avait déclenché. Eblouissant spectacle qu'elle salua comme le font les pirates, tête inclinée, deux doigts sur son tricorne. Un instant, elle crut distinguer dans les volutes de fumée qui déjà obscurcissaient le ciel quelques traits de William, d'Olivier, de Tafa. A cet ultime message, son cœur bondit dans sa poitrine : enfin, elle était libre. Morts ou vivants, elle les savait libres avec elle. Tout ce qu'elle avait à faire, si elle voulait les retrouver un jour, serait d'en être digne.

Fin de la première partie.

Poursuivez l'aventure sur

www.letresordelevasseur.com

www.ingramcontent.com/pod-product-compliance
Lightning Source LLC
LaVergne TN
LVHW041102080826
845145LV00007B/1664

* 9 7 8 2 3 7 1 6 2 4 1 2 2 *